# REVISTA TRIMESTRAL DE DIREITO PÚBLICO

48/2004

MALHEIROS EDITORES

*Revista Trimestral de Direito Público*
Órgão do

INSTITUTO GERALDO ATALIBA
IDEPE — INSTITUTO INTERNACIONAL
DE DIREITO PÚBLICO E EMPRESARIAL

INSTITUTO DE DIREITO ADMINISTRATIVO PAULISTA
IDAP



*RTDP*
Publicação trimestral de
MALHEIROS EDITORES LTDA.
Rua Paes de Araújo, 29, cj. 171
CEP 04531-940 - São Paulo, SP - Brasil
Tel.: (011) 3078-7205 - Fax.: (011) 3168-5495
Diretor responsável: Álvaro Malheiros
Diretora: Suzana Fleury Malheiros

Assinaturas e comercialização:
CATAVENTO DISTRIBUIDORA DE
LIVROS S.A.
Rua Conselheiro Ramalho, 928
CEP 01325-000 - São Paulo, SP - Brasil
Tel.: (011) 3289-0811 - Fax.: (011) 3251-3756
Supervisão Gráfica: Vânia Lúcia Amato
Editoração Eletrônica: Letra por Letra Studio

# SUMÁRIO

## *DOUTRINA*


SOBRE EL DAÑO AMBIENTAL COLECTIVO ............ 5
– Juan Carlos Cassagne

ORIGEN, EVOLUCIÓN Y APROXIMACIÓN CONCEPTUAL A LA NOCIÓN DE "SERVICIO PÚBLICO" ............ 19
– Juan Gustavo Corvalán

O "ATO DAS DISPOSIÇÕES TRANSITÓRIAS" NA CONSTITUIÇÃO BRASILEIRA DE 1988 – BREVES NOTAS ............ 58
– Carlos Ayres Britto

O PRINCÍPIO DA SUPREMACIA DO INTERESSE PÚBLICO: SOBREVIVÊNCIA DIANTE DOS IDEAIS DO NEOLIBERALISMO ............ 63
– Maria Sylvia Zanella Di Pietro

A ESTABILIDADE DOS ATOS ADMINISTRATIVOS ............ 77
– Celso Antônio Bandeira de Mello

FORMALISMO E ABUSO DE PODER ............ 84
– Adilson Abreu Dallari

O CONTROLE DAS POLÍTICAS PÚBLICAS PELO PODER JUDICIÁRIO NO BRASIL – UMA VISÃO GERAL ............ 107
– Marcelo Figueiredo

REGISTRO DE PREÇOS: INCONSTITUCIONALIDADE DO ART. 8º DO DECRETO FEDERAL 3.931/2001 E DO ART. 15-A, § 3º, DO DECRETO ESTADUAL 51.809/2007 (FIGURA DO "CARONA") – POSSIBILITAÇÃO DE COMETIMENTO DO CRIME PREVISTO NO ART. 89 DA LEI 8.666/1993 ............ 137
– Toshio Mukai

O PRINCÍPIO DA LIBERDADE NO ÂMBITO DO DIREITO ADMINISTRATIVO ............ 142
– José Sérgio Monte Alegre


## *PARECERES*


EMPRESA ESTATAL – ASSOCIAÇÃO COM EMPRESA PRIVADA SEM LICITAÇÃO PARA CONSTITUÍREM SOCIEDADE DE PROPÓSITOS ESPECÍFICOS QUE DISPUTARÁ

LICITAÇÃO DE CONCESSÃO DE SERVIÇO PÚBLICO – INVALIDADE – INCONSTITUCIONALIDADE DO ART. 32 E §§ DA LEI 9.074/1995 ............................ 147
– Celso Antônio Bandeira de Mello

DAS ATRIBUIÇÕES E RESPONSABILIDADES DO PODER CONCEDENTE E DA CONCESSIONÁRIA FRENTE ÀS SITUAÇÕES DE INTERFERÊNCIA URBANA PROVOCADAS POR BOICOTE AO PEDÁGIO DE RODOVIA OBJETO DE CONCESSÃO ............................ 154
– Arnoldo Wald

CONVÊNIOS ENTRE ESTADO E INICIATIVA PRIVADA PARA IMPLANTAÇÃO DE PÓLOS INDUSTRIAIS ............................ 175
– Floriano de Azevedo Marques Neto

***ESTUDOS E COMENTÁRIOS***

O PROBLEMA DA PRESTAÇÃO DE SERVIÇO PÚBLICO ESSENCIAL ENQUANTO DIREITO SOCIAL FUNDAMENTAL E SUA CONTRAPRESTAÇÃO EM FACE DA INCAPACIDADE FINANCEIRA DO USUÁRIO ............................ 195
– Rogério Gesta Leal

A ARBITRAGEM E AS PARCERIAS PÚBLICO-PRIVADAS ............................ 210
– Gustavo Henrique Justino de Oliveira

REFLEXÕES SOBRE A ADMINISTRAÇÃO DOS RECURSOS HÍDRICOS NO BRASIL ..... 235
– Vladimir da Rocha França

ATRIBUTOS E EXTINÇÃO DOS ATOS ADMINISTRATIVOS ............................ 250
– Maurício Zockun

# DOUTRINA

## SOBRE EL DAÑO AMBIENTAL COLECTIVO

JUAN CARLOS CASSAGNE

Miembro de Número de la Academia Nacional de Derecho y Ciencias Sociales de Buenos Aires

*1. Liminar. 2. Razones que abonan el carácter público del derecho ambiental. 3. La problemática del medio ambiente. 4. El derecho constitucional a un ambiente sano: 4.1 El núcleo del derecho al medio ambiente – 4.2 El deber legal de preservación ambiental. Prohibiciones. 5. La configuración del daño ambiental colectivo. El paralelismo de instituciones afines y las categorías ambientales: 5.1 Diferentes tipos de daño ambiental – 5.2 El daño ambiental colectivo y el factor de atribución. La alteración ambiental negativa relevante como concepto jurídico indeterminado – 5.3 La obligación de recomponer. La constitución del Fondo de Compensación Ambiental. La legitimación para accionar judicialmente: 5.3.1 La obligación de recomponer – 5.3.2 La constitución del Fondo de Compensación Ambiental. El seguro ambiental y el fondo de restauración ambiental – 5.3.3 La legitimación para accionar en sede judicial y otras cuestiones vinculadas a la acción por recomposición del daño ambiental colectivo – 5.3.4 Carácter prescriptible de la acción. 6. Esbozo de la jurisprudencia sentada por la Corte en el caso "Mendoza".*

### *1. Liminar*

Hace pocos años, como una suerte de destilación de un trabajo anterior,[1] nos ocupamos de este tema,[2] a raíz de la sanción de la Ley 25.675 – llamada Ley General del Ambiente (LGA) –, verdadera "ley-marco"[3] que recogió muchas de las orientaciones provenientes de la doctrina y jurisprudencia nacional y comparada, estableciendo los presupuestos mínimos de la regulación ambiental.

La principal conclusión que sostuvimos entonces puede desdoblarse en dos premisas que, en lo sustancial, creemos haber

1. Juan Carlos Cassagne, "Sobre la protección ambiental", *La Ley* 1995-E-1.217.

2. En un artículo titulado: "El daño ambiental colectivo", *La Ley* 2004-E-1.426.

3. Cf. Aída Kemerlmajer de Carlucci, *Estado de la Jurisprudencia Nacional en el Ámbito Relativo al Daño Ambiental Colectivo Después de la Sanción de la Ley 25.675, Ley General del Ambiente (LGA)*, Separata de la Academia Nacional de Derecho y Ciencias Sociales de Buenos Aires, Buenos Aires, La Ley, julio/2006, p. 3.

demostrado. La primera es que el derecho ambiental traduce una regulación propia del derecho público que pertenece básicamente al derecho administrativo, pues, por más que se trata de una rama especial con una relativa autonomía, sus principios y técnicas demuestran esa pertenencia, fundamentalmente a la policía ambiental.[4] Interesa poner de resalto que tanto en la doctrina vernácula[5] como en el Derecho Comparado[6] se ha reconocido la configuración de un derecho administrativo ambiental.

En segundo lugar, y como efecto de tal condición, se impone distinguir entre el daño ambiental colectivo (daño al medio ambiente) como figura típica del derecho público cuyo núcleo central apunta a preservar y recomponer el perjuicio antes que a resarcirlo, con una serie de notas peculiares (*v.g.*, el principio de progresividad y del equilibrio), y el daño individual, causado en las personas y en sus patrimonios, regulado conjuntamente por el derecho civil y por el derecho administrativo (este último, en la medida concerniente a la responsabilidad extracontractual del Estado por acción u omisión).

Como se verá hacia el final de este trabajo, la Corte Suprema de Justicia de la Nación ha sentado un criterio similar en el caso "Mendoza", con una serie de precisiones adicionales en punto, a los requisitos que debe reunir un conflicto para determinar la configuración de una causa civil que torne procedente la jurisdicción originaria de la Corte en los términos del art. 117 de la Constitución Nacional.

## 2. *Razones que abonan el carácter público del derecho ambiental*

En esta materia, el problema fundamental radica en el hecho que puedan transgredirse los objetivos que persigue el derecho ambiental, desde la óptica del derecho público, como consecuencia de una visión que pone el acento, más que en la protección del medio ambiente, en la reparación de los daños ambientales que padecen las personas, en forma individual o colectiva, sobre la base de la teoría objetiva del riesgo del derecho civil (que en esta disciplina tiende a suplantar el tradicional criterio de la culpa, como factor subjetivo de atribución de responsabilidad).

Ello explica el creciente interés de la doctrina privatista por estudiar esta problemática ampliando la perspectiva del derecho civil, pasando a ocuparse también de distintos aspectos jurídicos que, en rigor, apuntan más al interés público que al privado.

Al propio tiempo, como el desarrollo del derecho procesal condujo a una extraordinaria ampliación del círculo de legitimados para promover acciones judiciales, la problemática ambiental ha sido también objeto del abordaje de los procesalistas, que, mediante la técnica de la protección de los intereses difusos o colectivos, han puesto en segundo lugar la protección prioritaria que tenían los derechos subjetivos y los intereses legítimos, al punto tal que hoy día resulta difícil establecer – en el contencioso administrativo – la línea divisoria entre una acción de base objetiva (pretensión de ilegalidad o ilegitimidad) con una mínima legitimación subjetiva (interés legítimo) y la acción popular o pública, que puede ser promovida por cualquier habitante.

4. En Brasil la materia ambiental es considerada como uno de los sectores de la policía administrativa (v. Celso Antônio Bandeira de Mello, *Curso de Direito Administrativo*, 12ª ed., San Pablo, 2000, p. 683).

5. En la doctrina argentina se ha reconocido la configuración de un derecho administrativo ambiental (v.: Ricardo Luis Lorenzetti, "El paradigma ambiental", en *Investigaciones 2006*, Buenos Aires, publicación de la Corte Suprema de Justicia de la Nación, 2007, p. 216), aunque también la cuestión ambiental se introduce en otras ramas como el derecho laboral (v. asimismo Carlos Alfredo Botassi, *Derecho Administrativo Ambiental*, La Plata, Librería Editorial Platense, 1997, pp. 91-92).

6. Diogo de Figueiredo Moreira Neto, *Curso de Direito Administrativo*, 14ª ed., Río de Janeiro, Forense, 2006, p. 507.

Lo notable es que esta última proyección, que puede significar la desnaturalización de la justicia subjetiva, se haya extendido en el derecho ambiental (y con menos énfasis en el campo de los derechos del consumidor) a las relaciones entre particulares no regidas tradicionalmente por el derecho administrativo, cuya protección judicial no había encontrado justificación ni andamiaje a través de las acciones populares, propias del derecho público (en España se las denomina acciones públicas porque el accionante encarna algo así como la representación del interés público como único requisito de admisibilidad al proceso).

Pese a que con anterioridad propiciamos una postura favorable al reconocimiento del derecho ambiental como una disciplina especial, bien que con una relativa y limitada autonomía, actualmente, a la vista de la evolución operada, en concordancia con la posición que sustenta la doctrina española más autorizada,[7] creemos que es necesario efectuar una básica disección que muestre el lado público, por una parte, y las fuentes propias del derecho privado, por la otra. Veamos por qué pensamos de este modo.

En primer lugar, porque el derecho civil apunta fundamentalmente a proteger los intereses privados de las víctimas (y sólo de un modo excepcional el interés público, que, en cualquier caso, tiende a prevalecer, con las debidas garantías constitucionales). Sus recetas son algunas veces insuficientes (por limitarse a las relaciones de vecindad y algunos supuestos de responsabilidad colectiva, inaplicables al derecho público – *v.g.*, art. 1.118/CC) y otras resultan excesivas, como la tendencia que procura aplicar analógicamente la teoría del riesgo creado al derecho administrativo (art. 1.113/CC).[8]

Por el contrario, pertenecen al derecho administrativo, tal como lo reconoce el propio CC en su art. 2.311, las normas y actos emanados del poder de policía estatal que establecen restricciones al dominio privado impuestas por razones de interés público, lo cual comprende toda especie de prohibiciones. Es obvio entonces que si el propio Código Civil reconoce la separación de las instituciones públicas y privadas en ésta como en otras materias, no puede hacerse un menjunje o cóctel doctrinario mezclando lo público con lo privado o, lo que es aún peor, trasladando al derecho privado técnicas procesales que encuentran su sentido y justificación sólo en el derecho público.

En tal sentido, el derecho administrativo mira siempre al conjunto de las partes involucradas en cualquier relación jurídica con el Estado (y a veces también entre particulares, cuando está en juego el interés público) bajo el prisma de los intereses de la comunidad y los criterios de las llamadas justicia legal y distributiva.

La realización del bien común es el objetivo básico y central que persigue el derecho administrativo, lo cual se logra a través del equilibrio de intereses, dando a cada uno lo suyo, según los criterios de justicia del derecho público, en los que la conmutación y/o compensación juegan un papel subordinado. Estas razones son precisamente las que explican por qué en el derecho ambiental (regido hoy día básicamente por el derecho constitucional en sus principios básicos y abarcado por el derecho administrativo en su faz regulatoria y aplicativa) prevalece el objetivo de la preservación de daños al medio ambiente y la recomposición *in natura* del daño ambiental antes que la

7. Ramón Martín Mateo (*Tratado de Derecho Ambiental*, vol. I, Madrid, Trivium, 1991, p. 95) sostiene que el derecho ambiental es sustancialmente un derecho público.

8. V., al respecto: Marcelo J. López Mesa, "La doctrina del riesgo creado y su posibilidad de aplicación al Estado", *Revista de Derecho Administrativo* 27-29/435 y ss., y Pablo E. Perrino, "Los factores de atribución de la responsabilidad extracontractual del Estado por su actividad ilícita", obra colectiva *Responsabilidad del Estado y del Funcionario Público*, Buenos Aires, Ciencias de la Administración, 2001, pp. 59 y ss.

compensación o reparación dineraria de los perjuicios. En este marco de principios no encuentran justificación las denominadas licencias para contaminar, y la fórmula conocida como la del que contamina paga sólo encuentra sentido en el plano de la justicia legal (como una contribución o colaboración para las obras de bien común vinculadas a la recomposición *in natura*).[9]

En suma, el derecho ambiental forma parte del derecho administrativo, que, por sus peculiaridades, configura una suerte de derecho administrativo especial, con principios y técnicas de derecho público.[10] Esto no impide que otros derechos como el civil puedan regular la reparación de los daños causados a las personas privadas de rebote (*par ricochet*) como consecuencia de daños provocados al medio ambiente.

Lo expuesto no es óbice para que los juristas que cultivan otras ramas del Derecho se ocupen de la problemática ambiental así como los publicistas llevaron a cabo, a veces, el análisis de instituciones privadas, bajo la óptica y con los principios del derecho civil y/o comercial (*v.g.*, las sociedades anónimas de capital estatal). Pero, en cualquier caso, el estudio de la problemática ambiental requiere el conocimiento de los principios y fines del derecho público, sin perjuicio de que existan instituciones y aspectos regulados por el derecho civil. En este sentido, hay que advertir que la interrelación entre ambos derechos no es automática y que en algunos casos deben prevalecer las normas y las técnicas del derecho administrativo, habida cuenta de la primacía que corresponda asignar al interés público, aunque siempre en el marco de las garantías constitucionales (*v.g.*, la garantía de que todo sacrificio impuesto por razones de utilidad pública debe ser compensado conforme al art. 17/CN).

### *3. La problemática del medio ambiente*

El actual proceso de deterioro obedece a varios factores, que, al combinarse, han generado la situación que padecen, con mayor o menor magnitud, todos los países del mundo. Uno de ellos radica en el hecho de que si todo desarrollo industrial provoca siempre algún daño al ambiente la disyuntiva política (desarrollo económico *vs.* preservación ambiental) resulta difícil de resolver y generalmente se había orientado por la opción desarrollista, afectando la calidad de vida de la futura población. En segundo lugar, hay que tener en cuenta la propia naturaleza de los bienes y recursos naturales (muchos de ellos no-renovables) que sufren daño a raíz, principalmente, de las actividades industriales o de una masiva utilización, por parte de los particulares, de los instrumentos y productos que fabrican las empresas. El problema que aquí se plantea es la complejidad y el alto costo de las operaciones de recuperación o saneamiento, a lo que se une, todavía, el tiempo que a veces ello demanda (*v.g.*, limpieza y saneamiento de un curso de agua). Y, por último, otro de los factores significativos que han conducido al actual deterioro del ambiente es, indudablemente, la inexistencia de una política ambiental por parte de los Estados y, en algunos casos, la ausencia de medidas administrativas de aplicación y ejecución de las normas vigentes. Este vacío, que fue reemplazado en su momento por una anarquía sin precedentes, donde cada individuo se convirtió en un sujeto impune del daño a la Naturaleza, es el que vino a cubrir el moderno derecho ambiental.

Para complicar aún más el análisis de este panorama, irrumpió, en el centro del debate, la cuestión ideológica, ya que no faltaron sectores que atribuyeron (y aún hoy lo hacen) la responsabilidad por la degradación del ambiente al sistema capitalista. Sin

9. Este principio se encuentra recepcionado en el art. 28/LGA.

10. Carlos Alfredo Botassi (*Derecho Administrativo Ambiental*, La Plata, Librería Editorial Platense, 1997, pp. 91-92) afirma que ninguna otra rama del Derecho se vincula tan intensamente al derecho ambiental como el derecho administrativo.

embargo, el deterioro ambiental ha corrido parejo y en ciertos casos ha sido más intenso en aquellos países donde gobernó el Socialismo (*v.g.*, el accidente de Chernobyl), lo cual demuestra que la agresión al ambiente no es el efecto de un sistema determinado sino de la imprevisión, impericia y falta de solidaridad. En suma, el Estado, como comunidad superior que es, no supo ver ni advertir la magnitud del problema que se estaba generando en el ambiente tanto doméstico como global.

El proceso de deterioro que hemos descrito, después de alcanzar su punto culminante, ha comenzado a detenerse dando origen a un proceso de signo inverso que procura el saneamiento del ambiente, tanto con medidas positivas tendientes a restablecer la situación anterior de los bienes y recursos dañados como a través de políticas preventivas que estimulan la realización de actividades de conservación de los recursos naturales.

En ese escenario el aporte de los juristas especializados en derecho ambiental es hoy día más necesario que nunca como consecuencia del crecimiento constante de la legislación protectora del medio ambiente.

Hay quienes creen que una de las características singulares que posee el derecho ambiental es su naturaleza multidisciplinaria[11] (en lo que excede al Derecho). Esta opinión implica confundir la ciencia jurídica que se ocupa del ambiente con el fenómeno o problemática ambiental, que siempre demanda la estrecha colaboración entre técnicos y juristas para modelar el sistema normativo. Una consecuencia extrema que deriva de esa creencia ha llevado muchas veces a los técnicos a prescindir de los juristas en la elaboración de las recetas normativas, lo que entraña un grave peligro para la seguridad jurídica.

11. Silvia Jaquenod de Zsogon, *El Derecho Ambiental y sus Principios Rectores*, Madrid, 1991, p. 350.

### *4. El derecho constitucional a un ambiente sano*

Se ha dicho que la protección del medio ambiente tiene dos sentidos.[12] De una parte, la configuración de la política ambiental con sus contenidos sectoriales y diferentes técnicas; de otra, traduce un sentido más general y teleológico que hace que la finalidad tuitiva del ambiente se infiltre en todas las actividades públicas o privadas, lo cual plantea una serie de problemas interpretativos, como es el relativo a la jerarquía y dimensión de peso de otros valores y principios frente a los que informan la protección ambiental.

En Argentina, a partir de la Reforma Constitucional de 1994, el análisis de la problemática jurídica ambiental tiene su punto de partida en art. 41 de la Constitución Nacional, sin perjuicio de la legislación que complementa dicha norma básica, la cual prescribe: "Todos los habitantes gozan del derecho a un ambiente sano, equilibrado, apto para el desarrollo humano y para que las actividades productivas satisfagan las necesidades presentes sin comprometer las de las generaciones futuras; y tienen el deber de preservarlo. El daño ambiental generará prioritariamente la obligación de recomponer, según lo establezca la ley. Las autoridades proveerán a la protección de este derecho, a la utilización racional de los recursos naturales, a la preservación del patrimonio natural y cultural y de la diversidad biológica, y a la información y educación ambientales. Corresponde a la Nación dictar las normas que contengan los presupuestos mínimos de protección, y a las provincias, las necesarias para complementarlas, sin que aquellas alteren las jurisdicciones locales. Se prohíbe el ingreso al territorio nacional de residuos actual o potencialmente peligrosos, y de los radiactivos".

12. Ramón Fernando López, en García de Enterría/González Campos/Muñoz Machado (dris.), *Tratado de Derecho Comunitario*, t. III, Madrid, 1986, p. 503.

Al efectuar la disección constitucional lo primero que se advierte es la configuración de un derecho al medio ambiente (derecho a un ambiente sano, equilibrado etc.) a favor de todos los habitantes. Es obvio que este derecho, al igual que los consagrados en el art. 14 de la Constitución Nacional, se encuentra sometido a las leyes que reglamentan su ejercicio (salvo que tuviera operatividad *per se*) y si bien, conforme a una reiterada doctrina y a la jurisprudencia de nuestro más Alto Tribunal, no se conciben los derechos absolutos, la ley, al reglamentar los derechos constitucionales, no puede degradarlos ni alterar su esencia (art. 28/CN).

Con todo, no puede hablarse de una fórmula meramente declarativa, carente de efectos en el plano de la realidad jurídica, ya que su eficacia opera y se proyecta desde diversos ángulos al centro de la problemática jurídica en cuanto: (a) informa el ordenamiento jurídico al cual penetra como factor determinante en materia interpretativa respecto de la legislación, reglamentos y actos administrativos; (b) su violación habilita la impugnación de aquellas leyes o actos de la Administración (de contenido general o individual) que cercenen el derecho al ambiente sano, equilibrado etc.; (c) genera la responsabilidad estatal por las conductas lesivas del derecho ambiental que ocasionen daños a las personas; (d) se completa con la ampliación del círculo de quienes están legitimados para promover la acción de amparo, al incluir al Defensor del Pueblo y a las asociaciones de defensa ambiental registradas conforme a la ley (la cual determina los requisitos y las formas de su organización).[13]

### *4.1 El núcleo del derecho al medio ambiente*

Del análisis del precepto constitucional se desprende que el núcleo del derecho al medio ambiente se configura por dos elementos: (a) el derecho a un ambiente sano, equilibrado, apto para el desarrollo humano. Mientras la primera parte de la frase se asemeja a la fórmula existente en la Constitución de Portugal (art. 66º.1), la última guarda similitud con el precepto contenido en el art. 45 de la Constitución Española de 1978; (b) la exigencia que las actividades productivas satisfagan las necesidades presentes sin comprometer las de las generaciones futuras. Se trata de una cláusula excesivamente genérica, ya que el criterio rector para regir la trascendencia de una actividad productiva en el futuro no puede ser otro que la configuración del daño ambiental, el cual requiere siempre de una doble valoración: incidencia actual y proyección futura.

### *4.2 El deber legal de preservación ambiental. Prohibiciones*

La norma constitucional también prescribe el deber de preservar el medio ambiente a cargo de todos los habitantes. Si bien esta cláusula no permite determinar por sí misma los sujetos obligados – pues como todo deber opera en dirección genérica[14] –, el precepto constituye la norma de habilitación de la competencia del Congreso para reglamentar dicho deber.

Correlativamente, el art. 43 de la Constitución Nacional impone a las autoridades una serie de deberes: (1) la utilización racional de los recursos naturales (al igual que la Constitución española, art. 45); (2) la preservación del patrimonio natural, cultural y de la diversidad biológica; (3) la información,[15] lo que contribuye a favorecer la

13. Art. 43, segunda parte/Constitución Nacional.

14. Eduardo García de Enterría y Tomás-Ramón Fernández, *Curso de Derecho Administrativo*, t. II, Madrid, 1991, pp. 33-34. V. también: Fernando Garrido Falla (*Tratado de Derecho Administrativo*, t. I, Madrid, 1987, p. 359), que puntualiza que mientras el deber tiene carácter abstracto la obligación se refiere a un bien determinado.

15. Para Martín Mateo el derecho a la información supone la previa adopción del principio de

participación ciudadana;[16] y 4) la educación ambiental.

El incumplimiento de estos deberes puede generar la responsabilidad del Estado y de los funcionarios (en la medida que haya daño) aún cuando las respectivas conductas no fueran directamente exigibles, pues, de admitirse la exigibilidad, el particular tendría a su cargo la determinación del contenido del deber, convirtiéndose en legislador.

Al propio tiempo la norma constitucional establece la interdicción de ingresar "al territorio nacional de residuos actual o potencialmente peligrosos u de los radiactivos", cuyas respectivas definiciones corresponden a la legislación ambiental.[17]

### *5. La configuración del daño ambiental colectivo. El paralelismo de instituciones afines y las categorías ambientales*

#### *5.1 Diferentes tipos de daño ambiental*

Corresponde distinguir los daños provocados al medio ambiente en sí mismo de aquellos que afectan la salud o los bienes de las personas, que son causa del menoscabo de un patrimonio concreto.[18] Los primeros, que son los que interesan al objeto de este estudio, se hallan sometidos a las normas y principios del derecho constitucional (en sus elementos básicos) y del derecho administrativo, mediante la regulación que establecen las leyes y reglamentos dictados en ejercicio del poder de policía o potestad legislativa ambiental, mientras que los segundos se encuentran sustancialmente regidos por el derecho civil, sin perjuicio de las regulaciones penales o de derecho público.

La circunstancia de no advertir esta distinción es la causa de la mayor parte de las confusiones existentes que suelen extrapolar las concepciones más extremas de cada rama del Derecho (trasladando la responsabilidad objetiva por riesgo del derecho civil y la acción popular del derecho público al ámbito de las acciones entre particulares).

En efecto, en el derecho civil la responsabilidad objetiva por riesgo se ha convertido prácticamente en el eje de la responsabilidad por daño ambiental privado. Al no existir el factor subjetivo de atribución de responsabilidad, el causante del daño debe responder aunque no exista culpa de su parte, pudiendo sólo liberarse de responsabilidad si demuestra que el daño obedeció a la culpa de la víctima (lo cual es prácticamente imposible o al menos de muy difícil probanza) o de un tercero por quien no debe responder.

De ese modo, el derecho civil en esta materia de responsabilidad por daño ambiental[19] ha dado una vuelta de tuerca completa al sistema de responsabilidad y a sus fundamentos, imponiendo al dueño o industrial una suerte de carga o garantía de soportar los daños producidos por el riesgo o vicio de las cosas,[20] incluso por las actividades riesgosas.

la transparencia y la paulatina eliminación de los secretos públicos (*Nuevos Instrumentos para la Tutela Ambiental*, Madrid, 1994, p. 163).

16. Ampliar en Guy Braibant y otros, *Le Contrôle de la Administration et la Protection des Citoyens*, Paris, 1977.

17. Ley 24.051 (*Adla*, LII-A, 52) (el texto de la ley y los antecedentes parlamentarios que le dieron origen han sido objeto de publicación en la revista *Antecedentes Parlamentarios* 1996-B/1.637).

18. Carlos De Miguel Perales, *La Responsabilidad Civil por Daños al Medio Ambiente*, Madrid, Civitas, 1994, pp. 87-88; Lucía Gomis Catala, *Responsabilidad por Daño al Medio Ambiente*, Alicante, Aranzari, 1998, p. 64, cit. por Néstor A. Cafferata, en "Daño ambiental colectivo y proceso ambiental colectivo (Ley 25.675)", *Revista de Responsabilidad Civil y Seguros* 2/52, Año V, Buenos Aires, 2003.

19. V., al respecto: Félix A. Trigo Represas/ Marcelo J. López Mesa, *Tratado de la Responsabilidad Civil*, t. III, Buenos Aires, La Ley, 2004, pp. 533 y ss.

20. Art. 1.113/CC.

El peligro de esta tendencia es doble. Por una parte, implica una socialización de la responsabilidad sobre una base totalmente objetiva, en la que la responsabilidad surge prácticamente del daño (y de la relación de causalidad, en la que se sostiene una tendencia a establecer la solidaridad entre los partícipes, sin acotar o tasar la responsabilidad). Ello es, simplemente, la consecuencia de que el derecho civil antes que mirar el efecto global de una concepción sobre el conjunto mira preferentemente el interés de la víctima del daño (este último desde una óptica individualista, dada la inexistencia de topes o criterios para limitar o distribuir la responsabilidad sobre el universo de los causantes de los daños – *v.g.*, las personas que provocan daños al ambiente con las emanaciones de gases que generan los motores de los automóviles). Es evidente también que en esta concepción hay, más que justicia conmutativa, una suerte de justicia *sui generis*.

De otra parte, la transformación de la responsabilidad personal o individual en una especie de responsabilidad colectiva en materia ambiental poco contribuye al objetivo esencial y primero de la política ambiental, que consiste en preservar el medio ambiente y evitar la producción de daños ambientales, de difícil recomposición ulterior.[21] Más aún, la concepción que actualmente prevalece provoca una serie de enfrentamientos entre las personas e instituciones que desarticulan y desmenuzan los intereses de la sociedad, en vez de armonizarlos. Los conflictos son así inevitables y el grado de litigiosidad aumenta a niveles desproporcionados, con dos riesgos adicionales representados por la fabricación de pretensiones artificiales (una suerte de negocio del pleito, realizado con intenciones extorsivas o meramente crematísticas) y por la conflictividad social y política.

Esto es lo que está aconteciendo en la realidad y es probable que muchos, incluso de buena-fe, no quieran verlo por razones ideológicas o profesionales o hasta meramente doctrinarias.

En este ámbito, la solución de esta problemática, que puede llevar a la virtual extinción de las fuentes de trabajo y a desalentar el espíritu de iniciativa o la realización de actividades riesgosas, quizás se encuentre en la institución de un sistema de seguro de riesgo ambiental, con factor objetivo de atribución pero con indemnizaciones tasadas para hacer previsibles los riesgos y las actividades industriales de investigación o incluso profesionales, todo ello sin perjuicio del funcionamiento de las instituciones que consagra el derecho administrativo ambiental para prevenir los daños al medio ambiente y recomponerlos *in natura*.

### *5.2 El daño ambiental colectivo y el factor de atribución. La alteración ambiental negativa relevante como concepto jurídico indeterminado*

La LGA ha regulado, en diversos artículos, el llamado *daño ambiental de incidencia colectiva* o simplemente el *daño ambiental colectivo* (art. 30). Como se verá seguidamente, ambas denominaciones son sinónimas, ya que aluden a daños provocados "al ambiente, sus recursos, el equilibrio de los ecosistemas o los bienes o valores colectivos" (art. 27) o al "daño ambiental colectivo (...) para obtener la recomposición del ambiente dañado" (art. 30), haciéndose referencia inclusive a la "reparación frente a la sociedad" (art. 31). Se trata, en suma, de una responsabilidad administrativa en la que el Estado actúa como representante de la sociedad, siendo el Estado Nacional y las Provincias administradores de los aportes que realicen los sujetos responsables de la carga ambiental (art. 34).

En concordancia con ello, el art. 29, segunda parte, de la LGA prescribe que

21. Sobre las dificultades que plantea la recomposición del medio ambiente, v.: Tomás Hutchinson, *Daño Ambiental*, t. II, Santa Fe, Rubinzal-Culzoni, 1999, pp. 137-139.

la responsabilidad civil o penal por daño ambiental es independiente de la administrativa.

El factor de atribución de responsabilidad por daño ambiental colectivo es el incumplimiento, por acción u omisión, del deber de preservar y/o recomponer el ambiente negativamente modificado (argumento del art. 27 de la LGA), deber que, como hemos señalado antes, tiene base constitucional.

Se trata de un factor de atribución de tipo objetivo en el sentido de que prescinde de la culpa o del dolo como presupuestos de la responsabilidad. Sin embargo, cuando el factor de atribución concierne al obrar estatal la idea es similar a la de la falta de servicio que la Corte Suprema adoptó, a partir del caso "Vadell", con apoyo en el art. 1.112 del CC, para fundar la responsabilidad[22] extracontractual del Estado, por lo qué no cabe hacer aplicación, en esta clase de responsabilidad, a la teoría del riesgo creado,[23] que reposa en una justificación diferente y cuyo grado de objetividad es mayor pues, en los hechos, el factor de atribución viene a derivar del propio daño, ya que el riesgo es un elemento independiente de la acción u omisión que provoca el daño.

Por esas razones no resulta congruente con el sistema de responsabilidad por daño ambiental colectivo la adopción de similares causas[24] exonerativas de responsabilidad que la segunda parte del art. 1.113 del CC prescribe para liberar al demandado (culpa exclusiva de la víctima o de un tercero por quien no debe responder).

A su vez, antes de ser vetado por el Poder Ejecutivo, el régimen que la LGA consagraba para la configuración del daño ambiental establecía una presunción *iuris tantum* de responsabilidad.

La presunción *iuris tantum* (la cual, como es sabido, admite prueba en contrario) consiste en suponer la responsabilidad del autor del daño ambiental si "existen infracciones a las normas ambientales administrativas".[25] Va de suyo, entonces, que si el causante ha cumplido con todas las normas del poder de policía ambiental no se configura dicha presunción sino, implícitamente, una presunción favorable a la legalidad de su actuar.

¿Pero qué sucede en punto a la responsabilidad administrativa si quien provoca el daño ambiental ha cumplido con todas las normas ambientales?

La respuesta a este interrogante está dada por la prescripción contenida en el art. 27 en cuanto indica que la responsabilidad por daño ambiental colectivo también se genera por el acto lícito del causante. A nuestro juicio, se trata de una norma inconstitucional, habida cuenta que siendo una carga pública no respeta el principio constitucional de igualdad (art. 16/CN) ni la garantía de la propiedad, toda vez que la norma impone un sacrificio especial por acto lícito sin indemnización (art. 17/CN). La paradoja en este supuesto es que la indemnización constitucional debida y la compensación ambiental vayan a coincidir por el simple hecho de que el monto del sacrificio especial es el valor de la contribución al Fondo de Compensa-

22. Cf. Juan Francisco Linares, "En torno a la responsabilidad civil del funcionario público", *LL* 153/602, sección "Doctrina", y nuestro *Derecho Administrativo*, 7ª ed., t. I, Buenos Aires, Lexis Nexis/Abeledo Perrot, 2004, pp. 537 y ss. En el año 1985 la Corte Suprema adoptó la tesis que consagra la responsabilidad directa y objetiva del Estado por falta de servicio que venimos sosteniendo desde las primeras ediciones de nuestro *Derecho Administrativo*, en el caso "Vadell" (*Fallos* 300/2.036). V., al respecto: Pablo E. Perrino, "La responsabilidad de la Administración por su actividad ilícita. Responsabilidad por falta de servicio", *ED* 185/785.

23. V.: Jorge Bustamante Alsina, *Teoría General de la Responsabilidad Civil*, 9ª ed., Buenos Aires, Abeledo-Perrot, 1997, pp. 405 y ss.

24. Art. 29, primera parte/LGA.

25. Tal como la preceptuaba el art. 29, segunda parte/LGA, vetado por el Poder Ejecutivo.

ción Ambiental. Es evidente pues que ello implica una norma confiscatoria ya que, en definitiva, el Estado termina trasladando su responsabilidad por la legislación ambiental deficiente en cabeza de los particulares en vez de asumirla como propia, dividiendo la carga de recomponer los daños ambientales producidos por sus errores, aquiescencias o criterios establecidos para determinar los riesgos ambientales tolerables.

El segundo presupuesto que tipifica la responsabilidad por daño ambiental colectivo viene dado, en la LGA, por un concepto jurídico indeterminado que se circunscribe a una "alteración ambiental negativa relevante" (art. 27). En este sentido, la doctrina del derecho administrativo ha desarrollado la concepción de los conceptos jurídicos indeterminados como opuesta a la de los actos discrecionales.[26] Siendo, entonces, el concepto jurídico indeterminado un supuesto de remisión legal que no admite opciones o variantes discrecionales, va de suyo que su configuración o no resulta, en principio, la única opción posible, la cual viene a constituir, mediante una suma de elementos reglados y criterios de justicia, una regla que escapa tanto a la discrecionalidad administrativa como a la judicial.

Para que se configure el concepto jurídico indeterminado de "alteración ambiental negativa relevante" se requiere formular algunas precisiones básicas. La primera es que su determinación responde a un haz de conceptos vinculados a los recursos del ambiente, al equilibrio de los ecosistemas, los bienes o valores colectivos (*v.g.*, art. 27/LGA) lo cual conduce al establecimiento de pautas para establecer los riesgos ambientales soportables o mínimos, al desarrollo sustentable de las actividades humanas, especialmente las industrias. Ello exige que se establezcan los índices soportables de contaminación ambiental que una comunidad está dispuesta a tolerar por sus habitantes (*v.g.*, nivel de polución) sin grave riesgo para sus vidas y patrimonios.

Obsérvese que el calificativo "relevante" está indicando un grado mayúsculo de alteración del ambiente, y no una mera alteración que naturalmente viene produciendo la actividad industrial a partir del maquinismo, situación que no parece haberse superado en la era tecnológica.

La segunda precisión se refiere a que, por la propia función que cumple como gestora de los intereses generales o del bien común, la competencia para discernir tales pautas y, por ende, la configuración de los criterios y requisitos susceptibles de generar una alteración ambiental negativa relevante corresponden básicamente a la ley y, en su caso, a la Administración, y no a los jueces, los cuales, sin embargo, tienen a su cargo llevar a cabo el control de legalidad y de razonabilidad de las normas ambientales y de los actos administrativos de aplicación.

Por fin, corresponde distinguir entre *daño ambiental colectivo* e *impacto ambiental*. Este último se refiere a aquellas alteraciones concomitantes de determinada actividad sujetas a las medidas razonablemente preventivas, mitigadoras y correctivas que deben implementarse a tales fines. El daño ambiental, en cambio, deriva en principio de acciones que degradan en forma relevante el ambiente y los recursos naturales en contravención de las normas aplicables, mientras que el impacto supone modificaciones en el ambiente debidamente identificadas y previstas por el interesado, además de conocidas y auditadas por la autoridad administrativa.

En lo que concierne a los efectos de los impactos, las normas aplicables los diferencian de los daños, cuya consecuencia jurídica principal se constituye en la obligación prioritaria de recomponer. En cambio, los impactos ambientales generan la obligación de adoptar las medidas necesarias para que éstos tengan lugar dentro de parámetros de alteración ambiental razonables y de conformidad con una gestión responsable.

26. Ampliar en Juan Carlos Cassagne, *Derecho Administrativo*, t. I, pp. 231 y ss.

### 5.3 *La obligación de recomponer. La constitución del Fondo de Compensación Ambiental. La legitimación para accionar judicialmente*

#### 5.3.1 *La obligación de recomponer*

El deber genérico de preservar el ambiente se descompone, al menos, en dos facetas específicas constituidas por: (a) la obligación de evitar el daño ambiental y realizar acciones positivas o negativas para mantener "un ambiente sano y equilibrado, apto para el desarrollo humano (...)" (art. 41/CN); y (b) la obligación de recomponer frente a la ocurrencia del llamado *daño ambiental* (art. 41/CN), en obvia referencia al daño ambiental colectivo.

El criterio para determinar cuándo se está en presencia de un daño ambiental colectivo es eminentemente técnico y no puede ser cubierto con interpretaciones subjetivas ni discrecionales.[27]

Como se ha visto, el art. 41 de la Constitución Nacional reformada en 1994 introduce un precepto que, si bien consagra, prioritariamente, la obligación de recomponer el daño ambiental, reserva a la ley el contenido y las formas que configuran dicha obligación, dirigida fundamentalmente a los particulares causantes del daño,[28] sin perjuicio de la responsabilidad que pudiera caberle al Estado por aplicación de los principios generales que fundamentan la reparación patrimonial.

Corresponde advertir, asimismo, que la cláusula constitucional asigna un rango de prioridad a la recomposición del ambiente por sobre la indemnización pecuniaria,[29] la que no se encuentra referida de un modo expreso en el citado art. 41 de la Constitución Nacional.

En este último sentido, el criterio de la LGA, al reglamentar la obligación de recomponer, comprende la restitución de las cosas al estado anterior (como lo prescribe el art. 1.083/CC). Sin embargo, nada impide que, de no ser ello posible *in totum*, se adopten (art. 34, segunda parte) aquellas medidas razonablemente sustitutivas o equivalentes que tiendan a la recomposición, al menos en forma progresiva, del daño ambiental común (*v.g.*, plantación de árboles en nuevas autopistas) o acciones antipolutorias que hagan que los daños anormales que sufren los habitantes se transformen en molestias consideradas normales, dentro de los límites de contaminación que determine la legislación.[30]

#### 5.3.2 *La constitución del Fondo de Compensación Ambiental. El seguro ambiental y el fondo de restauración ambiental*

El art. 28 de la LGA prescribe que en el supuesto de que la recomposición del daño ambiental colectivo no sea técnicamente factible nace la obligación de indemnizar a cargo del causante del daño. Esta indemnización, en el sistema de la LGA, la fija sólo la Justicia Ordinaria interviniente, y su monto

27. La jurisprudencia ha señalado que no todo daño a la naturaleza comporta un daño antijurídico y que resulta necesario compatibilizar o acomodar la protección del ambiente con otros bienes igualmente valiosos (*v.g.*, necesidades de comunicación) para la comunidad (en el caso "Louzan, Carlos c/ Ministerio de Economía s/ acción de amparo", resuelto por la sala I de la Cámara Federal de San Martín, con fecha 26.7.1993, publicado en *ED* 156/59).

28. Guido Santiago Tawil, "La cláusula ambiental en la Constitución Nacional", en Juan Carlos Cassagne (dir.) (obra colectiva) *Estudios sobre la Reforma Constitucional*, Buenos Aires, Depalma, 1995, p. 57.

29. Beltrán Gambier/Daniel Lago, "El medio ambiente y su reciente recepción constitucional", separata *Revista El Derecho, Temas de Derecho Constitucional*, Buenos Aires, 1995, p. 27.

30. Juan Carlos Cassagne, "Sobre la protección ambiental", *La Ley* 1995-E-1.221.

pasa a integrar el Fondo de Compensación Ambiental.

Un poco más adelante, el art. 34 de la LGA regula la creación del Fondo de Compensación Ambiental, previéndose que será administrado por la autoridad competente de cada jurisdicción. Su finalidad es la de garantizar "la calidad ambiental, la prevención y mitigación de aspectos nocivos o peligrosos sobre el ambiente, la atención de emergencias ambientales y, asimismo, la protección, preservación, conservación o compensación de los sistemas ecológicos y el ambiente".

Esa ampulosa enumeración de destinos del Fondo, que bien podría haberse circunscrito a un par de conceptos básicos, no ha tenido consecuencias en la realidad en virtud de que aún no se ha dictado la ley especial que reglamenta su integración, composición, administración y destino (art. 34, tercera parte). Mientras esto no ocurra es evidente que, al menos en este aspecto, la LGA, carece de operatividad, dado que todo el sistema de recomposición del daño ambiental colectivo se basa en la constitución del Fondo de referencia.

De otra parte, el art. 22 de la LGA prescribe la obligación de contratar un seguro ambiental para garantizar el financiamiento de la recomposición del daño que "en su tipo pudiere producir" toda persona física o jurídica que realice actividades riesgosas para el ambiente. Es evidente que la reglamentación que se dicte entraña una cuestión compleja y difícil, pues requiere instrumentar un sistema de seguros cuyo costo dependerá de las posibilidades económico-financieras de cada industria u operador, existiendo grandes dificultades para determinar el riesgo asegurable en la medida en que no se establezcan criterios tasados o límites para la extensión de la responsabilidad objetiva.

En este sentido, se puede decir, parafraseando a Vanossi, que la legislación no puede contener un "catálogo de ilusiones", sino, en cualquier caso, un sistema posible, en materia ambiental, adaptado a la realidad del país.

#### 5.3.3 *La legitimación para accionar en sede judicial y otras cuestiones vinculadas a la acción por recomposición del daño ambiental colectivo*

En cuanto a la legitimación, concebida como la aptitud para ser parte en un proceso concreto,[31] el art. 30 de la LGA, en línea con lo preceptuado en el art. 43 de la CN, establece que se encuentran legitimados para demandar la recomposición del ambiente dañado (daño ambiental colectivo) los siguientes sujetos: (a) el afectado; (b) el Defensor del Pueblo; y (c) las asociaciones no-gubernamentales de defensa ambiental. La norma agrega que quedará legitimada la persona directamente damnificada por el hecho dañoso acaecido en su jurisdicción (*sic*), disposición que resulta superflua o sobreabundante habida cuenta que el concepto de "afectado" es abarcativo del supuesto que describe.

Tal como está diseñada esta especie de legitimación para promover la acción de recomposición por daño ambiental, es evidente que no configura una acción popular (con legitimación abierta a todos los ciudadanos), dadas las limitaciones subjetivas que prescribe, las cuales son taxativas.

En cambio, para promover un amparo, cuya pretensión procesal consista en la cesación de actividades generadoras del daño ambiental colectivo, el art. 30, *in fine*, de la LGA consagra la acción judicial a favor de "toda persona", instituyendo de este modo una acción popular o pública.[32]

31. Jesús González Pérez, *Comentarios a la Ley de Jurisdicción Contencioso-Administrativa*, t. I, Madri, Civitas, 1998, p. 450; y Juan Carlos Cassagne, "La legitimación activa de los particulares en el proceso contencioso administrativo" *ED* 120/979.

32. Néstor P. Sagués, "El amparo ambiental, Ley 25.675", *La Ley* 2004-D-1.194-1.195; Aída Kemelmajer de Carlucci, Aída Kemerlmajer de Carlucci, *Estado de la Jurisprudencia Nacional en*

Sobre el punto, cabe recordar que una parte de la doctrina ha sostenido que el reconocimiento de la acción popular sería inconstitucional,[33] en la inteligencia de que la atribución de promover la acción pública a favor de cualquier persona viola el principio representativo (art. 22/CN) al arrogarse la representación de los derechos del pueblo, es decir, del conjunto de la Nación.

A su vez, la LGA sienta dos principios llamados a tener una enorme repercusión en el plano de la responsabilidad por daño ambiental colectivo, a saber: (a) el principio de concentración procesal, que establece la interdicción de promover otras acciones similares una vez que fuera deducida una determinada demanda por daño ambiental, sin perjuicio de la intervención de terceros (art. 30, segunda parte[34]); y (b) la regla de la solidaridad cuando no sea posible la determinación precisa del daño provocado por cada sujeto responsable (art. 30, tercera parte).

#### 5.3.4 *Carácter prescriptible de la acción*

No puede haber duda acerca de la prescriptibilidad del derecho a demandar la recomposición del daño ambiental colectivo. Así lo imponen la seguridad jurídica y la necesidad pública de no generar riesgos futuros imposibles de todo cálculo racional. Quienes sostienen la imprescriptibilidad de este tipo de acciones no piensan en que ello introduce una grave cuña en la certeza y en la estabilidad de las inversiones privadas. De otra parte, se aplican al caso, en forma análoga, las normas del Código Civil que prescriben tanto el principio de que los derechos reales y personales se pierden por la prescripción (art. 3.947) como el plazo de dos años establecido para el ejercicio de la acción por responsabilidad extracontractual (art. 4.037), el cual, si bien se ha considerado demasiado breve para estas situaciones,[35] no está muy lejos de los plazos que se han fijado en la legislación comunitaria europea (tres años) para diversas acciones por daño ambiental.

### *6. Esbozo de la jurisprudencia sentada por la Corte en el caso "Mendoza"*

La doctrina jurisprudencial que la Corte ha sentado en el precedente "Mendoza Beatriz S. y otros c/ Estado Nacional y otros"[36] está llamada a proyectar consecuencias de suma trascendencia para el correcto encauzamiento de las causas ambientales, tanto en aspectos sustantivos como procesales.

El juicio fue promovido, en instancia originaria, por un grupo de actores contra el Estado Nacional, la Provincia de Buenos Aires y la Ciudad Autónoma de Buenos Aires así como también a 44 empresas que desarrollan su actividad industrial en las adyacencias de la Cuenca Hídrica Matanza-Riachuelo, con el objeto de obtener una indemnización por los daños y perjuicios sufridos a raíz de la contaminación ambiental de dicho río.

*el Ámbito Relativo al Daño Ambiental Colectivo Después de la Sanción de la Ley 25.675, Ley General del Ambiente (LGA)*, p. 26.

33. Cf. Miguel S. Marienhoff, "La legitimación en las acciones contra el Estado", *LL* 1986-C/899 y ss. Esta opinión del Maestro fue compartida por Jorge Bustamante Alsina, en su *Derecho Ambiental*, Buenos Aires, Abeledo-Perrot, 1995, pp. 141-142, respecto a las acciones promovidas entre particulares. Es también la postura que exponemos en diferentes trabajos.

34. La doctrina ha criticado la inclusión de estas reglas procesales sosteniendo que ellas exceden el contenido de los "presupuestos mínimos" que consagra el art. 41/CN (cf. Daniel H. Lago, "La Ley General del Ambiente (Ley 25.675) y sus reglas procesales. Reflexiones sobre su constitucionalidad", *JA* 2003-III-1.272 y ss.

35. V.: Tomás Hutchinson, Tomás, *Daño Ambiental*, t. II, pp. 299-300.

36. Publicado en *La Ley* 2006-D/281, con nota de Daniel Alberto Sabsay.

Para el Alto Tribunal,[37] como las pretensiones se plantearon en forma acumulativa (mezclando la pretensión colectiva con la individual), resulta necesario distinguir y separar dos pretensiones que difieren en punto a su régimen sustantivo y a la jurisdicción competente, a saber: (1) la vinculada a la lesión de bienes individuales (daños a las personas físicas y a sus patrimonios), y (2) la concerniente a la protección del bien de incidencia colectiva, configurado por el ambiente.

La Corte, al rechazar la acumulación de acciones que pretendían los actores en su instancia originaria, puntualizó que, a diferencia de los bienes individuales, el bien de incidencia colectiva es de uso común e indivisible, hallándose tutelado de manera no disponible para las personas individuales.

Además, en materia de daño colectivo señaló que primero corresponde la prevención, luego la recomposición y finalmente, recién en ausencia de toda posibilidad de recomponer, procede el resarcimiento.[38]

Importa destacar otra afirmación relevante del fallo como es la de sostener que, conforme al art. 27 de la Ley 25.675, el único daño regulado y alcanzado por dicho "estatuto especial" es el daño de incidencia colectiva, que comprende las pretensiones que persiguen la recomposición y al resarcimiento del referido daño,[39] las cuales corresponde separar de la pretensión que tiene por objeto la indemnización de los daños patrimoniales y extrapatrimoniales sufridos por los actores[40] (daños individuales).

En cuanto a estos últimos, la Corte sostiene que, por hallarse en juego el incumplimiento de atribuciones públicas (en rigor, la omisión de ejercerlas), provenientes del ejercicio del poder de policía local, no corresponde la jurisdicción federal en razón de la materia por tratarse de supuestos que configurarían supuestos de responsabilidad, como entre otros la falta de servicio, que no podrían encuadrarse en el concepto de *causa civil*, entendida ésta como aquella que concierne a " litigios regidos exclusivamente por normas y principios de derecho privado (...)".[41] Por tal causa, cuando para resolver la controversia sea necesario acudir, en forma parcial o exclusiva, al Derecho local, la causa no se considera "civil", por lo qué corresponde tramitar en jurisdicción de la Justicia provincial.[42]

Es decir que mientras la jurisdicción originaria en materia de conflictos en que se plantea la recomposición del daño ambiental colectivo en los que una Provincia sea demandada conjuntamente con el Estado Nacional se configura la competencia federal en razón de la materia, tanto por tratarse de la degradación o contaminación de recursos ambientales interjurisdiccionales (art. 7º/LGA) como por el daño de incidencia colectiva que constituye el único presupuesto atributivo de la competencia federal (art. 27/LGA).[43]

37. Considerando 6º.

38. En el Considerando 18ª, primera parte, se afirma que la prevención del daño futuro tiene prioridad absoluta.

39. Considerando 7º, tercera parte.

40. Considerando 8º.

41. Considerandos 8º, segunda parte, y 9º.

42. *In re* "Barreto, Alberto Damián, y otra c/ Buenos Aires, Provincia de, y otros s/ daños y perjuicios". *B-2303 XL* de fecha 21.3.2006.

43. Considerando 7º, tercera parte.

# ORIGEN, EVOLUCIÓN Y APROXIMACIÓN CONCEPTUAL A LA NOCIÓN DE "SERVICIO PÚBLICO"

JUAN GUSTAVO CORVALÁN

*1. Introducción. 2. Origen y evolución histórica en Europa Continental: 2.1 Francia (colaboración de Federico de Santa Coloma): 2.1.1 El Medioevo. 1600/1700. Siglos XVII y XVIII – 2.1.2 Siglo XIX – 2.1.3 Consolidación de la noción de servicio público en Francia y el surgimiento de la llamada Escuela del Servicio Público. Fines del siglo XIX y principios del siglo XX: 2.1.3.1 La concepción de Hauriou, Duguit y Jèze – 2.2 Italia – 2.3 Alemania – 2.4 España. 3. El origen de la noción de servicio público en nuestro país: 3.1 Desde un punto de vista constitucional (la Constitución de 1853): 3.1.1 Doctrina que interpreta que la Constitución de 1853 le confiere la titularidad de los servicios públicos al Estado – 3.1.2 Doctrina que niega que la Constitución de 1853 confiera titularidad al Estado sobre los servicios públicos – 3.2 Desde un punto de vista legislativo y jurisprudencial – 3.3 Desde un punto de vista doctrinario. 4. La clásica concepción sobre el servicio público y los elementos esenciales que integran la gran mayoría de las definiciones doctrinales. 5. ¿Debemos intentar una definición jurídica de servicio público? ¿Corresponde ajustar los elementos a la realidad actual? O ¿debemos abandonar la idea de definir al servicio público? En todo caso, ¿sería conveniente restringir o ampliar su concepto?. 6. El llamado servicio universal o de interés general y el servicio de interés económico general. 7. Definición de servicio público. 8. Conclusiones: 8.1 En relación al origen y su evolución – 8.2 Respecto a la clásica concepción sobre el servicio público y su definición conceptual.*

*En el Edicto de 1635* que reorganiza los derechos de tránsito por agua y por tierra, en Francia, el rey declaraba: "(...) y queriendo en cuanto sea posible convertir el comercio de nuestro Reino fácil y cómodo, ordenamos a los granjeros (...) establecer personas y funcionarios suficientes para subvenir a todos estos coches de forma que *el servicio público no se atrase*".

"(...) la definición del servicio público constituye un ejemplo relevante de una de estas nociones fundamentales en las que su contenido sólo ha podido ser precisado en breves períodos de tiempo y cuyos contornos se resquebrajan al compás de las leyes y de las decisiones jurisprudenciales".[1]

"Es imposible suministrar una noción precisa de servicio público, dado

1. Chenot, "L'existencialisme et le Droit", *Revue Francaise de Science Politique*, 1953.

su mismo carácter de continuo devenir. Ninguna definición tendrá carácter absoluto (...)."[2]

"No creemos que sea posible, ni útil, formular una definición del concepto jurídico de 'servicio público', sino en relación a un régimen político determinado."[3]

"(...) la noción de servicio público estará siempre en crisis si no se la construye alrededor de su propio fundamento jurídico (...)."[4]

## 1. *Introducción*

Las consideraciones precitadas constituyen la piedra angular, el punto de partida y la base axiológica para intentar abordar la noción de *servicio público*.

Con razón se ha dicho que las definiciones de servicio público son tantas cuantos los autores que de él se han ocupado aunque sea incidentalmente.[5] Sucintamente, plantearé postulados básicos que – estimo – deben preceder el análisis a una aproximación conceptual de la noción en estudio.

*(1)* La noción de servicio público se origina en Francia, tanto en el ámbito normativo, jurisprudencial y doctrinario.[6]

*(2)* No resulta claro, más bien parecería lo contrario, que nuestro modelo constitucional de 1853 haya previsto la titularidad estatal de los servicios públicos.[7]

*(3)* La puesta en crisis del concepto *servicio público* se debe a su propia noción cambiante[8] y anclada (¡con una fuerte intensidad!) en aspectos ajenos al campo jurídico.[9] Por ello, su confusión, crisis y la

2. Por ello manifiestan en forma tajante Zuelli y Barra que las definiciones de servicio público serán genéricas, descriptivas y tendenciosas (cf. Fulvio Zuelli, *Servici Pubblici e Attività Imprenditoriale*, Milán, Dott. A. Giuffrè, 1973, p. 2, y Rodolfo Carlos Barra, "Hacia una interpretación restrictiva del concepto jurídico de servicio público", *La Ley* 1982-B-363). Se dice asimismo que en la noción de servicio público, amén de las dificultades propias de definir cualquier concepto jurídico y las especiales del derecho administrativo, se le adicionan las propias de un instituto cuya explicación última reside en razones que están lejos de la ciencia jurídica y que, una vez "jurïdizado", recibió el ropaje explicativo de las distintas necesidades políticas sociales que venía a satisfacer en las también diferentes circunstancias de países y momentos (ibídem).

3. Juan Francisco Linares, "Concepto y definición de servicio público", *Revista Argentina de Derecho Administrativo* 19/34, Plus Ultra, 1978.

4. Agustín Gordillo, "Reestructuración del concepto y régimen jurídico de los servicios públicos", *La Ley on-line*, páginas de Ayer, 2004-10, 29. También Canosa, en su importante estudio sobre el régimen de transporte terrestre, puso de relieve las advertencias de diversos autores sobre la noción de servicio público (cf. Armando N. Canosa, *Régimen Administrativo del Transporte Terrestre*, Buenos Aires, Editorial Ábaco de Rodolfo de Palma, 2002, pp. 114-115). También vale la pena destacar los aportes que el precitado autor nos brinda en esta obra respecto a la *regulación*, actividad de control y sancionatoria en cuanto al régimen del transporte ferroviario, automotor y de cargas.

5. Alessi, *Diritto Amministrativo*, vol. I, 1949, pp. 329-330.

6. Aunque en relación a este aspecto, algunos autores nacionales abordaron (superficialmente, en mi opinión) esta noción. V., al respecto, infra, punto 3.3.

7. El desarrollo de este postulado puede observarse en el punto 3.1.

8. Con acierto pone de relieve Mairal que la noción de servicio público es cambiante, y actualmente (según este autor) pueden rescatarse ciertas notas de la noción clásica ajustadas a una nueva realidad (cf. Héctor Mairal, "El concepto de servicio público en el derecho argentino actual", *Servicio Público, Policía y Fomento*, Jornadas organizadas por la Universidad Austral/Facultad de Derecho, Ediciones RAP, 2003, p. 236).

9. Coincido con González Moras en el sentido que el servicio público debe ser estudiado en relación con: (a) una Teoría del Estado, que involucra una teoría del poder en cuanto a sus formas y fundamentos; involucra los elementos constitutivos del Estado; las formas del Estado en cuanto a su extensión y la continuidad del Estado y su configuración futura; (b) la indagación del grado de intervención del Estado en la economía; (c) la técnica de garantía de los derechos humanos; y (d) el concepto técnico jurídico-administrativo en el

posible mutación de sus elementos provienen del ámbito político o, si se prefiere, de la posible confusión o crisis para determinar el rol del Estado en un determinado contexto histórico.[10]

*(4)* En la estructura de la definición de servicio público subsisten elementos ideológicos,[11] jurídicos, económicos y sociológicos que traducen un determinado modelo de relaciones político-jurídicas.

*(5)* Amén de tales consideraciones, *la noción de servicio público ha generado y despertado intentos valiosos, y en cierta forma infructíferos, para encontrar un concepto único, delimitador, explicativo, inmutable y general aplicable a todo Estado de Derecho*. Se ha dicho que el servicio público carece de una definición unívoca y vigente en todos los tiempos.[12]

Ahora bien, para comprender algunas razones por las cuales resulta harto dificultoso establecer un concepto relativamente estable, estimo prudente efectuar un breve repaso, a trazo grueso, de su nacimiento, evolución histórica y algunas de las diferentes conceptualizaciones que se han esbozado en Francia, Italia, Alemania y España.

Este raconto no sólo pondrá de relieve que esta concepción surgió mucho antes de lo que se cree, sino que, antes bien, evidenciará que la mayoría de los aportes que se han efectuado a lo largo de la historia nutre las actuales definiciones sobre el servicio público.

que se describe la prestación de una actividad que atiende a la satisfacción de necesidades públicas (cf. Juan M. González Moras, "El concepto de servicio público", *RAP* 309/185, Año XXVI).

10. Como bien dice Linares, hay conceptos claros sobre objetos claros y conceptos oscuros sobre objetos oscuros. Esto último siempre ocurrió con el tema del servicio público; no obstante, el autor plantea que la ciencia debe tratar, en la medida de lo posible, de obtener conceptos claros sobre un objeto oscuro. Afirma entonces Linares: "La doctrina no puede limitarse al inventario de las oscuridades y dificultades existentes en materia del concepto de servicio público, sino de superarlas si es que se prefiere ser fiel a su contenido" (Juan Francisco Linares, "Concepto y definición de servicio público", *Revista Argentina de Derecho Administrativo* 19/42).

11. Según Bianchi, muchas de las propuestas sobre el servicio público están alimentadas por una fuerte carga de origen ideológico (Alberto B. Bianchi, "Una noción restringida del servicio público (aportes para su cuarta etapa)", en Juan Carlos Cassagne (dir.), *Servicio Público y Policía*, 1ª ed., Buenos Aires, El Derecho/Universitas, 2006, p. 82). En un sentido concordante, Bassols Coma entiende que la ideología, la economía y el factor sociológico subsisten como elementos fundantes de la estructura jurídica de la noción de servicio público (cf. Martín Bassols Coma, "Servicio público y empresa pública: reflexiones sobre las llamadas sociedades estatales", *Revista de la Administración Pública Española* 84/28, Año 1977).

12. Marafuschi pone de relieve que a esta conclusión (la hace propia) se arribó en el Primer Seminario Internacional sobre Servicios Públicos y sus Privatizaciones, celebrado en marzo/2000 en la Ciudad de la Plata. Asimismo, se concluyó que prueba de ello (la indefinición unívoca y vigente en todos los tiempos) resulta de que el Consejo de Estado francés definió sus notas típicas (atención de necesidades públicas, intensa intervención estatal y régimen exhorbitante del derecho común) pero jamás proporcionó una definición conceptual (cf. Miguel A. Marafuschi, "Servicio público. Concepto y evolución", en Carlos A. Botassi (dir.), *Temas de Derecho Administrativo, en Honor al Profesor Dr. Agustín A. Gordillo*, La Plata, Librería Editora Platense, 2003, p. 263). En el Derecho Anglosajón acontece algo similar con la Corte Suprema de los Estados Unidos. Luego de varios esfuerzos por encontrar un rumbo teórico a partir de la noción de actividades investidas o afectadas de un interés público (*public utilities*), la Corte abandonó la tarea, y como bien apunta Bianchi ello no debe llevarnos a pensar que a raíz de la inexistencia conceptual no tengan las *public utilities* marco legal (Alberto B. Bianchi, "Una noción restringida del servicio público (aportes para su cuarta etapa)", en Juan Carlos Cassagne (dir.), *Servicio Público y Policía*, 1ª ed., p. 89). Me permito disentir con la conclusión de Marafuschi. Si bien admito que la noción de servicio público carece de una definición unívoca y vigente en todos los tiempos, nada se prueba con que el Consejo de Estado no haya proporcionado una definición (tampoco la Corte de Estados Unidos). El Consejo de Estado no provee definiciones (aunque

## 2. *Origen y evolución histórica en Europa Continental*

### 2.1 *Francia*[13] *(colaboración de Federico de Santa Coloma)*

#### 2.1.1 *El Medioevo. 1600/1700. Siglos XVII y XVIII*

*A raíz de las investigaciones efectuadas en Francia,*[14] *debe desecharse la idea de que el servicio público nació y se consolidó previamente en nuestro país o en otros. Ello así tanto a nivel normativo, jurisprudencial y doctrinario.*

Como se podrá apreciar *grosso modo* en este punto, esta noción *se origina en el Medioevo* (en Francia), de forma disociada a través de dos conceptos: la *necesidad pública* y el *provecho común.*

Estas son las bases que justifican numerosos actos municipales y reales del Medioevo, encarnados en los estatutos comunales que son una fuente importante de "servicios públicos".[15]

Las primeras organizaciones públicas surgidas en el primer milenio en Francia son del orden regaliano; así, ciertos servicios privados monopolizados por los señores del Medioevo o las Comunas se convierten en "públicos" por el avatar fiscal de vanalidades.

*Los verdaderos servicios públicos surgen en el siglo XII y se ubican principalmente en el área de las infraestructuras.*[16] De La Mare, en su tratado de policía de 1720, cristalizó un compendio temático sobre los servicios públicos, y expuso en detalle las diversas regulaciones que encuadran en las competencias de las comunas.[17]

El primer ámbito de intervención de las actividades organizadas a gran escala por la "potencia pública" *está fundado en la necesidad de la organización colectiva en ámbitos vitales, esenciales para la vida en colectividad y la protección de la vida individual.*

Esta intervención llamada en el Medioevo la "causa necesaria" se basa en los desafíos absolutos de la organización de los servicios del Estado; entre los que se encuentran: la defensa, la tranquilidad pública, la legislación, el Fisco, la autoridad pública, la moneda, la organización administrativa (entre otros); y luego, el de la justicia. De hecho, en su informe anual de 1994 sobre la noción de servicio público el Consejo de Estado recuerda el lazo de ésta con la noción de intimidación pública.

Vienen *a posteriori* los socorros públicos a los enfermos, a los indigentes, la

pueda hacerlo); más aún, numerosos institutos o nociones no han sido por él definidos, y ello no es un impedimento a que se puede plantear una definición. Por lo demás, diversas categorías del derecho administrativo (y me atrevería a decir del Derecho en general) poseen definiciones que *no* son unívocas y vigentes en todos los tiempos. El Derecho es un continuo devenir.

13. *Debo agradecer a mi amigo, el Dr. Federico de Santa Coloma, Relator de la Exma. Cámara Federal en lo Contencioso Administrativo, quien ha tenido la deferencia de traducir las obras aquí en estudio, del Francés al Castellano.*

14. En particular, la obra (tesis doctoral) del autor francés Xavier Bezncon constituye uno de los trabajos más importantes desde el punto de vista histórico francés respecto al nacimiento de los contratos administrativos y a los servicios públicos en ese país (cf. Xavier Bezncon, *Essai sur les Contrats de Travaux et de Services Publics, Contribution à l'Histoire Administrative de la Délégation de Misión Publique*, 2ª tir. *avec mise à tour*, París, LGDJ, 2001, p. 307).

15. Xavier Bezncon, *Essai sur les Contrats de Travaux et de Services Publics, Contribution à l'Histoire Administrative de la Délégation de Misión Publique*, 2ª tir., p. 305.

16. En este aspecto, resultan de particular trascendencia las investigaciones sobre los servicios públicos en Francia del Medioevo a la Revolución, por Jean-Louis Meztere, *Introducción Histórica al Derecho Administrativo Francés*, París, PUF 1985, Ip. Michaud-Quentin, Universitas, 1970.

17. Cf. Xavier Bezncon, *Essai sur les Contrats de Travaux et de Services Publics, Contribution à l'Histoire Administrative de la Délégation de Misión Publique*, 2ª tir., p. 306, nota al pie n. 979.

preocupación por la higiene pública, las infraestructuras de transporte, las profesiones reguladas (abogados, martilleros, notarios, médicos, los servicios de comunicación, transporte de mercaderías o correos; entre otros).

"Son los mercaderes del agua los que obtuvieron en París el *echevinage* (la regiduría) y el título de prefecto de los mercaderes a la vez delegado del rey por la ciudad de la cual es señor y alcalde elegidos por sus pares."[18]

Esta es la más importante de las profesiones porque se ocupa de la alimentación de la ciudad. Dispone en este sentido de un *peaje sobre el río y de un monopolio de transporte*, aparece regularmente en las actas de debate de la Ciudad de París bajo el título de la *hanse Françoise.*

Retomando los conceptos que dan nacimiento y sustentan *ab initio* la noción de servicio público, veamos en forma sucinta las actividades que se englobaban bajo el concepto de "provecho común". Así, el teatro, la ópera, la lotería, se denominaban en el Medioevo bajo esta noción. Más aún, el término "provecho común" apareció en reiteradas oportunidades en los textos antiguos al lado del de "interés de la cosa pública", o "servicio público", utilizado a partir de 1635 y sobre todo al final del siglo XVIII, época en donde la expresión se pone de moda.

Se distinguía en los tiempos medievales las dos nociones (provecho común/interés de la cosa pública-servicio público), y las intenciones de los regidores o concejales se concentraban en la necesidad pública que la aspereza de los tiempos de guerra no podía hacerles olvidar. El aprovisionamiento en alimentación y la defensa de la ciudad absorbían la mayor parte de sus actividades.

*La noción de servicio público aparece en claro a principios del siglo XVII. Es a partir de Carlos Séptimo y de Enrique Cuarto, cuando surgen iniciativas exitosas y sistemáticas en el ámbito de los servicios públicos. En concreto, la apertura de líneas de transportes públicos fluviales, servicio de locación de caballos, apertura del correo al público y secamiento de los pantanos.*

Veamos.

En el Edicto de 1635, que reorganiza los derechos de tránsito por agua y por tierra, el Rey declaraba: "(...) y queriendo en cuanto sea posible convertir el comercio de nuestro Reino fácil y cómodo, ordenamos a los granjeros (...) establecer personas y funcionarios suficientes para subvenir a todos estos coches de forma que *el servicio público no se atrase*".

También en el acta de creación del Canal de Briare de 1638 se utiliza la noción de servicio público para garantizar la continuidad de los mismos.

En 1776 se habla en el Edicto de Luis XVI,[19] *si la necesidad del servicio público* los obliga a ceder su propiedad, es justo que no sufran ningún daño y que reciban el precio de la porción de su propiedad que están obligados a ceder.

Cuando el Rey hacía referencia a la obligación de dos transportes gratuitos en Versalles (Recuerda el Consejo de Estado el 20.11.1785) y reglamentaba la administración del Correo de Cartas y del Correo de Caballos, prescribía textualmente: "El transporte de las valijas de cartas continuará por los jefes del correo dos veces por semana (...) sobre todas las rutas donde se establecen grandes correos, mismo sobre aquellas que

18. Ídem, p. 307.

19. Sólo Cassagne en nuestro país ha puesto de relieve con énfasis, aunque sin efectuar mayores precisiones, que: "(...) tanto en Francia (desde Luis XIV y quizás antes) como en España (en el caso de producción y distribución de agua), el embrión de la teoría del servicio público ya estaba sembrado y la utilización del término era más o menos corriente" (cf. Juan Carlos Cassagne, "La crisis de los servicios públicos en Argentina", en Juan Carlos Cassagne (dir.), *Servicio Público y Policía*, 1ª ed., p. 378; la cita corresponde a la nota al pie n. 5, tercer párrafo).

se vayan a establecer luego para *facilitar el servicio público*".

Esta última noción aparece cada vez más durante el período prerrevolucionario, en particular en una ordenanza de febrero/1786 sobre la policía de conservar en las rutas por los puertos de posta y carreteras para evitar accidentes *y asegurar el servicio público*.[20]

Cabe aclarar que todas estas evoluciones transcurren por fuera del sistema feudal.

2.1.2 *Siglo XIX*

Aparece en el siglo XIX, en el Derecho Francés, una noción que fundará y dominará el derecho administrativo de casi todo este período. En efecto, la noción de *trabajos públicos* imperará en el derecho administrativo en el siglo XIX, y las características generales de la jurisprudencia se basarán sobre esta concepción, que se reafirma a principios del siglo XX a pesar del desarrollo de la noción de *servicio público*.[21]

Contrariamente, la noción de servicio público juega un rol muy ausente a lo largo del siglo. La teoría de la concesión en el siglo XIX se apoya en los siguientes elementos: no se diferencia de la noción de mercado, la noción no ignora el concepto de servicio público pero se refiere poco a ella y la engloba.

El Consejo de Estado francés fue llevado a pronunciarse sobre esta noción en relación a casos relacionados a las antiguas concesiones de aguas, verdaderas liberalidades a veces a título oneroso (en el origen).

En los primeros fallos la noción aparece (según lo comentaba Belgránd en el *Compendio de los Reglamentos de las Aguas de París*, Gauthier, Villars 1875 – Ref. 10487 *École des Ponts*) en el siguiente contexto: "(...) resultan estos actos que las aguas recuperadas y traídas para ser afectadas al servicio público son por su naturaleza y su destino distintas de los cursos de aguas privadas (...)" (cf. causa Delorme 27.6.1835, causa Pommier 1.6.1849, causa Delalain CE 5.1.1850 y la causa Clausse CE 18.1.1851).

La noción reaparece en fallos posteriores como el caso "Froment" (*Cour Impériale de Paris* 24.4.1854), "Camus" (CE 1.12.1859) y "Le Rebours" (CE 21.1.1861).

En la causa ya citada "Delorme", del 27.6.1835, el Consejo de Estado se apoya en la noción de servicio público y destaca que: "considerando que los derechos habientes (...) no son propietarios de ninguna fuente (...) que resulta del fallo del Consejo del 23.3.1656 que las aguas a este empresario por precio de su trabajo fueron incorporadas originalmente al dominio público y que no deben ser entregadas (...) que a través (...) de las normas *pertenecientes al servicio público en París*" (el destacado es propio).

En similar sentido, en un precedente del 1.4.1840 (CE 1.4.1840 *consorts* Giraud *Rec. des arrêts CE*, p. 98) se afirmó respecto del servicio de navegación: "(...) considerando que se trata en la especie de un servicio público dependiente de la gran vía".

Otro dato de gran relevancia se observa a la luz del nacimiento de la noción de *contrato administrativo*, la cual se origina bajo el signo del servicio público.[22]

El fallo "Therónd" marca el abandono de los trabajos públicos y el pasaje a la referencia a la noción de servicio público.[23]

La noción de servicio público también englobó ámbitos crecientes del contencioso de los contratos. En su mutación, los criterios orgánicos y materiales se estructuran a favor de un criterio orgánico, lo que contribuye a

20. Juan Carlos Cassagne, "La crisis de los servicios públicos en Argentina", en Juan Carlos Cassagne (dir.), *Servicio Público y Policía*, 1ª ed., p. 307.

21. Ídem, p. 330.

22. Ídem, p. 395.

23. Ídem, p. 331.

acrecer la supremacía de la Administración en las relaciones contractuales. Ella encarna el bien público, la *continuidad del servicio público*; su co-contratante juega un rol menos importante y más secundario. Las "Leyes del Servicio Público" se convierten en la referencia administrativa de los criterios de su acción, constituyendo la noción de servicio público, por ejemplo, una nueva referencia para la concesión.

### 2.1.3 *Consolidación de la noción de servicio público en Francia y el surgimiento de la llamada Escuela del Servicio Público. Fines del siglo XIX y principios del siglo XX*

Cuando se habla de los servicios públicos en nuestro Derecho, por lo general se invocan, en cuanto a la jurisprudencia se refiere, a dos precedentes del Consejo de Estado francés: "Blanco", del año 1873, y "Terrier", de 1903.[24] El primero tuvo por objeto afirmar la competencia del juez administrativo francés; en efecto, se utilizó allí el concepto de servicio público con un carácter absoluto para la determinación de la competencia de la jurisdicción administrativa.

Tal concepción se reafirmaría con "Terrier", "Feutry" de 1908 y Theród de 1910; estableciéndose por tanto en ellos con vehemencia el nuevo criterio para definir el campo de competencia frente al derecho privado.

Por ello, en este período el concepto de servicio público quedó así prácticamente equiparado al de la actividad del Estado, el de su administración y, consecuentemente, al de derecho administrativo y de competencia del juez administrativo. El derecho privado fue conscientemente reducido al mínimo cuando se trataba de la actividad administrativa.[25]

En el ámbito doctrinario, Cassagne en nuestro país ha insistido,[26] y Rebollo en España,[27] que fue Hauriou el primer autor en profundizar la noción, y no Duguit. En cambio, Garrido Falla en el año 1952 asignaba el origen del término en la jurisprudencia y literatura jurídica francesas. Para este autor, con Duguit,[28] sobre todo, se amplia

24. V., al respecto, entre otros, Franck Moderne, "La idea de servicio público en el Derecho Europeo: nuevas perspectivas", en Juan Carlos Cassagne (dir.), *Servicio Público y Policía*, 1ª ed., p. 10.

25. A esta conclusión arriba el autor Francés Franck Moderne, "La idea de servicio público en el Derecho Europeo: nuevas perspectivas", en Juan Carlos Cassagne (dir.), *Servicio Público y Policía*, 1ª ed., p. 10. No obstante, considera que no se podía utilizar el concepto de servicio público en cualquier supuesto para servir como criterio competencial claro de la jurisdicción administrativa. Ello así, habida cuenta la inexistencia de una definición jurídica precisa del servicio público, concreta y operativa.

26. Siguiendo a Laubadère y a Rivero, Cassagne ha expuesto que no es correcto atribuir la paternidad histórica de la noción de servicio público a Duguit. V., al respecto, Juan Carlos Cassagne, "La crisis de los servicios públicos en Argentina", en Juan Carlos Cassagne (dir.), *Servicio Público y Policía*, 1ª ed., p. 377.

27. En este sentido, sostuvo Rebollo en el año 1983: "Fue Jean Rivero quien demostró la inicial defensa de M. Hauriou del criterio del servicio público hasta el punto de poder considerarle su 'procreador' (...) este autor revelará que, tras la inicial defensa del servicio público, en 1892, por parte de Hauriou y su posterior abandono de esta tesis, aún volvería después, en 1899, a defender de nuevo el servicio público, para pasar luego a una última y definitiva etapa, en la qué volvería a poner el acento en los medios, en la teoría de la *puissance publique*" (cf. Luis Martín Rebollo, en *Revista de la Administración Pública Española* 100-102/2.478, enero-diciembre/1983 – la cita textual surge de la nota al pie n. 9).

28. Según D'Argenio, Duguit en 1913 toma el criterio del servicio público para elaborar una teoría general del derecho administrativo que es seguida por toda una generación de autores, conformando la Escuela del Servicio Público (cf. Inés D'Argenio, "Permanencia 'anacrónica' del servicio público: su imprecisión como determinante de la aplicación de un régimen tutelar", en Carlos A. Botassi (dir.), *Temas de Derecho Administrativo, en Honor al*

su significado que en derecho público todo deviene servicio público, situación que parece reducirse de la lectura de Hauriou, para quien el derecho administrativo no se reduce a examinar servicios públicos.[29]

*Conforme lo expuesto al analizar el período histórico comprendido entre los siglos XVII y XVIII, no caben dudas que ciertas notas características y la noción de servicio público estuvieron presente mucho antes de lo que la doctrina a trazo grueso lo pone de relieve.*[30] *Más aún, dos siglos antes que en 1853 se hablaba en Francia de servicio público, inclusive en el plano normativo (por ejemplo los Edictos del Rey).*

Ello no obstante, doctrinariamente fue *Hauriou el primer jurista en desarrollarla profundamente y defenderla en su tesis*. Con posterioridad, ella será ampliada, completada y convertida en la *piedra angular del derecho administrativo* por Duguit[31] (objetor también de Hauriou) y luego por Jèze.[32]

Si bien estas circunstancias resultaron trascendentes, cabe reiterar, *no es cierto que en Francia el servicio público nazca y se origine como consecuencia de una necesidad del Consejo de Estado francés de aplicar un régimen uniforme en cuestiones contenciosas.*

*Ha quedado demostrado que la noción de servicio público se originó y respondió a circunstancias, acontecimientos y fenómenos del Medioevo, consolidándose en el siglo XVII.*

Ahora bien, con esta afirmación no se pretende desconocer que el Consejo de Estado haya encontrado en la noción de servicio público un anclaje para afirmar un criterio uniforme en cuestiones contenciosas; lo que desde ya, se reitera, no implica que esta circunstancia constituya la génesis de la noción.[33]

### 2.1.3.1 *La concepción de Hauriou, Duguit y Jèze*[34]

Hauriou fue quien proyectó y ahondó sobre esta noción, oponiéndose luego a que

*Profesor Dr. Agustín A. Gordillo*, pp. 232-233). Sin embargo la autora no hace referencia alguna a la tesis de Hauriou esbozada 20 años antes.

29. Fernando Garrido Falla, en *Revista de la Administración Pública* 7/39, 1952. Asimismo, también Tomás-Ramón Fernández parece dar crédito a Duguit como el precursor en dar consistencia a uno de los significados de la expresión que el Consejo de Estado francés acuño en el año 1873 (cf. Tomás-Ramón Fernández, "Del servicio público a la liberalización desde 1950 hasta hoy", *Revista de la Administración Pública Española* 150/57, septiembre-diciembre/1999).

30. Por ejemplo, Barra y Albertsen sitúan el origen histórico de los servicios públicos en los siglos XVIII y XIX (cf. Rodolfo Carlos Barra, "Hacia una interpretación restrictiva del concepto jurídico de servicio público", *La Ley* 1982-B-363; Jorge Albertsen, "El monopolio como dato esencial del servicio público", *Servicio Público, Policía y Fomento*, Jornadas organizadas por la Universidad Austral/Facultad de Derecho, 7, 8 y 9.5.2003, Ediciones RAP, 2003, punto 2.1.

31. Duguit, *Les Transformations du Droit Public*, París, A. Colin, 1913, trad. al Castellano por A. Posada y R. Jaén, Madrid, s.f., y *Traité de Droit Constitutionnel*, 1ª ed., t. I, París, 1911 (citado por la edición fotostática de la 3ª ed., París, 1927).

32. Gastón Jèze, *Principes Généraux du Droit Administratif*, 6 vols., París, 1925/1936, la 1ª edición en un solo tomo de 1904, traducido al Castellano y publicado bajo el título *Los Principios Generales del Derecho Administrativo*, a partir de la 2ª edición francesa de 1914, Madrid, 1928. En Argentina se puede hallar la 3ª edición traducida al Castellano en siete vols., Editorial Depalma, 1948-1950.

33. En este sentido, una cuestión práctica se anuda alrededor de los intentos de definición de la noción de servicio público. Esto es, la cuestión sobre la delimitación de competencias jurisdiccionales, la búsqueda del juez ordinario o del juez administrativo, el reparto de jurisdicciones (cf. Jean Rivero, "Existe-t-il un critére du droit administratif?", *Revue du Droit Public et de la Science Politique* 2/279 y ss., abril-junio/1953).

34. Como bien lo pone de relieve Rebollo (siguiendo a Laubadére), por encima de las diferencias que enfrentaron a Duguit y Hariou, la contribución de ambos al derecho administrativo moderno es trascendental cuando se observa como se nutre la

se convierta en la piedra angular del derecho administrativo. En efecto, para el precitado autor, si bien el servicio público es la obra a realizar por la Administración Pública, *el Poder público es el medio de realización.*

En tales términos, define al servicio público (aportando una concepción subjetiva) como "una organización pública de poderes, de competencias y de costumbres que asume la función de rendir al público, de una manera regular y continua, un servicio determinado por un pensamiento de policía, en el sentido elevado de la palabra".[35]

Esta definición se descubre en dos etapas superpuestas: (a) los derechos en virtud de los cuales el orden público es asegurado y los servicios públicos organizados y realizados; (b) los medios de gestión de los servicios públicos que, por estar algo más alejados de los servicios técnicos, se aproximan a los derechos patrimoniales.[36]

*En suma, para Hauriou la noción de servicio público implica la prestación de un servicio técnico, hacia a los habitantes en general de manera continua y regular, conectado a un interés general en el marco de una organización pública.*[37]

Para Duguit todo el problema de la actividad del Estado se resuelve en esta antítesis: *mandar o servir*.[38] En esta concepción, el Estado ha venido a socializar un número considerable de servicios, antes totalmente abandonados a la iniciativa privada. Según Duguit[39] el poder de los gobernantes no se legitima por su origen sino por el fin que persiguen, esto es, el poder se impone por su finalidad y lo que se trata es de fundamentar una norma jurídica que determine el sentido y la extensión de dicho poder.

Desde tal atalaya, *concibe al servicio público dentro de una idea de Estado, en el cual se deben reemplazar las concepciones míticas de* personalidad jurídica *y* soberanía.

De ahí que propone un sistema de derecho público que sancione unas reglas que aseguren la satisfacción de necesidades sentidas por los hombres de una sociedad dada en un momento determinado. Así, prescribe dos reglas: (a) la primera, los que detentan el poder no pueden hacer ciertas cosas; (b) la segunda, deben, además, *¡hacer ciertas cosas!*.

Sobre esta base, acuña la definición de servicio público reemplazando a la de soberanía[40] y le otorga un papel preponderante en el mundo del Derecho.

doctrina de sus ideas, que en muchos casos constituyen los puntos de partida de las concepciones actuales (cf. Luis Martín Rebollo, en *Revista de la Administración Pública Española* 100-102/2.474, nota al pie n. 2).

35. Cf. Fernando Garrido Falla, "Sobre el derecho administrativo y sus ideas cardinales", *Revista de la Administración Pública Española* 7/38 y ss., 1952.

36. Ibídem.

37. García Pulles pone de relieve los elementos que integran la definición de Hauriou, entre los que destaca: (a) servicio técnico que excluye la actividad jurídica pura como la jurisdicción y legislación; (b) servicio prestado al público entendido por tal a todos los habitantes del país considerados individualmente; (c) satisfacción de una necesidad colectiva conectada a un interés general; (d) prestación por parte de una organización pública (cf. Fernando García Pulles, "El servicio público y actividades de interés general", en Juan Carlos Cassagne (dir.), *Servicio Público y Policía*, 1ª ed., p. 34).

38. Cf. Luis Martín Rebollo, en *Revista de la Administración Pública Española* 100-102/2.482.

39. La doctrina de Duguit influyó mucho en la Italia fascista y se lo acusó de marxista. Usualmente se invoca la anécdota de que Fidel Castro lo citó en el proceso al que fue sometido en 1953 tras el asalto al cuartel Moncada. La cita textual fue la frase célebre "La historia me absolverá" (cf. E. Pisier-Kouchner, *Le Service Public dans la Théorie de l'État de León Duguit*, París, 1972; Luis Martín Rebollo, en *Revista de la Administración Pública Española* 100-102/2.485, nota al pie n. 36).

40. Manifiesta textualmente "(...) desde el momento en que se ha comprendido que ciertas obligaciones se imponen a los gobernantes hacia los gobernados y que el cumplimiento de estos deberes es a la vez la consecuencia y la justificación de su superior fuerza. Eso es esencialmente la noción de servicio público" (cf. Duguit, *Les Transformations*

*La concepción de Duguit puede resumirse de la siguiente forma: si el poder de dominación existe siempre, no es un derecho subjetivo del que el Estado sea titular, sino es, ante todo, una función social. Esta función social es – en el fondo – el servicio público; que se traduce en una obligación jurídica que se impone a los gobernantes, a los detentadores del poder en cada momento, para asegurar sin interrupción el cumplimiento de cierta actividad, que* prima facie *resulta variable.*[41]

Jèze (continuador de Duguit) aplicará la noción de servicio público directamente al derecho administrativo. Así, define a este como "el conjunto de reglas relativas a los servicios públicos. Todo país civilizado tiene servicios públicos y para el funcionamiento regular de estos servicios existen necesariamente reglas jurídicas especiales".[42]

Existen entonces, por un lado, necesidades satisfechas exclusivamente por la Administración (no todas) con exclusión de los particulares, y, por otro, necesidades satisfechas por la Administración y los particulares.

Veamos la explicación de Jèze. "Decir que en un determinado caso existe un servicio público es decir que para dar satisfacción regular y continua a cierta categoría de necesidades de interés general existe un régimen jurídico especial y que este régimen puede ser en todo instante modificado por las leyes y reglamentos".[43]

Para reconocer la existencia de un servicio público, Jèze postula que se debe tener en cuenta únicamente la intención de los gobernantes.[44]

Jèze, Bonnard y Rolland serán entonces los abanderados de la llamada *Escuela del Servicio Público, que se resume básicamente en la dirección por parte de los gobernantes, destinada a satisfacer necesidades colectivas.*

A partir de este cuadro, comenzará a delinearse dos nociones de servicio público.

*Una noción amplia, que apunta al conjunto de fines sociales que la Administración debe proponer.*

*Una noción estricta, que hará referencia a la asunción por el Estado, de forma directa o controlada, de la consecución de ciertas necesidades sociales bajo un régimen exorbitante del derecho común. Es decir, una técnica, una forma de acción caracterizada según la sistematización de las siguientes notas: actividad monopolística y excluyente y un procedimiento de derecho público con ejercicio de poderes exorbitantes; una prestación regular, continua, y un derecho abstracto del usuario a la prestación.*[45]

## *2.2 Italia*

La recepción de las ideas sobre el servicio público de la Escuela de Burdeos tuvo

*du Droit Public*, pp. 33 y ss.). Para Villar Palasí la nota de poder que regula la noción de servición público está presente en Duguit y Jèze (cf. José Luis Villar Palasí, "La actividad industrial del Estado en el Derecho administrativo", *Revista de la Administración Pública Española* 53/64, 1950).

41. Como bien lo pone de relieve Rebollo, "(...) en el fondo de esta concepción late una idea previa que es el concepto de solidaridad social, en virtud del cual los gobernantes no pueden hacer nada que atente contra él ni poner trabas al desenvolvimiento de las actividades individuales, pero al mismo tiempo tiene, en virtud del mismo principio, el deber objetivo y positivo de organizar y controlar los servicios públicos" (cf. Luis Martín Rebollo, en *Revista de la Administración Pública Española* 100-102/2.491-2.492).

42. Cf. Gastón Jèze, ob. cit., p. 19. No obstante, aquí también Rebollo efectúa una aclaración acertada en el sentido que el punto de partida positivista de Jèze no es diverso al de Duguit (cf. Luis Martín Rebollo, en *Revista de la Administración Pública Española* 100-102/2.494, nota al pie n. 56).

43. Gastón Jèze, ob. cit., p. 284.

44. Ídem, p. 290.

45. Sobre esta concepción: Villar Palasí, "La actividad industrial del Estado en el Derecho administrativo", *Revista de la Administración Pública Española* 53/64 y ss.; Luis Martín Rebollo, en *Revista de la Administración Pública Española* 100-102/2.496.

lugar en Italia en un momento en que las exigencias del método jurídico alcanzaban el máximo índice de aceptación; así, se cifran fundamentalmente en la disociación entre los aspectos puramente jurídicos y no-jurídicos o sociales de los fenómenos propios del derecho público.[46]

Desde un principio, se iniciaron valiosos intentos doctrinarios para determinar el significado y alcance de la noción.

Así, se consideró que se trataba de un concepto mixto – jurídico-social – y que, por tanto, para su depuración de ingredientes no-jurídicos, debía asignársele una valoración meramente finalista.

En este sentido, Santi Romano[47] expresa que el servicio público constituye una figura compleja que sirve para expresar el conjunto de fines sociales a que deben dirigir su actividad los entes administrativos.

Se lo caracteriza como concepto económico (Flora y Fusinato), mientras que para De Viti Di Marco el servicio público es aquel cuya producción por parte del Estado es más útil a los consumidores, de donde se infiere que para saber si una actividad es o no servicio público precisa demostrar esta ventaja.[48]

Se busca infructuosamente dar forma a la noción de servicio público en un sentido psicológico (lo que la opinión pública juzga que satisface una necesidad general), y *se recurre al índice de carácter monopolizado o no*, y luego *también se acepta que este aporte es insuficiente por cuanto no toda la actividad monopolizada es servicio público*[49] *(por ejemplo: el monopolio fiscal)*.

En Italia algunos autores se embarcaron hacia una definición del servicio público desde un ámbito teleológico, caracterizado por las siguientes observaciones: (a) se basa en la noción del fin del Estado y supone la actividad del Estado al servicio de los fines que justifican su existencia; (b) no se puede definir concretamente de modo definitivo, porque su concreción depende de la noción dominante y propulsora del fin del Estado, de la misión que a éste se atribuye, o sea, de las necesidades que en cada momento se estime preciso someter a su acción eficaz.[50]

En este devenir, comienza una distinción doctrinal entre *funciones* y *servicios públicos*. Las funciones se caracterizarían por el contenido estrictamente jurídico de la actividad administrativa. Los servicios,

46. Cf. Martín Bassols Coma, "Servicio público y empresa pública: reflexiones sobre las llamadas sociedades estatales", *Revista de la Administración Pública Española* 84/43.

47. Según cita de Martín Bassols Coma, "Servicio público y empresa pública: reflexiones sobre las llamadas sociedades estatales", *Revista de la Administración Pública Española* 84/43.

48. Remito al lector, para profundizar en las concepciones italianas, al antiguo artículo de J. A. García-Trevijano Fos, en *Revista de la Administración Pública de España* 12/17 y ss., año 1953.

49. Según Trevoux, monopolio y utilidad general son los índices del servicio público. El de carácter económico podría definirse como el conjunto de prestaciones de carácter económico (de pura actividad o de bienes), ejercitadas regular y continuamente en el momento de su prestación (y no en la actividad productiva), por parte al menos del gestor, y realizadas por la Administración directa o indirectamente, asumidas monopolísticamente en virtud de una ley que satisface una utilidad general. Desde esta concepción restringida, queda fuera de su ámbito toda la actividad productiva en la que no es posible hablar de prestaciones continuadas y regulares. Precisamente por entrar en *continuo y regular* contacto con el consumidor, el servicio público debe satisfacer a los eventuales consumidores, debe estar sobreequipado y tener una reserva de capacidad no empleada. Asimismo, Trevoux distinguía el servicio social del público. El primero sería el no-reditício y el segundó sí; el primero se financiaría con impuesto, y el segundo con precios (cf. Trevoux, *Du Service Publique de Droit Publique au Service Publique Économique*). No obstante, esta distinción, por el modo de financiarse, tampoco es exacta, porque hay funciones que se cubren con tasas y, en cambio, hay servicios que lo hacn con tasas y no con precios, según la naturaleza de la actividad.

50. V., por todos, Posada, *Tratado de Derecho Administrativo*, 2ª ed., 1923, pp. 272 y ss.

en cambio, versan sobre la atención de finalidades estrictamente sociales.[51]

En este sentido, para Zanobini y Giannini la noción de servicio público se refiere a algunos aspectos de la actividad administrativa, por contraste con la *función pública* como forma superior de manifestación de dicha actividad.

Para Zanobini la función representa siempre el ejercicio de una potestad pública, entendida ésta como una esfera de la capacidad jurídica del Estado, o sea, de su soberanía. Los servicios públicos representan, por su parte, otras tantas actividades materiales, técnicas, incluso de producción industrial, puestas a disposición de los particulares para ayudarles a conseguir sus fines. Para Giannini la titularidad de las funciones públicas corresponde necesariamente al Estado, mientras que la competencia sobre los servicios se asume por razones técnicas, económicas o sociales, pero sin que repugne la idea de su gestión por los particulares.[52]

Se distingue una diferencia en la utilización *uti singuli* o *uti universi* por parte de los particulares. Otros consideran la función como concepto-base, y el servicio como concepto residual: todo lo que no es función.[53]

En suma, en Italia a mitad del siglo XX quedan delimitados dos campos: (1) la actividad jurídica, poder, fines esenciales o de conservación, función pública, titularidad institucional del Estado, ejercicio normalmente por él mismo y excepcionalmente por los particulares; (2) el servicio público, caracterizado por las actividades no incluidas en el punto anterior (actividad legislativa, judicial y la administrativa – policía, actividad fiscal, entre otras), tales como la beneficencia, sanidad, enseñanza y toda la actividad económica en general.

Con posterioridad, se avanza hacia el desarrollo de la teoría de las prestaciones administrativas a los particulares, que nace con el propósito de ser un complemento de la teoría de los servicios públicos.[54]

Por último, como un intento de superación de estas nociones, se tiende a una categoría llamada *actividades económicas de significación pública*, sobre las que la Administración ejercita un intenso control para adecuar a los objetivos de la planificación o programación económica, volviendo a una visión objetiva del servicio público.[55]

### *2.3 Alemania*

Escasa repercusión tuvo en el país germano la doctrina de la Escuela del Burdeos. Sin embargo, cabe mencionar a dos prestigiosos y conocidos autores alemanes.

(1) En primer lugar, en la obra de Forsthoff se aprecia que el *concepto de procura asistencial* (*Daseinvorsorge*[56]) representó la teoría político-jurídica del servicio público.

51. Así puede verse en A. de Valles, "I servici pubblici", en *Primo Trattato Completo*, vol. 6, Parte I, pp. 385 y ss. También en Presutti se advierte la diferencia entre *función* y *servicio*, quien habla de servicio administrativo y servicio público (cf. *Du Service Publique de Droit Publique, au Service Publique Économique*).

52. Ambos citados por Fernando Garrido Falla en su artículo sobre "El concepto de servicio público en el Derecho Español", *Revista de la Administración Pública Española* 135/11-12, septiembre-diciembre/1994.

53. Cf. Miele, "Pubblica funzione e servizio pubblico", en *Archivo Giuridico*, 1933.

54. R. Alessi, *Diritto Amministrativo*, vol. I, pp. 363-365.

55. Cf. U. Pototschinig, *I Servizi Pubblici*, Padova, 1964, y M. S. Giannini, *Dirritto Amministrativo*, vol. I, Milán, 1970, pp. 168 y ss.

56. Según Luis Retornillo, el término *Daseinsvorsorge* constituye una palabra-clave cuya utilización no se presta fácilmente a ser reducida a una palabra que tenga en nuestro idioma la misma fuerza y la misma amplitud que el término alemán. Dicho término es un conglomerado de tres raíces distintas: la palabra *Sorge* significa "cuidado", "atención", "dedicación"; el término *vor* es una preposición que encierra la idea de precedencia o anterioridad, ya sea en el tiempo o en el espacio. Antepuesta aquí al término *Sorge*, viene a expresar conjuntamente el significado de "preocupación",

Veamos. Trae a colación el autor alemán (en base a lo expuesto por Montesquieu) cómo los distintos Estados presentan, cada uno de ellos, un objeto particular que depende de sus propias circunstancias y características, además de tener todos un objeto común: "el de su conservación". En Esparta consistía en la guerra; en Roma se trataba de su extensión; para el pueblo judío lo era, fundamentalmente, la religión; el comercio, en cambio, lo era para Marsella, la navegación para Rodas y la libertad para Inglaterra. *Para Forsthoff, la* Daseinsvorsorge *ha de constituir el objeto caracterizador de la Administración contemporánea.*[57]

Desde esta lectura, la procura asistencial, esta destinada a aquellas Administraciones que pueden calificarse con justeza como Administraciones de la *Daseinsvorsorge*. Ello así toda vez que cuentan con los mecanismos y procedimientos suficientes para dar vida y hacer realidad esta idea.

La *Daseinsvorsorge* supone la superación de la separación Estado-sociedad (que estaba implícita en la concepción del Estado Liberal de Derecho) y se presenta como un fin que asume la Administración Pública, cuya realización está garantizada por una serie de mecanismos internos y externos a la propia Administración.

Ahora bien, la realización de esta finalidad que garantiza a los administrados prestaciones vitales no se manifiesta sólo en la amplitud con que se lleva a cabo una determinada actividad; si no también en la forma con que se trata de conseguir tales fines. Dicho de otro modo: los fines impuestos a la Administración influyen no sólo sobre la magnitud de su actividad, sino también sobre los procedimientos adoptados para llevar a cabo tales actuaciones.[58]

Si la Administración asume la finalidad de que se logren las prestaciones vitales necesarias, surge el siguiente interrogante: ¿ella misma en forma directa debe llevarlas a cabo?.[59]

No toda la actuación administrativa puede ser reconducida inmediatamente en relación con las prestaciones vitales a realizar. Según el autor alemán, por un lado no todo lo que la Administración hace se conecta con el servicio de las prestaciones vitales. Por otro, hay qué reconocer, además, cómo la concepción expuesta no significa, ni mucho menos, que tenga que ser el sujeto Administración, a través de sus órganos, quien únicamente haya de ejecutar todo lo relativo a la *Daseinsvorsorge*.[60]

Aquí se podrá apreciar cómo esta concepción se acerca al desarrollo de otros países, pero por diverso camino. Veamos. La Administración puede ampliar su actuación para desarrollar de modo directo actividades que se exigen en pro del servicio de las prestaciones vitales. Incluso en determinados momentos críticos (guerra o postguerra) parece que la Administración actúa con carácter exclusivo y absorbente.

Sin embargo, otras circunstancias, "normales", *no autorizan a la Administración a ostentar el monopolio de la* Daseinsvorsorge.

"procuración", "cuidado preventivo", "prevención" etc. La palabra *Dasein*, por fin, sirve para denominar la propia existencia humana (cf. Luis Martín Retornillo, "La configuración jurídica de la Administración Pública y el concepto de *Daseinvorsorge*", *Revista de la Administración Pública Española* 38/35 y ss., 1962).

57. Forsthoff, *Die Verwaltung ais Leistungstrater*, Capítulo IV: "Heute wird man sagen müssen, dass sich die iibrigen staatlichen Funktionen (z. B. Polizei, kulturelle Verwaltung) auf der Basis einer durch Teilhabe an der Daseinsvorsorge (im weitesten Sinne) erst ermoglichten Existenz des einzelnen Volksgenossen entfalten. Die Daseinsvorsorge ist also das Primare. Bei ihr hat alie Dogmatik des Verwaltungsrechts demgemass einzuselzen" (Luis Martín Retornillo, "La configuración jurídica de la Administración Pública y el concepto de *Daseinvorsorge*", *Revista de la Administración Pública Española* 38/64).

58. Ídem, p. 53.

59. Ídem, p. 54.

60. Ibídem.

*Así, el carácter no-monopolizador por parte de la Administración Pública es fundamental en la concepción de Forsthoff*[61] *y en un ordenamiento jurídico que reconoce el principio de subsidiariedad*[62] *y todas sus consecuencias jurídicas.*[63]

También se plantea en Alemania, con este autor, otra circunstancia medular que subsiste hasta nuestros días. En efecto, si la Administración hace uso en muchas ocasiones de ese derecho estamental que en torno a ella se ha creado (el derecho administrativo) para la consecución de las prestaciones vitales, ¿usará necesariamente su derecho estamental, o podrá también perseguirlas sometiéndose a las normas que utilizan los demás sujetos?.

Categóricamente – contesta Forsthoff – la actividad que la Administración Pública pueda realizar en relación con las prestaciones vitales a satisfacer *no* se ha de llevar a cabo necesariamente dentro de los moldes del derecho administrativo.

Es interesante destacar cómo su punto culminante es el hecho de que la misma Administración asuma como finalidad específica la consecución de esas prestaciones vitales. La asunción de semejante fin corre pareja con la asunción de la responsabilidad que el mismo entraña. Se trata de la efectiva adscripción a una finalidad, con la exigencia de poner todos los medios necesarios para que tal finalidad se logre.

Ello supone, por otro lado, una amplia habilitación de la Administración, en cuanto va a poder actuar en muy diversos y amplios sentidos para que tal fin se realice, aunque ello no significa que efectivamente tenga que actuar siempre la Administración.

En suma, según Forsthoff, *la* Daseinsvorsorge *se manifiesta concretamente en las prestaciones (se refiere a los suministros) y se inicia como una categoría político-sociológica, con incidencia jurídica en el plano descriptivo.*[64] *Concepto que hasta el día de hoy no ha sido abandonado, y legitima la actuación administrativa en el campo de las prestaciones económicas.*[65]

(2) Desde otro enfoque, cabe destacar a Otto Mayer, a quien se conoce como "el gran sistematizador, el creador del derecho administrativo en sentido moderno".[66]

Al enjuiciar la obra de Otto Mayer, señalaba Erich Kalfmann que las formas

61. Ídem, p. 55.

62. El principio de subsidiariedad, que no ha sido plasmado de modo directo en el texto definitivo de la Ley Fundamental, debe ser, en cambio, deducido. Así: Maunz, *Deutsches Staatsrecht*, 8ª ed., München-Berlin, 1958, p. 62; Dükig, en Maunz-Düric, *Grundgesetz*, art. 1, II, p. 26, este último con abundante bibliografía. El mismo Forsthoff proclamaba ya en su formulación inicial – y es muy importante esta aclaración – el papel subsidiario que el Estado había de desempeñar en el desarrollo de la *Daseinsvorsorge*; un reconocimiento expreso en *Rechtsftagen*.

63. La cooperación de los particulares con el Estado para la realización del interés general se admite ampliamente, al margen del reaccionarismo con que frecuentemente suele ser enunciado el principio de subsidiariedad con todas sus consecuencias. Téngase en cuenta también la importancia que en ese mismo ordenamiento alcanza, entrelazándose íntimamente con la idea de *Daseinsvorsorge*, la descentralización administrativa a través de la técnica de la *Selbstverwaltung* y la común actuación para la consecución de las prestaciones vitales viene atribuida, así, a las distintas Administraciones Públicas (*Bund*, *Lander*, Municipios y demás sujetos de derecho público), pero también, y de modo importante, a los sujetos particulares (ídem, pp. 55-56).

64. Cf. E. Forsthoff, *Sociedad Industrial y Administración Pública*, Madrid, 1967, pp. 39 y ss.

65. Cf. Franck Moderne, "La idea de servicio público en el Derecho Europeo: nuevas perspectivas", en Juan Carlos Cassagne (dir.), *Servicio Público y Policía*, 1ª ed., p. 14.

66. Según Retornillo (siguiendo a Faufmann), la obra de Otto Mayer es todavía fundamental en muchos sentidos y a su vez ha logrado influencia sin par que ha trascendido las realidades alemana y francesa, que fueron las que él directamente estudió. Podríamos decir, sin duda, que para hablar hoy de muchos temas de derecho administrativo hay que empezar viendo qué es lo que dice Otto Mayer (cf. Luis Martín Retornillo, "La configuración jurídica de la Administración Pública y el concepto de *Daseinvorsorge*", *Revista de la Administración Pública Española* 38/61).

jurídicas abstractas que permanecen inmutables no nos dan una visión exacta de: (a) si el Estado admite la libertad de industria o si la regula a través de permisos o concesiones; (b) de qué forma y con qué fuerza influye en la formación de los precios de mercado o en el tráfico de la propiedad inmobiliaria; (c) si se reconoce como pública la función de seguridad social o si permite escuelas privadas junto a las públicas.

Concretamente, de su obra no se puede determinar claramente de qué forma interviene el Estado en los sectores de la construcción, sanidad, tráfico, entre muchos otros.

No obstante, sí se advierte en Otto Mayer la existencia de otro concepto relacionado con la actividad prestacional del Estado y su actuación en el ámbito económico. Así, la "tarea pública" (*öffentliche Aufgabe*) es un concepto que permite la justificación de la intervención económica del Estado en prestaciones económicas de interés general para los ciudadanos.

En definitiva, el derecho público alemán comparte con los países del servicio público la idea de que una serie de actividades prestacionales de relevancia económica ha de verse teniendo en cuenta su indiscutible interés público, vinculada a la intervención o responsabilidad de los Poderes Públicos.[67]

*2.4 España*

Al igual que en Alemania, escasa repercusión tuvo la Escuela de Burdeos en la realidad doctrinal y normativa. La voz "servicio público" fue receptuada por Adolfo Posada en 1910,[68] y García Oviedo fue el traductor del artículo de Jèze sobre la teoría del servicio público en 1923.[69] En este país, el desarrollo del servicio público es obra fundamental de la legislación, más que de la jurisprudencia.[70]

La coincidencia con la doctrina francesa, en especial con la Escuela del Servicio Público, se advierte con la referencia común a que remite la idea de servicio público es la típicamente teleológica[71] de *interés público* como elemento interpretativo sobresaliente en la mayoría de las instituciones administrativas.

Ahora bien, el aporte doctrinario de Villar Palasí con su tesis *Gestión Económica del Estado* resulta de particular importancia.

Veamos en forma sucinta. Para este autor, el derecho administrativo, como esencial y primario instrumento del poder, ¡no es! ¡Ni puede ser! indiferente o neutral ante los fines del Estado. De ahí que se pregunte: "¿cómo reaccionan las instituciones administrativas clásicas creadas en un supuesto de Estado Burgués de Derecho ante la realidad nueva de una expansión de los fines estatales y de la actividad de la Administración?".[72]

Para responder a este interrogante, pone de relieve la tradicional distinción de tres categorías de actuación: policía, fomento y servicio público;[73] operando como desencadenante de la noción de servicio

67. Según Franck Moderne, las diferencias entre el sistema alemán y el sistema francés, español o italiano no resultan tan acusadas como se podría imaginar ("La idea de servicio público en el Derecho Europeo: nuevas perspectivas", en Juan Carlos Cassagne (dir.), *Servicio Público y Policía*, 1ª ed., p. 15).

68. Así, este autor fue su primer receptor en la *Enciclopedia Jurídica Española*, t. XXVIII, 1910, pp. 616 y ss.

69. Cf. García Oviedeo, en *Revista General de Legislación y Jurisprudencia*, 1923, pp. 5 y ss.

70. Martín Bassols Coma, "Servicio público y empresa pública: reflexiones sobre las llamadas sociedades estatales", *Revista de la Administración Pública Española* 84/46. Sobre el desarrollo de la noción de *servicio público* en España, confrontar el mismo autor en las páginas siguientes hasta la 49.

71. Recúerdese que este concepto se refiere a las teorías de las causas finales.

72. José Luis Villar Palasí, "La actividad industrial del Estado en el derecho administrativo", *Revista de la Administración Pública Española* 53/57-58.

73. Este esquema se construyó en orden de mayor a mayor grado de actividad positiva. Luego, una serie de autores franceses y alemanes pondrán de relieve estas distinciones categoriales. Entre otros, Berthélemy (*Traité Elémentaire de Droit Administratif*, París, 1933, pp. 267 y ss.; Otto Mayer,

público una circunstancia concreta: *el acrecentamiento de las funciones estatales*.[74]

De forma tal que cualquier aspecto activo de la Administración quedaba estructurado, como facetas de la misma, en su parte de policía, su actuación de fomento y su gestión directa o indirecta del servicio público. Ahora bien, con la aparición de la actividad administrativa en el campo económico la noción de servicio público devino obsoleta e inadecuada para comprender el nuevo fenómeno que comenzaba a manifestarse en la estructura de la Administración.

En efecto, el sentido originario del concepto de servicio público que comprendía la prestación de bienes inmateriales excluía la satisfacción de necesidades materiales de bienes.

Según Villar Palasí,[75] el servicio público se apoya en su instrumentación técnica en el instituto de las prestaciones administrativas, pero se proyecta al mundo específico de le economía. Por tanto, la característica fundamental de esta actividad de gestión económica radica en su presentación como actividad de producción de bienes económicos a cargo de la Administración, es decir – conforme sus propias palabras –, "de una dación al mercado y no en la prestación de un servicio a los administrados".[76]

Es decir, en esta lectura, el servicio público se constituye como una técnica institucional para crear o generar títulos de potestad administrativa de intervención en la vida económica y social. De ahí que se acuda a la noción de *publicatio*, entendida como la técnica que se dirige a la creación de títulos *ope propietatis* de potestad sobre actividades privadas con el fin de controlarlas.[77]

Desde el punto de vista normativo, se puede referenciar, a trazo grueso, la importancia práctica y las consecuencias que Garrido Falla pone de relieve en relación a la distinción entre *función pública* y *servicio público*.[78]

Por último, hasta la década de 1990 la evolución y transformación de la teoría del servicio público en España determinó que la doctrina haya desplazado su atención al campo de las formas de gestión de los servicios y en particular de la empresa pública y sus formas jurídicas.[79]

### *3. El origen de la noción de servicio público en nuestro país*

#### *3.1 Desde un punto de vista constitucional (la Constitución de 1853)*

##### 3.1.1 *Doctrina que interpreta que la Constitución de 1853 le confiere la titularidad de los servicios públicos al Estado*

Salomoni[80] se embarca en una novedosa interpretación[81] que se orienta a demostrar

*Deutsches Verwaltungsrecht*, t. III, ed. 1924, pp. 144 y ss. Para ampliar la cita de los autores en donde se puede apreciar esta concepción tradicional, cf. Villar Palasí, "La actividad industrial del Estado en el derecho administrativo", *Revista de la Administración Pública Española* 53/58, notal al pie n. 6).

74. Ídem, p. 60.

75. Según cita de Martín Bassols Coma, "Servicio público y empresa pública: reflexiones sobre las llamadas sociedades estatales", *Revista de la Administración Pública Española* 84/47.

76. Cf. J. L. Villar Palasí, "La actividad industrial del Estado en el derecho administrativo", *Revista de la Administración Pública Española* 53; Bassols Coma, "Servicio público y empresa pública: reflexiones sobre las llamadas sociedades estatales", *Revista de la Administración Pública Española* 84/44.

77. Cf. J. L. Villar Palasí, *La Intervención Administrativa en la Industria*, Madrid, IEP, 1964.

78. Cf. Fernando Garrido Falla, "El concepto de servicio público en el Derecho Español", *Revista de la Administración Pública Española* 135/12-20.

79. Cf. Bassols Coma, "Servicio público y empresa pública: reflexiones sobre las llamadas sociedades estatales", *Revista de la Administración Pública Española* 84/48-49.

80. V., al respecto, los estudios de Jorge L. Salomoni, "Aporte para una discusión sobre la titularidad estatal de los *servicios públicos*", en *Derecho Administrativo*, obra colectiva en homenaje a Miguel S. Marienhoff, Buenos Aires,

que los impulsores de la Constitución de 1853 (haciendo hincapié en Alberdi) entendieron que la titularidad de los servicios públicos pertenecía al Estado.

Esta lectura se deriva de una interpretación del rol estadual imperante al momento de la organización nacional, y de la noción del régimen jurídico de derecho público de la cual partieron nuestros constituyentes originarios de 1853, que se proyecta sobre el actual régimen jurídico de los servicios públicos.[82]

No cabe aquí excederse en esta concepción (para ello remito al lector a los profusos estudios de Salomoni[83]), ni tampoco ahondar en una investigación profunda sobre esta temática.

Sí estimo prudente, aunque más no sea, centrar la atención en los aportes de Ramírez Calvo, que, a mi juicio, ponen en crisis (no me atrevo a concluirlo en el marco del presente) la concepción de Salomoni, en el sentido que la Constitución haya albergado en su seno un régimen jurídico que se proyecte sobre el actual régimen jurídico de los servicios públicos.

Veamos en forma breve.

Salomoni básicamente entiende que el liberalismo planteado por Alberdi en su libro *Sistema Económico y Rentístico de la Confederación Argentina* queda reservado exclusivamente a la esfera privada, pero no es aplicable al Estado en su actividad de satisfacer las necesidades públicas.[84]

Abeledo-Perrot, 1998; "Reforma del Estado: su configuración constitucional a través de la reforma de 1994", en *Actualidad en el Derecho Público* 7, 4º Año, mayo-agosto/1998; *Teoría General de los Servicios Públicos*, Buenos Aires, Ad Hoc, 1999; "El servicio público en los países del Mercosur", en Juan Carlos Cassagne (dir.), *Servicio Público y Policía*, 1ª ed., pp. 146-159.

81. Más allá de coincidir o no con esta interpretación, hay que reconocer el importante aporte que este autor (también González Moras) pone en el tapete en relación al sistema de fuentes y la evolución histórica de esta noción en nuestro país.

82. Cf. Jorge L. Salomoni, "Aporte para una discusión sobre la titularidad estatal de los servicios públicos", en *Derecho Administrativo*, obra colectiva en homenaje a Miguel S. Marienhoff, p. 824. También Juan González Moras entiende que a partir de la Constitución Nacional de 1853 "se reconoció y reservó en el concepto de servicio público una noción polisémica que posibilitó, a la vez, por un lado, la designación de la casi-totalidad de las funciones administrativas desarrolladas por el Estado Nacional y, por otro, la regulación específica de actividades económicas puestas en la esfera de atribuciones del mismo Estado Nacional. De esta manera, podemos afirmar que el concepto de servicio público desarrollado a nivel constitucional, legislativo, jurisprudencial y doctrinario, fundamentalmente desde 1853 y hasta comenzado el siglo XX, adoptó para sí una amplitud y funcionalidad desconocidas hasta entonces en los modernos ordenamientos de derecho administrativo (...)" (cf. Juan M. González Moras, "El concepto de servicio público", *RAP* 309/188-189).

83. Puede apreciarse una síntesis de la postura de Salomoni (en cuanto a este punto se refiere) en Ricardo Ramírez Calvo, quien sostiene una posición diametralmente opuesta (cf. "Alberdi y la intervención estatal en los servicios públicos. A propósito de una curiosa interpretación del pensamiento constitucional alberdiano", *Sup.Act* 05; p. 1)/06/(2001, Primera Parte – *Sup.Act* 12; p. 2)/06/(2001, Conclusión – *La Ley* 2002-B-1.158).

84. Se entiende que Alberdi habría trasladado su concepción de Estado intervencionista a la Constitución nacional a través del art. 64, inciso 16, de la Constitución de 1853, el que luego de la Reforma de 1860 se convirtió en el art. 67, inciso 16, y como resultado de la Reforma de 1994 actualmente es el art. 75, inciso 18. Este artículo disponía que era atribución del Congreso: proveer lo conducente a la prosperidad del país, al adelanto y bienestar de todas las Provincias y al progreso de la ilustración, dictando planes de instrucción general y universitaria y promoviendo la industria, la inmigración, la construcción de ferrocarriles y canales navegables, la colonización de tierras de propiedad nacional, la introducción y establecimiento de nuevas industrias, la importación de capitales extranjeros y la exploración de los ríos interiores por leyes protectoras de estos fines y por concesiones temporales de privilegios y recompensas de estímulo.

Desde esta lectura, se interpreta que la fuente inmediata de este artículo es el art. 67, inciso 3, del Proyecto de Constitución de Alberdi, quien lo habría tomado del Tratado litoral del 4.1.1831. De esta manera, se afirma que el origen de la norma en

Entiende que Alberdi habría trasladado su concepción de Estado intervencionista a la Constitución Nacional a través del art. 64, inciso 16, de la Constitución de 1853, el que luego de la Reforma de 1860 se convirtió en el art. 67, inciso 16, y como resultado de la Reforma de 1994 actualmente es el art. 75, inciso 18.

A su vez, estima que la fuente inmediata de este artículo sería el art. 67, inciso 3, del Proyecto de Constitución de Alberdi, quien lo habría tomado del Tratado litoral del 4.1.1831. Por tanto, concluye que la norma en cuestión es el Derecho patrio y que ninguna fuente extranjera habría tenido influencia en ella.

### 3.1.2 *Doctrina que niega que la Constitución de 1853 confiera titularidad al Estado sobre los servicios públicos*

Cabe ahora, en forma sucinta y esquemática, analizar los argumentos y críticas que Ramírez Calvo[85] propina a la concepción previa. Por su parte, Marienhoff,[86] Cassagne,[87] Bianchi,[88] Mairal,[89] Comadira y Canosa,[90] matices mediante, pueden ser enrolados también en esta posición.

cuestión es el Derecho patrio y que ninguna fuente extranjera habría tenido influencia en ella. Por tanto, Alberdi habría partido de la concepción del Estado intervencionista en la redacción de este artículo, es decir, del "Estado proveedor, estimulador, garante, deudor de la prosperidad, defensa, seguridad, adelanto y bienestar de la Nación, a través de las técnicas de: (a) leyes protectoras de esos fines, (b) concesiones temporales de privilegios y (c) recompensas de estímulo". En suma, se argumenta la existencia de una "obligación de provisión de los bienes públicos a través del propio Estado o de sus concesionarios", lo que incluye todo lo relativo a los servicios públicos.

El art. 64, inciso 16, entonces, habría partido de la concepción de la titularidad estatal de los servicios públicos, otorgando al Estado una potestad explícita, aunque subsidiaria, de intervenir en la economía a través de esos servicios públicos. La intervención de los particulares en la provisión de esos bienes públicos estaría limitada, de acuerdo con esta interpretación de la Constitución, a la participación como concesionarios temporales de la explotación y siempre de acuerdo con el criterio discrecional de su titular exclusivo: el Estado (Salomoni, ídem nota anterior).

85. Para profundizar estas nociones, remito el lector al estudio ya citado de Ricardo Ramírez Calvo, "Alberdi y la intervención estatal en los servicios públicos. A propósito de una curiosa interpretación del pensamiento constitucional alberdiano", *Sup.Act* 05; p. 1)/06/(2001, Primera Parte – *Sup.Act* 12; p. 2)/06/(2001, Conclusión – *La Ley* 2002-B-1.158).

86. Sostiene el tratadista que el fundamento normativo proviene desde el derecho continental europeo (cf. Miguel Marienhoff, *Tratado de Derecho Administrativo*, t. III-B, n. 1.150, Buenos Aires, Abeledo-Perrot, 1983, pp. 586 y ss.).

87. Cassagne pone de relieve ciertas críticas en relación a ciertas ideas y premisas de las que parte Salomoni y que llevan a conclusiones equivocadas (cf. Juan Carlos Cassagne, "La crisis de los servicios públicos en Argentina", en Juan Carlos Cassagne (dir.), *Servicio Público y Policía*, 1ª ed., pp. 377-379, en especial notas al pie ns. 5 y 6).

88. Según Bianchi, aún con la última Reforma Constitucional se evidencia neutralidad respecto de la titularidad de los servicios públicos. En efecto, para este autor "la ausencia de la cláusula de reserva implica que nuestra Constitución ha sido neutra en relación con la llamada titularidad estatal del servicio" (cf. Alberto B. Bianchi, "Una noción restringida del servicio público (aportes para su cuarta etapa)", en Juan Carlos Cassagne (dir.), *Servicio Público y Policía*, 1ª ed., p. 84).

89. Según Mairal, la Constitución de 1853 es mas bien neutra (y no favorable a la titularidad estatal de los servicios públicos) y Alberdi tiene una posición totalmente contraria a que el Estado sea su titular (cf. Héctor Mairal, "El concepto de servicio público en el derecho argentino actual", *Servicio Público, Policía y Fomento*, Jornadas organizadas por la Universidad Austral/Facultad de Derecho, p. 230). Contrariamente, Comadira entiende que actualmente la Constitución no es neutral.

90. Según Canosa, en base al régimen jurídico vigente en nuestro país, con relación a cualquier actividad industrial o comercial y en especial con relación al transporte terrestre, el titular es el particular por imperio normativo constitucional (cf. Armando Canosa, *Régimen Administrativo del Transporte Terrestre*, p. 120). Por otro lado, mani-

Según Cassagne, suponer que la filosofía de Alberdi fue influenciada por la concepción de Hegel sobre el Estado resulta desacertado, habida cuenta que: (a) no obstante la pudo haber conocido, existieron otras concepciones que ejercieron mayor influencia, como el jusnaturalismo y el historicismo alemán;[91] (b) no existe nada en la obra de Alberdi que permita sostener que utilizó el método dialéctico de Hegel para elaborar sus concepciones doctrinarias, y menos aún sobre su teoría del Estado.

Por otra parte, Comadira afirma que la Constitución de 1853-1860 en principio (art. 14) coloca la titularidad de la actividad comercial e industrial en el ámbito privado. No obstante, el art. 67, inciso 16 (en su antigua redacción), previó un sistema *temporal* de privilegios mediante la posibilidad de que el Estado otorgue concesiones y recompensas de estímulo. Para Comadira el principio en la Constitución era la titularidad privada de esas actividades, y sólo debía ceder ante una excepción justificable por exigencias del interés público.[92]

Para Ramírez Calvo la postura brevemente reseñada en el punto precedente (a) omite considerar el pensamiento expreso de Alberdi (desarrollado en su libro *Sistema Económico y Rentístico de la Confederación Argentina*, publicado poco después de la Constitución de 1853) y su doctrina emergente; que resulta aplicable no sólo a la actividad de los particulares, sino también a la actividad pública.

Para demostrar este postulado, trae a colación las palabras de Alberdi relacionadas con:

(i) *La intervención estatal en la economía*

• La interpretación que otorga al Estado la titularidad exclusiva de los servicios públicos fue prevista por Alberdi y rechazada de plano.[93]

• Alberdi afirma que la libertad económica y el derecho de propiedad son otorgados a todos los habitantes de la Nación sin ninguna limitación.

fiesta que ni de las antiguas leyes de ferrocarriles (n. 531/1872) o de la Ley Mitre n. 5.315, que regula las concesiones ferroviarias, se infiere que se haya previsto la titularidad estatal (v., para ampliar, ob. cit., pp. 123 y ss.).

91. Al respecto, Cassagne remite al estudio de Olsen A. Ghirardi, *El Primer Alberdi, la Filosofía de su Tiempo*, Buenos Aires, Astrea, 1989, p. 229, quien cita a su vez el estudio de Quentin Mauroy, *La Formation de la Pensée Philosophique et Politique de Juan Bautista Alberdi*, Toulouse, 1973 (cf. Juan Carlos Cassagne, "La crisis de los servicios públicos en Argentina", en Juan Carlos Cassagne (dir.), *Servicio Público y Policía*, 1ª ed., p. 378, nota al pie n. 5).

92. Cf. Julio Rodolfo Comadira, "El derecho administrativo como régimen exorbitante en el servicio público", en *Servicio Público, Policía y Fomento*, Jornadas organizadas por la Universidad Austral/Facultad de Derecho, pp. 29-30. Cabe aclarar que para este autor la figura de la concesión fue utilizada y determinó (al igual que en Europa) la decisión de titularizar actividades en las que se consideraba comprometido el interés general. De tal modo, en la lectura de Comadira, "el servicio público opera como título exorbitante para la exclusión de la titularidad privada de la actividad" (ídem, p. 30).

93. Afirmaba Alberdi: "Toda ley que atribuye al Estado de un modo exclusivo, privativo o prohibitivo – que todo es igual – el ejercicio de operaciones que pertenecen esencialmente a la industria comercial es ley derogatoria de la Constitución en la parte en que ésta garantiza la libertad de comercio a todos y cada uno de los habitantes de la Confederación". Daba como ejemplo las operaciones comerciales, las operaciones de banco, tales como la venta y compra de monedas y especies metálicas; el préstamo de dinero a interés; el depósito; el cambio de especies metálicas de una plaza a otra; el descuento, es decir, la conversión de papeles ordinarios de crédito privado, como letra de cambio, pagarés, escrituras, vales etc., en dinero o en billetes emitidos por el banco. Son igualmente operaciones comerciales las empresas de seguros, las construcciones de ferrocarriles y puentes, el establecimiento de líneas de buques de vapor. A trazo grueso, las citas responden a Juan B. Alberdi, *Sistema Económico y Rentístico de la Confederación Argentina*, Buenos Aires, Ciudad Argentina, 1998; Ricardo Ramírez Calvo, "Alberdi y la intervención estatal en los servicios

• Para Alberdi la tarea del Estado en la economía es meramente secundaria y subsidiaria.

• La intervención estatal es claramente rechazada por Alberdi y por la Constitución, y el Estado debe limitarse a garantizar la más absoluta libertad.[94]

(ii) *La influencia del Derecho Patrio y Español*

Otro de los argumentos utilizados para justificar la propiedad estatal de los servicios públicos es la supuesta influencia del Derecho Patrio y de las Leyes de Indias en el pensamiento de Alberdi y, por ende, en la Constitución Nacional. Según Ramírez Calvo, Alberdi utiliza un tercio de su obra para advertir acerca de los peligros que representa la aplicación del Derecho anterior a la sanción de la Constitución.

Sostener entonces que el sistema económico diseñado por Alberdi encuentra su fuente en el Derecho Patrio y en el Derecho colonial Español es ignorar lo expresado por su propio autor.

(iii) *La interpretación alberdiana del art. 64, inciso 16*

• El art. 64, inciso 16, de la Constitución de 1853 *no* es una réplica casi exacta del art. 67, inciso 3º, del Proyecto de Constitución de Alberdi que justifica la propiedad estatal de los servicios públicos.

• No se pude sostener que Alberdi reconozca como fuente de este artículo el Pacto Federal de enero/1831.[95] Alberdi señala exclusivamente que este artículo establece los objetos cuyo arreglo deberá disponer el Congreso Constituyente.

• La verdadera fuente del artículo en cuestión es el Proyecto de Constitución Federal para Chile de 1826, la Constitución de los Estados Unidos de América y la Constitución de California de 1849. Y si bien ninguna de las disposiciones citadas sirvió como único modelo para el Proyecto de Alberdi, este tomó partes de cada una de ellas para redactar su propuesta constitucional.

• En el caso que la Constitución otorga al Estado una facultad expresa para realizar una actividad comercial en forma directa, Alberdi interpreta que esa atribución es de carácter subsidiario y debe ser ejercida con extremada cautela.[96]

públicos. A propósito de una curiosa interpretación del pensamiento constitucional alberdiano", *Sup.Act* 05; p. 1)/06/(2001, Primera Parte – *Sup.Act* 12; p. 2)/06/(2001, Conclusión – *La Ley* 2002-B-1.158).

94. No obstante, acepta la intervención de la autoridad en los casos de bancos, caminos, líneas de transportes y casas de seguros, "siempre que tal intervención se limite a una simple vigilancia, encaminada a conseguir que la ley protectora de los derechos privados no se quebrante en su perjuicio por los infinitos abusos que facilita el mecanismo de negocios que afectan a centenares de personas" (cf. Ramírez Calvo, "Alberdi y la intervención estatal en los servicios públicos. A propósito de una curiosa interpretación del pensamiento constitucional alberdiano", *Sup.Act* 05; p. 1)/06/(2001, Primera Parte – *Sup.Act* 12; p. 2)/06/(2001, Conclusión – *La Ley* 2002-B-1.158).

95. Según Ramírez Calvo (ibídem), este tratado se limita exclusivamente a disponer que cuando todas las Provincias estén en plena libertad y tranquilidad la Comisión creada por él deberá invitarlas "a reunirse en Federación con las tres litorales, y a que por medio de un Congreso General federativo se arregle la administración general del país bajo el sistema federal, su comercio interior y exterior, su navegación, el cobro y distribución de las rentas generales y el pago de la deuda de la República, consultando del mejor modo posible la seguridad y engrandecimiento general de la República, su crédito interior y exterior y la soberanía, libertad e independencia de cada una de las Provincias".

96. Es la aplicación efectiva del principio de subsidiariedad del Estado, resumido por Alberdi en la siguiente frase: "la facultad que el art. 64, inciso 4, de la Constitución argentina da al Congreso de establecer y reglamentar un banco nacional en la Capital y sus sucursales en las Provincias, con facultad de emitir billetes, lejos de hacer del giro comercial de bancos un monopolio constitucional del Estado, no lo impone siquiera como uno de los medios en que la Confederación deba ejercer su crédito público, dejándolo cuando más como un arbitrio admisible para el caso en que las circunstancias lo hicieren practicable y necesario". Según Ramírez Calvo, nada más alejado del pensamiento de Alberdi que la propiedad estatal de los servicios públicos (ibídem).

(iv) *El Estatuto de Organización de la Hacienda y el Crédito Público*[97]

Para el autor aquí en comentario, sostener que de la aprobación por parte del Congreso Constituyente (el mismo que sancionó la Constitución) del Estatuto de Organización de la Hacienda y el Crédito Público se infiere que la titularidad estatal de los servicios públicos constituye un imperativo constitucional resulta un desacierto.

En efecto, la aprobación de tal plexo normativo dio base para sostener que la intención del Congreso Constituyente fue siempre la de otorgar al Estado la facultad exclusiva de promover el progreso.

La crítica a esta lectura puede resumirse en lo siguiente: la concepción económica de Mariano Fragueiro (autor del Estatuto y fue Ministro de Hacienda de la Confederación), expuesta en sus libros *Organización del Crédito* y *Cuestiones Argentinas*, es estrictamente socialista y se desarrolla alrededor de un concepto-clave: *la limitación de los derechos individuales frente a los intereses sociales*. Así, sostiene que la propiedad no debe entregarse al interés personal, sino que debe organizarse en sentido favorable al interés general. El derecho de propiedad, para Fragueiro, no puede oponerse a los derechos de la comunidad. Alberdi – en cambio – se sitúa en las antípodas del pensamiento de Fragueiro (según Ramírez Calvo), ya que parte de la concepción opuesta que otorga predominio al interés individual por sobre el interés social.[98]

Concluye entonces en que es inadmisible otorgar a las opiniones de Fragueiro, quien no participó en modo alguno en la redacción de la Constitución, mayor peso que a la interpretación que los mismos autores del texto constitucional dieron de aquélla. Las opiniones de Gutiérrez y de Gorostiaga, sumadas a las de Alberdi, constituyen la interpretación auténtica de la Constitución y demuestran que ellos rechazaron enfáticamente toda intervención del Estado en la economía.

(v) *La opinión de Arturo Sampay*

Según Salomoni, Arturo Sampay (miembro informante del despacho de la mayoría de la Comisión Revisora de la Constitución en la Convención Reformadora de 1949) parte del presupuesto de la titularidad estatal del servicio público, incluido ya en la Constitución de 1853, proponiendo la reposición en manos del Estado de las riquezas y funciones que originariamente le pertenecen.

La crítica a esta concepción se basa esencialmente en los siguientes argumentos:

97. También Juan González Moras trae a colación el Estatuto para poner de relieve la doble utilización de la noción de servicio público (como función administrativa y en sentido estricto vinculado a la prestación de actividades económicas de carácter público) que iría especificándose y limitándose hasta que a principios de 1900 se arribara al concepto restringido de servicio público económico (cf. Juan González Moras, "El concepto de servicio público", *RAP* 309/191-194).

98. Durante el debate en el Congreso Constituyente del Estatuto de Organización de la Hacienda y el Crédito Público, el referido inciso 9º del art. 1º suscitó el rechazo explícito de los diputados Huergo, Gutierrez, Zavalía y Gorostiaga. Es decir que, de los cuatro diputados disidentes, los tres últimos habían pertenecido a la Comisión de Negocios Constitucionales que había preparado el Proyecto de Constitución y, de ellos, Gutierrez y Gorostiaga eran los autores de ese Proyecto. Es evidente que la opinión de éstos es de la máxima importancia para conocer el sentido de las disposiciones constitucionales, ya que fueron ellos los redactores de las mismas. La atribución 9ª, a diferencia de todas las otras que lo fueron por unanimidad, fue aprobada por 13 votos contra 4. Si bien el acta de la sesión no indica a quiénes correspondieron los votos negativos, es razonable concluir (según Ramírez Calvo) que los cuatro diputados que manifestaron sus objeciones mantuvieron su oposición a pesar de las explicaciones de Fragueiro. Es evidente que Gutiérrez y Gorostiaga, autores principales de la Constitución Nacional, rechazaron con fundados argumentos la tesis intervencionista, a la que consideraron contraria a los principios constitucionales que ellos habían creado.

• La opinión de Sampay no puede comprometer la de los autores de la Constitución de 1853, de quienes ni siquiera fue contemporáneo.

• Sus afirmaciones no constituían una descripción del régimen jurídico vigente, sino la expresión de una posición ideológica que presidía toda la reforma del sistema económico de la Constitución de 1853 y que se basaba en la Constitución francesa de 1946.

(vi) *La concepción del Estado de Alberdi*

• De lo expuesto hasta aquí, puede advertirse que Alberdi rechazó la intervención estatal en la economía, así como también una supuesta titularidad estatal de los servicios públicos.

• La inspiración de Alberdi en el modelo de Estado hegeliano no habría sido tal, sino que se habría inspirado mayormente en concepciones del jusnaturalismo y del historicismo alemán.[99]

• La concepción del Estado de Alberdi, lejos de otorgarle preponderancia alguna al poder estatal, lo limita a su rol de garante de las libertades individuales.[100]

Pido indulgencia al lector si considera excesivo los aportes aquí invocados. Entiendo que son útiles para, cuando menos, continuar indagando sobre la real proyección que tuvo nuestra Constitución de 1853 en el ámbito de los servicios públicos.

De todo lo expuesto, a mi juicio, no resulta un dato certero (más bien parecería lo contrario) que la Constitución de 1853 haya otorgado o previsto la titularidad al Estado de los servicios públicos.

Para finalizar este punto, entiendo prudente aunque más no sea mencionar la Constitución de 1949 (época de las nacionalizaciones), que produce un cambio significativo (no detendré aquí mi análisis, toda vez que no plantea mayores inconvenientes) por cuanto se decide[101] la pertenencia originaria de los servicios públicos al Estado y la prohibición terminante de su enajenación o concesión, y las transferencias a aquél de los que estuvieran en poder de los particulares, mediante compra o expropiación.

Sólo cabe destacar que el sistema que rigió en la Argentina desde 1946 hasta 1989 se caracterizó por la concentración de los poderes regulatorios en las propias empresas estatales prestatarias de esos servicios, en las que ejercieron una gran influencia tanto los sindicatos como las empresas contratistas.[102]

Por último, resulta preciso traer a colación la última Reforma Constitucional de 1994, por la qué se introduce normativamente el término "servicio público".

Siguiendo a Comadira, con esta Reforma el servicio público se montó sobre las siguientes ideas: (a) reconocimiento y protección de los derechos de los usuarios de los servicios públicos; (b) la consagración de un plexo de potestades estatales orientadas esencialmente a la regulación y al control.

99. Cf. Juan Carlos Cassagne, "La crisis de los servicios públicos en Argentina", en Juan Carlos Cassagne (dir.), *Servicio Público y Policía*, 1ª ed., p. 378, nota al pie n. 5.

100. Ibídem. Por último, cabe destacar que Ramírez Calvo finaliza su estudio aportando las siguientes conclusiones: "Como lo hemos demostrado a lo largo del presente trabajo, ni la Constitución Nacional ni Alberdi, su inspirador, previeron la titularidad estatal de los servicios públicos. Por el contrario, el genial tucumano tuvo en mente que serían los particulares quienes serían propietarios y prestadores de estos servicios, aunque, forzoso es reconocerlo, no existe disposición alguna que impida al Estado la prestación de esos servicios. Sin embargo, excluir a los particulares de esas actividades, estableciendo un monopolio a favor del Estado, es contrario a la letra y al espíritu de la Constitución nacional" (Ramírez Calvo, *ibidem*).

101. Através del art. 40 de la Constitución de 1949.

102. Cf. Juan Carlos Cassagne, "La crisis de los servicios públicos en Argentina", en Juan Carlos Cassagne (dir.), *Servicio Público y Policía*, 1ª ed., pp. 380-381.

En definitiva, el fin del sistema es la protección de los derechos, pero la potestad es el medio que los asegura.

Según Comadira, no obstante las diversas etapas constitucionales, siempre se concibió un servicio público como título jurídico para la prerrogativa servicial.[103] Asimismo, considera en relación a la titularidad, que se mantiene el esquema constitucional de 1853-1860 (aún luego de la Reforma del 1994) en el sentido que el desarrollo de las actividades comerciales e industriales pertenece, en principio, a la esfera de actuación de los particulares.[104]

### *3.2 Desde un punto de vista legislativo y jurisprudencial*

En este aspecto, tampoco he de detenerme en forma profusa. Entiendo, coincidiendo con González Moras y Salomoni, que en nuestro país, a nivel legislativo y jurisprudencial, existieron en el período 1853-1900 numerosos aportes cuya individualización omito y remito al lector los estudios de los precitados autores[105] y a la obra de Armando Canosa[106] respecto de la normativa en relación al transporte.

Sin embargo, como se puso de relieve al pasar revista al surgimiento y evolución histórica de la noción del servicio público en Francia, no resulta acertado sostener que nuestro país concibió una noción de servicio público anterior o desconocida respecto de las ideas europeas;[107] ni que tal originalidad haya constituido una avanzada respecto a la concepción que elaboró el Consejo de Estado francés y la doctrina iusadministrativa de ese país.[108]

103. Cf. Julio Comadira, "El derecho administrativo como régimen exorbitante en el servicio público", en *Servicio Público, Policía y Fomento*, Jornadas organizadas por la Universidad Austral/ Facultad de Derecho, p. 32.

104. Ídem, p. 33.

105. V., por ambos, Juan M. González Moras, "El concepto de servicio público", *RAP* 309/188 y ss., en especial pp. 191-196. Ello, aún teniendo en consideración la aparición del concepto normativo (en sentido amplio) de la noción en el año 1813. Sobre esta aparición, el trascendente estudio del precitado autor resulta de particular relevancia. V., al respecto, ídem, p. 189, nota al pie n. 13. Recuérdese que, por ejemplo, casi dos siglos antes, en el *Edicto de 1635*, que reorganiza los derechos de tránsito por agua y por tierra, el Rey declaraba: "(...) y queriendo en cuanto sea posible convertir el comercio de nuestro Reino fácil y cómodo, ordenamos a los granjeros (...) establecer personas y funcionarios suficientes para subvenir a todos estos coches de forma que *el servicio público no se atrase*". También en el acta de creación del Canal de Briare de *1638* se utiliza la noción de servicio público para garantizar la continuidad de los mismos. En *1776* se habla en el Edicto de Luis XVI, *si la necesidad del servicio público* los obliga a ceder su propiedad, es justo que no sufran ningún daño y que reciban el precio de la porción de su propiedad que están obligados a ceder. También cuando el Rey hacía referencia a la obligación de dos transportes gratuitos en Versalles (recuerda el Consejo de Estado el *20.11.1785*) y reglamentaba la administración del Correo de Cartas y del Correo de Caballos, prescribía textualmente: "El transporte de las valijas de cartas continuará por los jefes del correo dos veces por semana (...) sobre todas las rutas donde se establecen grandes correos, mismo sobre aquellas que se vayan a establecer luego para *facilitar el servicio público*".

106. Armando Canosa, *Régimen Administrativo del Transporte Terrestre*, obra completa.

107. Cf. Juan M. González Moras, "El concepto de servicio público", *RAP* 309/188-189.

108. Esta afirmación es sostenida por Salomoni en "El servicio público en los países del Mercosur", en Juan Carlos Cassagne (dir.), *Servicio Público y Policía*, 1ª ed., pp. 147-148. Más allá de lo esbozado en la nota al pie n. 101, recuérdese que el Consejo de Estado, mucho antes de lo que se cree habitualmente (con *Blanco y Terrier*), concibió la noción (*a partir del año 1835*) en el siguiente contexto: "(...) resultan estos actos que las aguas recuperadas y traídas para ser *afectadas al servicio público* son por su naturaleza y su destino distintas de los cursos de aguas privadas (...)" (cf. Belgránd, *Compendio de los Reglamentos de las Aguas de París*, Gauthier, Villars 1875 – Ref. 10487 École des Ponts; Causa Delorme 27.6.1835, Causa Pommier 1.6.1849, Causa Delalain CE 5.1.1850 y la causa Clausse CE.1.1851).

Así, en cuanto a la recepción jurisprudencial de nuestra Corte Suprema, tampoco es correcto afirmar que se acogió la concepción en forma previa al Consejo de Estado francés. En efecto, conforme lo expuesto supra (2.1.2), *el Consejo de Estado Francés fue llevado a pronunciarse sobre esta noción en relación a casos relacionados a las antiguas concesiones de aguas, en los años 1835, 1840,*[109] *1849, 1850, 1851*[110] *y 1854.*

*También reaparece en fallos posteriores como los casos "Froment" (Cour Impériale de Paris 24.4.1854), "Camus" (CE 1.12.1859) y "Le Rebours" (CE 21.1.1861).*

Los precedentes invocados, como se puede apreciar, son anteriores a la aparición de los dos fallos de nuestra Corte Suprema que preceden a "Blanco" (1873) en los años 1864 y 1869.[111]

### *3.3 Desde un punto de vista doctrinario*

Debo disentir aquí con la postura que entiende que en el período 1853-1902 la doctrina desarrolló el concepto de servicio público y aportó una amplitud y funcionalidad desconocida hasta entonces.[112]

Veamos.

Con anterioridad a que Hauriou en 1892 esbozara la primera tesis del servicio público, como ya se indicó, *De La Mare en su* Tratado de Policía *de 1720 cristalizó un compendio temático sobre los servicios públicos, y expuso en detalle las diversas regulaciones que encuadran en las competencias de las comunas.*[113]

Ello no obstante, prescindo del análisis de Quirós y Emiliani (1902) por ser 10 años posterior de la obra de Hauriou, amén de que aporta cuestiones interesantes sobre formas de acción policial (una positiva estaría signada por la dirección de los servicios públicos[114]) y lo que llama policía administrativa de los servicios públicos.

Ahora bien, contemporáneamente con las *Bases* de Alberdi, Mariano Fragueiro publicó *Cuestiones Argentinas.*[115] libro que fue calificado por Ricardo Rojas como "gemelo de las *Bases*, por su oportunidad y su pensamiento".[116]

Fragueiro, inspirado en las ideas del Socialismo Utópico (fundamentalmente las de Saint-Simon y Leroux), expresa un fuerte sentido nacional y se define como proteccionista, estatista e industrialista. Este libro, sin embargo, no fue tenido en cuenta

109. El 1.4.1840 (CE 1.4.1840, consorts Giraud, *Rec. des Arrêts CE*, p. 98) se afirmó respecto del servicio de navegación: "(...) considerando que se trata en la especie de un servicio público dependiente de la gran vía".

110. Causa Delorme 27.6.1835, Causa Pommier 1.6.1849, Causa Delalain CE 5.1.1850, y Causa Clausse CE 18.1.1851.

111. Causas "Don Luis Lamas y Hunt, contra la Empresa de Mensajerías y Correos Nacionales, por cobro de cantidad de pesos", sentencia del 9.3.1864, y "D. Esteban Spinetto contra la Comisión encargada de la obra del Templo de Monserrat, por cobro ejecutivo de pesos", sentencia del 13.7.1869. Ambas traídas a colación por Juan M. González Moras, "El concepto de servicio público", *RAP* 309/196, nota al pie n. 32.

112. Se hace referencia para sostener esta postura a 3 autores. Fragueiro Mariano, Ferreyra Ramón y Quirós y Emiliani. Ver al respecto, Juan González Moras, "El concepto de servicio público", *RAP* 309/op. cit., págs. 194/196.

113. Cf. Xavier Bezncon, *Essai sur les Contrats de Travaux et de Services Publics, Contribution à l'Histoire Administrative de la Délégation de Misión Publique*, 2ª tir., p. 306, nota al pie n. 979.

114. Cf. Juan González Moras, "El concepto de servicio público", *RAP* 309/194.

115. Citado por Gregorio Weinberg, *Estudio Preliminar al Libro "Cuestiones Argentinas y Organización del Crédito" de Mariano Fragueiro*, Buenos Aires, Solar/Hachette, 1976.

116. V. al respecto Ramírez Calvo, "Alberdi y la intervención estatal en los servicios públicos. A propósito de una curiosa interpretación del pensamiento constitucional alberdiano", *Sup.Act* 05; p. 1)/06/(2001, Primera Parte – *Sup.Act* 12; p. 2)/06/(2001, Conclusión – *La Ley* 2002-B-1.158), nota al pie n. 58.

por los constituyentes de 1853, quienes prefirieron seguir las ideas liberales de Alberdi expresadas en las *Bases*.[117]

Ello no obstante, tampoco de la doctrina de Fragueiro se advierte una construcción dogmática que permita considerar su aporte como sustancial e innovador. Más aún de su concepción, se evidencia (incorrecta a mi juicio) una equiparación de la totalidad actividad estatal, y en particular la administrativa, como servicio público;[118] circunstancia ésta que Hauriou se ocupó de escindir. Recuérdese, para el autor francés *la noción de servicio público implica (entre otras cosas) la prestación de un servicio técnico y no de toda la actividad estatal o la administrativa.*

Por último, en Ferreyra (1866) no se avizoran fundamentos de envergadura (más allá de detallar la necesaria existencia de servicios públicos y de obras públicas para el desarrollo de la sociedad) que permitan sostener que su aporte doctrinario desarrolla en forma "científica" la noción de servicio público.

De tal forma, coincidiendo con Bianchi, si bien en este período se dio un auge práctico (legislativo y jurisprudencial fundamentalmente, a mi entender) de los servicios públicos, no puede considerarse que haya operado un gran desarrollo doctrinario profundo y exhaustivo *tal como se concibió en Francia un siglo antes*.[119]

### 4. *La clásica concepción sobre el servicio público y los elementos esenciales que integran la gran mayoría de las definiciones doctrinales*

Desde el plano dogmático, se puede apreciar que la base político-teleológica sobre la que se asienta la noción de servicio público, en cierta forma, se mantiene tal como la concibió Duguit; esto es, un sistema de derecho público que sancione unas reglas que aseguren la satisfacción de necesidades sentidas por los hombres de una sociedad dada, en un momento determinado mediante dos reglas básicas: (a) los que detentan el poder no pueden hacer ciertas cosas y (b) deben además *¡hacer ciertas cosas!*.

Por otra parte, hoy en día permanece latente la idea de Hauriou en el sentido que la noción de servicio público implica la prestación de un servicio técnico, prestado a los habitantes en general (de manera continua y regular), conectado a un interés general, con la intervención de una organización pública.

Se mantienen también actualmente ciertos aspectos de la postura de Jèze, como ser la satisfacción regular y continua de cierta categoría de necesidades de interés general y la existencia de un régimen jurídico especial.

En suma, como se ha podido apreciar al pasar revista a la doctrina francesa, los aportes doctrinarios denotan los rasgos comunes que actualmente imperan en la mayoría de las definiciones doctrinarias de

117. Al respecto, el mismo Alberdi criticó las ideas de Fragueiro y el Estatuto de Organización de la Hacienda y el Crédito Público en varios artículos publicados. Así, en mayo/1854, en *El Diario de Valparaíso* se publicó un artículo atribuido a Alberdi en el que se manifiesta la preocupación de que "Fragueiro sea la fuente doctrinaria del Estatuto y no la Constitución; por eso reclama leyes adicionales que aclaren los derechos de asociación de los capitales para construir ferrocarriles, establecer líneas marítimas etc., es decir, garantías de que esas actividades no serán monopolio del Estado". Palabras que reforzarían la tesis de que el Estatuto de Hacienda y Crédito *no* sea un reflejo del pensamiento económico y constitucional de Alberdi (ibídem).

118. Sostiene Juan González Moras: "El Estado es deudor, como Administración Pública, de la prestación de servicios, caracterizados, entonces, como servicios públicos. La totalidad de la actividad estatal y administrativa, en particular, es considerada servicio público" (cf. Juan M. González Moras, "El concepto de servicio público", *RAP* 309/193).

119. En este sentido se pronuncia Alberto B. Bianchi, "Una noción restringida del servicio público (aportes para su cuarta etapa)", en Juan Carlos Cassagne (dir.), *Servicio Público y Policía*, 1ª ed., p. 79.

nuestros autores nacionales. Esto es: (a) la necesidad de cubrir ciertas necesidades, (b) la prestación, (c) que asegura el Estado, (d) en un régimen exorbitante o especial.[120]

En efecto, en nuestro país la gran mayoría de las definiciones del servicio público[121] contiene los siguientes cuatro elementos:

(1) El *fin que el servicio cumple* (aspecto teleológico). Por lo general aquí se habla de la satisfacción de *necesidades colectivas o de interés general*.[122]

(2) Se habla en general de una *prestación, actividad*[123] *o acción*.[124]

(3) La *persona que lo atiende* (aspecto subjetivo). En cuanto a este punto, se entiende, *grosso modo*, que la Administración debe tener la titularidad no obstante delegue la gestión.[125]

120. Según Garrido Falla, de la doctrina tradicional francesa y española puede derivarse la siguiente definición de *servicio público* así resumida: "un servicio técnico prestado al público de una manera regular y constante mediante una organización de medios personales y materiales cuya titularidad pertenece a una Administración Pública y bajo un régimen jurídico especial. De esta definición se advierten los siguientes elementos: *Servicio técnico* – el administrado recibe prestaciones técnicas que refieren a un tipo de función administrativa y no a toda. *Se presta al público* – a los ciudadanos en general con respeto al principio de igualdad ante la ley. *De manera regular y continua* – la titularidad pública es una nota inherente en la definición. Puede haber disociación entre titularidad y gestión pero la Administración debe conservar la titularidad" (cf. Fernando Garrido Falla, "El concepto de servicio público en el Derecho Español", *Revista de la Administración Pública Española* 135/21 y ss.).

121. Adviértase que en el Derecho Brasileño la definición de *servicio público* contempla los mismos caracteres a los que aquí se hace referencia. V., por todos, Bandeira de Mello, para quien el servicio público es "toda actividad de ofrecimiento de utilidad o comodidad material, destinada a la satisfacción de la colectividad en general, pero que pueden disfrutar de forma singular los administrados, que el Estado asume como pertinente a sus deberes y presta por sí mismo o por quien haga sus veces, bajo un régimen de derecho público – por lo tanto, consagrador de prerrogativas de supremacía y de restricciones especiales –, instituido a favor de los intereses definidos como públicos en el sistema normativo" (Celso Antônio Bandeira de Mello, *Curso de Derecho Administrativo*, 1ª ed. en Español, trad. del Portugués por Valeria Esfefanía Labraña Parra, México, Editorial Porrúa, 2006, pp. 593-594). No cabe aquí hacer una referencia a todas las definiciones dadas y su evolución. Para apreciar muchas de ellas en nuestra doctrina nacional, remito al lector a las obras de Juan Francisco Linares ("Concepto y definición de servicio público", *Revista Argentina de Derecho Administrativo* 19/34 y ss.) y Alberto B. Bianchi, op. cit., pp. 114-120).

122. También García Pulles trae a colación la *publicatio*, que, como ya se puso de relieve supra (2.1.3.1), aparece con Villar Palasí como elemento caracterizante de la necesidad colectiva que reclama una prestación que la satisfaga bajo la técnica del servicio público. El legislador entonces debe decidir si una necesidad colectiva debe satisfacerse a través de esta técnica (cf. José Luis Villar Palasí, *La Intervención Administrativa en la Industria*, 1964; Fernando García Pulles, "El servicio público y actividades de interés general", en Juan Carlos Cassagne (dir.), *Servicio Público y Policía*, 1ª ed., p. 37).

123. Villegas Basavilbaso define al *servicio público* como "toda actividad directa o indirecta de la Administración Pública con el objeto de dar satisfacción a las necesidades colectivas, por un procedimiento de derecho público" (Benjamín Villegas Basavilbaso, *Derecho Administrativo*, t. III, Buenos Aires, 1949, p. 42). Marienhoff también entiende al servicio público como "toda actividad de la Administración Pública o de los particulares que tienda a satisfacer necesidades e intereses de carácter general, cuya índole o gravitación, en el supuesto de actividades de los particulares o administrados, requieren el control de la autoridad estatal" (cf. Marienhoff, *Tratado de derecho Administrativo*, t. II, pp. 38-40). Este tratadista evidentemente se enrola en una postura amplia de la noción.

124. Según Bielsa, *servicio público* es "toda acción o prestación realizada por la Administración Pública activa, directa o indirectamente, para la satisfacción concreta de necesidades colectivas y asegurada esa acción o prestación por el poder de policía" (Rafael Bielsa, *Derecho Administrativo*, 4ª ed., t. 1, Buenos Aires, 1955, p. 479).

125. Gordillo, partiendo de la concepción de Corail, entiende que tres elementos componen a la concepción clásica de *servicio público*: el fin que el servicio cumple, la persona que lo atiende y el régimen que lo regula (cf. Jean-Louis de Corail,

(4) El *régimen que lo regula*. "Exorbitante", de derecho público o especial.

### 5. ¿Debemos intentar una definición jurídica de servicio público? ¿Corresponde ajustar los elementos a la realidad actual? O ¿debemos abandonar la idea de definir al servicio público? En todo caso, ¿sería conveniente restringir o ampliar su concepto?

"El problema a resolver ha sido (...) y sigue siendo siempre el mismo: garantizar a todos la satisfacción regular y continua (...) de ciertas necesidades que se consideran imprescindibles para la vida. La forma de hacerlo, la técnica a emplear para conseguirlo, ha sido y es otra cuestión. Su elección ha dependido (y depende) de condicionamientos ideológicos, económicos y tecnológicos."[126]

Veamos.

A efectos de aproximarnos las respuestas de aquellos interrogantes, se debe intentar delinear algunas pautas previas, para especificar un marco conceptual que permita focalizar la técnica del servicio público.

(A) Las siguientes premisas, a mi juicio, tienen por objeto despejar el camino o – parafraseando a García Pulles – amainar la bravura reinante en torno a este instituto.

A tales efectos, *prima facie* pondré de relieve determinados aspectos que *no* se corresponden con la definición del servicio público, sino que, en el mejor de los casos, operan como su presupuesto.

(B) En segundo término, analizaré los cuatro elementos desarrollados en el punto anterior, a efectos de determinar su correspondencia con una posible definición jurídico-metodológica y de su posible actualización y compatibilización con el rol (constitucional) que debe asumir el Estado, en determinado lugar y momento, a la hora cubrir o satisfacer determinadas necesidades.

*Primera premisa.* La noción de *servicio público*[127] al igual que el concepto de *función administrativa* dependen claramente del sistema político de organización estatal. Actualmente, el sistema de división de Poderes.

Obsérvese el siguiente ejemplo. Hoy en día, muchas veces se discute cuál es el criterio para definir la función administrativa (material, orgánico o mixto[128]). Evidentemente, un cambio en la posición que el modelo de Estado le asigna a los órganos que lo componen puede alterarla y determinar una reestructuración en las definiciones; ya sea para adoptar con más énfasis unas que otras, modificarlas, o bien descartarlas a todas y hacer resurgir nuevas.

"La crise de la notion juridique de service public en droit administratif français", París, 1954, pp. 1 y ss. y 21 y ss.; Agustín Gordillo, "Reestructuración del concepto y régimen jurídico de los servicios públicos", *La Ley on-line*, páginas de Ayer, 2004, punto 8, nota al pie n. 7.

126. Cf. Tomás-Ramón Fernández, "Del servicio público a la liberalización desde 1950 hasta hoy", *Revista de la Administración Pública Española* 150/61. También Bianchi pone de relieve que tanto en el Derecho Anglosajón (con las *public utilities*) como en el nuestro (servicio público) se persigue el mismo objetivo jurídico y económico, el cual es regular y asegurar el control estatal sobre actividades esenciales para una comunidad, cuando las leyes del mercado resultan insuficientes para la protección de los usuarios (Alberto B. Bianchi, "Una noción restringida del servicio público (aportes para su cuarta etapa)", en Juan Carlos Cassagne (dir.), *Servicio Público y Policía*, 1ª ed., p. 83).

127. Para efectuar un repaso de los servicios públicos y sus controles administrativos en Argentina, remito al lector a la obra de Miriam Mabel Ivanega, *Acerca de los Servicios Públicos y sus Controles Administrativos*, Caracas, Editorial Sherwood, 2006.

128. Particularmente, adhiero al criterio mixto propuesto por Gordillo y Comadira (cf. Agustín Gordillo, *Tratado de Derecho Administrativo*, 4ª ed., t. I ("Parte General"), pp. IX/48-49; Julio R. Comadira, *Derecho Administrativo*, 2ª ed., Lexis Nexis/Abeledo Perrot, pp. 123-124).

Ahora bien, esta circunstancia no impide que se intente brindar una definición jurídica con rasgos propios, sin que se anude (aunque de hecho lo esté) a la función del Estado y sus fines. Esto es, abordarla desde un plano estrictamente conceptual (jurídico-metodológico).

*La definición de función administrativa no incluye su fin último. Dicho de otro modo, no se dice que la función administrativa es para la satisfacción del interés general o público; simplemente ello se presupone.*[129]

*Por tanto, entiendo que anclar la noción de servicio público al modelo de Estado y sus fines (no obstante ellos constituyan su base o presupuesto) sólo oscurece la visión para intentar arribar a una aproximación jurídico-metodológica.*[130]

*Segunda premisa.* No hay servicio público por naturaleza. Existen actividades que históricamente pueden tener más chances de ser así calificadas, pero eso puede modificarse por diversas cuestiones que no cabe aquí profundizar.

*Conforme nuestro esquema constitucional, toda la intervención estatal en determinada prestación o actividad (bajo cualquier título) siempre se debe orientar hacia la satisfacción del interés público, general o colectivo. Por tanto, cuando se afirma que el servicio público busca cubrir necesidades colectivas, nada aporta a su conceptualización, antes bien, en el mejor de los casos, ello constituye su presupuesto.*

Con acierto se ha dicho que la actividad de la Administración que se denomina *servicio público* no importa *diferencia sustancial* (*¡sólo arroja diversos niveles de intensidad de regulación, intervención y control!*) con el régimen jurídico de las restantes actividades que se relacionan con la Administración y los administrados.[131]

Con ello, tampoco se pretende afirmar que la función administrativa y el servicio público son equiparables.[132]

129. Como ejemplo valga la definición que nos da Gordillo: "toda actividad que realizan los órganos administrativos, y la actividad que realizan los órganos legislativos y jurisdiccionales, excluidos respectivamente los hechos y actos materialmente legislativos y jurisdiccionales" (Agustín Gordillo, *Tratado de Derecho Administrativo*, 4ª ed., t. I, p. IX/48). Cabe aclarar que con esta analogía no se pretende equiparar la función administrativa con la de servicio público.

130. En Italia, Zanobini y Giannini han escindido la noción de servicio público frente al concepto de función o funciones públicas. En efecto, la noción de servicio público se refiere a algunos aspectos de la actividad administrativa, por contraste con la "función pública" como forma superior de manifestación de dicha actividad. Para Zanobini la función representa siempre el ejercicio de una potestad pública, entendida ésta como una esfera de la capacidad jurídica del Estado, o sea, de su soberanía. Los servicios públicos representan, por su parte, otras tantas actividades materiales, técnicas, incluso de producción industrial, puestas a disposición de los particulares para ayudarles a conseguir sus fines. Para Giannini la titularidad de las funciones públicas corresponde necesariamente al Estado, mientras que la competencia sobre los servicios asume por razones técnicas, económicas o sociales, pero sin que repugne la idea de su gestión por los particulares. Ambos citados por Fernando Garrido Falla, "El concepto de servicio público en el Derecho Español", *Revista de la Administración Pública Española* 135/112. Luego, este autor español evidencia la importancia práctica y las consecuencias de la distinción entre *función pública* y *servicio público* en España (pp. 12-20).

131. Rodolfo Carlos Barra, "Hacia una interpretación restrictiva del concepto jurídico de servicio público", *La Ley* 1982-B-368.

132. Los italianos en forma temprana escindieron ambas nociones, lo que en nuestro país también ha puntualizado Canosa. Así, este autor sostiene: "(...) si bien en los servicios públicos industriales o comerciales se desarrolla una actividad que compromete el interés general, no puede equipararsela sin más a la actividad que despliega la Administración, simplemente por el hecho de que existan otras actividades que, sin estar sometidas al régimen del servicio público, comprometen necesidades primordiales" (cf. Armando Canosa, *Régimen Administrativo del Transporte Terrestre*, p. 127). También Canosa destaca con acierto que ni la titularidad de la actividad ni el fin que se persigue

Inclusive, los caracteres que la doctrina le reconoce a los servicios públicos, en sí, operan en otros ámbitos de la actividad administrativa. En todo caso, existe una diferenciación en términos cuantitativos, y no cualitativos. En suma, lo más correcto sería afirmar que en determinadas prestaciones o actividades calificadas como servicios públicos, en determinado lugar y momento, se requiere que algunos o todos los caracteres asuman una mayor intensidad en su vigencia y aplicación.

*Tercer premisa básica.* Otro presupuesto que a mi juicio no debe integrar la noción conceptual es la llamada *publicatio.*[133] No he de referirme a ella en forma extensa ni a su origen y actual vigencia. La *calificación* por parte de una ley respecto de una actividad como servicio público es condición necesaria para su regulación ¡más intensa!

No obstante, *la calificación no implica asunción de titularidad.* En el primer caso el Congreso identifica la actividad como servicio público, y en el segundo la retira de la actividad privada y sólo la devuelve temporalmente bajo un régimen contractual.[134]

Como bien dice Bianchi, el titular es quien la ejerce, el Estado o los particulares. Lo que varía, al ser calificada una actividad como servicio público, es el régimen jurídico que la rige. *Si bien la* publicatio *puede ser una alternativa viable, nada impide que se asuma la regulación y control (¡el poder de policía!) sin titularizarla.*[135]

Más allá de la discusión de la necesaria o no asunción de la titularidad, por parte del Estado, de una forma u otra, estas circunstancias refieren a presupuestos, y no a los elementos que caracterizan la noción de servicio público.

*Cuarta premisa básica.* Si partimos de la base que el servicio público constituye el grado máximo de regulación (bajo el título que sea) de una actividad, su conceptualización debe estar orientada hacia determinado objeto específico. Esto es, reservarlo para aquellas cuestiones que no admitan otro régimen.[136]

En efecto, *si el servicio público puede ser considerado una técnica, sería conveniente definir conceptualmente dicha técnica, y que*

con su desarrollo permiten precisar la noción de servicio público ni la consecuencias que podrían derivarse de la calificación legislativa que el efecto se produzca. Para este autor, se debe indagar en los caracteres del mismo (ibídem, p. 129).

133. Agudamente sostiene Canosa: "(...) no resulta necesario considerar a la actividad como estatal para que la Administración pueda cumplir con determinados fines" (Armando Canosa, *Régimen Administrativo del Transporte Terrestre*, p. 126).

134. Alberto B. Bianchi, "Una noción restringida del servicio público (aportes para su cuarta etapa)", en Juan Carlos Cassagne (dir.), *Servicio Público y Policía*, 1ª ed., p. 131.

135. Julio Rodolfo Comadira, op. cit., p. 33. En similar sentido, destacan Fargosi y Castellano Terz que lo relevante para calificar a una actividad como servicio público no es ya la asunción de su titularidad por parte del Estado sino el sometimiento de la misma a la programación, control y dirección indirecta y relativa de la Administración Pública (cf. Alejandro E. Fargosi e María F. Castellano Terz, "Telecomunicaciones y servicios públicos", *SJA* 23.5.2007, JA, II, 1.177, 2007, punto VIII).

Ahora bien, cabe destacar la postura de Cassagne y su nueva interpretación de la *publicatio.* Así, para este autor ella no supone una transferencia patrimonial en favor del Estado, ni implica atribuir al Estado derecho real alguno; sino que tan sólo expresa la decisión estatal de que una determinada actividad se sujete a las potestades administrativas mediante un régimen especial (Juan Carlos Cassagne/Gaspar Ariño Ortiz, *Servicios Públicos, Regulación y Renegociación*, Buenos Aires, Lexis Nexis/Abeledo-Perrot, 2005, pp. 59-63). Esta posición no difiere en sustancia de la llamada *calificación* que somete determinada actividad a un régimen especial.

136. En este sentido se pronuncia Alberto B. Bianchi, "Una noción restringida del servicio público (aportes para su cuarta etapa)", en Juan Carlos Cassagne (dir.), *Servicio Público y Policía*, 1ª ed., p. 84.

*ésta, independientemente de las variaciones extra-jurídicas, se mantenga. En todo caso, se decida o no usarla; o bien se torne obsoleta por la modificación del modelo estatal.*

(B.1) Analicemos el primer elemento al que se alude para hablar de servicio público. El *fin que el servicio cumple* (aspecto teleológico). Por lo general aquí se habla de la satisfacción de necesidades colectivas o de interés general.

En relación a este elemento, no deben perderse de vista las siguientes circunstancias: (a) algunos servicios públicos no atienden una verdadera necesidad pública, sino que simplemente realizan actividades de utilidad pública; (b) otros servicios públicos persiguen específicamente una finalidad de contralor fiscal o de otro tipo, pero no satisfacer una necesidad pública (así el servicio de manufactura y venta de tabacos en Francia tiene por finalidad asegurar la recaudación del impuesto).[137]

Por tanto, y en atención a lo expuesto en las dos primeras premisas, no debe ser incluida esta noción en la definición del servicio público.

Ahora bien, en mi criterio, a efectos de *diferenciar la noción de servicio público con la función administrativa, se debe focalizar el objeto de aquél*. Veamos.

El servicio público es un medio, un instrumento para satisfacer una necesidad que, *a priori*, no puede ser satisfecha en forma individual.[138] Ello no obstante, no toda actividad requiere la técnica o el instrumento "servicio público" para ser satisfecha. Como bien destaca Tomás-Ramón Fernández, existen necesidades colectivas de imperiosa necesidad (la fabricación y venta de pan) que no han sido calificadas como servicio público y que, sin embargo, se ha asegurado su regulación.

Entonces, *la primera tarea debe consistir en fijar su objeto.*

Esto es, en vez de referirnos al fin que persigue, focalizar el objeto al cual se va a referir la actividad o prestación. Como técnica, debe tener un objeto que la haga aplicable en determinado tiempo, modo y lugar. Reitero, es claro que la técnica y su objeto responden a un fin, pero este último no aporta nada a una definición jurídico-metodológica.[139]

*Actualmente, entiendo que el objeto que debe abarcar la noción se servicio público es una actividad económica*[140] *referida o prestada en condiciones de mercado.*

(B.2) Se habla en general de una *prestación* (en menor medida de actividad o acción). Sobre este punto no existe mayor discusión. La regulación estatal debe versar sobre una determinada actividad o prestación. Agrego económica, referida o prestada en condiciones de mercado.

137. Agustín Gordillo, "Reestructuración del concepto y régimen jurídico de los servicios públicos", *La Ley on-line*, punto 10, 2º.

138. Como bien lo pone de relieve Tomás-Ramón Fernández, si se observa la historia de los servicios públicos (o de las actividades declaradas tales por las leyes), se puede apreciar que detrás de la calificación de una actividad como servicio público hay siempre una necesidad generalmente sentida que no puede ser satisfecha individualmente y que, sin embargo, debe ser atendida para cubrir esa distancia, cada vez mayor en una sociedad industrial y urbana (cf. Tomás-Ramón Fernández, "Del servicio público a la liberalización desde 1950 hasta hoy", *Revista de la Administración Pública Española* 150/59-60).

139. Con buen criterio, Gordillo considera que el elemento de la *satisfacción de una necesidad colectiva*, en cuanto finalidad del servicio público, debe ser suprimido, por no responder a la realidad, carecer de rigor dogmático, de objetividad, y de proyecciones jurídicas (cf. Agustín Gordillo, "Reestructuración del concepto y régimen jurídico de los servicios públicos", *La Ley on-line*, punto 10, 2º).

140. Cassagne propone una reducción de la noción tradicional anclada en los siguientes aspectos: (a) satisfacción de las necesidades primordiales; (b) actividades de tipo económico; (c) contenido obligatorio de la prestación; (d) la *publicatio* como

(B.3) La *persona que lo atiende* (aspecto subjetivo). En mi opinión, este elemento o bien debe reestructurarse, o bien debe ser desechado. Si entendemos que la persona que lo atiende se refiere al que ejerce su titularidad, entonces debemos desecharlo por las razones apuntadas en los premisas 3 y 4. En cambio, si se entiende al aspecto subjetivo, en relación a que sólo la Administración Pública puede regular y controlar la actividad, entonces debe estar presente.

(B.4) El *régimen que lo regula*: "Exhorbitante", de derecho público o especial.

No caben dudas que este elemento ha estado y está presente en la noción de servicio público desde sus orígenes en el siglo XVII. Más aún, si bien puede presentarse en la función administrativa (más allá de su posible alcance y limitación, en especial respecto al régimen exorbitante), en el concepto que aquí me ocupa adquiere mayor relevancia e intensidad, por cuanto esta técnica tiene por objeto garantizar o asegurar la prestación de una actividad de carácter económico cuya satisfacción debe ser asegurada, por su relevancia como necesidad colectiva.

(C) *La "causa" del servicio público, como fundamento del régimen especial.* A mi modo de ver, el régimen especial, de derecho público, se justifica por la imposibilidad de que el mercado (por ejemplo, ante la existencia de un monopolio[141] natural) pueda hacerse cargo de la prestación de la forma en que ella necesita ser satisfecha (obligatoria, continua y regular) en relación al usuario.

Esta circunstancia operó en la génesis de la noción de servicio público. Así, el primer ámbito de intervención de las actividades organizadas a gran escala por la "potencia pública" en Francia (siglo XVII) se basó en la necesidad de la organización colectiva en ámbitos vitales, esenciales para la vida en colectividad y la protección de la vida individual.[142]

Inclusive, como se trajo a colación, los mercaderes del agua que obtenían la re-

expresión del Estado de sujetar una determinada actividad a las potestades administrativas mediante un régimen especial (cf. Juan Carlos Cassagne/Gaspar Ariño Ortiz, *Servicios Públicos, Regulación y Renegociación*, pp. 57 y ss.

141. Gordillo tiene en relación al monopolio una posición tajante. Para mejor ilustración, reproduzco en forma textual sus argumentos: "(...) si el régimen jurídico especial se funda en la necesidad de asegurar la continuidad del servicio, y ésta se funda a su vez en el monopolio existente, sólo puede haber tal régimen especial cuando haya monopolio; el monopolio se transforma así en una característica esencial del concepto de servicio público. El único fundamento posible de todo el régimen jurídico aplicable a los servicios con la finalidad de asegurar su continuidad es precisamente el de la falta de libre competencia: al no haber competidores que puedan prestar el servicio ante la insuficiencia o defección del 'servicio público' prestado por el Estado directa o indirectamente, se hace imprescindible tomar medidas a fin de asegurar la continuidad, regularidad y uniformidad de esa prestación monopólica. Aplicamos el término 'monopolio' en el sentido de ausencia de libre competencia directa y, por tanto, puede haber monopolio en el sentido de la definición: (1º) aunque haya oligopolio (pero esta hipótesis debe ser considerada como excepcional (…); (2º) aunque haya competencia sustitutiva o indirecta. La circunstancia de que haya monopolio – en el sentido de ausencia de libre competencia directa –, unida a que se trate de una actividad administrativa, es lo que determina la aplicación del régimen jurídico especial. Ni el monopolio da lugar por sí mismo al régimen de derecho público, ni la actividad administrativa acarrea necesariamente ese régimen: pero toda vez que se dan ambos elementos corresponde aplicar los medios exorbitantes al derecho común con la finalidad de asegurar la continuidad, regularidad, generalidad y uniformidad del servicio, que por la conjunción de tales datos es servicio público" (Agustín Gordillo, "Reestructuración del concepto y régimen jurídico de los servicios públicos", *La Ley on-line*, punto III, 14).

142. Cabe reiterar, la noción de servicio público aparece en claro a principios del siglo XVII a partir de Carlos Séptimo y de Enrique Cuarto, cuando surgen iniciativas exitosas y sistemáticas en el ámbito de los servicios públicos con la apertura de líneas de transportes públicos fluviales, servicio de locación de caballos, apertura del correo al público y secamiento de los pantanos.

giduría y el título de prefecto delegado del rey es la más importante de las profesiones, porque se ocupa de la alimentación de la ciudad y dispone de un *peaje sobre el río y de un monopolio de transporte.*[143]

*En suma, la "causa necesaria" que operaba en el Medioevo*[144] *hoy en día se traduce en la deficiencia, insuficiencia o imposibilidad del mercado en una determinada actividad económica (cuya necesidad debe ser satisfecha), que requiere la intervención estatal, mediante la utilización del instrumento o técnica "servicio público", y su inserción en un régimen especial diverso a las reglas del mercado, caracterizado por una regulación y control especialmente intensos.*

Prescindo de la utilización del término "monopolio", por cuanto la enunciación precedente resulta más flexible y adaptable a las posibles formulaciones encontradas del alcance e implicancia de la locución "monopolio".

No obstante, debo reconocer, en base a lo expuesto por Gordillo, Bianchi, Barra[145] y Albertsen, que el monopolio constituye, en la gran mayoría de los casos, la causa que justifica la intervención estatal.[146] Vale la pena destacar que, a mi juicio, la causa no debería integrar la definición de servicio público, sino que, resulta claro, justifica la utilización de tal técnica o instrumento por parte del Estado.

## *6. El llamado servicio universal o de interés general y el servicio de interés económico general*

Ambas nociones provienen del derecho comunitario europeo y su vinculación es de género a especie.

Se ha definido el servicio público universal como el conjunto de exigencias mínimas que cabe imponer a las empresas (del sector privado o público) que presten actividades de interés general para garantizar a todos ciertas prestaciones básicas de calidad y a precios asequibles.[147] Por tanto, se habla de *obligaciones de servicio público* que deben cumplir quienes presten esta clase de servicios que un Estado concibe en un momento determinado de su historia.

No caben dudas que la evolución del concepto, por ejemplo en España, se debe a la influencia de las normas comunitarias que alteraron sustancialmente los derechos internos de los Estados-miembros. Más aún, el servicio universal constituye la expresión

143. Cf. Xavier Bezncon, *Essai sur les Contrats de Travaux et de Services Publics, Contribution à l'Histoire Administrative de la Délégation de Misión Publique*, 2ª tir., p. 307.

144. La intervención en el Medioevo requería una *causa necesaria*, que se refiere a los desafíos absolutos de la organización de los servicios del Estado; entre los que se encuentran: la defensa, la tranquilidad pública, la legislación, el Fisco, la autoridad pública, la moneda, la organización administrativa (entre otros); y, luego, el de la Justicia. Desde ya, estas cuestiones se consideraban necesidades vitales que la potencia pública debía preservar y asegurar a los habitantes.

145. Según Barra, el servicio público ha sido considerado como la estatización de la actividad calificada, dado que está reservada al propio Estado, agregándose como nota tipificante que dicha actividad se ejerce, en la mayoría de los casos, en condiciones monopólicas (cf. Rodolfo C. Barra, "La concesión de obra y servicio público en el proceso de privatización", *Revista de Derecho Administrativo* 6/24, Buenos Aires, Depalma, 1991).

146. En cuanto a la posición de Gordillo, v., al respecto, nota al pie n. 135; por su parte, Albertsen desarrolla todo su trabajo para demostrar que la causa se halla en las características monopólicas de una actividad, lo que permite calificarla como servicio público (cf. Jorge Albertsen, "El monopolio como dato esencial del servicio público", *Servicio Público, Policía y Fomento*, Jornadas organizadas por la Universidad Austral/Facultad de Derecho, punto 6).

147. Así lo define Franck Moderne citando a Clarich y Caldirola (cf. Franck Moderne, "La idea de servicio público en el Derecho Europeo, nuevas perspectivas", en Juan Carlos Cassagne (dir.), *Servicio Público y Policía*, p. 22).

de las exigencias y especificidades del modelo europeo de sociedad, en el marco de una política que concilia el dinamismo del mercado, la cohesión y la solidaridad.[148]

La noción de *servicio universal o de interés general*, como bien dice Tomás-Ramón Fernández, responde a un concepto: (a) *flexible*, en atención a que su contenido está elaborado progresivamente en función de las características estructurales y técnicas y las necesidades propias de cada sector y (b) *evolutivo*, en razón de que debe adaptarse a los cambios tecnológicos a las nuevas exigencias de interés general y las necesidades de los usuarios.

El *servicio de interés* ***económico*** *general* es una especie dentro del servicio de interés general y representa aquellos servicios económicos cuyas actividades se realizan en el mercado e interesan desde este punto de vista al derecho comunitario.[149]

Para Moderne son auténticos servicios públicos los que no están sometidos al principio comunitario de la libre competencia (servicios de interés general); en cambio, no considera a los de carácter económico íntegramente servicios públicos, en la medida en que no pueden, en principio, descartar las exigencias de la libre competencia aunque asuman *obligaciones de servicio público*.[150]

Ahora bien, estas nociones y la incipiente ideología del servicio público que gana terreno en Europa[151] claramente se derivan del proyecto consolidado de integración. Muy por el contrario, nuestro proceso de integración (Mercosur), en el mejor de los casos, constituye un proyecto que recién da sus primeros pasos en comparación con la Unión Europea, que surgió, avanzó y se consolidó en un período de más de 35 años.

Esta circunstancia debe ser atendida a la hora de pretender extrapolar las nuevas definiciones y concepciones sobre los servicios públicos a nuestro sistema nacional y de integración.[152]

### *7. Definición de servicio público*

Conforme el desarrollo que se ha esbozado de la noción aquí en estudio, entiendo que la aproximación a una definición jurídica, que prescinda de otros factores variables que la tornan inestable e indefinible (ya sea que se presenten como presupuestos, causas o fines), puede ser concebida en los siguientes términos:

*Servicio público es un instrumento o técnica de intervención estatal, no equiparable plenamente a la función administrativa, cuya utilización ¡sólo! procede respecto de una determinada actividad económica referida o prestada en condiciones de mercado.*[153]

148. Ídem, p. 23.

149. Ibídem.

150. Ibídem.

151. Ibídem.

152. Se pude apreciar el grado de desarrollo de nuestro proceso de integración, su atraso y las dificultades en ciertos aspectos para su consolidación en Juan Gustavo Corvalán y Marcela Monti, "Cuatro situaciones nocivas para la vigencia y afianzamiento del Mercosur", *Diario Judicial* (*www.diariojudicial.com*), "Nota de Fondo", domingo, 15.4.2007.

153. Esta definición, a mi juicio, puede asimilarse, por su esquema, a otras que (más allá de coincidir o no con ellas) también se formulan en forma breve y concisa, prescindiendo de otros factores tales como el fin, la motiva, sus causas o las consecuencias que se derivan de ella. Por ejemplo, la definición que nos brindan García de Enterría y Tomás-Ramón Fernández respecto del acto administrativo: "declaración de voluntad, de juicio, de conocimiento o de deseo realizada por la Administración en ejercicio de una potestad administrativa distinta de la potestad reglamentaria" (cf. Eduardo García de Enterría y Tomás-Ramón Fernández, *Curso de Derecho Administrativo*, 1ª ed. anotada de 2006 de la 12ª ed., t. I, Thomson Civitas/La Ley, p. 550). También puede referenciarse la definición de función administrativa de Gordillo (a la cual adhiere Comadira): "toda la actividad que realizan los órganos administrativos y la actividad que realizan los órganos legislativos y jurisdiccionales, excluidos respectivamente los hechos y actos materialmente legislativos y jurisdiccionales" (Agustín Gordillo, *Tratado de Derecho Administrativo*, 4ª ed., t. I, p. IX/48).

Esta definición,[154] a mi juicio, puede asimilarse, por su esquema, a otras (por ejemplo, de acto administrativo o función administrativa) que, más allá de coincidir o no con ellas, también se formulan en forma breve y concisa, prescindiendo de otros factores tales como el fin que las orientan, las causas que las determinan o las consecuencias que se derivan de ellas.

Por ejemplo, la definición que nos brindan García de Enterría y Tomás-Ramón Fernández respecto del acto administrativo: "declaración de voluntad, de juicio, de conocimiento o de deseo realizada por la Administración en ejercicio de una potestad administrativa distinta de la potestad reglamentaria".[155]

También puede referenciarse la definición de *función administrativa* de Gordillo (a la cual adhiere Comadira): "toda la actividad que realizan los órganos administrativos y la actividad que realizan los órganos legislativos y jurisdiccionales, excluidos respectivamente los hechos y actos materialmente legislativos y jurisdiccionales".[156]

Ambas definiciones no incluyen otros elementos o circunstancias[157] que, o bien operan como presupuestos, o bien como causas, o bien como consecuencias de la utilización de esta técnica o instrumento. No obstante, más allá de la definición aquí acuñada, *conforme nuestro Derecho vigente*, se deben observar o tener en cuenta los siguientes factores que se resumen en *causas, presupuestos, y consecuencias* de la existencia de los servicios públicos.

En suma, los factores que a continuación se detallan, en función de su proximidad al modelo político-económico estatal, entiendo adecuado excluirlos de la definición, y analizarlos en forma externa, pudiendo ellos alterarse sin que modifiquen los términos jurídicos de la noción conceptual.

(1) *Causas* que justifican la utilización del instrumento o técnica: la deficiencia, insuficiencia o imposibilidad del mercado de satisfacer o asegurar una determinada actividad o prestación económica.

154. Según Canosa, los caracteres de los servicios públicos son los que permitirán encontrar las notas distintivas y tipificantes de los servicios públicos. Tal afirmación lo lleva a sostener que el servicio público (a través de la concesión) es uno de los modos de intervención administrativa mediante el cual se garantizan prestaciones bajo determinados estándares, por lo qué debe considerarse que es una técnica jurídica de garantía a favor de los particulares. Así, concluye: "Estos estándares se van a poner de manifiesto con el cumplimiento de la actividad de acuerdo con los caracteres, que a nuestro criterio justifican su existencia como tal y el máximo grado de regulación estatal sobre la misma" (cf. Armando Canosa, *Régimen Administrativo del Transporte Terrestre*, pp. 129-130).

Debo disentir aquí con esta última conclusión a la que arriba Canosa (precedentemente transcripta). Los caracteres que debe asumir la técnica de intervención se justifican (al igual que el régimen especial diverso al privado) por otras razones. En efecto, la causa o el fundamento de la existencia de estos caracteres debe hallarse en la insuficiencia, deficiencia o imposibilidad de que el mercado o la esfera privada (por ejemplo – y no exclusiva ni excluyente –, que exista un monopolio) pueda garantizar la actividad en los términos en que necesita ser satisfecha. Por tanto, cuando esto último acontece, ahí aparece la intervención estatal bajo un régimen especial, que deberá utilizar la técnica sobre determinada actividad bajo determinados caracteres o estándares. En suma, los caracteres (que no se incluyen en la definición) son una consecuencia de la existencia del servicio público.

155. Cf. Eduardo García de Enterría y Tomás-Ramón Fernández, *Curso de Derecho Administrativo*, 1ª ed. anotada de 2006 de la 12ª ed., t. I, p. 550.

156. Agustín Gordillo, *Tratado de Derecho Administrativo*, 4ª ed., t. I, p. IX/48; Julio Comadira, *Derecho Administrativo*, 2ª ed., p. 123.

157. Como ya he puesto de relieve, la definición de *función administrativa* no incluye su fin último. Dicho de otro modo, no se dice que la función administrativa es para la satisfacción del interés general o público; simplemente ello se presupone o tal requisito es condición para que la función realizada sea conforme a derecho.

(2) *Presupuestos*: (a) la calificación legislativa para que la intervención estatal en determinada actividad económica sea conforme a derecho; (b) la calificación no implica asunción de titularidad, aunque nada impide que ello pueda así configurarse.

(3) *La finalidad o fin* que se busca satisfacer mediante la utilización de la técnica o instrumento: asegurar la satisfacción de determinadas necesidades vitales y colectivas, aunque ello no se presente como característica exclusiva y excluyente de esta noción.[158]

(4) *Consecuencias*: (a) la actividad calificada como de servicio público deberá regirse por un régimen especial, diverso al ámbito privado, caracterizado por una regulación y control especialmente intensos; (b) la técnica de intervención deberá asumir determinados caracteres.[159]

## *8. Conclusiones*

En base a todo lo hasta aquí expuesto, estimo útil sentar las siguientes conclusiones.

### *8.1 En relación al origen y su evolución*

8.1.1 La noción de *servicio público* se origina en el Medioevo en Francia, de forma disociada a través de dos conceptos: la *necesidad pública* y el *provecho común*. *En Francia* también se desarrolla originariamente la noción en el ámbito normativo, jurisprudencial y doctrinario.

8.1.2 *A nivel normativo*, puede ponerse como ejemplo el Edicto de 1635, que reorganiza los derechos de tránsito por agua y por tierra.

8.1.3 *A nivel jurisprudencial*, el Consejo de Estado francés fue llevado a pronunciarse sobre esta noción en los años 1835, 1840, 1849, 1850, 1851 y 1854. Y luego en fallos posteriores como los casos "Froment" de 1854, "Camus" de 1859 y "Le Rebours" de 1861.

8.1.4 *A nivel doctrinario*, De La Mare en 1720 cristalizó un compendio temático sobre los servicios públicos, y expuso en detalle las diversas regulaciones que encuadran en las competencias de las comunas. No obstante fue Hauriou en 1892 quien concibió la primera tesis del servicio público, abordando la noción en forma profunda y detallada.

8.1.5 El Derecho Francés y la construcción dogmática que ofrecen sus autores engendran – *grosso modo* – las notas características y la esencia de la noción de servicio público actual.

8.1.6 *Según Hauriou*, la noción de servicio público implica la prestación de un servicio técnico, hacia a los habitantes en general de manera continua y regular, conectado a un interés general en el marco de una organización pública. Para Duguit, si el poder de dominación existe siempre, no es un derecho subjetivo del que el Estado sea titular, sino es, ante todo, una función social. Esta función social es – en el fondo – el servicio público; que se traduce en una obligación jurídica que se impone a los gobernantes, a los detentadores del poder en cada momento, para asegurar sin interrupción el cumplimiento de cierta actividad, que, *prima facie*, resulta variable.

*Jèze* (continuador de Duguit), *Bonnard* y *Rolland* serán entonces los abanderados

158. Ello así, habida cuenta que la existencia de estos fines, se advierten en algunas actividades que, no obstante, no se califican ni requieren la utilización de la técnica o instrumento "servicio público". Sin embargo, desde su nacimiento, las actividades abarcadas por los servicios públicos han tenido por objeto la satisfacción de necesidades colectivas o vitales que, claro está, se subordinan a factores extra-jurídicos, y responden a otros económicos, ideológicos y políticos. Por tanto, y por su posible mutación en razón de estos factores, la finalidad del servicio público no debe abarcar su definición.

159. Por lo general se habla de: *generalidad, igualdad, regularidad, continuidad, obligatoriedad* y *uniformidad*.

de la llamada *Escuela del Servicio Público*, que se resume básicamente en la dirección por parte de los gobernantes, destinada a satisfacer necesidades colectivas.

Se conciben en Francia en esa época dos nociones de servicio público: (a) una noción amplia, que apunta al conjunto de fines sociales que la Administración debe proponer; (b) una noción estricta, que hará referencia a la asunción por el Estado, de forma directa o controlada, de la consecución de ciertas necesidades sociales bajo un régimen exorbitante del derecho común. Es decir, una técnica, una forma de acción caracterizada según la sistematización de las siguientes notas: actividad monopolística y excluyente, y un procedimiento de derecho público con ejercicio de poderes exorbitantes; una prestación regular, continua, y un derecho abstracto del usuario a la prestación.

8.1.7 *El aporte de Italia* viene dado fundamentalmente por dos aspectos: (a) avizoran inicialmente algunos autores que recurrir al índice de carácter monopolizado o no es insuficiente, por cuanto no toda la actividad monopolizada es servicio público (por ejemplo: el monopolio fiscal); (b) la distinción entre función administrativa y servicio público.

8.1.8 *El aporte de Alemania* se avizora en Forsthoff, a través del concepto de *procura asistencial* (*Daseinsvorsorge*), que constituye el objeto caracterizador de la Administración contemporánea. La *Daseinsvorsorge* se manifiesta concretamente en las prestaciones (se refiere a los suministros) y se inicia como una categoría político-sociológica, con incidencia jurídica en el plano descriptivo, concepto que hasta el día de hoy no ha sido abandonado, y legitima la actuación administrativa en el campo de las prestaciones económicas.

La procura asistencial esta destinada a garantizar a los administrados prestaciones vitales, y no se manifiesta sólo en la amplitud con que se lleva a cabo una determinada actividad; sino también en la forma con que se trata de conseguir tales fines.

También se advierte en Alemania dos cuestiones relevantes que aún hoy se tienen en cuenta: (a) que no toda la actuación administrativa puede ser reconducida inmediatamente en relación con las prestaciones vitales a realizar, esto es, no todo lo que la Administración hace se conecta con el servicio de las prestaciones vitales; (b) la Administración no tiene el monopolio de la *Daseinsvorsorge*; (c) a consecuencia de lo anterior, se reconoce el principio de subsidiariedad, y todas sus consecuencias jurídicas.

También Otto Mayer aporta un concepto relacionado con la actividad prestacional del Estado y su actuación en el ámbito económico. Así, la "tarea pública" (*öffentliche Aufgabe*) es un concepto que permite la justificación de la intervención económica del Estado en prestaciones económicas de interés general para los ciudadanos.

8.1.9 *En España* el desarrollo del servicio público es obra fundamental de la legislación, más que de la jurisprudencia. El aporte doctrinario de Villar Palasí, con su tesis *Gestión Económica del Estado*, resulta de particular importancia, habida cuenta que para este autor el servicio público se constituye como una técnica institucional para crear o generar títulos de potestad administrativa de intervención en la vida económica y social. De ahí que se acuda a la noción de *publicatio*, entendida como la técnica que se dirige a la creación de títulos *ope proprietatis* de potestad sobre actividades privadas con el fin de controlarlas.

8.1.10 *En Argentina*, desde un punto de vista constitucional, el origen de la noción de servicio público acarrea una discusión doctrinaria en cuanto a la titularidad o no asignada al Estado.

(a) Por un lado, la doctrina que interpreta que la Constitución de 1853 le confiere la titularidad de los servicios públicos al Estado, que se orienta a demostrar que los impulsores de la Constitución de 1853 (haciendo hincapié en Alberdi) entendieron que la titularidad de los servicios públicos pertenecía al Estado.

(b) Por otro, la mayoría de los autores niega que la Constitución de 1853 confiera titularidad al Estado sobre los servicios públicos.

Sobre el desarrollo de estas posturas, remito el lector a lo expuesto en el punto 3.1; no obstante, a mi juicio, no resulta un dato certero (más bien parecería lo contrario) que la Constitución de 1853 haya otorgado o previsto la titularidad al Estado de los servicios públicos.

La Constitución de 1949 produce un cambio significativo, por cuanto se decide la pertenencia originaria de los servicios públicos al Estado y la prohibición terminante de su enajenación o concesión, y las transferencias a aquél de los que estuvieran en poder de los particulares, mediante compra o expropiación.

La última Reforma Constitucional de 1994 introdujo normativamente el término "servicio público" y se montó sobre las ideas de: (a) reconocimiento y protección de los derechos de los usuarios de los servicios públicos; (b) la consagración de un plexo de potestades estatales orientadas esencialmente a la regulación y al control. En definitiva, el fin del sistema es la protección de los derechos, pero la potestad es el medio que los asegura.

### *8.2 Respecto a la clásica concepción sobre el servicio público y su definición conceptual*

8.2.1 *En nuestro país* la gran mayoría de las definiciones del servicio público contiene los siguientes elementos: (a) el fin que el servicio cumple (aspecto teleológico, satisfacción de necesidades colectivas o de interés general); (b) se refiere a una prestación, actividad o acción; (c) la persona que lo atiende; (d) el régimen que lo regula: "exorbitante", de derecho público o especial.

8.2.2 Las siguientes premisas deben tenerse en consideración a la hora de analizar la noción de servicio público:

(a) Si bien la noción de servicio público está anclada al sistema de división de Poderes, tal circunstancia no impide que se intente brindar una definición jurídica con rasgos propios, sin que se anude (aunque de hecho lo esté) a la función del Estado y sus fines.

(b) No hay servicio público por naturaleza.

(c) Toda la intervención estatal en determinada prestación o actividad (bajo cualquier título) siempre se debe orientar hacia la satisfacción del interés público, general o colectivo. Por tanto, cuando se afirma que el servicio público busca cubrir necesidades colectivas, nada aporta a su conceptualización, antes bien, en el mejor de los casos, ello constituye su presupuesto.

(d) Si bien la *publicatio* puede ser una alternativa viable, nada impide que se asuma la regulación y control (¡el poder de policía!) sin titularizarla.

(e) Si partimos de la base que el servicio público constituye el grado máximo de regulación (bajo el título que sea) de una actividad, su conceptualización debe estar orientada hacia determinado objeto específico. Esto es, reservarlo para aquellas cuestiones que no admitan otro régimen.

(f) Si el servicio público puede ser considerado una técnica, sería conveniente definir conceptualmente dicha técnica, y que ésta, independientemente de las variaciones extra-jurídicas, se mantenga. En todo caso, se decida o no usarla; o bien se torne obsoleta por la modificación del modelo estatal.

8.2.3 Posible vigencia o reformulación de los elementos que integran las definiciones clásicas del servicio público:

(a) En relación al fin que el servicio cumple; la actividad que debe abarcar; la persona que lo atiende y el régimen que lo regula:

(i) Algunos servicios públicos no atienden una verdadera necesidad pública; y otros servicios públicos persiguen específicamente una finalidad de contralor fiscal o de otro tipo, pero no satisfacer una necesidad pública.

(ii) Por tanto, no debe ser incluida esta noción en la definición del servicio público; en vez de referirnos al fin que persigue, se debe focalizar el objeto al cual se va a referir la actividad o prestación. El objeto que debe abarcar la noción de servicio público es una actividad económica, referida o prestada en condiciones de mercado.

(iii) Si entendemos que la persona que lo atiende se refiere al que ejerce su titularidad, entonces debemos desecharlo; en cambio, si se entiende al aspecto subjetivo, en relación a que sólo la Administración Pública puede regular y controlar la actividad, entonces debe estar presente.

(iv) El régimen de derecho público especial ha estado (y está presente) en la noción de servicio público desde sus orígenes en el siglo XVII.

8.2.4 La *causa* del servicio público como fundamento del régimen especial: el régimen especial de derecho público se justifica por la imposibilidad de que el mercado (por ejemplo, ante la existencia de un monopolio natural) pueda hacerse cargo de la prestación de la forma en que ella necesita ser satisfecha (obligatoria, continua y regular) en relación al usuario; esto puede ser equiparado a la *causa necesaria* que operaba en el Medioevo.

8.2.5 *Se define al servicio público como un instrumento o técnica de intervención estatal, no equiparable plenamente a la función administrativa, cuya utilización ¡sólo! procede respecto de una determinada actividad económica referida o prestada en condiciones de mercado.*

Esta definición puede asimilarse a otras (por ejemplo, la de acto administrativo o función administrativa) que, más allá de coincidir o no con ellas, se formulan en forma breve y concisa, prescindiendo de otros factores tales como el fin que la orienta, las causas que la determinan, o las consecuencias que se derivan de ella.

8.2.6 No se utiliza la locución "monopolio" por tres razones: (a) una definición que no la incluya resulta más flexible y adaptable a las posibles formulaciones encontradas del alcance e implicancia de tal noción; (b) si bien el monopolio constituye, en la gran mayoría de los casos, la causa que justifica la intervención estatal, ello no sucede en todos los supuestos; y (c) la causa no debería integrar la definición de servicio público, sino que justifica (en la gran mayoría de los casos) la utilización de tal técnica o instrumento por parte del Estado.

8.2.7 Más allá de la definición, se deben atender otros factores en relación con la noción de servicio público.

(a) Las *causas* que justifican la utilización del instrumento o técnica: la deficiencia, insuficiencia o imposibilidad del mercado de satisfacer o asegurar una determinada actividad o prestación económica.

(b) Los *presupuestos*: calificación legislativa que no implica necesariamente asunción de titularidad;

(c) La *finalidad o fin* que se busca satisfacer mediante la utilización de la técnica o instrumento: asegurar la satisfacción de determinadas necesidades vitales y colectivas, aunque ello no se presente como característica exclusiva y excluyente de esta noción.

(d) Las *consecuencias*: (i) la actividad calificada como de servicio público deberá regirse por un régimen especial, diverso al ámbito privado, caracterizado por una regulación y control especialmente intensos; (ii) la técnica de intervención deberá asumir determinados caracteres.

8.2.8 La *servicio universal o de interés general* responde a un concepto *flexible y evolutivo*. El *servicio de interés **económico** general es una especie dentro del servicio de interés general y representa aquellos servicios económicos cuyas actividades se* *realizan en el mercado e interesan desde este punto de vista al derecho comunitario.*

*Ambas nociones y la incipiente ideología del servicio público que gana terreno en Europa claramente se derivan del proyecto consolidado de integración. Muy por el contrario, nuestro proceso de integración (Mercosur), en el mejor de los casos, constituye un proyecto que recién da sus primeros pasos; circunstancia que debe ser atendida a la hora de pretender extrapolar las nuevas definiciones y concepciones sobre los servicios públicos a nuestro sistema nacional y de integración.*

DOUTRINA

# O "ATO DAS DISPOSIÇÕES TRANSITÓRIAS" NA CONSTITUIÇÃO BRASILEIRA DE 1988 – BREVES NOTAS


CARLOS AYRES BRITTO

Ministro do STF – Doutor em Direito Constitucional pela PUC/SP
– Membro da Academia Brasileira de Letras Jurídicas/ABLJ


*1. Emendas constitucionais e parte permanente da Constituição de 1988. 2. Transição constitucional e parte transitória da Lei Maior. 3. A dualidade tempo/poder reformador. 4. Ato das Disposições Constitucionais Transitórias: núcleo intangível do corpo normativo da Constituição. 5. Parte transitória da Constituição e* futuridade. *6. A parte transitória dos próprios atos de reforma constitucional. 7. Normas transitórias da Constituição* versus *normas transitórias de emenda constitucional. 8. Conclusão.*

## *1. Emendas constitucionais e parte permanente da Constituição de 1988*

*1.1* As emendas à Constituição brasileira de 1988 foram concebidas para redimensionar apenas em parte o nosso Texto Magno. Aclaro: foram concebidas para incidir tão-somente sobre a banda permanente da nossa Constituição. Não sobre o "Ato das Disposições Constitucionais Transitórias". Nessa medida, são emendas que se definem como atos normativos gerais ou leis em sentido material. Tanto quanto a própria Constituição eventualmente emendada é um ato normativo geral ou lei em sentido material.

*1.2* Vê-se, então, que estamos a falar de normas que introduzem nominal reforma à Lei Maior do Brasil. Atos que se revestem dos mesmos caracteres da generalidade, impessoalidade e abstratividade da porção permanente da Constituição refundida. Única parte, aliás, suscetível de uma válida reforma.

*1.3* É isso mesmo: à mercê das emendas constitucionais apenas se coloca o segmento das normas permanentes da Constituição (à exceção das cláusulas pétreas, matéria-tabu para a função reformadora que assiste ao Congresso Nacional); que já é um segmento de padronização ou de clicherização do fático. Quero dizer: conjunto normativo que se proclama válido para uma série aberta de sujeitos (impessoalidade) e de ações (generalidade), renovando de modo duradouro o vínculo que prende suas hipóteses de incidência aos respectivos mandamentos (abstratividade).

## *2. Transição constitucional e parte transitória da Lei Maior*

*2.1* Assim ajuizamos porque a banda transitória da Magna Lei (Ato das Disposições Constitucionais Transitórias) se tipifica por incidir sobre fatos que o legislador constituinte somente valorou como de regração efêmera por efeito, justamente, da quadra histórica de transição então vivida. *E transição constitucional é fenômeno irreprimivelmente passageiro. Tempo que transcorre entre dois marcos ou duas eras: a era da Constituição que sai de cena e a da Constituição que sobe ao palco da positividade jurídica.* Se se prefere, lapso temporal que somente acontece no *lusco-fusco* de uma Constituição que chega para revogar outra e entende de criar uma zona intermediária de regulação (o Ato das Disposições Constitucionais Transitórias, justamente), caracterizada por nascer *com seus dias contados.* Mas nascer *com seus dias contados* (a zona intermediária de regulação) pelo único Poder que naquele momento de interseção das duas Cartas Políticas a tudo sobranceiramente assiste e normativamente fotografa: o Poder Constituinte. Não pelo Poder Reformador, porque a voz de comando que é própria desse Poder de Reforma *é para avaliar o desempenho da nova Constituição ante o desenrolar dos fatos que se lhe seguirem* (primeiro, a Constituição; depois, os fatos). E esse desempenho é excludente daqueles fatos *cujo desenrolar já se encontra empalhado pelo próprio Poder Constituinte no chamado Ato das Disposições Constitucionais Transitórias; ou seja, fatos que já foram normados com a precisa indicação do seu começo e do seu término, que são fatos não mais suscetíveis de vexar a nova Constituição, colocando-a como peça legislativa* demodée *ou por qualquer modo descompassada com a dinâmica do pensamento médio da população.*

*2.2* Não estamos a falar senão isto: ao determinar, no Ato das Disposições Constitucionais Transitórias, o tamanho temporal de certas matérias, o constituinte mesmo foi que imunizou tais matérias quanto à possibilidade do confronto com a performance da nova Lei Maior, e por isso é que as excluiu do segmento das normas constitucionais permanentes. São acontecimentos, coisas, fatos, circunstâncias, condutas, que não mais comportam avaliação *pari passu* com a vida do novo Texto Magno, *porque intencionalmente deixados para trás dessa vida.* A contemporaneidade normativa deles é somente com a data de nascimento da Constituição, como problema surgido e resolvido por ocasião dos respectivos *trabalhos de parto.* Se bem ou mal resolvido o problema, nada mais existe a fazer, pois não há como recomeçar um parto legislativo que já se consumou.

## *3. A dualidade tempo/poder reformador*

*3.1* Com mais clareza, talvez: se o constituinte opta por segmentar a Constituição em porção permanente e porção transitória, é porque deixa a parte permanente aos cuidados do Poder Reformador (respeitadas as cláusulas pétreas) e a parte transitória aos *cuidados do tempo.* Se a banda permanente é colocada a salvo de reformulação perante o Poder Legislativo usual ou cotidiano, a banda transitória é posta a salvo de ambos os Poderes: o Legislativo usual e o próprio Poder Reformador. É como dizer: só o Poder Constituinte (redundantemente chamado de "originário") é que pode tratar de ambas as partes da Constituição, e o faz de um só tomo ou numa única oportunidade (quando da promulgação da Constituição mesma). Isso porque o Poder Constituinte somente opera no *atacado* normativo de cada Constituição por ele gestada. Não no varejo.

*3.2* Recolocando as palavras, a Assembléia Nacional constituinte opera binariamente, ao embutir na Constituição o apêndice das disposições transitórias, porquanto: (a) exclui essa matéria do âmbito da legislação comum ou simplesmente infraconstitucional; (b) exclui igualmente essa matéria do âmbito da própria legislação constitucional permanente. Em ambas as hipóteses deixa claro o legislador constituinte que reservou para si, com exclusividade, a disciplina do assunto; isto é, conferiu às normas transitórias o mesmo tônus de petrealidade que atribuiu às situações jurídico-subjetivas que já encontrou e não quis desconstituir (de que são frisantes lembranças o direito adquirido, o ato jurídico perfeito e a coisa julgada).

### 4. *Ato das Disposições Constitucionais Transitórias: núcleo intangível do corpo normativo da Constituição*

*4.1* Noutro modo de dizer as coisas, o segmento constitucional transitório é um conjunto normativo que se impõe ao Poder Reformador. *É todo ele uma cláusula pétrea.* Não no sentido de cláusula intangível pelo tempo em que vigorar a nova Constituição, mas pelo tempo que se fizer necessário à completa produção dos seus próprios efeitos no mundo das ocorrências fáticas.

*4.2* A "revisão" constitucional, por exemplo, foi regrada como norma transitória da *Carta-cidadã* de 1988.[1] Nessa condição, nasceu como norma de eficácia diferida, e hoje não passa de norma constitucional de eficácia esvaída, pois "já deu o que tinha de dar". Sua eficácia era da espécie protraída, dissemos, porquanto destinada a operar somente depois de decorridos cinco anos da promulgação da mesma Carta. Hoje, no entanto, cuida-se de norma constitucional de eficácia esgotada, pois sua própria edição era o fato exauriente da sua hipótese de incidência (caso típico de não-renovabilidade do vínculo entre o descritor normativo e seu prescritor). Não que a revisão fosse concebida para cuidar da parte transitória da Constituição. Absolutamente! A revisão foi normada para produzir efeitos sobre a parte permanente do nosso Código Político, *mas ela mesma foi disciplinada como um transitório ato da ordem legislativa.* Sem chance de passar de modalidade transitória de reforma constitucional a modalidade permanente (o transitório que se esfuma pode ser comparado à baforada de cigarro, que já não tem como retornar à boca do fumante). Pois modalidades de atos com permanente força de refundir a Constituição Federal são apenas as emendas de que trata o inciso I do art. 59 da nossa Magna Carta.

*4.3* Ajunte-se que não só a revisão foi disciplinada pelo Poder Constituinte como norma destinada ao esvaimento da respectiva eficácia. Todas as outras normas da banda transitória o foram. Afinal, parte transitória é isso mesmo: um entrar no Magno Texto para dele sair com o simples decurso do tempo. Sem precisar de ato formal derrogatório, ou revocatório, que isto já é característica das normas constitucionais permanentes.[2]

### 5. *Parte transitória da Constituição e* **futuridade**

*5.1* Em verdade, ao dotar a Lei Maior de uma porção transitória, o constituinte decide que sua Constituição é para funcionar, no futuro, somente com uma parte permanente. A parte transitória é como se fosse cordão umbilical a murchar e cair de vez com o passar dos dias. O que já é o bastante para a dedução de que não cabe ao Poder Reformador interferir no curso da Natureza, retardando ou, pior ainda, impedindo, mesmo, o des-

1. ADCT, art. 3º: "Art. 3º. A revisão constitucional será realizada após 5 (cinco) anos, contados da promulgação da Constituição, pelo voto da maioria absoluta dos membros do Congresso Nacional, em sessão unicameral".

2. Essa categorização de normas constitucionais como de eficácia diferida, assim com esse nome, figura de estudo que fizemos publicar sob a fórmula de opúsculo, pela Universidade Federal de Sergipe, em 1993, sob o título de *Revisão Constitucional: Norma de Eficácia Esvaída.* Já sob a forma de artigo, e com o mesmo título, v. *RTDP* 6/158-168, São Paulo, Malheiros Editores, 1994.

pencar daquele penduricalho umbilical (mexendo e remexendo nos comandos efêmeros da Magna Lei, a seu talante).

*5.2* Com efeito, a admitir que o poder de reformar a Constituição possa alcançar também a própria banda transitória do Magno Texto, esse Poder Reformador se projeta indefinidamente no tempo e, assim, artificializa a duração do que foi definido, justamente, para não se prorrogar jamais.

## *6. A parte transitória dos próprios atos de reforma constitucional*

*6.1* Quanto à afirmativa inicial de que os atos de reforma têm na produção de normas gerais seu espaço natural de manifestação, seu *habitat* operacional, isto não implica dizer que tais atos estejam privados de conter uma parte transitória *deles mesmos*. Uma normação que vigore *a latere* da Constituição. Do lado de fora, então, e não do lado de dentro da Lei Fundamental. Daí que tais normas transitórias se veiculem por dispositivos que passam a ter numeração própria, uma vez que, não se destinando a entrar na Constituição, não teriam, mesmo, que renumerar textos normativos que só à Constituição pertencem. É o caso do art. 28 da EC 19, de 4.6.1998 (dentre muitos outros da recente experiência constitucional brasileira), que só está do lado de dentro dessa Emenda mesma e cuja vocalização normativa é esta: "É assegurado o prazo de 2 (dois) anos de efetivo exercício para aquisição da estabilidade aos atuais servidores em estágio probatório, sem prejuízo da avaliação a que se refere o § 4º do art. 41 da Constituição Federal".

*6.2* De fato, comandos desse jaez não modificam a aritmética dos dispositivos constitucionais. Mas algo de novo eles introduzem no direito constitucional positivo, sem dúvida. Seria o caso de classificá-los como – digamos – *emenda aditiva **out** ou por fora*, para distingui-los das *emendas aditivas **in** ou por dentro da Constituição*. Se a emenda é por dentro da Lei Maior – emenda típica –, há de veicular normas gerais ou lei em sentido material. Se por fora da Constituição – emenda atípica –, é-lhe permitido o laborar ao nível das normas de efeitos concretos.

*6.3* Inevitável, então, é a pergunta: e se uma determinada emenda acrescentar algo à parte permanente da Constituição, porém atuando assim do lado de fora? Com numeração própria de dispositivos, portanto? Entendemos que, embora necessariamente agindo no nível das normas gerais, esse tipo de emenda se caracteriza pela atipicidade, e de logo nos lembramos das 10 primeiras emendas à Constituição americana, formadoras da "Declaração de Direitos" daquele país, que deixaram intacta a originária numeração dos textos normativos da Magna Carta de 1787 (emendas que principiariam a vigorar em 1791).

*6.4* Mas, voltando a especular sobre as normas transitórias das próprias emendas, e não da Constituição originária, perguntamos: qual o fundamento jurídico para essa porção transitória atípica? Resposta: primeiro, é intuitivo que não se pode recusar às emendas o que pacificamente cabe aos demais atos da ordem legislativa (o conter normatividade transitória). Depois, se as emendas podem circular por certos espaços permanentes da Constituição para suprimi-los, se for este seu querer objetivo, elas têm a alternativa de fazer a supressão de uma só vez ou, então, fazê-lo sob coordenadas temporais. Lógico.

## *7. Normas transitórias da Constituição* versus *normas transitórias de emenda constitucional*

*7.1* Diga-se, enfim, que num outro aspecto as normas transitórias da própria Constituição mantêm diferença com as normas transitórias de uma simples emenda. É que as normas transitórias da Magna Lei *são tão materialmente ilimitadas quanto as normas permanentes que o Poder Constituinte elabora* (nada é *tabu* material para o Poder Constituinte, que se define, exatamente, como Poder que tudo pode no plano da positividade jurídica, expressão, que é, de um genuíno poder de fato. Supra-estatal e suprapositivo, portanto).

*7.2* Já as normas transitórias de uma simples emenda, é claro que elas passam pelas mesmas limitações (temporais, formais, circunstanciais e materiais, como sabido) que o Poder Reformador conhece para editar normas constitucionais permanentes. Logo, nem por se tratar da confecção de normas transitórias de sua própria autoria fica o Poder Reformador (que, afinal, é um Poder constituído) liberado para ir adiante do que iria na reformulação das normas permanentes da Constituição. Como sentencia o vulgo, não se pode dar um passo além do tamanho das próprias pernas.

*7.3* Não é assim, porém, como pensa o STF. Ao contrário da tese aqui desenvolvida, a jurisprudência da Suprema Corte brasileira vem respondendo assentidamente à possibilidade de alteração do Ato das Disposições Constitucionais Transitórias pelo Poder Reformador. É o que se vê, por amostragem, de trecho do voto do Min. Moreira Alves no julgamento da ADI 829:

"(...).

"Ademais, a transitoriedade em si mesma não torna incompossível a alteração de norma constitucional dessa natureza. Com efeito, se é possível alterar-se, por emenda, a regra da parte permanente para estender-se a todos, e sem limitações, o que a exceção transitória outorgava a alguns com limitações; se é possível criar-se exceção permanente à regra também permanente, é absolutamente ilógico pretender-se que a exceção transitória, por causa da sua transitoriedade, seja imutável, inclusive para restringir-se ou dilargar-se o período da transitoriedade.

"(...)."

*7.4* O oposto do nosso pensar. O que não nos desanima a prosseguir na defesa destas idéias, na esperança de vir a nossa Corte Suprema a reexaminar o tema com a nova disposição com que passou a lidar, por ilustração, com o mandado de injunção. Dotando-o – agora, sim – do caráter plenamente mandamental com que a nossa Constituição plasmou o instituto.

## *8. Conclusão*

Ditas estas coisas, concluo com o pensamento voltado para Umberto Eco, para quem o intelectual tem que ser a consciência crítica do grupo a que pertence. Ele, o intelectual, "existe para incomodar". É como dizer: a função do intelectual é agitar idéias, no sentido do questionamento do saber tido por irretocável e na percepção do virginalmente novo. Ambas as coisas ao mesmo tempo e sempre. Incessantemente. Sem outro móvel que não seja a incorporação de mais e mais informações ao DNA investigativo do *homo sapiens*.

# O PRINCÍPIO DA SUPREMACIA DO INTERESSE PÚBLICO: SOBREVIVÊNCIA DIANTE DOS IDEAIS DO NEOLIBERALISMO

Maria Sylvia Zanella Di Pietro

Professora Titular de Direito Administrativo da Faculdade de Direito da USP

*1. Explicação necessária. 2. Origem do princípio e sua aproximação com a idéia de bem comum. 3. A idéia de bem comum na Idade Média. 4. As teses contratualistas e o triunfo do individualismo. 5. A luta pelo bem comum no Estado Social de Direito. 6. O princípio da supremacia do interesse público no direito administrativo. 7. O princípio da supremacia do interesse público na concepção neoliberal: 7.1 Observação necessária – 7.2 Da indeterminação do conceito de "interesse público" – 7.3 A supremacia do interesse público em confronto com os direitos fundamentais: a ponderação de interesses. 8. Doutrina incompatível com o ordenamento jurídico. 9. Conclusão.*

## *1. Explicação necessária*

Inúmeros institutos que constituem a própria base do direito administrativo vêm sendo alvos de críticas, às vezes com o objetivo mesmo de extingui-los do mundo jurídico, outras vezes com o objetivo de lhes dar nova configuração. É o que ocorre com o *princípio da supremacia do interesse público*.

Alega-se a inviabilidade de se falar em supremacia do interesse público sobre o particular diante da existência dos direitos fundamentais constitucionalmente garantidos. Critica-se a indeterminação do conceito de "interesse público". Defende-se a idéia de uma ponderação de interesses, para verificar, em cada caso, qual deve prevalecer. Prega-se a substituição do princípio da supremacia do interesse público pelo princípio da razoabilidade. O real objetivo é fazer prevalecer o interesse econômico sobre outros igualmente protegidos pela Constituição.

Daí a idéia de voltar à análise do princípio, já efetuada no nosso *Discricionariedade Administrativa na Constituição de 1988* (Di Pietro 2001:Capítulo 6).

## *2. Origem do princípio e sua aproximação com a idéia de bem comum*

Embora possa parecer que o princípio da supremacia do interesse público tenha sido criado no âmbito do direito administrativo, na verdade ele antecede em muitos séculos o nascimento desse ramo do Direito, que somente começou a se formar como ramo autônomo em fins do século XVIII, com a formação do Estado de Direito. Com efeito, a idéia da existência de interesses gerais diversos dos interesses individuais encontra suas origens na antigüidade greco-romana.

Ensina Norberto Bobbio (1987:24-25) que a idéia do primado do público, que se desenvolveu como forma de reação contra a concepção liberal do Estado e que se funda sobre a "irredutibilidade do bem comum à soma dos bens individuais", pode assumir diversas formas, "segundo o diverso modo através do qual é entendido o ente coletivo – a nação, a classe, a comunidade do povo – a favor do qual o indivíduo deve renunciar à própria autonomia"; em todas essas formas "é comum a idéia que as guia, resolvível no seguinte princípio: o todo vem antes das partes".

Acrescenta o autor que se trata de "uma idéia aristotélica e mais tarde, séculos depois, hegeliana (de um Hegel que nesta circunstância cita expressamente Aristóteles); segundo ela, a totalidade tem fins não-redutíveis à soma dos fins dos membros singulares que a compõem e o bem da totalidade, uma vez alcançado, transforma-se no bem das suas partes, ou, com outras palavras, o máximo bem dos sujeitos é o efeito não da perseguição, através do esforço pessoal e do antagonismo, do próprio bem por parte de cada um, mas da contribuição que cada um juntamente com os demais dá solidariamente ao bem comum segundo as regras que a comunidade toda, ou o grupo dirigente que a representa (por simulação ou na realidade), se impôs através de seus órgãos autocráticos ou órgãos democráticos".

Ainda na lição de Norberto Bobbio, Aristóteles entendia que todo organismo vivo tende para o bem; tanto o homem como a sociedade que ele constitui tendem para o bem.

Na *Política*, em que defende sua teoria das formas de governo, ele coloca como critério distintivo entre as formas boas e as formas más o *interesse comum* ou o *interesse pessoal*; as formas boas são as que visam ao interesse comum, e as formas más são as que visam ao interesse próprio. Se os indivíduos se reúnem nas cidades (*polis*) é porque querem "viver bem"; para que alcancem esse objetivo, é necessário que os cidadãos visem ao interesse comum, ou em conjunto ou por intermédio dos seus governantes (Bobbio 1976:50).

### *3. A idéia de bem comum na Idade Média*

Por influência do Cristianismo, especialmente sob inspiração de Santo Tomás de Aquino, a idéia de bem comum desenvolveu-se na Idade Média. Em análise sobre o tema do bem comum, Marie-Pauline Deswarte (1988:1.294) ensina que Santo Tomás de Aquino, na sua *Summa Theologica*, colocava o *bem comum* como tudo aquilo que o homem deseja, seja de que natureza for: bem material, moral, espiritual, intelectual. Mas, sendo o homem um ser social, ele procura não só seu próprio bem, mas também aquele do grupo a que pertence. Cada grupo tem seu próprio bem comum. Ao Estado cabe perseguir o bem comum, visto sob dois aspectos:

(a) para os particulares, o bem comum é a *causa*, ou seja, é o conjunto das condições comuns próprias à organização e à conservação de seus bens; bem do todo (formalmente distinto de cada uma das partes), ele é, portanto, ao mesmo tempo, bem próprio de cada pessoa;

(b) para a sociedade, ele é um *fim*, porque determina a orientação dos indivíduos na sociedade, mas também os unifica; dir-se-á que ele é, ao mesmo tempo, *fim* e *forma*.

Ensina também a autora que, pela doutrina tomista, acrescenta-se à bipartição da justiça (comutativa e distributiva, inspirada em Aristóteles) a idéia de *justiça legal* ou *justiça social*, que traça as obrigações das partes para com o todo, o que é feito por meio da lei; daí a idéia de que a justiça envolve sempre um *alter*, uma vez que ninguém pode ser justo consigo mesmo.

Ainda na Idade Média, Jean Bodin (século XVI), ao conceituar a República, dá idéia do que considera o fim principal e o meio de alcançar o reto governo. Para ele, "República é um reto governo de muitos lares e do que lhes é comum, com poder soberano". Ao falar em "muitos lares" ele está se referindo ao aspecto orgânico da sociedade, à comunidade política como um todo, cuja finalidade principal é a consecução de um *reto governo*, ou seja, o que proporciona não só bens materiais, mas também a realização de valores, como razão, justiça e ordem; a tarefa de administrar uma comunidade política incumbe ao Estado, poder soberano.

Trata-se de concepção que, como outras da Idade Média, se vinculava à idéia de solidariedade social como forma de justificar a comunidade política; os homens se unem para conseguir o bem comum.

### *4. As teses contratualistas e o triunfo do individualismo*

As concepções que se preocupavam com o bem comum começam a se alterar com as teses contratualistas e liberais de fins do século XVII e século XVIII (teses, essas, que a doutrina neoliberal pretende, agora, fazer ressuscitar, apesar de todos os malefícios que provocaram).

Para Locke a base da sociedade política se encontra não mais em fatores comuns a todos os homens, mas nas necessidades e aspirações individuais. O objetivo dos homens ao se associarem não é proteger o interesse público, mas o interesse privado de cada qual, e que se resume basicamente na aquisição de bens materiais; a vida em sociedade alcança melhor esse objetivo do que seria possível em uma situação de anarquia.

Com a Revolução Francesa o individualismo alcança sua consagração. Com efeito, a doutrina individualista partia do reconhecimento da existência de direitos indissociáveis da condição humana e, por isso mesmo, inalienáveis e imprescritíveis, servindo de inspiração para os postulados básicos – igualdade e liberdade – com que se elaborou o Direito em geral, em fins do século XVIII.

Pela Escola do Direito Natural, sob cuja influência se constituiu o individualismo, todos os homens nascem livres e iguais. Se assim é, todos devem ser iguais perante a lei e ter plena liberdade de agir, observando como limite apenas o direito igual de seu semelhante.

Não é por outra razão que a Declaração dos Direitos do Homem e do Cidadão, de 1789, proclama, logo no art. 1º, que "os homens nascem livres" – praticamente repetindo a frase com que Rousseau inicia o seu *Contrato Social*.

Com essa concepção, a idéia de solidariedade social deixa de ser vista como causa de união dos homens em sociedade. Seu fim único passa a ser o de assegurar essa liberdade natural do homem; também a lei, como expressão da vontade geral, não poderia ser instrumento de opressão, mas de garantia dessa liberdade.

Segundo Marie-Pauline Deswarte (1988:1.298), "o bem comum perdia assim toda significação. Dentro desta perspectiva, a sociedade não era, com efeito, mais um corpo orgânico tendendo para seu bem. Ela era vontade soberana, absoluta. Nenhum fim, nenhuma finalidade lhe podia, por conseqüência, ser assinalada do exterior". A autora lembra a lição de Rousseau, segundo a qual "não pode haver nenhuma espécie de lei fundamental obrigatória para o povo, nem mesmo o contrato social".

A necessidade de explicar e garantir a subsistência da sociedade levou o contratualismo a buscar na vontade individual a fonte da soberania. O bem comum deixa de estar na base da ordem social e é substituído pela idéia de *utilitarismo*; os homens se uniam pelo contrato porque isso lhes seria vantajoso. Substitui-se a idéia de bem comum, impregnada de cunho moral e ideológico, pela idéia de *interesse geral*, de cunho utilitarista. É o que ensina Marie-Pauline Deswarte (1988:1.292), baseada na lição de Rivero e Clément: para alguns "o bem comum seria a perspectiva filosófica do interesse geral. Ora, a Filosofia dá uma primeira resposta à questão quando ela afirma: 'O bem está no nível dos fins honestos, o interesse – mesmo geral –, no nível dos fins úteis'. O interesse geral seria todo impregnado de utilitarismo, o bem comum dele se distinguiria por sua referência à Moral".

E acrescenta que "hoje se percebem os inconvenientes de um poder muito acantonado no plano utilitário. A utilidade não é um bem em si e a presença do interesse geral, mito estatal para alguns, pareceria a muitos o sinal de um verdadeiro abuso de democracia".

Para alguns contratualistas, como Hobbes, o interesse geral não se distingue do interesse individual; o soberano tem que satisfazer o interesse comum, que consiste apenas em satisfazer os interesses particulares.

Foi com Rousseau que se desenvolveu a idéia de interesse geral diverso da soma dos interesses individuais. Em sua obra, a liberdade e a igualdade individuais aparecem transformadas no estado de sociedade. Pela convenção, "cada um de nós coloca em comum a sua pessoa e todo o seu poder sob a suprema direção da vontade geral, e nós recebemos em corpo cada membro como parte indivisível do todo".

Chevalier (1976: 163-164), comentando esse trecho de Rousseau, explica que "cada associado se aliena totalmente e sem reserva, com todos os seus direitos, à comunidade. Assim, a condição é igual para todos. Cada um se compromete com todos. Cada um, dando-se a todos, a ninguém se dá".

A respeito da vontade geral, diz Chevalier que ela "não é, de forma alguma, condição pura e simples de vontades particulares. Vontade geral não é simplesmente vontade de todos ou da maioria. Aqui se deve fazer intervir um elemento de 'moralidade', palavra cara a Rousseau. Este último parece distinguir dois mundos, comparáveis um ao mundo do Pecado, outro ao da Redenção. De um lado, o mundo suspeito do interesse particular, das vontades particulares, dos atos particulares. Do outro, o mundo do interesse geral, da vontade geral (a que quer o interesse geral, e não o particular), dos atos gerais (as leis) (...). Ora, o povo em conjunto, 'o soberano', não poderia querer senão o interesse geral, não poderia ter senão uma vontade geral. Enquanto cada um dos membros, sendo simultaneamente, em conseqüência do contrato, homem individual e homem social, pode ter duas espécies de vontade. Como homem individual é tentado a perseguir, de acordo com o instinto natural, egoísta, o seu interesse particular. Mas o homem social que nele existe, o cidadão, procura e quer o interesse geral".

A conseqüência desse tipo de colocação, incorporada na Declaração de 1789, é que, sendo o interesse geral o fundamento do Poder estatal, este passa a encarnar a vontade de todos; o consentimento passa a ser a fonte de legitimidade do Poder. A vontade geral é manifestada através da lei; esta deriva da natureza das coisas e encontra seu fundamento na razão, segundo o pensamento de Rousseau. Precisamente por ser a expressão da vontade geral, a lei adquire um caráter sagrado, incontestável, inteiramente desvinculado de qualquer conteúdo axiológico; ela vale por si mesma. Idealizada como instrumento de proteção das liberdades individuais, acaba por colocar em risco essas mesmas liberdades, tornando-se instrumento de opressão.

Se a lei tem fundamento na vontade geral, só ela é que conta; quando o Estado estabelece uma lei, é porque quer manter a sociedade, e ele deve fazê-lo o mínimo possível para atingir essa finalidade sem ofender a liberdade do indivíduo.

### *5. A luta pelo bem comum no Estado Social de Direito*

Com as teses individualistas, a liberdade de uns acabou por gerar a opressão de outros. A situação agravou-se com a Revolução Industrial, provocando profunda desigualdade social.

As reações começaram em fins do século XIX. Começa uma luta pelo *social*. A doutrina social da Igreja desempenhou relevante papel nessa luta. O Papa Leão XIII, na Encíclica *Rerum Novarum*, de 1891, lembra que, na sociedade, patrões e empregados são destinados, por natureza, a se unirem harmoniosamente e a se manterem mutuamente em perfeito equilíbrio. Por sua vez, sob inspiração de Santo Tomás de Aquino, o Papa Pio XII, em 1941, atribui ao Estado a proteção dos direitos da pessoa humana, dando-lhe os meios para que possa levar "uma vida digna, regular, feliz, segundo a lei de Deus". E João XXIII, na Encíclica *Pacem in Terra*, define o bem comum como "o conjunto das condições sociais que permitem tanto aos grupos como a cada um de seus membros atingir a sua perfeição de maneira mais total e mais fácil".

Vale dizer que, com tais concepções, o interesse público identifica-se com a idéia de *bem comum*. O interesse público perde o caráter utilitário adquirido com o Liberalismo e volta a se revestir de aspectos axiológicos. A nova concepção revela preocupação com a dignidade do ser humano.

Segundo Marie-Pauline Deswarte (1988:1.301 e ss.), a nova concepção assim caracteriza o bem comum:

(a) ele se fundamenta na natureza humana, sendo, por isso mesmo, universal; ele considera um conjunto de valores humanos feitos de *direitos* e *deveres*, que não podem privilegiar uns em detrimento de outros;

(b) ele deve ser adaptável segundo o progresso da época, dinâmico, voltado para o futuro, porque ele deve enraizar-se no concreto e oferecer aos indivíduos valores de ordem e de justiça; isso traz algumas conseqüências:

(b.1) o interesse geral não é apanágio do Estado, porque cada indivíduo e cada pessoa jurídica tem uma parcela de responsabilidade social;

(b.2) isto supõe que a sociedade não seja considerada como um sujeito à parte, transcendente, que fará cumprir a vontade do grupo;

(b.3) isto supõe também que se trate de um verdadeiro bem, de conteúdo moral, e não de simples interesse utilitário, pois este gera o egoísmo;

(c) o bem comum é superior ao bem individual; a dignidade de todo homem quer que ele possa participar de um bem maior que seu próprio bem: é isto que o torna um ser social;

(d) o bem comum é *fundamento* e *limitação* ao Poder político; *fundamento*, porque o Poder se constitui para atingir o bem comum; e *limitação*, porque, sendo seu objetivo o bem da pessoa humana, o Estado só deve intervir na esfera da liberdade individual atendendo ao *princípio da subsidiariedade*, respeitando o equilíbrio entre a liberdade do indivíduo e a autoridade do Estado.

Sempre que o indivíduo ou o grupo sozinhos possam agir, o Estado não deve intervir; o bem comum se exprime através da *lei*, não uma lei puramente formal, mas sim uma lei que atenda ao bem comum.

Essa concepção foi incorporada à Lei Fundamental da República Federal da Alemanha, promulgada em 8.5.1949. Na "Introdução" dessa Constituição, publicada pelo Departamento de Imprensa e Informação do Governo Federal de Bonn, de 1966, afirma-se que "suas normas não se esgotam com princípios sobre estrutura e função da organização pública. A Lei Fundamental é bem mais que isso, um ordenamento de valores que reconhece na defesa da liberdade e da dignidade humana o seu mais elevado bem jurídico. *Sua concepção do homem, contudo, não é a do indivíduo autocrático, mas a da personalidade integrada na comunidade e a esta vinculada de múltiplas formas*. Como expressão de que seja tarefa do Estado servir ao ser humano, os direitos fundamentais abrem a Lei Fundamental" (grifamos).

É também a concepção presente na Constituição do Brasil de 1988, que adota os princípios do Estado Social de Direito, fundado na dignidade da pessoa humana e nos valores sociais do trabalho e da livre iniciativa e confirmado no art. 3º, que atribui à República, entre outros objetivos, o de garantir o desenvolvimento nacional, erradicar a pobreza e a marginalização e reduzir as desigualdades sociais e regionais, promover o bem de todos, sem preconceitos de origem, raça, sexo, cor, idade e quaisquer outras formas de discriminação; além disso, no Título VIII, a Constituição coloca como base da ordem social o primado do trabalho e como objetivo o bem-estar e a justiça sociais (art. 193), com normas em grande parte programáticas, voltadas para a seguridade social, educação, cultura, desportos, ciência e tecnologia, comunicação social, meio ambiente, família, criança, adolescente, idosos e índios.

### *6. O princípio da supremacia do interesse público no direito administrativo*

O direito administrativo nasceu no período do Estado Liberal. Por isso mesmo, impregnou-se, em parte, do cunho individualista que dominava as várias ciências humanas. Mas, paradoxalmente, o direito administrativo trouxe em si traços de autoritarismo, de supremacia sobre o indivíduo, com vistas à consecução de fins de interesse público. Pode-se dizer que o princípio do interesse público se desenvolveu no período do Estado Social de Direito, quando a atuação do Estado cresceu em todos os setores, com o objetivo de corrigir a profunda desigualdade social gerada pelo Liberalismo.

Garrido Falla (1962:24-28) observa que, com o crescimento do Estado, os próprios indivíduos passaram a exigir a atuação do Poder Público não mais para o exercício só das atividades de segurança, polícia e justiça, como ocorria no período do Estado Liberal de Direito, mas também para a prestação de serviços públicos essenciais ao desenvolvimento da atividade individual, em todos os seus aspectos, pondo fim às injustiças sociais geradas pela aplicação dos princípios incorporados pelo direito civil. Por outro lado, esse novo Estado prestador de serviços trouxe consigo a prerrogativa de limitar o exercício dos direitos individuais em benefício do bem-estar coletivo, pondo em perigo a própria liberdade individual.

Estava consagrado o *princípio da supremacia do interesse público.*

Na realidade, o direito administrativo criou princípios e institutos que derrogaram em grande parte postulados básicos do individualismo jurídico: o reconhecimento de privilégios para a Administração Pública opõe-se ao ideal da igualdade de todos perante a lei; a criação, pelo Estado, de entidades públicas ou privadas, com personalidade jurídica própria, coloca intermediários entre o Estado e o indivíduo, contrapondo-se aos anseios que inspiraram a Lei *Le Chapelier*; a atribuição de uma função social à propriedade privada derroga o caráter absoluto com que esse instituto era visto pelo direito civil do século XVIII; a imposição de normas de ordem pública para reger as relações contratuais afeta o princípio da autonomia da vontade; a aplicação da cláusula *rebus sic stantibus* atinge o princípio da força obrigatória dos contratos; em termos de responsabilidade civil, a idéia de risco, em várias hipóteses de danos causados a terceiros, substitui a de culpa, por se considerar que esta nem sempre leva à solução mais justa.

Como observa Garrido Falla (1962:44-45), "é curioso observar que fosse o próprio fenômeno histórico-político da Revolução Francesa o que tenha dado lugar simultaneamente a dois ordenamentos distintos entre si: a ordem jurídica individualista e o regime administrativo. O regime individualista foi se alojando no campo do direito civil, enquanto o regime administrativo formou a base do direito público administrativo".

Na obra anteriormente citada (Di Pietro 2001:159) realçamos esse aspecto, afirmando que o direito administrativo nasceu e se desenvolveu baseado em duas idéias opostas: de um lado, a da *proteção aos direitos individuais* diante do Estado, que serve de fundamento ao princípio da legalidade, um dos esteios do Estado de Direito; de outro lado, a da necessidade de *satisfação de interesses públicos*, que conduz à outorga de prerrogativas e privilégios para a Administração Pública, quer para limitar o exercício dos direitos individuais em benefício do bem-estar coletivo (poder de polícia), quer para a prestação de serviços públicos.

Daí a bipolaridade do direito administrativo: *liberdade do indivíduo* e *autoridade da Administração*; *restrições* e *prerrogativas*. Para assegurar a liberdade, sujeita-se o Estado à observância da lei; é a aplicação, ao direito público, do *princípio da legalidade*. Para assegurar a autoridade da Administração Pública, necessária à consecução de seus fins, são-lhe outorgadas prerrogativas e privilégios que lhe permitem assegurar a *supremacia do interesse público sobre o particular*.

Esses são os dois princípios básicos do direito administrativo. Eles não permaneceram estáticos no decurso do tempo. Eles acompanharam as transformações do Estado e assumiram nova feição no momento atual.

Assim como o princípio da legalidade saiu de sua fórmula rígida e formalista, própria do Estado *Legal*, e chegou a uma fórmula muito mais ampla, que se ajusta ao Estado de Direito propriamente dito, também o princípio do interesse público começou como proposição adequada ao Estado Liberal, não-intervencionista (com o já assinalado cunho utilitarista), e assume feição diversa para se adaptar ao *Estado Social e Democrático de Direito* adotado na Constituição de 1988.

Na mesma obra (Di Pietro 2001:160) também realçamos que, em sua fase inicial, o interesse público a ser protegido pelo direito administrativo era aquele de feição utilitarista, inspirado nas doutrinas contratualistas liberais do século XVIII e reforçadas pelas doutrinas de economistas como Adam Smith e Stuart Mill. O direito administrativo tinha que servir à finalidade de proteger as liberdades individuais, como instrumento de tutela do bem-estar geral.

Com o Estado Social o interesse público a ser alcançado pelo direito administrativo humaniza-se, na medida em que passa a se preocupar não só com os bens materiais que a liberdade de iniciativa almeja, mas com valores considerados essenciais à existência digna; quer-se liberdade com dignidade, o que exige maior intervenção do Estado para diminuir as desigualdades sociais e levar a toda a coletividade o bem-estar social. O *interesse público*, considerado sob o aspecto jurídico, reveste-se de um aspecto ideológico e passa a se confundir com a idéia de *bem comum*.

## *7. O princípio da supremacia do interesse público na concepção neoliberal*

Muitas críticas vêm sendo feitas ao princípio da supremacia do interesse público, especialmente no sentido de que ele é excessivamente indeterminado, de que ele conflita com os direitos fundamentais, de que não existe supremacia do interesse público sobre o particular, mas, sim, uma ponderação de interesses, para definir qual deve prevalecer. Alguns pregam a extinção do princípio; outros defendem sua redefinição.

*7.1 Observação necessária*

Em primeiro lugar, a idéia de que o interesse público *sempre, em qualquer situação*, prevalece sobre o particular jamais teve aplicação. Exagera-se seu sentido, para depois combatê-lo, muitas vezes de forma inconseqüente, irresponsável e sob falsos pretextos.

Em verdade, existe uma tendência a generalizar excessivamente determinados atributos do regime jurídico administrativo, que não correspondem à verdade.

Fala-se, por exemplo, nos atributos da imperatividade e da auto-executoriedade dos atos administrativos como se fossem aplicáveis a todos os atos administrativos. No entanto, é sabido que nem todos os atos administrativos têm esses atributos. Os chamados *atos negociais* não são imperativos. Do mesmo modo, atos auto-executórios são apenas aqueles a que a lei confere esse atributo ou aqueles de que a Administração tem que se socorrer em situações de emergência (aliás, por razões de interesse público). É o que realçamos no livro *Direito Administrativo* (Di Pietro 2007:185), repetindo lição que consta de todas as edições anteriores e nos melhores e mais atuais livros de doutrina.

Também se diz que, pelo princípio da legalidade, a Administração Pública só pode fazer o que a lei permite – o que também não corresponde inteiramente à verdade, até porque a lei não tem condições de prever todas as situações possíveis de ocorrer e apontar as respectivas decisões.

O importante é extrair do ordenamento jurídico o fundamento para as decisões administrativas. Não é por outra razão que se fala em *poderes implícitos e explícitos*; também não é por outra razão que se reconhece à Administração Pública certa margem de discricionariedade para decidir segundo critérios de oportunidade e conveniência; e também não é por outra razão que o princípio da legalidade tem, hoje, uma amplitude muito maior que em suas origens, porque abrange não apenas a lei, mas também os atos normativos do Executivo e do Judiciário, além dos princípios e valores previstos implícita ou explicitamente no ordenamento jurídico.

O mesmo ocorre com o princípio do interesse público. Ele está na base de todas as funções do Estado, e não só da função administrativa. Por isso mesmo, ele constitui fundamento essencial de todos os ramos do direito público. Para ficarmos apenas com o direito administrativo, podemos dizer que o princípio da supremacia do interesse público está na base dos quatro tipos de atividade que se compreendem no conceito de *função administrativa* do Estado: *serviço público*, *fomento*, *intervenção* e *polícia administrativa*. E para quem considera a *regulação* como nova modalidade de função administrativa do Estado é possível afirmar, sem receio de errar, que o princípio do interesse público também está na base desse tipo de atividade e faz parte de seu próprio conceito.

Se não, vejamos.

Com relação ao *serviço público* pode-se dizer que ele é *público* em dois sentidos: porque é de titularidade do Estado e porque é prestado para atender ao interesse público (representado pelas necessidades coletivas essenciais). Tanto isso é verdade que, ao se definir o serviço público, costuma-se apontar três aspectos: o *subjetivo* (titularidade do Estado), o *objetivo* (atendimento ao interesse público) e o *formal* (submissão a normas de direito público).

Note-se que nos dois momentos históricos em que se falou em crise na noção de serviço público não foi o elemento objetivo, pertinente ao interesse público, que se colocou em risco.

No primeiro momento criticou-se o elemento subjetivo e o formal, pelo reconhecimento de que nem sempre o serviço público é prestado diretamente pelo Estado; pode ser prestado por particulares, sob regime privado (ainda que em grande parte derrogado por normas de direito público).

No segundo momento (o atual), ainda é o elemento subjetivo que sofre ataques, em decorrência da falsa idéia de que a existência de atividades de titularidade exclusiva do Estado é incompatível com os princípios da liberdade de iniciativa e de livre competição. No entanto, essa idéia, que levou à supressão do conceito de serviço público nos países-membros da Comunidade Européia, acabou por retroceder parcialmente, pela imposição a empresas privadas das chamadas *obrigações de serviço público*. O que ocorreu foi a prevalência do princípio da supremacia do interesse público, ou seja, da idéia (que inspirou a criação do instituto do serviço público no Direito Francês) de que determinadas necessidades coletivas têm que ser prestadas com o caráter de universalidade, gratuidade, continuidade, ainda que exercidas por particulares.

Nem se pode aceitar como válida a idéia de que a existência de serviço público exclusivo do Estado conflita com os princípios da livre iniciativa e da livre competição. É perfeitamente possível a convivência, no âmbito constitucional, da livre iniciativa, de um lado, como regra geral, e, de outro, a reserva de determinadas atividades à titularidade exclusiva do Estado. Trata-se de opção do legislador constituinte. Ele é que vai decidir quais as atividades que, por sua relevância, têm que ser subtraídas à livre iniciativa. Essas duas idéias sempre conviveram nas várias Constituições brasileiras.

O princípio do interesse púbico também constitui o próprio fundamento da atividade de *fomento*, pela qual o Estado subsidia, incentiva, ajuda a iniciativa privada, exatamente por considerar que o particular merece essa ajuda, porque está exercendo atividades que atendem às necessidades coletivas, paralelamente ao Estado.

A proteção do interesse público também se constitui em fundamento do *poder de polícia* do Estado e da atividade de *intervenção indireta no domínio econômico* (esta última como manifestação do poder de polícia exercido na área econômica). Por meio dessas atividades o Estado impõe restrições ao exercício de direitos individuais para beneficiar o interesse da coletividade. E a própria *intervenção direta* no domínio econômico (pelo exercício de atividade econômica pelo Estado, por meio de empresas estatais) também tem por objetivo o interesse público, seja para proteger a segurança nacional, seja para proteger "relevante interesse coletivo", tal como previsto expressamente na Constituição (art. 173, *caput*). Trata-se de hipóteses em que a própria Constituição está dando fundamento para que o interesse público (ainda que de natureza econômica) prevaleça sobre o particular.

Também na atividade de *regulação* a idéia de proteção do interesse público está presente. Para utilizar um conceito de Vital Moreira (1977), pode-se definir a *regulação* como "o estabelecimento e a implementação de regras para a atividade econômica destinadas a garantir o seu funcionamento equilibrado, de acordo com determinados objetivos públicos". Embora o autor considere apenas a *regulação econômica*, ele introduz no conceito a presença dos *objetivos públicos*.

Quando se considera a *regulação social*, o conceito de regulação econômica não se adapta inteiramente, porque a finalidade não é de ordem econômica. Nesse caso, em que a regulação abrange a fixação de regras de conduta e controle (nas áreas de saúde, ensino, assistência etc.), o objetivo é mais amplo, porque diz respeito à organização dos vários aspectos da vida social, também para proteger o interesse público.

A defesa do interesse público corresponde ao próprio fim do Estado. O Estado tem que defender os interesses da coletividade. Tem que atuar no sentido de favorecer o bem-estar social. Para esse fim, tem que fazer prevalecer o interesse público em detrimento do individual, *nas hipóteses agasalhadas pelo ordenamento jurídico*. Negar a existência do princípio da supremacia do interesse público é negar o próprio papel do Estado.

A Constituição é rica em institutos fundados no princípio da supremacia do interesse público, mesmo no capítulo dos direitos fundamentais do homem. É o caso do princípio da *função social da propriedade*, previsto no art. 5º da CF, que serve de fundamento para desapropriações de caráter sancionatório (arts. 182 e 184) e que convive pacificamente com os princípios da propriedade privada e da livre concorrência, inseridos entre os princípios que têm por fim "assegurar a todos existência digna, conforme os ditames da justiça social" (art. 170). É o caso da requisição de propriedade particular pela autoridade competente "no caso de perigo público iminente" (art. 5º, XXV), da proteção do sigilo imprescindível à segurança da sociedade e do Estado (art. 5º, XXXIII), do mandado de segurança coletivo (art. 5º, LXX), da ação popular (art. 5º, LXXIII). É o caso das ações coletivas para proteção do patrimônio público e social, do meio ambiente e de outros interesses difusos e coletivos (art. 129, III). No próprio título da ordem econômica coexiste a proteção do interesse econômico individual com a proteção do interesse público: de um lado, a previsão da propriedade privada, da livre concorrência, da livre iniciativa, do tratamento favorecido para as empresas de pequeno porte; de outro, a justiça social, a função social da propriedade, a defesa do consumidor, a defesa do meio ambiente, a redução das desigualdades regionais e sociais (art. 170). Confira-se, ainda, o capítulo da política urbana, onde se encontra a idéia de *função social da cidade e de bem-estar de seus habitantes* (art. 182). É o interesse público que se procura defender com a norma do art. 192 quando se estabelece que o sistema financeiro nacional deve ser estruturado de forma a promover o desenvolvimento equilibrado do país e a servir aos interesses da coletividade. Por sua vez, o título pertinente à ordem social começa com a regra de que seu objetivo é o bem-estar e a justiça sociais (art. 193). O art. 225 coloca o meio ambiente ecologicamente equilibrado como direito de todos, e o define como bem de uso comum do povo.

São inúmeras as hipóteses em que o direito individual cede diante do interesse público. E isso não ocorre por decisão única da Administração Pública. Ocorre porque a Constituição o permite, a legislação o disciplina e o direito administrativo o aplica. A proteção do interesse público, mesmo que feita em detrimento do interesse particular, é possível porque o ordenamento jurídico o permite e outorga os instrumentos à Administração Pública.

### *7.2 Da indeterminação do conceito de "interesse público"*

A *indeterminação do conceito de "interesse público"* não pode servir de empecilho à aplicação das normas constitucionais. Sendo conceitos jurídicos, são passíveis de interpretação. Existe hoje toda uma doutrina dos conceitos jurídicos indeterminados, exatamente para permitir ao intérprete sua definição e ampliar a possibilidade de controle judicial sobre os atos administrativos.

Se a indeterminação do conceito de interesse público fosse empecilho para sua aplicação, o mesmo ocorreria com inúmeros outros princípios constitucionais, como os da moralidade, eficiência, razoabilidade, segurança jurídica e tantos outros. As idéias de "utilidade pública", "interesse social", "perigo iminente" e outras semelhantes, de que são ricos todos os ramos do Direito, ficariam sem aplicação.

Além disso, nem sempre a idéia de interesse público tem sentido indeterminado. Existem diferentes graus de indeterminação. Quando se considera o interesse público como sinônimo de bem comum, ou seja, como fim do Estado, a indeterminação atinge seu grau mais elevado. Essa indeterminação diminui quando o princípio é considerado nos diferentes ramos do Direito, porque cada qual tem em vista proteger valores específicos. Também diminui quando se consideram os diferentes setores de atuação do Estado, como saúde, educação, justiça, segurança, transportes, cada qual com um interesse público delimitado pela Constituição e pela legislação infraconstitucional. A indeterminação ainda se restringe de forma mais intensa em relação a determinados institutos, como, exemplificativamente, os contratos administrativos, as diferentes formas de intervenção na propriedade e na economia, as licitações. Não se pode dizer que seja indeterminado o interesse público presente na rescisão unilateral de um contrato administrativo que cause danos ao meio ambiente, ao consumidor ou ao patrimônio público; ou que seja indeterminado o interesse público inspirador de um tombamento ou de uma desapropriação; ou que seja indeterminado o interesse público a ser protegido em um procedimento de licitação. Em todos esses exemplos é o princípio da supremacia do interesse público que está na base da atuação administrativa. Não o princípio aplicado livremente pela Administração, mas o princípio aplicado pela forma como está delimitado pelo ordenamento jurídico.

Seria de difícil aplicação o princípio se deixado inteiramente à apreciação da Administração Pública. Mas não é o que ocorre, porque o princípio tem que ser aplicado em consonância com os demais princípios administrativos, em especial o da legalidade.

Nem tem sentido discutir se o interesse público corresponde, ou não, à soma dos interesses individuais. Como visto no item 3, Rousseau defendeu a idéia de interesse geral diverso da soma dos interesses individuais. Idéia diferente encontra-se em Héctor Jorge Escola, em obra que trata especificamente do *interesse público como fundamento do direito administrativo* (Escola 1989:31). Afirma ele que "existe interesse público quando, nele, uma maioria de indivíduos, e em definitivo, cada um pode reconhecer e extrair do mesmo seu interesse individual, pessoal, direto e atual ou potencial. O interesse público, assim entendido, é não só a soma de uma maioria de interesses coincidentes, pessoais, diretos, atuais ou eventuais, mas também o resultado de um interesse emergente da existência da vida em comunidade, no qual a maioria dos indivíduos reconhece, também, um interesse próprio e direto".

É difícil ocorrer que todos os indivíduos tenham interesse comum, cuja soma corresponda a um interesse público único. Talvez por isso Héctor Escola fale em "maioria de indivíduos". Pode nem ser a maioria de indivíduos. Pode haver interesses públicos conflitantes, como ocorre com a construção de rodovias e de usinas nucleares, cujo interesse, em regra, conflita com o interesse na proteção do meio ambiente. Nesse caso, cabe à Administração Pública e, em última instância, ao Judiciário decidir qual o interesse a proteger.

O importante é que existem interesses públicos que merecem a proteção do Estado, ainda que em detrimento de interesses individuais. É do ordenamento jurídico que se extrai a idéia de interesse público e quais os interesses públicos a proteger. Interesses públicos, correspondentes ou não à soma de interesses individuais, sempre existiram e sempre vão existir, a menos que se queira negar o papel do Estado como garantidor do bem comum.

### *7.3 A supremacia do interesse público em confronto com os direitos fundamentais: a ponderação de interesses*

O princípio da supremacia do interesse público, ao contrário do que se afirma, não coloca em risco os direitos fundamentais do homem. Pelo contrário, ele os protege. Veja-se que o direito administrativo nasceu justamente no período do Estado Liberal, cuja preocupação maior era a de proteger os direitos individuais frente aos abusos do Poder. Protegeu tanto a liberdade, que acabou por gerar profunda desigualdade social, porque, afinal, os homens não nascem tão livres e iguais como pretendia Rousseau e foi afirmado no art. 1º da Declaração do Homem e do Cidadão de 1789.

O princípio do interesse público nasceu com o Estado Social de Direito. E não nasceu como um interesse público único. Ele nasceu para proteger os vários interesses das várias camadas sociais. Ele não afetou os direitos individuais. Pelo contrário, paralelamente a esse princípio nasceram os direitos sociais e econômicos.

Por isso mesmo, o direito administrativo caracteriza-se pelo binômio autoridade/liberdade. A Administração Pública tem que ter prerrogativas que lhe garantam a autoridade necessária para a consecução do interesse público. Ao mesmo tempo, o cidadão tem que ter garantias de observância de seus direitos fundamentais contra os abusos do Poder.

Esse binômio – *autoridade* e *liberdade* – está presente em todos os institutos do direito administrativo. Na evolução desse ramo do Direito pode o pêndulo do relógio pender mais para um lado que para o outro. O ideal é que haja um equilíbrio entre ambos.

Por isso se fala em *princípio da razoabilidade*. Porém, falar em *razoabilidade* não implica negar o princípio do interesse público. A razoabilidade exige relação, proporção, adequação entre *meios* e *fins*. Quais fins? Os que dizem respeito ao interesse público.

A exigência de razoabilidade – que está sendo apontada por alguns pretensos inovadores – está presente desde longa data na aplicação do princípio da supremacia do interesse público. Se forem consultados livros de direito administrativo, vai se encontrar a afirmação, desde longa data, de que o poder de polícia (cuja própria razão de ser decorre do princípio da supremacia do interesse público) tem as características da *necessidade*, da *eficácia* e da *proporcionalidade*.

Isto não é novidade. Isto é doutrina velha, que se conserva nova, atual, porque é indispensável para a busca do equilíbrio entre o direito individual e o interesse público. Isto já tem sido aplicado pela jurisprudência desde longa data, mesmo quando não se invoca a expressão "razoabilidade". O antigo TFR, extinto há quase 20 anos, é rico na aplicação do princípio (cf. Siqueira Castro, 1989:192 e ss.).

Não há dúvida de que qualquer conceito jurídico indeterminado (não apenas o de "interesse público"), ao ser aplicado aos casos concretos, exige ponderação de interesses, avaliação de custo/benefício, utilização de critérios de interpretação, na tentativa de diminuir ou, mesmo, de acabar com a indeterminação e encontrar a solução mais adequada.

### *8. Doutrina incompatível com o ordenamento jurídico*

A doutrina que se considera inovadora ou incide no erro de acabar com o princípio da supremacia do interesse público (o que equivaleria à negação dos próprios fins do Estado) ou incide no erro de achar que está inovando quando, na realidade, está fazendo afirmações que desde longa data são amplamente aceitas pela doutrina e pela jurisprudência. Muitos exageram intencionalmente os efeitos funestos do princípio, para depois se apresentarem como os salvadores dos direitos fundamentais. Só que parece não terem percebido que esses direitos existem e são reconhecidos desde longa data e sempre conviveram com o princípio da supremacia do interesse público.

Essa doutrina inovadora compõe o chamado *direito administrativo econômico*, que se formou e vem crescendo na mesma proporção em que cresce a proteção do interesse econômico em detrimento de outros igualmente protegidos pelo ordenamento jurídico brasileiro.

É necessário ter presente que o direito administrativo econômico não substitui o direito administrativo tradicional. Ele é apenas parte do direito administrativo. É um capítulo deste, e se submete aos mesmos princípios.

Isto porque o direito administrativo é um dos principais instrumentos de aplicação da Constituição. E a Constituição não quer a proteção apenas do interesse econômico. A Constituição quer uma sociedade *fraterna, pluralista* e *sem preconceitos*, como proclamado em seu preâmbulo. *Pluralista* é uma sociedade em que todos os interesses, dos diferentes setores da sociedade, são protegidos.

A doutrina que se considera inovadora compõe, sob certo aspecto, uma ala retrógrada, porque prega a volta de princípios próprios do Liberalismo, quando se protegia apenas uma classe social e inexistia a preocupação com o bem comum, com o interesse público. Ela representa a volta aos ideais de fins do século XVIII. As conseqüências funestas do Liberalismo recomendam cautela na adoção dessas idéias, até porque se opõem aos ideais maiores que constam do preâmbulo e do título inicial da Constituição, para valorizarem excessivamente determinados princípios do capítulo da ordem econômica, privilegiando a liberdade de iniciativa e de competição.

É uma doutrina que caminha na contramão de direção, quando se considera também que no próprio âmbito do direito privado (de origem individualista) é crescente a influência do direito público e a preocupação com o *social*, em detrimento do individual. É o que se observa no Código Civil de 2002, com a idéia de *função social do contrato* (art. 421); também com o preceito do art. 1.228, que agasalha a idéia de *função social da propriedade*, ao determinar que "o direito de propriedade deve ser exercido em consonância com as suas finalidades econômicas e sociais e de modo que sejam preservados, de conformidade com o estabelecido em lei especial, a flora, a fauna, as belezas naturais, o equilíbrio ecológico e o patrimônio histórico e artístico, bem como evitada a poluição do ar e das águas"; o mesmo sentido protetor do interesse público se contém no § 4º do art. 1.228, que prevê a perda da propriedade se "o imóvel reivindicado consistir em extensa área, na posse ininterrupta e de boa-fé, por mais de 5 (cinco) anos, de considerável número de pessoas, e estas nela houverem realizado, em conjunto ou separadamente, obras e serviços considerados pelo juiz de interesse social e econômico relevante".

Ainda a doutrina caminha na contramão de direção quando se considera que o direito de ação, tradicionalmente exercido para proteger o interesse individual, hoje se constitui em importante instrumento para a proteção do interesse público, por meio de ações coletivas, atualmente propostas com muita freqüência.

## *9. Conclusão*

O princípio da supremacia do interesse público convive com os direitos fundamentais do homem e não os coloca em risco. Ele encontra fundamento em inúmeros dispositivos da Constituição e tem que ser aplicado em consonância com outros princípios consagrados no ordenamento jurídico brasileiro, em especial com observância do princípio da legalidade. A exigência de razoabilidade na interpretação do princípio da supremacia do interesse público se faz presente na aplicação de qualquer conceito jurídico indeterminado; atua como método de interpretação do princípio (na medida em que permite a ponderação entre o interesse individual e o público), e não como seu substituto.

## *Bibliografia*

BOBBIO, Norberto **[1976]**. *A Teoria das Formas de Governo*. Brasília, UnB.

———— **[1987]**. *Estado, Governo e Sociedade: para uma Teoria Geral da Política*. São Paulo, Paz e Terra.

CHEVALIER, Jean-Jacques **[1976]**. *As Grandes Obras Políticas de Maquiavel a Nossos Dias*. Rio de Janeiro, Livraria Agir Editora.

DESWART, Marie-Pauline **[1988]**. "Intérêt general, bien commun". *Revue de Droit Public* 5.

DI PIETRO, Maria Sylvia Zanella **[2001]**. *Discricionariedade Administrativa na Constituição de 1988*. 2ª ed. São Paulo, Atlas.

———— **[2007]**. *Direito Administrativo*. 20ª ed. São Paulo, Atlas.

ESCOLA, Héctor Jorge **[1989]**. *El Interés Público como Fundamento del Derecho Administrativo*. Buenos Aires, Depalma.

GARRIDO FALLA **[1962]**. *Las Transformaciones del Régimen Administrativo*. Madri, Instituto de Estudios Políticos.

MOREIRA, Vital **[1997]**. *Auto-Regulação Profissional e Administração Pública*. Coimbra, Livraria Almedina.

SIQUEIRA CASTRO, Carlos Roberto de **[1989]**. *O Devido Processo Legal e a Razoabilidade das Leis na Nova Constituição do Brasil*. Rio de Janeiro, Forense.

# A ESTABILIDADE DOS ATOS ADMINISTRATIVOS

CELSO ANTÔNIO BANDEIRA DE MELLO

Professor Titular de Direito Administrativo da Faculdade de Direito da PUC/SP

*1.* A função nuclear do Direito é o estabelecimento de uma ordem. Vale dizer: o objetivo essencial buscado pelas normas jurídicas é a fixação de pautas de comportamento, graças ao quê tanto a sociedade como seus membros têm por definido *o que pode e o que não pode ser feito*. Sem isto haveria o caos, a incerteza, a insegurança completa.

São as normas que permitem a convivência entre os homens, pois os liames em seu nome travados os protegem contra a álea total que equivaleria à instabilidade, à insegurança absolutas. Ordem e estabilidade formam um binômio indissociável. Uma não existe sem a outra, e ambas proporcionam a segurança nas relações humanas, aí incluído o social – e, dentro dele, o Direito.

O Direito é *per definitionem* um esquema de ordem, e por isso se fala em *ordenação jurídica*, em *ordenamento jurídico*. A surpresa, o imprevisível, a instabilidade, são, precisamente, noções antitéticas ao Direito, que com elas não poderia conviver, nem seria exeqüível, tanto mais porque tem como função eliminá-las.

*2.* Numerosos institutos exibem que as situações e relações jurídicas constituídas à sombra das normas – até mesmo quando malformadas, isto é, em descompasso com elas ou produzidas em face de interpretações que ao depois não prosperam – são protegidas pelo manto da estabilidade que o Direito necessita estender a bem da segurança jurídica, por ser este um objetivo sem cujo atendimento as relações sociais não poderiam prosperar com tranqüilidade.

Com efeito, a *segurança jurídica* coincide com uma das mais profundas aspirações do homem: a da segurança em si mesma, a da certeza possível em relação ao que o cerca, sendo esta uma busca permanente do ser humano. É a insopitável necessidade de poder assentar-se sobre algo reconhecido como estável, ou relativamente estável o que permite vislumbrar com alguma previsibilidade o futuro; é ela, pois, que enseja projetar e iniciar conseqüentemente – e não aleatoriamente, ao mero sabor do acaso – comportamentos cujos frutos são esperáveis a médio e longo prazos. Dita previsibilidade é, portanto, o que condiciona a ação humana. Esta é a normalidade das coisas.

Bem por isto, o chamado "princípio da *segurança jurídica*", se não é o mais importante dentre todos os princípios gerais de Direito é, indisputavelmente, um dos mais importantes. Posto que um altíssimo porcentual das relações compostas pelos sujeitos de direito se constitui em vista do porvir, e não apenas da imediatidade das situações, cumpre, como inafastável requisito de um ordenado convívio social, livre de abalos repentinos ou surpresas desconcertantes, que haja certa estabilidade nas situações dessarte constituídas.

*3.* Dessarte, conquanto o Direito seja, como tudo o mais, uma constante mutação para se ajustar a novas realidades e para melhor satisfazer interesses públicos, ele revela e sempre revelou, em épocas de normalidade, um compreensível empenho em efetuar suas inovações causando o menor trauma possível, a menor comoção, às relações jurídicas passadas que se perlongaram no tempo ou que dependem da superveniência de eventos futuros previstos.

O instituto da prescrição corresponde ao fecho insuprimível deste esquema de ordem que é o Direito. Com efeito, se as relações jurídicas fossem sempre questionáveis, a ordem seria ilusória, a segurança precária e a estabilidade nenhuma. Vigoraria o reino da surpresa, do imprevisto, situações – como averbado – antinômicas ao Direito. Nenhum ordenamento jurídico, seja em que tempo for, pode se passar de instrumentos que pacifiquem as relações jurídicas.

O instituto do direito adquirido, o da decadência, o da preclusão, o da coisa julgada, são também eles demonstrativos da insuperável necessidade de assegurar a tranqüilização que o convívio social e jurídico reclama.

*4.* Assim, não é de estranhar que na própria Constituição Federal se encontrem manifestações reveladores deste extremado cuidado, que vai mesmo ao ponto de, por amor à pacificação definitiva de situações compostas no passado, consolidá-las de vez, para que não sofram comoções traumáticas – ainda que surdidas ao arrepio do Direito. Quer-se dizer: a estabilização de situações desta ordem, constituídas no passado, *até quando incursas em inconstitucionalidade*, foi reconhecida pela Lei Magna como um interesse preservável certamente em atenção aos mesmos fundamentos que dantes foram encarecidos ao ser sublinhada a notável importância que a idéia de segurança tem para os homens e para a normalidade da vida.

Veja-se que o art. 19 das "Disposições Transitórias" conferiu estabilidade aos que contassem, à data da promulgação da Lei Magna, cinco anos de serviços continuados, a servidores que haviam ingressado no serviço público *com violação da Constituição* dantes vigente e em desacordo com a atual, isto é, sem concurso. O art. 29, § 3º, preservou os direitos e garantias dos que já fossem membros do Ministério Público e que por eles optassem, ressalvando-os da situação nova que a Constituição veio a impor. O art. 17, § 2º, consolidou a acumulação *inconstitucional* (que o era antes, à vista da Carta de 1969, e que continuaria a sê-lo em face da Constituição de 1988) de cargos ou empregos na área de saúde. Estes exemplos são mais que suficientes para exibir a extrema importância que no Direito Brasileiro se atribui ao princípio da segurança jurídica.

*5.* Ante comportamentos administrativos, o princípio da estabilidade e segurança jurídicas bem como o da boa-fé dos administrados possuem tão assinalada relevância que inspiraram Almiro do Couto e Silva – iluminado professor de Direito Administrativo da Faculdade de Direito da Universidade Federal do Rio Grande do Sul – a produzir magistral ensaio no qual demonstra que até mesmo o fundamental princípio da legalidade administrativa, para bem cumprir-se seu objetivo essencial, terá de ceder passo, inúmeras vezes, à prevalência dos reclamos da boa-fé e da segurança jurídica, decorrendo disto relevantíssimas conseqüências para o tema da revisibilidade dos atos administrativos pela Administração ("Princípios da legalidade da Administração Pública e da segurança jurídica no Estado contemporâneo" – conferência realizada no VI Congresso Brasileiro de Direito Administrativo, outubro/1987, em Belém/PA, publicado na *RDP* 84/46 e ss.). Vale a pena transcrever oportuníssimas considerações tecidas pelo ilustre jurista a respeito do eventual contraste entre os princípios da legalidade e da segurança jurídica.

Diz o eminente autor:

"Faz-se modernamente, também, a correção de algumas distorções do princípio da legalidade da Administração Pública, resultantes do esquecimento de que sua origem radica na proteção dos indivíduos contra o Estado, dentro do círculo das conquistas liberais obtidas no final do século XVIII e início do século XIX, e decorrentes, igualmente, da ênfase excessiva no interesse do Estado em manter íntegro e sem lesões seu ordenamento jurídico.

"A noção doutrinariamente reconhecida e jurisprudencialmente assente de que a Administração pode desfazer seus próprios atos, quando nulos, acentua este último aspecto, em desfavor das razões que levaram ao surgimento do princípio da legalidade, voltadas todas para a defesa do indivíduo contra o Estado. Serve à concepção de que o Estado tem sempre o poder de anular seus atos ilegais a verdade indiscutida no direito privado, desde o Direito Romano, de que o ato nulo jamais produz efeitos, convalida, convalesce ou sana, sendo mesmo insuscetível de ratificação. Se assim efetivamente é, então, caberá sempre à Administração Pública revisar seus próprios atos, desconstituindo-os de ofício, quando eivados de nulidade, do mesmo modo como sempre será possível, quando válidos, revogá-los, desde que inexista óbice legal e não tenham gerado direitos subjetivos.

"Aos poucos, porém, foi-se insinuando a idéia de proteção à boa-fé ou de proteção à confiança, a mesma idéia, em suma, da segurança jurídica, cristalizada no princípio de irretroatividade das leis ou no de que são válidos os atos praticados por funcionários de fato, apesar da manifesta incompetência das pessoas que deles emanaram."

***6.*** O Mestre citado explica que o primeiro estágio desta evolução foi o de considerar que a faculdade reconhecida ao Poder Público de anular seus atos encontra limites não só em direitos subjetivos regularmente constituídos, mas também no respeito à boa-fé e a confiança dos administrados, para o que invoca as autorizadas lições de Fritz Fleiner e Walter Jellinek. Esclarece, logo, que o passo seguinte, conforme elucida o consagrado publicista tedesco Otto Bachof, foi a aceitação, pela doutrina e pela jurisprudência daquele país – firmadas na década de 1950 –, de que o princípio da possibilidade de anulação administrativa dos próprios atos veio a ser substituído por princípio oposto: o princípio da impossibilidade da anulação em aras à boa-fé e à segurança jurídica. Donde a preponderância do princípio da legalidade sobre o da proteção à confiança só ocorreria nas hipóteses em que "a vantagem é obtida pelo destinatário por meios ilícitos e por ele utilizados com culpa sua, ou resulta de procedimento que gera sua responsabilidade. Nesses casos não se pode falar em proteção à confiança do favorecido".

Sempre trazendo à balha a concepção modernamente vigorante na doutrina e jurisprudência alemãs, o referido publicista expõe que "é absolutamente defeso o anulamento quando se trate de atos administrativos que concedam prestações em dinheiro, que se exauram de uma só vez ou que apresentem caráter duradouro, como os de índole social, subvenções, pensões ou proventos de aposentadoria".

O autor coleciona ainda ensinamentos de Fragola e Sandulli, na Itália, segundo os quais o decurso de tempo prolongado erige barreiras à anulação de ofício pela Administração.

***7.*** Na França, como se sabe e também disto nos dá noticia Almiro do Couto e Silva, desde o aresto "Dame Cachet", de 1922, tanto a revogação como a anulação administrativa só se podem efetuar no mesmo prazo de interposição do recurso contencioso de anulação, isto geralmente dentro de dois meses da edição do ato revisando, pois este é o prazo do recurso por *excesso de poder*.

O mesmo se passa no Direito Belga, conforme noticia André Mast (*Précis du Droit Administratif Belge*, Bruxelas-Gand, ed. Scientifique E. Story, 1966, pp. 311-312).

Na Espanha, Jesús González Pérez encarece que a Lei de Procedimento Administrativo, em seu art. 112, impõe limitações a faculdades administrativas revisionais: "Las facultades de anulación y revocación no podrán ser ejercitadas – dice – cuando (...) por el tiempo transcurrido u otras circunstancias, su ejercicio resultase contrario a la equidad" (*El Principio General de la Buena-Fe en el Derecho Administrativo*, Madri, 1983, p. 104).

*8.* Embora os princípios da estabilidade jurídica e da boa-fé não recebam em todos os países tratamento de igual realce no que concerne aos limites que daí derivariam para a anulabilidade dos atos administrativos pela própria Administração (caso do Brasil), é fácil ver – pelo quanto se expôs – que, *mesmo em tema de atos com vício de legitimidade (cuja prática dependeu da manifestação de vontade de outro órgão estatal, **aferidor de sua correção jurídica**)*, tanto o princípio da estabilidade das relações jurídicas quanto o da boa-fé dos administrados opõem barreiras à livre anulabilidade de ofício, conforme ressuma das anotações coletadas pelo eminente autor.

*Por força mesmo deste princípio, tanto como dos princípios da presunção de legitimidade dos atos administrativos e da lealdade e boa-fé, firmou-se o correto entendimento de que **orientações firmadas pela Administração em dada matéria não podem, sem prévia e pública notícia, ser modificadas em casos concretos** para fins de sancionar, agravar, a situação dos administrados ou denegar-lhes pretensões, de tal sorte que **só se aplicam aos casos ocorridos depois de tal notícia**.*

De fato, a notória vigência de tais princípios não toleraria solução diversa.

*9.* Com efeito, é sabido e ressabido que os atos administrativos gozam de *presunção de legitimidade*, de tal sorte que os administrados, ao atuarem arrimados em decisão do Estado, devem presumir – salvo prova em contrário ou fundadas razões de suspeita – que o Poder Público, ao travar o liame, o fez de modo juridicamente incensurável.

Deveras, como disse Hely Lopes Meirelles: "Os atos administrativos, qualquer que seja sua categoria ou espécie, nascem com a *presunção de legitimidade*, independentemente de norma legal que a estabeleça. Essa presunção decorre do *princípio da legalidade da Administração* (art. 37 da CF), que, nos Estados de Direito, informa toda a atuação governamental" (*Direito Administrativo Brasileiro*, 34ª ed., São Paulo, Malheiros Editores, 2008, p. 161).

Nós mesmos, de outra feita, anotamos: "O ato administrativo goza de uma presunção de legitimidade, até prova em contrário. Pressupõe-se que foi expedido na conformidade do Direito. É compreensível que assim seja. Exatamente porque sua função é executar a lei, manifestando um dos 'Poderes do Estado', desfruta deste crédito de confiança para cumpri-la expeditamente" (*Ato Administrativo e Direitos dos Administrados*, São Paulo, Ed. RT, 1981, p. 24).

Compreende-se, pois, que se o Poder Público, atuando em claras, em abertas e publicadas, firma a posição jurídica de alguém, este não terá como ou por quê presumir que no decurso das providências concernentes ao travamento do vínculo ocorreu alguma impropriedade, sobremodo se esta diz com atuação interna e alheia à composição do vínculo propriamente dito.

A presunção de legitimidade é o atributo do ato administrativo graças ao qual as declarações jurídicas da Administração, até prova em contrário, são havidas como afinadas com o Direito.

A respeito, Juan Carlos Cassagne averbou: "Dentro de las prerrogativas 'hacia afuera', de que dispone la Administración, uno de los pilares de nuestro régimen jurídico administrativo es la denominada presunción de legitimidad – también llamada presunción de validez del acto administrativo –, por lo cual se presume que éste ha sido dictado en armonía con el ordenamiento jurídico, es decir, con arreglo a derecho" (*El Acto Administrativo*, Buenos Aires, Abeledo-Perrot, 1974, p. 326).

E acrescenta: "La presunción de legitimidad constituye un principio del acto administrativo que encuentra su fundamento en la presunción de validez que acompaña a todos los actos estatales, principio en el que basa a su vez el deber del administrado de cumplir el acto administrativo" (ob. cit., pp. 327-328).

Trata-se de noção corrente e moente no direito administrativo, pacificamente aceita entre nós, sem bulha doutrinária ou jurisprudencial, e que, por isso mesmo, dispensa maiores considerações.

***10.*** O que importa ressaltar é a conseqüência imediata deste princípio. Uma vez expedido o ato administrativo, o particular *tem o direito* de supor regulares os comportamentos que pratique na conformidade dele. Em outras palavras: o administrado que atua em consonância com um ato administrativo – pelo menos se este tiver aparência de regularidade – está respaldado pelo ato, escorado nele. Donde, quem atuou arrimado neles tem o direito de esperar que tais atos se revistam de um mínimo de seriedade. Este mínimo consiste em não serem causas potenciais de fraude ao patrimônio de quem neles confiou – como, de resto, teria de confiar.

Com efeito, por força da presunção de legitimidade do ato, o administrado pode, sem receios, afiançado por uma declaração da Administração Publica, desenvolver as atividades que o Poder estatal afirmou serem exercitáveis legitimamente.

A Administração Publica está sujeita a um dever de probidade – no que se inclui a lealdade perante os administrados. O dever de probidade administrativa não é apenas imposto pela Ética, mas está consagrado pelo texto constitucional, nos arts. 37 e 82, VI. Bem por isso, a Administração está jungida a se comportar de modo leal com os administrados.

Em quaisquer de seus atos, o Estado – tanto mais porque cumpre a função de ordenador da vida social – tem de emergir como interlocutor sério, veraz, responsável, leal e obrigado aos ditames da boa-fé. De seu turno, os administrados *podem agir fiados na seriedade, responsabilidade, lealdade e boa-fé do Poder Público*, maiormente porque a situação dos particulares é, em larguíssima medida, condicionada por decisões estatais, ora genéricas, ora provenientes de atos administrativos concretos.

Daí que, se o Poder Público toma dada orientação e ao depois se convence de seu desacerto, não tem por que sonegar um direito que dantes deu por certo. Quem se retrata de orientação anterior não pode – sem violar a boa-fé – pretender que aquele que agiu nela embasado seja ao depois onerado em razão desta inconstância no entendimento administrativo.

***11.*** Pode-se, pois, dizer que, de par com o princípio da presunção de legalidade, o princípio da boa-fé é, conjugadamente com ele, outro cânone que concorre para a consagração da idéia segundo a qual a mudança de entendimento administrativo só produz efeitos para os casos futuros e depois de pública notícia desta alteração de entendimento.

O eminente professor espanhol Jesús González Pérez, em monografia preciosa sobre o princípio da boa-fé *em direito administrativo*, anota que tal princípio independe de consagração legal, ressalta sua importância no direito administrativo, aclara-lhe o conteúdo e indica o âmbito de sua aplicação, nas seguintes passagens, que merecem cita literal:

"El de buena-fe aparece como uno de los principios generales que sirven de fundamento al ordenamiento, informan la labor interpretativa y constituyen decisivo instrumento de integración.

"El hecho de su consagración en una norma legal no supone que con anterioridad no existiera, ni que por tal consagración legislativa haya perdido tal carácter" (*El Principio General de la Buena-Fe en el Derecho Administrativo*, Madri, 1983, p. 15).

"El principio general de la buena-fe no solo tiene aplicación en el derecho administrativo, sino que en este ámbito adquiere especial relevancia. Como disse Guasp, 'todos los campos del Derecho estatal son clima propicio, como cualquier otro, al desarrollo de esta verdadera patología de lo jurídico. Y es más, ella se da en el seno de los principales elementos que conjuga la relación jurídica estatal: la autoridad y el súbdito'.

"Porque, en efecto, la presencia de los valores de lealtad, honestidad y moralidad que su aplicación comporta es especialmente necesaria en el mundo de las relaciones de la Administración con los administrados" (ob. cit., p. 31).

"La buena-fe, a cuyas exigencias han de ajustar su actuación todos los miembros de la comunidad, sólo puede predicarse, en sus recíprocas relaciones, de la actitud de uno en relación con otro. Significa – dice Lacruz – que este otro, según la estimación habitual de la gente, puede esperar determinada conducta del uno, o determinadas consecuencias de su conducta, o que no ha de tener otras distintas o perjudiciales. La jurisprudencia civil ha delimitado correctamente su ámbito de aplicación. Como en la sentencia de 24.6.1969 (ponente: Bonet), al decir que la buena fe '*significa confianza, seguridad y honorabilidad basadas en ella*, por lo qué se refieren sobre todo al cumplimiento de la palabra dada; especialmente, la palabra 'fe', 'fidelidad', *quiere decir que una de las partes se entrega confiadamente a la conducta leal de otra en el comportamiento de sus obligaciones, fiado en que ésta no le engañara*" (ob. cit., p. 40 – grifos nossos).

Adverte que tal princípio "es exigible en los actos juridicos, en el ejercicio de los derechos y en el cumplimiento de obligaciones" (ob. cit., p. 1).

*12.* O fato é que todas estas idéias expressadas com apoio em fundamentos teóricos *se encontram plenamente consagradas legislativamente*. Em matéria tributária, o art. 146 do CTN (Lei 5.172, de 25.10.1966) expressamente prescreve que: "A modificação introduzida, de ofício ou em conseqüência de decisão administrativa ou judicial, nos critérios jurídicos adotados pela autoridade administrativa no exercício do lançamento somente pode ser efetivada, em relação a um mesmo sujeito passivo, quanto a fato gerador ocorrido posteriormente à sua introdução".

Mas não apenas em matéria tributária é que haverá de prevalecer solução de tal ordem, porquanto esta mesma determinação existe generalizadamente para qualquer atividade administrativa, consoante imposição do art. 2º e seu parágrafo único, XIII, da lei que regula o processo administrativo no âmbito federal (Lei 9.784, de 29.1.1999). Dispõem os mencionados preceptivos:

"Art. 2º. A Administração Pública obedecerá, dentre outros, aos princípios da legalidade, finalidade, motivação, razoabilidade, proporcionalidade, moralidade, ampla defesa, contraditório, segurança jurídica, interesse público e eficiência.

"Parágrafo único. Nos processos administrativos serão observados, entre outros, os critérios de: (...) XIII – interpretação da norma administrativa da forma que melhor garanta o atendimento do fim público a que se dirige, *vedada aplicação retroativa de nova interpretação*" (grifos nossos).

*13.* Anote-se, derradeiramente, que, mesmo se não existisse a presunção de legitimidade dos atos administrativos, o administrado não teria que arcar com conseqüências patrimoniais gravosas resultantes de falhas administrativas, *salvo se fosse seu dever* assumir – mais que uma atividade neutra, carente de predicação sobre a lisura dos comportamentos administrativos – uma posição de suspicácia rotineira quanto à legitimidade das condutas da Administração. Em suma, a menos que existisse um insólito princípio da presunção de ilegalidade dos atos administrativos, descaberia agravar o administrado em nome de defeitos irrogáveis à contraparte pública.

Assim, é meridianamente claro que o sujeito que se vincula em certas relações afiançado por atos do Poder Público não pode ser prejudicado por defeitos que acaso se venham a irrogar ao comportamento governamental, por se lhe increpar a adoção de solução jurídica até então tida como juridicamente correta e ao depois havida como inválida.

O administrado que com base em decisão administrativa compõe com a Administração um liame de conteúdo válido, através do órgão hábil para travá-lo, nada tem a ver com o procedimento interior administrativo, que sucede fora de sua interveniência. É um estranho em relação a ele e, salvo o caso de má-fé, obviamente não pode sofrer detrimentos causados por eventuais falhas administrativas para as quais não concorreu, com as quais não aquiesceu e nem podia, de direito, concorrer ou aquiescer.

# FORMALISMO E ABUSO DE PODER

Adilson Abreu Dallari

Professor Titular de Direito Administrativo da Faculdade de Direito da PUC/SP

*1. Introdução. 2. Poder de polícia e polícia administrativa. 3. Abuso ou desvio de poder. 4. Casuística exemplificativa. 5. Conclusões.*

## *1. Introdução*

*Formalismo* é a antítese da garantia da forma. A exigência de requisitos formais para a produção de atos jurídicos visa a proteger o cidadão contra abusos de poder. Já o formalismo é um meio sutil de constranger o cidadão e comprometer o livre exercício de seus direitos. Entenda-se, portanto, por "formalismo", para os fins deste estudo, a formulação de exigências descabidas, despropositadas, que não decorrem nem levam a qualquer utilidade prática, que não concorrem para a realização de qualquer interesse público, resumindo-se (na melhor das hipóteses) a uma pura demonstração de poder, destinada a colocar o cidadão num estado de submissão.

Vianna Moog, na 17ª edição (1989) de seu consagrado *Bandeirantes e Pioneiros*, faz um breve relato de sua longa viagem aos Estados Unidos, em 1943, para fazer as pesquisas necessárias à elaboração desse livro, e observa, logo de início, que, não obstante aquele país estivesse em guerra, ele circulou livremente, sem necessidade de mostrar documentos, enquanto "na minha terra, e entre a minha gente, já não podia dar um passo além das fronteiras do então Distrito Federal sem estar munido da carteira de identidade". Salvo a paranóia decorrente do suposto risco de atos de terrorismo (que se manifesta mais visivelmente nos aeroportos e que tem levado à prática de deploráveis e vergonhosos atentados à dignidade humana), ainda hoje é possível circular nos Estados Unidos, hospedar-se em qualquer hotel, entrar em qualquer lugar, sem mostrar documentos, ao passo que no Brasil até mesmo para entrar num prédio comercial, particular, é preciso mostrar documentos, além de ser fotografado. Em São Paulo nem mesmo com documentos é possível entrar na imensa área verde da Cidade Universitária nos fins de semana. Lá o cidadão é respeitado; aqui, o papel vale mais que a pessoa.

Aqui, em princípio, é proibido. Lá, em princípio, é permitido. É bem possível que eles tenham uma entranhada convicção daquilo que está escrito no início da Declaração de Independência, de 4.7.1776: "We hold these truths to be self-evident, that all men are created equal, that they are endowed by their Creator with certain unalienable rights, that among these are life, liberty and the pursuit of happiness. That to secure these rights, governments are instituted among men, deriving their just powers from the consent of the governed". Ou seja, a convicção de que a liberdade é um direito natural, inerente ao cidadão, e que os governos foram instituídos para assegurar os direitos dos cidadãos, que não são súditos do Estado, cujos poderes derivam da vontade do povo.

Não se está pretendendo dizer que o direito à liberdade seja absoluto, insuscetível de ter seu exercício delimitado pela ordem jurídica. Direito é limitação; todo direito é necessariamente limitado, até para que possa ser reconhecido como tal. A liberdade (da mesma forma que a propriedade) numa sociedade juridicamente organizada requer a estipulação de limites, conforme demonstra Celso Antônio Bandeira de Mello, ao discorrer sobre o poder de polícia:

"Através da Constituição e das leis os cidadãos recebem uma série de direitos. Cumpre, todavia, que o seu exercício seja compatível com o bem-estar social. Em suma, é necessário que o uso da liberdade e da propriedade esteja entrosado com a utilidade coletiva, de tal modo que não implique uma barreira capaz de obstar à realização dos objetivos públicos.

"Convém desde logo observar que não se deve confundir liberdade e propriedade com direito de liberdade e direito de propriedade. Estes últimos são as expressões daquelas, porém tal como admitidas em um dado sistema normativo. Por isso, rigorosamente falando, não há limitações administrativas ao direito de liberdade e ao direito de propriedade – é a brilhante observação de Alessi –, uma vez que estas simplesmente integram o desenho do próprio perfil do direito. São elas, na verdade, a fisionomia normativa dele. Há, isto, sim, limitações à liberdade e à propriedade." [1]

1. Celso Antônio Bandeira de Mello, *Curso de Direito Administrativo*, 21ª ed., São Paulo, Malheiros Editores, 2006, p. 776.

O problema não está na existência desses limites naturais e indispensáveis à própria configuração do direito de liberdade, mas, sim, nos desvios que se praticam ou no delineamento de tais limites ou na aplicação da legislação delimitadora.

Em síntese, a prerrogativa governamental de estabelecer limites ao exercício de seus direitos, pelo cidadão, também é limitada. O dever de assegurar a ordem pública não confere a qualquer agente público a faculdade de ir além daquilo que for estritamente necessário para o cumprimento desse dever. Lamentavelmente, porém, o transbordamento desses limites ao exercício da autoridade pública é algo havido como normal e corriqueiro entre nós, seja por desconhecimento, por medo ou por puro desânimo.

O texto constitucional em vigor é pródigo ao afirmar direitos. Vale lembrar que, em razão dessa extrema generosidade, o saudoso deputado Ulisses Guimarães, então Presidente do Congresso Constituinte, em 5.10.1988, ao promulgar a Constituição Federal, qualificou-a como "Constituição-cidadã", na convicção de que os cidadãos brasileiros, que tanto haviam sofrido nos tempos da Ditadura, iriam passar a ser respeitados pelas autoridades públicas, recuperando plenamente sua liberdade e sua dignidade.

Lamentavelmente, porém, não é o que se observa. O cidadão comum, aquele que é coloquialmente designado como "pessoa de bem", passou a ser duramente perseguido e controlado pelas autoridades democraticamente constituídas, a ponto de se chegar a uma paradoxal e clamorosa inversão de valores. Os transgressores da lei, aquelas pessoas às quais, pelas autoridades competentes e pelos meios legais, foi imputada alguma transgressão, algum delito, algum crime, desfrutam de uma desmedida presunção de inocência, gerando um desmoralizante clima de irresponsabilidade e impunidade. Já o cidadão comum é, em princípio, culpado ou suspeito de alguma coisa ou, pelo menos, havido como detentor de más intenções ou de propósitos fraudulentos, até prova em contrário.

O fato é que se agigantaram os controles sobre o cidadão comum, que vive soterrado debaixo de uma montanha de papéis de toda ordem, criados pela ilimitada capacidade de criar desconfianças por parte dos burocratas que assolam a Administração Pública brasileira. As imensas dificuldades para o exercício de qualquer atividade lícita integram parte daquilo que se convencionou chamar de "custo-Brasil". Não por acaso, e muito possivelmente por causa disso mesmo, é que a marginalidade (ou a eufemisticamente designada "informalidade") cresce cada vez mais.

Tal situação configura aquilo que o notável mestre argentino Roberto Dromi designou como "código do fracasso": "Es una opción entre el 'bien-estar general' y el 'mal-estar común', por el acaso del reglamentarismo y del burocratismo. La eficacia de la Administración hace a la seguridad jurídica. De lo contrario, aquélla se convierte en una ruinosa 'máquina de impedir' sólo fiel a lo que hemos bautizado como 'el código del fracaso', que dice: 'Art. 1º. No se puede'; 'Art. 2º. En caso de duda, abstenerse'; 'Art. 3º. Si es urgente, esperar'; 'Art. 4º. Siempre es más prudente no hacer nada'. Hoy es un 'reto al rito' dar la batalla por la eficiencia del Estado".[2]

O pior de tudo é que isso funciona como formidável incentivo à corrupção, pois se resume em criar dificuldades para vender facilidades. Dadas a inviabilidade ou, pelo menos, as enormes dificuldades para, legalmente, vencer a burocracia, quase não resta à pessoa de bem senão ceder à tentação do "quebra-galho", do jeitinho, em troca de alguma recompensa, quase sempre proporcional ao tamanho da "ilegalidade" contornada ou ignorada pelo compreensivo "benfeitor".

O formalismo burocrático ignora olimpicamente o caráter instrumental da atuação administrativa. Administração pública é uma atividade legal, ou, melhor dizendo, infralegal, que se desenvolve debaixo da lei, nos termos da lei, mas sempre, necessariamente, para a realização de finalidades de interesse público. O ardor formalista impede o agente público de perceber a evolução do Estado, da própria Administração Pública ou, mais exatamente, do direito administrativo, que, em seus primórdios, para proteger o cidadão contra abusos, exaltava a garantia da forma, mas que atualmente, em face da velocidade com que as coisas mudam e do crescimento exponencial das reivindicações a serem atendidas, tem que agir mais rapidamente, com maior desenvoltura, com maior flexibilidade, atentando para as imposições da vida social e buscando sempre a melhoria das condições de vida do cidadão na comunidade.

Não se compreende uma norma jurídica sem lhe captar o fim para o qual foi editada. É função do intérprete revelar o escopo por ela visado, já que não se pode aplicar o Direito sem interpretá-lo. Por isso insiste-se sempre na missão criativa do intérprete, sempre obrigado a buscar a adequação dos modelos prescritivos à função social a que são destinados. Como bem pontuado por Ihering, "o fim é o criador de todo Direito; não há norma jurídica que não deva sua origem a um fim, a um propósito, isto é, a um motivo prático". Cumpre-se a lei para concretizar a finalidade prática por ela almejada.

A CF consagrou, em seu art. 37, implicitamente o princípio da finalidade ao consignar, expressamente, o princípio da legalidade, pois ambos são indissociáveis. A aplicação correta de uma regra de Direito, e que lhe empresta o signo da legalidade, requer necessariamente do hermeneuta que ele desvende a verdadeira inspiração da norma, isto é, a finalidade que lhe presidiu a edição.

É preciso observar que a finalidade última de toda e qualquer norma é a realização de um interesse público. A atuação do

2. José Roberto Dromi, *Derecho Administrativo*, 6ª ed., Buenos Aires, Ediciones Ciudad Argentina, 1997.

Estado, não importa por qual Poder se manifesta, deve visar a atender ao bem comum, ao interesse da coletividade. É inconcebível qualquer atuação estatal que, pelo menos em tese, não se dirija à consecução de um determinado objetivo, o qual é qualificado pelo ordenamento como de interesse público.

Portanto, essa finalidade – a de atingir o interesse público –, embora essencial para a validade da norma, não é suficiente para explicar seu significado. É preciso buscar seu objetivo concreto, o bem jurídico que concretamente visa a realizar. Não faz sentido tomar como pressuposto que toda norma visa à realização de um interesse público genérico ou indeterminado, para inferir daí sua automática ou implícita validade ou sua conformidade com o sistema jurídico. É sempre preciso identificar o específico interesse almejado, para se aferir se a exigência ou a proibição contida na norma efetivamente se prestam para isso. Norma desprovida de objetivo prático valorizado pela ordem jurídica não é norma jurídica; ou, pelo menos, não é válida.

Tenha-se em mente que "interesse público" não é uma expressão mágica. Indubitavelmente, não se pode haver como de interesse público aquilo que simplesmente corresponde a uma vontade do agente, a uma aspiração particular da autoridade competente. Interesse público é sempre algo correspondente ou decorrente de um valor expressa ou implicitamente consignado pelo ordenamento normativo, a partir da Constituição. Interesse público é algo relacionado ao interesse da coletividade, do conjunto dos cidadãos, mas não de maneira a aniquilar os interesses concretos das pessoas físicas que integram o corpo social, conforme explicita, com sua requintada capacidade de percepção e exposição, o Mestre dos mestres Celso Antônio Bandeira de Mello:

"Em rigor, o necessário é aclarar-se o que está contido na afirmação de que interesse público é o interesse do todo, do próprio corpo social, para precatar-se contra o erro de atribuir-lhe o *status* de algo que existe por si mesmo, dotado de consistência autônoma, ou seja, como realidade independente e estranha a qualquer interesse das partes. O indispensável, em suma, é prevenir-se contra o erro de, consciente ou inconscientemente, promover uma separação absoluta entre ambos, ao invés de acentuar, como se deveria, que o interesse público, ou seja, o interesse do todo, é 'função' qualificada dos interesses das partes, um aspecto, uma forma específica, de sua manifestação.

"Uma pista importante para perceber-se que o chamado interesse público – em despeito de seu notável relevo e de sua necessária prevalência sobre os interesses pessoais peculiares de cada um – não é senão uma dimensão dos interesses individuais encontra-se formulando a seguinte pergunta:

"Poderá haver um interesse público que seja discordante do interesse de cada um dos membros da sociedade? Evidentemente, não. Seria inconcebível um interesse do todo que fosse, ao mesmo tempo, contrário ao interesse de cada uma das partes que o compõem. Deveras, corresponderia ao mais cabal contra-senso que o bom para todos fosse o mal de cada um, isto é, que o interesse de todos fosse um anti-interesse de cada um.

"Embora seja claro que poder haver um interesse público contraposto a um dado interesse individual, sem embargo, a toda evidência, não pode existir um interesse público que se choque com os interesses de cada um dos membros da sociedade. Esta simples e intuitiva percepção basta para exibir a existência de uma relação íntima, indissolúvel, entre o chamado interesse público e os interesses ditos individuais.

"É que, na verdade, o interesse público, o interesse do todo, do conjunto social, nada mais é que a dimensão pública dos interesses individuais, ou seja, dos interesses de cada indivíduo enquanto partícipe da sociedade (entificada juridicamente no Estado), nisto se abrigando também o depósito intertemporal destes mesmos interesses, vale dizer, já agora, encarados eles em sua continuidade histórica, tendo em vista a sucessividade das gerações de seus nacionais."[3]

Essa notável concepção do interesse público proscreve o formalismo burocrático, que espezinha e sacrifica o cidadão comum, em suposto benefício de um interesse público descarnado, hipotético, genérico, indistinto e insuscetível de ter seu conteúdo identificado ou, pelo menos, vinculado a finalidades práticas específicas. Daí a inegável necessidade de efetuar mudanças na fisionomia, nos objetivos e nas práticas correntes na Administração Pública.

A Emenda Constitucional 19, de 4.6.1998, conhecida como *Emenda da Reforma Administrativa*, trouxe profundas modificações na Administração Pública brasileira. O propósito fundamental dessa reforma era a substituição do antigo modelo burocrático, caracterizado pelo controle rigoroso dos procedimentos, pelo novo modelo gerencial, no qual são abrandados os controles de procedimentos e incrementados os controles de resultados. Essa linha de pensamento, esse novo valor afirmado pela Constituição, não pode ser ignorada pelo intérprete e aplicador da lei.

Não por acaso, aos princípios já previstos na redação original do art. 37 foi acrescentado o *princípio da eficiência*. É obvio que esse princípio já estava implícito. Ao torná-lo explícito, ao afirmá-lo expressamente, o que se pretendeu foi demonstrar a redobrada importância que ele passou a ter. Em termos práticos, deve-se considerar que quando mera formalidade burocrática for um empecilho à realização do interesse público o formalismo deve ceder diante da eficiência.

A adoção do modelo gerencial acarreta uma série de outras conseqüências, sendo uma delas a maior aproximação entre a Administração Pública e os particulares, que, sempre que possível, devem trabalhar em conjunto, numa relação de colaboração, em parceria, conforme destaca Diogo de Figueiredo Moreira Neto em excelente estudo sobre essa matéria, do qual foram extraídas as passagens que se seguem:

"Observe-se, entretanto, que, nesse processo histórico, o próprio conceito de 'público' também evoluiu além da dicotomia romanista, ao ponto de o interesse público ter deixado de ser monopólio do Estado, abrindo-se um espaço do público não-estatal, que ainda carece de definição mas já se apresenta suficientemente amplo para abrigar novas formas e entidades voltadas à administração de interesses gerais, fazendo proliferar os chamados entes intermédios.

"Em comum, porém, todas essas entidades, estatais, intermédias e privadas, cada uma em seus respectivos campos de atuação, que estão sendo gizados pela ordem jurídica, têm uma crescente obrigação de desempenhar satisfatoriamente seus específicos cometimentos. Em outros termos, há denominadores comuns, exigências muito semelhantes, para o gerenciamento da prestação de serviços à sociedade, em que se torna desimportante a natureza jurídica do ente prestador, e, por vezes, o regime em que é prestado.

"A consciência dessa realidade faz ruir barreiras e repensar princípios e métodos."[4]

Isso significa que é preciso superar concepções puramente burocráticas ou meramente formalísticas, dando-se maior ênfase ao exame da legitimidade, da economicidade e da razoabilidade, em benefício da eficiência, pois muitas vezes a realização do interesse público (que continua sendo o objetivo final da Administração Pública) vai depender do concurso de particulares, conforme, em seguida, destaca o mesmo renomado Mestre: "O interesse público continua sendo a finalidade da Administração

3. Celso Antônio Bandeira de Mello, *Curso de Direito Administrativo*, 21ª ed., p. 56.

4. Diogo de Figueiredo Moreira Neto, "Administração Pública gerencial", *Revista de Direito Administrativo & Constitucional* 2/122-124, Curitiba, Juruá, 1999.

estatal embora, como indicado, já se reconheça que, em muitos casos, o Estado já não mais deve ser seu monopolista, abrindo-se campo para que atue mais proveitosamente um sem-número de entidades de colaboração criadas pela própria sociedade".

Prossegue o consagrado doutrinador alertando que essa nova concepção da Administração Pública, especialmente em função da presença de particulares como instrumentos de realização de interesses públicos, deve ser animada por dois vetores essenciais: a *ética* e a *eficiência*. O significado deste último é assim esclarecido: "No tocante à segunda diretriz referida, a eficiência, abandona-se a idéia de que a gestão da coisa pública basta ser eficaz, ou seja, consista apenas em desenvolver processos para produzir resultados. A Administração Pública gerencial importa-se menos com os processos e mais com os resultados, para que sejam produzidos com o menor custo, no mais curto lapso de tempo e com a melhor qualidade possíveis".

Não basta ao administrador demonstrar que agiu bem, em estrita conformidade com a lei; sem se divorciar da legalidade (que não se confunde com a estrita legalidade), cabe a ele evidenciar que caminhou no sentido da obtenção dos melhores resultados.

De certa forma, pode-se dizer que o princípio da eficiência já estava embutido no princípio da legalidade, que, por sua vez, compreende necessariamente o princípio da finalidade. Ou seja; desde sempre a Administração Pública, para cumprir fielmente o mandamento legal, tinha que atuar com eficiência para atingir as finalidades assinaladas pelo ordenamento jurídico. Em rápida síntese, é isso que demonstra Ubirajara Custódio Filho:

"É de se concluir, portanto, ao cabo deste tópico, que a inclusão do princípio da eficiência no *caput* do art. 37 da CF/1988 não inova o ordenamento jurídico pátrio, senão explicita e concentra sob a forma de princípio uma diretriz que se espalhava, até então, por mais de um dispositivo.

"Daí a importância de não se perder de vista que o princípio da eficiência não é filho único da Administração Pública, senão irmão mais novo dos princípios da legalidade, moralidade, impessoalidade e publicidade.

"Em síntese de todo o exposto, portanto, e especificamente à luz dos princípios enunciados no *caput* do art. 37 da CF/1988, conclui-se que a Administração Pública está obrigada a atender aos interesses dos cidadãos de maneira satisfatória e impessoal, mediante o máximo aproveitamento dos meios disponíveis, conferindo publicidade a seus atos, sempre de acordo com as disposições legais e a moralidade administrativa."[5]

Pode-se concluir, portanto, que a Administração Pública tem sempre o dever de agir para cumprir fielmente o mandamento legal, seja para prestar serviços públicos, seja no exercício de atividades instrumentais (tributação, gestão de pessoal, contratos etc.), seja, ainda, no controle das ações desenvolvidas pelos particulares, para evitar comportamentos inconvenientes ou danosos aos interesses da coletividade. A competência conferida pela lei ao agente público traz ínsito o dever de exercê-la com eficiência.

## *2. Poder de polícia e polícia administrativa*

Cabe rememorar, portanto, que a liberdade conferida aos cidadãos pela ordem jurídica não é absoluta ou ilimitada, pois o ordenamento jurídico, em seu conjunto, delineia o perfil do direito de liberdade e dos demais direitos garantidos pela Constituição. Quando o Poder Público age no sentido de traçar o perfil do direito ou fazer com que os particulares observem esses confins, ele está

5. Ubirajara Custódio Filho, "A Emenda Constitucional 19/1998 e o princípio da eficiência na Administração Pública", *Cadernos de Direito Constitucional e Ciência Política* 27/216-217, São Paulo, Ed. RT, abril-junho/1999.

atuando no exercício do chamado "poder de polícia", expressão, essa, bastante imprecisa, tanto porque mudou de significado ao longo do tempo quanto porque compreende diferentes conteúdos.

Para discorrer com propriedade sobre este tópico, convém retomar e continuar trilhando a senda acima referida aberta por Celso Antônio Bandeira de Mello, que, com a precisão que lhe é peculiar, destaca e separa os diferentes significados desse conceito, para estabelecer uma clara e importantíssima distinção entre *poder de polícia* e *polícia administrativa*:

"A atividade estatal de condicionar a liberdade e a propriedade ajustando-as aos interesses coletivos designa-se 'poder de polícia'. A expressão, tomada neste sentido amplo, abrange tanto atos do Legislativo quanto do Executivo. Refere-se, pois, ao complexo de medidas do Estado que delineia a esfera juridicamente tutelada da liberdade e da propriedade dos cidadãos. Por isso, nos Estados Unidos a voz *police power* reporta-se sobretudo às normas legislativas através das quais o Estado regula os direitos privados, constitucionalmente atribuídos aos cidadãos, em proveito dos interesses coletivos, como bem anota Caio Tácito.

"A expressão 'poder de polícia' pode ser tomada em sentido mais restrito, relacionando-se unicamente com as intervenções, quer gerais e abstratas, como os regulamentos, quer concretas e específicas (tais as autorizações, as licenças, as injunções), do Poder Executivo destinadas a alcançar o mesmo fim de prevenir e obstar ao desenvolvimento de atividades particulares contrastantes com os interesses sociais. Esta acepção mais limitada responde à noção de polícia administrativa."[6]

Para os objetivos do presente estudo convém destacar um pouco mais, com a valiosa ajuda de Clóvis Beznos, o conceito de *polícia administrativa*, pois, embora o Poder Público possa (e freqüentemente o faz) cometer excessos no delineamento, por lei, dos direitos individuais, é bem mais comum que a Administração Pública se desgarre e exceda desmedidamente os limites legalmente estabelecidos ao atuar no exercício da polícia administrativa: "Polícia administrativa é a atividade administrativa, exercitada sob previsão legal, com fundamento numa supremacia geral da Administração, e que tem por objeto ou reconhecer os confins dos direitos, através de um processo meramente interpretativo, quando derivada de uma competência vinculada, ou delinear os contornos dos direitos assegurados no sistema normativo, quando resultante de uma competência discricionária, a fim de adequá-los aos demais valores albergados no mesmo sistema, impondo aos administrados uma obrigação de não fazer".[7]

Dados o constante risco de desbordamento e mesmo a desagradável freqüência com a qual isso acontece, a doutrina e a jurisprudência se valem dos conceitos de "proporcionalidade", "racionalidade" e "adequação" como instrumentos de aferição da pertinência de limites impostos pela lei (poder de polícia) ou pela autoridade administrativa (polícia administrativa).

Não é o caso de consignar aqui as muitas manifestações doutrinárias sobre o significado desses conceitos e as conseqüências de sua inobservância, bastando transcrever a prudente e objetiva lição de Marcelo Harger, que faz a conexão entre eles e o princípio da finalidade:

"As medidas tomadas pela Administração devem estar na direta adequação das necessidades administrativas. Por isso, qualquer providência administrativa mais extensa ou mais intensa que o requerido para atingir o interesse público insculpido na regra aplicanda é inválida, por consistir em um transbordamento da finalidade legal.

6. Celso Antônio Bandeira de Mello, *Curso de Direito Administrativo*, 21ª ed., p. 780.

7. Clóvis Beznos, *Poder de Polícia*, São Paulo, Ed. RT, 1979, p. 76.

"É por essa razão que os interesses particulares somente podem ser sacrificados se essa providência for indispensável ao atendimento dos interesses coletivos (interesses primários). Qualquer sanção, obrigação ou restrição somente pode ser imposta aos particulares na estrita medida do interesse público e segundo critério de razoável adequação dos meios aos fins. Larenz afirma, nesse sentido, que a intervenção em um bem jurídico e a limitação da liberdade não podem ir além do que for necessário para a proteção de outro bem ou de um interesse de maior peso, e que entre os vários meios possíveis há que se escolher 'o mais moderado'.

"Consiste, portanto, a proporcionalidade no aspecto da amplitude ou intensidade da atuação administrativa em relação aos fins que objetiva atingir."[8]

Algumas vezes essa violação da lei e dos parâmetros traçados pela ordem jurídica é clara e evidente, configurando patente arbitrariedade. Mas muitas vezes a violação do sistema normativo ou dos princípios fundamentais da ordem jurídica acontece de maneira sutil, disfarçada, mascarada por uma aparência de licitude, sob a alegação de que se está apenas dando cumprimento a inafastáveis exigências legais.

Muitas vezes a garantia da forma é invocada apenas para se tentar dar fundamento a um formalismo estéril destinado a violar ou impedir o exercício de seus direitos pelos cidadãos.

### *3. Abuso ou desvio de poder*

*Desvio de poder* é uma ilegalidade disfarçada; é uma ilicitude com aparência de legalidade. Ao vício propriamente jurídico agrega-se o vício ético; o embuste, a intenção de enganar. Pelo desvio de poder violam-se, simultaneamente, os princípios da legalidade e da moralidade administrativa.

Em razão dessa intenção do agente, diversa da finalidade com a qual se anuncia que o ato foi praticado, a doutrina costuma designar o desvio de poder também como *desvio de finalidade*. Usando essa nomenclatura, Diógenes Gasparini assim expõe o que é o *desvio de poder*:

"De fato, ocorre desvio de finalidade quando o agente exerce sua competência para alcançar fim diverso do interesse público. Vale dizer: o agente público que somente pode praticar ato ou agir voltado para o interesse público acaba por praticar ato ou atuar para satisfazer a um interesse privado. É o que ocorre quando o agente público desapropria para vingar-se de seu desafeto político que é o proprietário do bem expropriado, ou quando determina a construção de uma escola para valorizar o plano de loteamento de seu correligionário. Nessas hipóteses costuma-se dizer que o desvio de finalidade é genérico: o interesse passa de público para particular.

"Ainda há desvio de finalidade quando a autoridade administrativa vale-se de um dado instrumental jurídico destinado por lei a alcançar um certo fim para obter outro, ainda que de interesse público."[9]

Note-se, especialmente, o que está consignado nesse último parágrafo: ocorre desvio de finalidade ou de poder mesmo quando a autoridade pratica o ato visando a um fim de interesse público, porém diverso daquela função da qual recebeu competência para agir. Isso ocorre, por exemplo, quando a autoridade, alegando necessidade de serviço, remove para um local distante um funcionário relapso, em lugar de lhe aplicar a penalidade correspondente à desídia, após o trâmite do devido processo legal.

Com sua insuperável clareza, o saudoso Hely Lopes Meirelles assim descreve o

8. Marcelo Harger, *Princípios Constitucionais do Processo Administrativo*, Rio de Janeiro, Forense, 2001, p. 117.

9. Diógenes Gasparini, *Direito Administrativo*, 2ª ed., São Paulo, Saraiva, 1992, p. 59.

fenômeno do abuso ou desvio de poder ou de finalidade: "O *desvio de finalidade* ou *de poder* verifica-se quando a autoridade, embora atuando nos limites de sua competência, pratica o ato por motivos ou com fins diversos dos objetivados pela lei ou exigidos pelo interesse público. O desvio de finalidade ou de poder é, assim, a violação ideológica da lei, ou, por outras palavras, a violação moral da lei, colimando o administrador público fins não queridos pelo legislador, ou utilizando motivos e meios imorais para a prática de um ato administrativo aparentemente legal".[10]

Linhas adiante, esse mesmo notável Mestre resume o problema em exame neste estudo – qual seja, o da dificuldade de correção judicial dessa conduta ilícita e imoral: "O ato praticado com desvio de finalidade – como todo ato ilícito ou imoral – ou é consumado às escondidas ou se apresenta disfarçado sob o capuz da legalidade e do interesse público. Diante disto, há que ser surpreendido e identificado por *indícios* e *circunstâncias* que revelem a distorção do fim legal, substituído habilidosamente por um fim ilegal ou imoral não desejado pelo legislador. A propósito já decidiu o STF que: 'Indícios vários e concordantes são prova'. Dentre os elementos indiciários do desvio de finalidade está a falta de motivo ou a discordância dos motivos com o ato praticado. Tudo isto dificulta a prova do desvio de poder ou de finalidade, mas não a torna impossível se recorrermos aos antecedentes do ato e à sua destinação presente e futura por quem o praticou".[11]

O desvio de poder nunca é confessado, somente se identifica por meio de um feixe de indícios convergentes, dado que é um ilícito caracterizado pelo disfarce, pelo embuste, pela aparência de legalidade, para encobrir o propósito de atingir um fim contrário ao Direito, exigindo um especial cuidado por parte do Poder Judiciário.

A única forma de desvendar a ocorrência de desvio de poder é pelo exame dos motivos alegados para a prática do ato. Por isso é que a motivação (explicitação dos motivos) deve ser concomitante ao ato, pois mais tarde, posteriormente, sempre será possível apresentar uma justificativa, mais ou menos consistente.

Daí a importância do princípio da motivação em qualquer processo administrativo, em qualquer tomada de decisão administrativa, inclusive e principalmente quando se cuidar de restringir ou impedir o exercício de direitos dos cidadãos. Sobre esse assunto, na confortável companhia de Sérgio Ferraz, já tivemos a oportunidade de salientar o seguinte:

"O princípio da motivação determina que a autoridade administrativa deve apresentar as razões que a levaram a tomar uma decisão. 'Motivar' significa explicitar os elementos que ensejaram o convencimento da autoridade, indicando os fatos e os fundamentos jurídicos que foram considerados.

"Sem a explicitação dos motivos torna-se extremamente difícil sindicar, sopesar ou aferir a correção daquilo que foi decidido. Sem a motivação fica frustrado ou, pelo menos, prejudicado o direito de recorrer, inclusive perante o Poder Judiciário. Não basta que a autoridade invoque um determinado dispositivo legal como supedâneo de sua decisão; é essencial que aponte os fatos, as inferências feitas e os fundamentos de sua decisão, pois, conforme a conhecida lição de Giorgio Balladore Palieri, no Estado de Direito não existe apenas a exigência de que a autoridade administrativa se submeta à lei; é essencial que se submeta também à jurisdição.

"Isso é bastante salientado por Lúcia Valle Figueiredo em artigo publicado sob o título 'Estado de Direito e devido processo legal' (*Direito Administrativo*, vol. 1, p. 171), no qual afirma que a falta de motivação viola as garantias constitucionais

10. Hely Lopes Meirelles, *Direito Administrativo Brasileiro*, 34ª ed., São Paulo, Malheiros Editores, 2008, p. 114.

11. Idem, p. 115.

do acesso ao Poder Judiciário, do devido processo legal, do contraditório e da ampla defesa, constituindo-se, portanto, em vício gravíssimo.

"No passado já houve quem sustentasse que a motivação era dispensável no caso da prática de atos discricionários. Atualmente tal entendimento é absolutamente insustentável diante da evolução doutrinária e jurisprudencial quanto ao conceito e significado da discricionariedade. Já se tem claro que discricionariedade não se confunde com arbítrio, pois nunca é absoluta, sendo indiscutivelmente sujeita a controle judicial (pelo menos para se aferir se houve, ou não, desbordamento de seus limites). Sem a motivação do ato discricionário fica aberta a possibilidade de ocorrência de desvio ou abuso de poder, dada a dificuldade ou, mesmo, impossibilidade de efetivo controle judicial."[12]

É preciso insistir em que a falta de motivação é vício autônomo, ensejando, por si só, a nulidade do ato praticado. Pelo menos há de ficar perfeitamente claro que a motivação serôdia, a apresentação dos motivos depois de praticado o ato, deve ser objeto de exame especialmente cuidadoso.

Em qualquer caso, porém, de alegação de desvio de poder, é dever do juiz esmerar-se no exame da consistência dos motivos invocados, não sendo suficiente apenas constatar que motivos foram apresentados. Isso é o que já vem dizendo, desde longa data, com precisão e elegância, o consagrado Caio Tácito:

"É por meio da análise criteriosa da motivação do ato administrativo, dos indícios veementes que defluem da conferência entre os motivos invocados e os resultados alcançados ou pretendidos, que o desvio de poder virá à tona.

"Longe de ser um erro grosseiro e ostensivo, ele se distingue pela sutileza com que procura esconder-se sob a capa de regularidade, esmerando-se o agente em ocultar a desfiguração substancial do ato administrativo.

"É mister, assim, que o intérprete não se contente com a letra dos motivos determinantes, mas mergulhe em seu espírito, atente a suas omissões e contradições, pondere a veracidade e a proporcionalidade dos meios em razão do fim colimado, preferindo, em suma, verificar sob a roupagem do ato os verdadeiros contornos de sua ossatura."[13]

Preocupados em realmente fazer justiça, setores mais avançados e mais preparados do Poder Judiciário já abandonaram a apreciação meramente formal ("burocrática", no pior sentido) para investigar as razões pelas quais os atos administrativos são produzidos e a pertinência lógica entre a ação e o motivo invocado, valendo-se, para isso, da apreciação da razoabilidade.

Em resumo, para a comprovação do desvio de poder não se pode exigir uma prova cabal, definitiva, inquestionável. Se isso existir, não se estará mais diante do desvio de poder, mas, sim, da simples arbitrariedade. A capacidade para perceber o desvio de poder marca a diferença entre um verdadeiro juiz e um simples amanuense togado.

O desvio ou abuso de poder é mais freqüente e de mais difícil detecção na prática de atos administrativos normativos, ou seja, na expedição de regulamentos, resoluções, instruções, portarias, despachos normativos e outros atos congêneres.

Embora existam significativas vozes na doutrina sustentando a possibilidade de existência, no sistema normativo brasileiro, de regulamentos autônomos, é certo que a CF, em seu art. 84, IV, menciona apenas os regulamentos destinados à "fiel execução da lei", ou seja, dependentes da lei e que estabeleçam meios e modos para dar execução ao que já estiver contido no mandamento legal regulamentado.

12. Sérgio Ferraz e Adilson Dallari, *Processo Administrativo*, São Paulo, Malheiros Editores, 2001, pp. 58-59.

13. Caio Tácito, *Direito Administrativo*, São Paulo, Saraiva, 1975, p. 133.

É bem verdade que nos tempos atuais, dadas a generalidade e a amplitude dos conceitos e mandamentos legais, aumentou consideravelmente o âmbito de utilização dos regulamentos nos diversos escalões da Administração Pública. Mas isso não autoriza a edição de regulamentos autônomos (no lugar da lei), nem se confunde com a competência para expedir medidas provisórias, com força de lei, ou para editar leis delegadas.

Em caso de dúvida, sempre se devem tomar como fatores relevantes para a solução do problema dois pontos fundamentais expressamente afirmados pela Constituição Federal: (a) o princípio da separação de Poderes e (b) a garantia (art. 5º, II) de que "ninguém será obrigado a fazer ou deixar de fazer alguma coisa senão em virtude de lei", sendo certo que a expressão "lei" figura, aqui, em seu sentido estrito.

A erva daninha dos regulamentos indevidos se espalhou de tal forma no terreno da Administração Pública (em todos os níveis de governo) que é quase impossível, mesmo ao profissional do Direito, saber qual a norma vigente disciplinando o relacionamento com os particulares a respeito de um determinado assunto. Como toda erva daninha, a proliferação de regulamentos resiste a qualquer combate, pois se reproduz e se renova com espantosa velocidade.

Menos numeroso e, talvez por isso mesmo, de mais difícil combate é o desvio de poder cometido por meio de lei. Não se está falando de inconstitucionalidades patentes, mas, sim, de inconstitucionalidades disfarçadas, produzidas com astúcia e destreza, para possibilitar a violação dos direitos e garantias constitucionais de maneira sub-reptícia, dificultando a defesa da vítima.

Mas a doutrina e a jurisprudência já começam a se dar conta desse extravasamento do abuso ou desvio de poder para adentrar o âmbito das atividades legislativas e de outras atividades do Poder Público que afetam sensivelmente as liberdades individuais, conforme destaca a ilustre professora e desembargadora federal Consuelo Yoshida: "O abuso de poder não se restringe, todavia, à Administração Pública e seus agentes. Pode ocorrer abuso na prática de atos típicos de quaisquer dos Poderes Públicos, podendo-se falar, de forma mais abrangente, em abuso no exercício dos poderes normativo, fiscalizatório e decisório pelos órgãos e integrantes dos Poderes Legislativo, Executivo e Judiciário, bem como no exercício das funções essenciais da Justiça, quais sejam, a Advocacia e a Defensoria Pública e o Ministério Público".[14]

O Ministério Público incide em formalismo abusivo quando perpetra ações civis públicas totalmente despropositadas, sem qualquer cuidado em verificar os fatos, sem abrir o necessário inquérito civil, sem assegurar ao acusado o mais mínimo dos direitos – qual seja, o de ser ouvido.

No exercício da jurisdição o formalismo excessivo eterniza as contendas e gera impunidades de toda ordem, desmoralizando as instituições e incentivando o crime. O processo judicial parece estar regredindo aos tempos do direito formular dos romanos. As citações e intimações ignoram a evolução havida nos meios de comunicação. Nulidades são declaradas com certa prodigalidade, a despeito da absoluta ausência de qualquer dano.

O desvio ou abuso de poder por meio da prática de atos legislativos já foi objeto de exame, em diversas ocasiões, perante o STF, a quem compete, precipuamente, a função de zelar pela intangibilidade da Constituição, e que não tem permitido a violação do texto e do espírito da Lei Maior, mesmo quando perpetrada sorrateiramente.

O fundamento teórico para o combate ao desvio de poder legislativo está muito bem afirmado em vigorosa manifestação do eminente Min. Celso de Mello:

14. Consuelo Yoshida, "Interesse público e abuso do Poder Público", in Mauro Roberto Gomes de Mattos e Liana Maria Taborda Lima (coords.), *Abuso de Poder do Estado na Atualidade*, Rio de Janeiro, América Jurídica, 2006, p. 157.

"Refiro-me, nesse específico contexto, à questão pertinente ao abuso da função legislativa.

"Todos sabemos que a cláusula de devido processo legal – objeto de expressa proclamação pelo art. 5º, LIV, da Constituição – deve ser entendida, na abrangência de sua noção conceitual, não só sob o aspecto meramente formal, que impõe restrições de caráter ritual à atuação do Poder Público, mas, sobretudo, em sua dimensão material, que atua como decisivo obstáculo à edição de atos legislativos de conteúdo arbitrário ou irrazoável.

"A essência do substantivo *due process of law* reside na necessidade de proteger os direitos e as liberdades das pessoas contra qualquer modalidade de legislação que se revele opressiva ou, como no caso, destituída do necessário coeficiente de razoabilidade.

"Isso significa, dentro da perspectiva da extensão da teoria do desvio de poder ao plano das atividades legislativas do Estado, que este não dispõe de competência para legislar ilimitadamente, de forma imoderada e irresponsável, gerando, com o seu comportamento institucional, situações normativas de absoluta distorção e, até mesmo, de subversão dos fins que regem o desempenho da função estatal.

"Daí a advertência de Caio Tácito (in *RDP* 100/11-12) – que, ao relembrar a lição pioneira de Santi Romano, destacou que a figura do desvio de poder legislativo impõe o reconhecimento de que, mesmo nas hipóteses de seu discricionário exercício, a atividade legislativa deve desenvolver-se em estrita relação de harmonia com o interesse público."[15]

Na verificação de licitude de qualquer ato de autoridade pública não basta observar se foi apontado um fundamento ou uma regra genérica de competência. É sempre indispensável examinar a pertinência dessas alegações com a matéria tratada, com a providência ou proibição efetivamente determinada, examinando, acima de tudo, a aptidão para o específico fim de interesse público almejado.

Especialíssimo cuidado se haverá de ter com as repercussões do ato praticado sobre outros valores, até de maior hierarquia, que também são consagrados pela ordem jurídica. Em nome da segurança não se pode aniquilar a liberdade, e vice-versa. Sempre deverá haver um contemperamento entre princípios informadores da ordem jurídica. Convém relembrar que a prerrogativa governamental de estabelecer ou aplicar limites ao exercício dos direitos dos cidadãos também é limitada.

A própria expressão "ordem jurídica" pressupõe a existência de uma estruturação harmônica, racional, que, no dizer de Carlos Ari Sundfeld, dá fundamento a um pressuposto e elementar princípio da racionalidade: "O princípio da racionalidade proscreve a ilogicidade, o absurdo, a incongruência na ordenação da vida privada; fulmina, portanto, os condicionamentos logicamente desconectados da finalidade que legitima a interferência do legislador na matéria ou desproporcionais em relação a ela. As opções legislativas devem se apresentar como escolhas racionais, aptas não só a conduzir aos efeitos desejados, como a fazê-lo do melhor modo possível".[16]

O princípio da racionalidade presta-se a aferir a pertinência dos atos administrativos em geral, inclusive os regulamentares, os atos jurisdicionais e os atos praticados por autoridades dotadas de especial autonomia e independência, e até mesmo a constitucionalidade das disposições legais.

Pedro Estevam Serrano mostra que, assim como é possível aferir a legalidade de condutas administrativas por critérios de razoabilidade, sem sair da esfera da le-

15. ADI 1.158-8 AM, voto do Relator, Min. Celso de Mello.

16. Carlos Ari Sundfeld, *Direito Administrativo Ordenador*, São Paulo, Malheiros Editores, 1993, p. 68.

galidade, também é possível, sem sair desse mesmo âmbito, verificar a constitucionalidade de normas legais, por sua comparação com preceitos ou princípios afirmados pela Constituição, cuja positividade tem sido cada vez mais reconhecida:

"Na medida em que se amplia o reconhecimento da força vinculante das Constituições, parece-nos fato conseqüente a verificação da possibilidade de vícios inerentes ao uso indevido da liberdade legislativa.

"As normas constitucionais, em seu conteúdo dispositivo, não admitem o uso abusivo ou teleologicamente inadequado das competências legislativas. A Constituição repudia o abuso, a incongruência, a desproporção e o desvio de seus fins. E manifesta este repúdio por normas constitucionais, através de seu conteúdo prescritivo explícito ou implícito."

"A partir de todas as colocações feitas, uma vez ressignificada para o terreno constitucional, a teoria do desvio de poder se revela útil na atividade legislativa para desnudar, nas leis gerais e abstratas, os vícios de inconstitucionalidade material consubstanciados no desvio de finalidade por inadequação do meio legislativo e no vício causal da irrazoabilidade, contraditoriedade e de desproporcionalidade da medida legislativa."[17]

Dizendo de maneira bastante simples: a ordem jurídica não comporta, não aceita, repudia o exercício despropositado de qualquer competência, ou seja: nenhuma autoridade, de qualquer Poder, está autorizada a simplesmente aborrecer, perturbar ou esgotar a paciência do cidadão.

Isso, entretanto, ocorre com muita freqüência, conforme se passa a descrever no tópico seguinte, até para demonstrar que tudo quanto foi dito acima não é mera retórica.

17. Pedro Estavem Serrano, *O Desvio de Poder na Função Legislativa*, São Paulo, FTD, 1997, pp. 76, 77 e 99.

### *4. Casuística exemplificativa*

No início deste estudo foi dito que deve ser entendido como ato de formalismo abusivo o estabelecimento de proibições ou exigências descabidas, despropositadas, que não decorrem nem levam a qualquer utilidade prática, que não concorrem para a realização de qualquer interesse público. Isso é verdade, mas não é tudo.

Nessa rubrica cabem também, como típica manifestação de desvio de poder, as simulações, as ritualísticas destinadas a evitar a aplicação da lei sem configurar prevaricação (art. 319 do CP), como é o caso dos "rigorosos" inquéritos administrativos intermináveis. Inclua-se também aí a simples desfaçatez da autoridade, quando finge não ter conhecimento da pública e notória ocorrência de fato ensejador do exercício de sua competência.

Com efeito, como fruto do trabalho insistente e incansável de grandes Mestres, como Celso Antônio Bandeira de Mello, o direito administrativo já evoluiu suficientemente para ter consolidado e pacífico o entendimento de que a regra de competência jamais confere prerrogativas puras, pois todo poder conferido a uma autoridade pública compreende, necessariamente, o dever de exercê-lo.

Todo poder, toda competência, é instrumental, voltado para a realização de interesses públicos, que são indisponíveis. Daí dizer-se que a autoridade pública não tem poderes incondicionados, mas, sim, poderes-deveres, ou, mais exatamente, deveres-poderes, dado que o poder somente é conferido a qualquer autoridade para ser utilizado no cumprimento de dever de atuar no sentido da concretização do interesse público. É o dever que legitima o poder.

Pode-se, portanto, dizer que existe formalismo abusivo, desvio de poder, tanto quando a autoridade age sem qualquer propósito quanto quando deixa de atuar, pois, neste caso, está retirando o necessário propósito inerente à competência que lhe foi outorgada.

Rememorando, novamente, o que foi dito no início: chegou-se a um estado de coisas no qual os transgressores da lei são amplamente confortados pela desmedida presunção de inocência, enquanto o cidadão comum é presumidamente culpado ou suspeito de alguma coisa ou é movido por más intenções ou propósitos fraudulentos.

Esse comportamento tradicional, herdado dos tempos coloniais, está de tal forma arraigado na cultura burocrática brasileira, que sobrevive até mesmo diante da existência de mandamento legal expresso em sentido contrário, como é o caso do art. 3º e seu inciso I da Lei 9.784, de 29.1.1999, Lei Geral de Processo Administrativo Federal, que transcrevemos: "Art. 3º. O administrado tem os seguintes direitos perante a Administração, sem prejuízo de outros que lhe sejam assegurados: I – ser tratado com respeito pelas autoridades e servidores, que deverão facilitar o exercício de seus direitos e o cumprimento de suas obrigações; (...)".

Na prática ocorre exatamente o contrário, pois uma desconfiança fundamental faz com que a burocracia sempre exija uma infinidade de papéis, atestados, certidões e comprovantes de toda ordem. Exemplo claríssimo são as exigências de reconhecimento de firma e de autenticação de documentos, mesmo na absoluta ausência de qualquer incerteza concreta ou risco de que isso possa acontecer.

Algumas exigências perduram simplesmente porque sempre existiram, enquanto outras são criadas exatamente porque nunca foram anteriormente exigidas, sob os mais despropositados e, até mesmo, ridículos pretextos.

Por exemplo, na área do controle de veículos automotores perduram as exigências de reconhecimento de firma "por autenticidade", obrigando o interessado a ir pessoalmente a um cartório, sem que isso contribua minimamente para diminuir o roubo ou furto de veículos, pois os delinqüentes ou desmancham os veículos, ou falsificam os papéis correspondentes.

O documento de licenciamento anual é de porte obrigatório, mas a grande quantidade de assaltos e o inferno burocrático para conseguir uma segunda via fazem com que as pessoas se valham da alternativa de portar uma cópia autenticada. Entretanto, essa autenticação não poderia ser feita por um cartório, pois a cópia somente valeria se fosse autenticada pela autoridade de trânsito. Evidentemente, isso configura ofensa aos arts. 19, II, e 236 da CF, pois os serviços notariais e de registro são prestados por delegação do Poder Público exatamente para que tenham a mesma validade de qualquer documento público. Mas quem se importa com isso? De todo modo, esse problema da autenticação da cópia já foi "resolvido" pela Resolução 205, de 20.10.2006, do Conselho Nacional de Trânsito, mas em detrimento do cidadão, que, agora, está obrigado a portar o documento original, não mais se aceitando qualquer tipo de cópia. A explicação oficial para essa medida foi a existência de um grande número de documentos falsos, pois, com a evolução dos meios reprográficos, ficou muito fácil a falsificação, sendo difícil diferenciar uma cópia original de uma falsificada. Os assaltantes e os ladrões de veículos agradecem pela desoneração do encargo de falsificar cópias, pois, agora, poderão subtrair da vítima também o documento original...

O Código de Trânsito Brasileiro – Lei 9.503 de 23.9.1997 – exige a marcação e o decorrente decalque do número do chassi do veículo. Agora, a Resolução 199/2006 do CONTRAN passou a exigir também a marcação e o decalque do número do motor, mesmo reconhecendo (em seu art. 2º) que em alguns veículos isso é de "visualização impossível" sem a remoção de componentes. Note-se que se trata de legislação retroativa, pois não abrange os novos veículos produzidos no Brasil, mas todos os veículos já existentes, inclusive os importados de países onde não há exigência de numeração do motor, por se tratar de componente substituível e porque o roubo de veículos e a falsificação de documentos não são crimes de incidência significativa.

Por outro lado, ou atuando com orientação radicalmente contrária, mesmo sabendo dos inúmeros acidentes, ferimentos e danos causados por esse acessório, o CONTRAN é absolutamente leniente com a questão dos engates que são colocados na traseira de veículos de todo tipo para "proteger" o pára-choque. A Resolução CONTRAN-197/2006 reconhece expressamente e textualmente o "desvio de finalidade", pois o pára-choque não pode ser rígido nem ter superfícies pontiagudas, mas permite a manutenção dos engates já instalados (que deverão ser adaptados – o que significa isso?!) e confere um prazo de 730 dias para fabricantes e instaladores se adaptarem.

Com o mesmo vezo de legislar retroativamente e sem base legal (pois o art. 150 do Código de Trânsito Brasileiro se refere à renovação dos exames previstos no art. 149, que foi vetado), passou-se a exigir curso de direção defensiva e de primeiros socorros para os motoristas já habilitados, por ocasião da renovação do exame médico. Convém deixar claro que a aptidão para dirigir já foi demonstrada e não se renova. O prazo de validade da carta de motorista decorre da periodicidade do exame médico.

Não seria muito absurdo exigir aqueles cursos para quem, agora, estivesse postulando a obtenção da licença. Mas tais exigências para quem, no passado, já comprovou a habilitação para dirigir nivelam por baixo, pois independem do comportamento do motorista: tanto faz ser um condutor exemplar quanto ser um transgressor costumeiro. Os únicos beneficiários disso foram os donos das auto-escolas, que ministram os "cursinhos". Sem falar na possibilidade de falsificação ou de obtenção irregular dos correspondentes certificados. Campanhas de conscientização e educação para o trânsito preservariam o direito adquirido, respeitariam a estabilidade das relações jurídicas e certamente produziriam melhores resultados. Mas quem lucraria com isso?

O que dizer dos inúmeros radares que infestam as ruas e estradas? Em sua quase-totalidade funcionam como caça-níqueis, pois a velocidade máxima é fixada num nível tão baixo que se torna impossível trafegar permanentemente dentro dele. Nem mesmo o motorista mais cuidadoso consegue se livrar de ser contemplado com alguma multa, que sempre proporcionará algum dinheirinho para "o dono" da via. Os usuários costumeiros sabem onde estão os radares e diminuem a velocidade ao passar por eles, mas o cidadão comum, usuário eventual, é duplamente penalizado, por ter que trafegar em velocidade despropositadamente baixa e por arcar com alguma inevitável multa. No dizer de Cláudio de Moura Castro, em artigo com o sugestivo título de "A República do papel": "O radar multa os distraídos, não os irresponsáveis".[18] Além disso, como é sabido, muitas "autoridades" suficientemente influentes conseguem duvidosas autorizações para que seus carros trafeguem com as famosas "chapas frias", ficando imunes a qualquer limite de velocidade.

Pior que isso é a necessidade de registro, no Exército, de veículos blindados. Já é um vexame ter que usar um carro blindado para se proteger dos bandidos, pois o Poder Público existe e recebe impostos para garantir a segurança pública. Supostamente, esse registro é feito para evitar que delinqüentes mandem blindar seus carros, o que compreende um duplo desatino. Primeiramente porque não cabe ao Exército funcionar como órgão auxiliar da Polícia e principalmente porque bandido não manda blindar carro algum. Caso tenha necessidade de um veículo blindado, basta roubar o que melhor se ajustar aos seus propósitos, pois a disponibilidade é muito grande, tanto nos estacionamentos em geral quanto nas vias públicas, nas proximidades dos restaurantes

18. Cláudio de Moura Castro, "A República do papel", revista *Veja* ed. de 13.9.2006, p. 20.

de luxo, atendidos por manobristas improvisados ou irregulares.

Essa situação assemelha-se bastante ao controle de armas de fogo estabelecido pela chamada *Lei do Desarmamento* (Lei 10.826, de 22.12.2003), que dispões sobre a aquisição de armas de fogo por cidadãos maiores de 25 anos, sem antecedentes criminais, com residência certa e emprego permanente, e que tenham passado por um exame de aptidão técnica e psicológica para isso. Como é sabido e ressabido, bandido não compra arma em loja, mas, sim, compra de algum contrabandista, ou simplesmente aluga perante quadrilhas especializadas nesse tipo de locação. Para piorar a situação, passou-se a exigir a renovação da licença para a aquisição da arma feita no passado, antes dessa lei, ignorando-se o caráter definitivo da licença e a impossibilidade de "descomprar" a arma. Os custos tanto para a aquisição quanto para a renovação são confiscatórios, de maneira a torná-las impossíveis para uma enorme parte da população.

Ou seja, o Poder Público, além de não cumprir seu dever de proporcionar segurança aos cidadãos, está estimulando a bandidagem, na medida em que impede o exercício da autodefesa. Não por acaso, aumentaram os "arrastões" em prédios residenciais. Sem ir mais adiante nesse assunto, basta dizer que a mencionada lei viola o art. 5º da CF, que assegura a inviolabilidade do direito à vida, à liberdade, à igualdade, à segurança e à propriedade e confere uma série de garantias em seus incisos, dos quais são afrontados os seguintes: "X – são invioláveis a intimidade, a vida privada, a honra e a imagem das pessoas, assegurado o direito a indenização pelo dano material ou moral decorrente de sua violação; XI – a casa é asilo inviolável do indivíduo, ninguém nela podendo penetrar sem consentimento do morador, salvo em caso de flagrante delito ou desastre, ou para prestar socorro, ou, durante o dia, por determinação judicial; (...) XV – é livre a locomoção no território nacional em tempo de paz, podendo qualquer pessoa, nos termos da lei, nele entrar, permanecer ou dele sair com seus bens; (...) XXII – é garantido o direito de propriedade; (...) XXXVI – a lei não prejudicará o direito adquirido, o ato jurídico perfeito e a coisa julgada; (...) LIV – ninguém será privado da liberdade ou de seus bens sem o devido processo legal; (...) LVII – ninguém será considerado culpado até o trânsito em julgado de sentença penal condenatória".

Vítimas qualificadas dessa volúpia em perseguir e prejudicar as pessoas de bem são os colecionadores e os praticantes de tiro esportivo. Colecionadores são pessoas que contribuem para documentar a evolução tecnológica das armas, que cuidam com amor e desvelo da manutenção de armas antigas, sem qualquer poder ofensivo, se comparadas com as armas atuais. Colecionador não atira; guarda. Já o tiro esportivo é uma modalidade olímpica, na qual o Brasil já teve enorme destaque. O esportista compete; não agride. A chamada *Lei do Desarmamento* tipificou como crime o simples transporte (desarmada, desmuniciada) de uma arma antiquada ou específica para a prática esportiva.

Felizmente, algumas autoridades judiciárias já se mostraram atentas aos desatinos do legislador, conforme atesta a decisão proferida, por unanimidade, no HC 50.540, da 5ª Turma do STJ, cujo Relator foi o Min. Gilson Dipp, da qual se transcreve o essencial:

"À luz dos princípios da proporcionalidade, da ofensividade e da necessidade, é inadmissível que dois colecionadores – sendo um dos pacientes, inclusive, praticante de tiro esportivo –, devidamente registrados no órgão competente, venham a responder a processo criminal pelo fato de transportar arma de fogo, anteriormente emprestada, legalmente cadastrada junto ao Ministério da Defesa, acondicionada no compartimento de bagagem e desmuniciada.

"Situação em que as penalidades previstas no art. 247 do Decreto n. 3.665/2000 mostram-se cabíveis e suficientes à repressão da infração cometida.

"Não se justifica, neste caso específico, a intervenção do direito penal.

"Deve ser cassado o acórdão recorrido e trancada a ação penal movida contra os pacientes."

Note-se que a máquina policial e o Poder Judiciário (até um Tribunal Superior) desperdiçaram um significativo potencial de recursos de trabalho, que melhor poderiam ser utilizados no combate ao crime organizado e ao espantoso comércio de armas ilegais, contrabandeadas, de uso privativo das Forças Armadas. Cidadãos de bem, que nenhum perigo estavam causando à sociedade, sofreram um terrível constrangimento, sem qualquer correspondência com a manutenção da segurança pública.

Mas o descalabro não termina aí, pois ele é agravado pela desfaçatez. Com efeito, o Governo Federal fez publicar anúncio de meia página nos principais jornais comunicando que a renovação do registro da arma poderia ser feito pela Internet, conforme instruções contidas no site *www.dpf.gov.br*. Tal (des)informação é enganosa, pois não há possibilidade alguma de que isso seja feito pela Internet, dado que se exige, além do pagamento de taxas exorbitantes, uma prova prática de tiro e um exame psicológico.

Quem ganha com isso? Quem se locupleta à custa do sacrifício dos direitos à vida, à incolumidade pessoal, à dignidade e à autodefesa? Certamente as empresas de segurança regularmente constituídas com plena observância da legislação, mas eventualmente também as guardas particulares "informais", constituídas estas, em boa parte, por policiais de folga que agridem, ferem e até matam contando com o acobertamento, a destruição de provas, a protelação e o sumiço de autos processuais.

Parece exagero? Mas não há exagero algum em dizer que o Poder Público ampara, sustenta e subsidia o "inexistente" Movimento dos Trabalhadores sem Terra – MST, uma organização paramilitar, armada, de fins ilícitos, que invade propriedades privadas, órgãos públicos, rouba, seqüestra, pratica rotineiramente o cárcere privado, promove a destruição de culturas etc. Omissão também é desvio de poder.

Passando para coisas mais amenas, vamos falar da tributação. Os sonegadores e os inadimplentes são freqüentemente beneficiados por anistias de toda ordem, mas o contribuinte regular vive sufocado com absurdas obrigações acessórias, autolançamentos, demonstrativos, recadastramentos, cobranças aleatórias etc. Pagar impostos é uma atividade de alto risco, pois o contribuinte correto se expõe à voracidade arrecadatória do Fisco em função de algum erro que sempre pode cometer, diante do incompreensível e mutante cipoal de normas regulamentares de todos os tipos.

Na cidade de São Paulo a Municipalidade resolveu proibir absolutamente anúncios publicitários e restringir drasticamente os anúncios indicativos de atividades econômicas. Foram proscritas, da noite para o dia, as empresas regulares que exerciam atividades lícitas (essenciais a uma economia de mercado), pagando seus impostos, e que empregavam milhares de pessoas. Mas a leniência é total com relação à pichação e à grafitagem, que são crimes ambientais, tipificados no art. 65 da Lei 9.605, de 12.2.1998, e, principalmente, com relação aos vendedores "ambulantes", que tomaram a cidade vendendo produtos contrabandeados ou pirateados. Numa perspectiva eminentemente jurídica, é certo que a Municipalidade, no exercício de seu poder/dever de disciplinar as atividades urbanas, poderia estabelecer requisitos e condições para anúncios publicitários (como, aliás, já constavam da legislação municipal). Mas proibir totalmente o exercício de atividade econômica lícita é claramente inconstitucional, pois desborda totalmente da esfera de competência do Município.

Paradoxalmente, o Prefeito de São Paulo vetou um projeto de lei (Projeto 511/2006) que determinava que as partidas de futebol profissional do Município de São Paulo começassem antes das 21h, sob fundamento de que isso seria inconstitucional, pois trataria de direito desportivo, não podendo o Município legislar sobre isso. A propositura visava a evitar que o horário das partidas de futebol continuasse sendo fixado em função dos interesses econômicos da mídia. No caso, evidentemente, não há inconstitucionalidade alguma, pois não se trata absolutamente de direito desportivo, mas, sim, de assunto de indiscutível competência municipal, consistente em disciplinar o horário de funcionamento das atividades urbanas, da mesma forma que ocorre com relação a bares, restaurantes, farmácias e espetáculos públicos em geral, pois é certo que as partidas de futebol, dada a grande afluência de público, afetam todo o sistema de transportes urbanos e o direito ao sossego noturno.

Certos absurdos em matéria de criação de formalidades burocráticas, obrigações ou procedimentos desprovidos de qualquer sentido para o interesse público encontram amparo no próprio texto constitucional em vigor, que mantém privilégios certamente herdados da Colônia ou da Monarquia.

Confira-se a figura anacrônica e patética do juiz de paz, ou de casamentos, prevista no art. 98, II, da CF. Todas as providências e verificações necessárias à celebração do casamento civil se processam sob os cuidados de um oficial de registro civil, dotado de fé pública, competente para praticar atos da maior relevância para a vida das pessoas, mas incompetente apenas para proferir as palavras rituais: "De acordo com a vontade que ambos acabais de afirmar perante mim, de vos receberdes por marido e mulher, eu, em nome da lei, vos declaro casados". Impossível deixar de lembrar, nesse caso, o direito formular, dos primórdios de Roma antiga. O ridículo dessa encenação torna-se ainda mais evidente quando, atualmente, a dissolução da sociedade conjugal pode ser feita em cartório, podendo o oficial do registro desconstituir os efeitos daquela soleníssima declaração.

A lista de exemplos que poderiam ser invocados é realmente enorme. Muitos mais poderiam ser lembrados. Mas o que foi descrito acima já é mais que suficiente para demonstrar a tese de que o Poder Público combate ferozmente a honestidade, inferniza e dificulta sobremaneira a vida do cidadão correto, ao mesmo tempo em que protege e ampara os delinqüentes, sacrificando interesses públicos em benefício de interesses particulares.

Para justificar cada um dos absurdos acima referidos a autoridade pública sempre poderá invocar um dispositivo legal isolado, cuja literalidade teria autorizado a conduta deletéria aos direitos e interesses das pessoas de bem.

Mas, conforme já foi dito, toda norma precisa ser interpretada, como integrante do contexto em que está inserida, em função das finalidades que visa a alcançar e levando em consideração a realidade fática, concreta, do momento em que é aplicada, conforme consta de magnífico voto proferido pelo eminente Des. Newton de Lucca: "A norma geral pode ser entendida, é claro, pelo sentido abstrato das palavras por ela utilizadas. Trata-se, porém, de mero entendimento prévio. Esse entendimento não exaure o âmbito da incidência normativa, pois ele só se consuma perante os fatos concretos da vida".[19]

A interpretação concreta, portanto, não se resume a uma dedução de lógica pura, destinada a desvendar a única solução correta e verdadeira. Mas, sim, conforme explica com invejável clareza Christiano José de Andrade, deve buscar a identificação do comportamento mais razoável:

"Conforme Recaséns Siches, a lógica que deve ser aplicada ao Direito é a lógica do razoável ou do humano. Esta 'é uma lógica que se inspira na razão projetada sobre assuntos humanos, é uma lógica que

19. TRF-3ª Região, MS 94.03.093099-3-SP, voto do Des. federal Newton de Lucca, publicado no *Boletim AASP* 2.043/473.

está permeada por pontos de vista axiológicos, por conexões entre valores e fins, por relações entre fins e meios, e que ademais aproveita as lições da experiência humana prática, as lições da experiência histórica, as lições derivadas da vida e que se inspiram na consideração dos problemas práticos, que demandam tratamento justo e eficaz'.

"As normas jurídicas não podem ser julgadas do ponto de vista da verdade ou da falsidade, mas mediante referência a valores. Não são enunciados de idéias com intrínseca validez., como, por exemplo, as proposições matemáticas. Não são tampouco descritivas ou explicativas de fenômenos. As normas jurídicas são diretivas, instrumentos práticos, elaborados pelos homens, para que, utilizados, produzam na realidade social determinados resultados. O Direito é portanto uma arte prática, uma técnica de controle social, como equilíbrio dinâmico, que admite mudança no sistema."

"A lógica do razoável, aplicada à interpretação jurídica, supera aquela pluralidade de métodos. Diante de qualquer caso, fácil ou difícil, há que se proceder razoavelmente. A ciência jurídica não tem condições de eleger um método interpretativo como o único correto. Mas em cada caso o juiz deve interpretar a lei segundo o método que conduz à solução mais justa entre todas possíveis, inclusive quando impertinentemente o legislador tenha ordenado um determinado método de interpretação. De sorte que o método correto é o que em determinado caso nos conduziu à solução que consideramos satisfatória. E este método é o da lógica do razoável ou do humano."[20]

Em síntese, o bom senso não briga com o Direito. Normalmente, uma norma ou um ato que se revelem absurdos são efetivamente incompatíveis com a ordem jurídica. O arsenal de desculpas à disposição de quem abusa do poder é realmente infinito, mas uma análise mais atenta sempre permite distinguir "motivo" de "desculpa", especialmente em função das finalidades pretendidas ou dos resultados efetivamente produzidos no caso concreto.

## *5. Conclusões*

*Interesse público* e *interesse privado* não são conceitos antitéticos, pois, na verdade, se completam. O Estado Democrático de Direito não comporta a aniquilação dos direitos individuais, ainda que isso seja feito sorrateiramente, sob a alegação dos mais elevados propósitos.

Tudo quanto foi dito acima e tudo que se pretendeu demonstrar está contido nesta magnífica síntese feita por Gustavo Binenbojm, que se transcreve:

"Na verdade, o conceito de interesse público é daqueles ditos juridicamente indeterminados, que só ganham maior concretude a partir da disposição constitucional dos direitos fundamentais em um sistema que contempla e pressupõe restrições ao seu exercício em prol de outros direitos, bem como de metas e aspirações da coletividade de caráter meta-individual, igualmente estampadas na Constituição. Ao Estado-legislador e ao Estado-administrador incumbe atuar como intérpretes e concretizadores de tal sistema, realizando as ponderações entre interesses conflitantes, guiados pelo postulado da proporcionalidade.

"Assim, o melhor interesse público só pode ser obtido a partir de um procedimento racional que envolve a disciplina constitucional de interesses individuais e coletivos específicos, bem como um juízo de ponderação que permita a realização de todos eles na maior extensão possível. O instrumento deste raciocínio ponderativo é o postulado da proporcionalidade."

"A preservação, na maior medida possível, dos direitos individuais constitui porção do próprio interesse público. São metas gerais da sociedade política, juridicamente

20. Christiano José de Andrade, *O Problema dos Métodos da Interpretação Jurídica*, São Paulo, Ed. RT, 1992, pp. 80 e 82.

estabelecidas, tanto viabilizar o funcionamento da Administração Pública, mediante instituição de prerrogativas materiais e processuais, como preservar e promover, da forma mais extensa quanto possível, os direitos dos particulares. Assim, esse esforço de harmonização não se coaduna com qualquer regra absoluta de prevalência *a priori* dos papéis institucionais do Estado sobre os interesses individuais privados."[21]

O norte do intérprete da norma ou do analista de determinada conduta de um agente público sempre haverá de ser o interesse público, mas nunca como algo absoluto, nunca numa postura fetichista, jamais desprezando as múltiplas implicações e os múltiplos princípios, disseminados por todo o sistema, e jamais ignorando que o Direito cuida de relações intersubjetivas, de direitos das pessoas humanas concretamente existentes num contexto social.

Qualquer regra ou conduta que atente contra o superprincípio da estabilidade das relações jurídicas e o princípio elementar da dignidade humana sempre será antijurídica. O Direito não pode ser interpretado em função de idiossincrasias ou concepções puramente ideológicas, mas, ao contrário, deve atentar para a realidade existente e levar em conta critérios de razoabilidade.

Insiste-se em que o resultado concreto de cada norma ou decisão é fundamental, dado o caráter inafastavelmente instrumental das normas jurídicas, conforme destaca Alexandre Santos Aragão: "O Direito não pode ignorar a realidade social sobre a qual incide. As regras jurídicas devem ter a validade da sua aplicação aferida do ponto de vista da sua eficácia, instrumental à realização prática dos seus objetivos públicos, não apenas do ponto de vista de sua conformidade em tese com os atos normativos hierarquicamente superiores. Uma regra que, fora de qualquer zona cinzenta de juízo, indubitavelmente não está realizando as finalidades públicas às quais se destina, ou, pior, as está contrariando, não pode, inclusive por força do princípio constitucional da eficiência (art. 37, *caput*, da CF), ser aplicada aos casos concretos em que tenha esses efeitos".[22]

Interessante notar que a recíproca é verdadeira. Quando uma lei nova, embora afete comportamentos tradicionais e arraigados, corresponde a um efetivo interesse público, são fáceis e rápidos sua absorção e seu acatamento pela coletividade. Podem ser citadas como exemplos as exigências de uso de cinto de segurança nos automóveis e de capacete pelos motociclistas, bem como a proibição de fumar em restaurantes. Nos Estados Unidos até as exageradas e vexatórias vistorias nos aeroportos foram aceitas diante da convicção de que se trata de algo realmente necessário à segurança das aeronaves.

Outro problema é a falta de leis para dar atendimento a situações havidas como de necessidade ou utilidade pública. No Brasil, mesmo o clamor público exigindo a criação ou a alteração de determinadas leis não motiva a edição de legislação correspondente. Alguns casos são polêmicos, como o aborto, a pena de morte e a descriminalização do uso de drogas e a flexibilização da legislação trabalhista. Outros decorrem de um somatório de demagogia, preconceitos, incoerências e anacronismos, como é o caso da redução do limite de idade para responsabilidade penal (mantido no mesmo patamar do século XIX), pois já se reconheceu que o menor de 16 anos tem discernimento para eleger até o presidente da República, mas não se aceita que tenha noção de que roubo, homicídio e estupro são condutas reprováveis. Vale lembrar que em alguns países indubitavelmente

21. Gustavo Binenbojm, "Da supremacia do interesse público ao dever de proporcionalidade: um novo paradigma para o direito administrativo", *Revista Brasileiro de Direito Público* 8/77, Belo Horizonte, Forum, janeiro-março/2005.

22. Alexandre Santos Aragão, "Ensaio de uma visão autopoiética do direito administrativo", *Revista de Direito Público da Economia*/*RDPE* 4/10, Belo Horizonte, Forum, outubro-dezembro/2003.

democráticos a idade mínima para a responsabilidade penal é bem menor – como, por exemplo: Argentina e Chile, 16 anos; Suécia, Dinamarca, Noruega e Finlândia, 15 anos; Alemanha e Itália, 14 anos; França, 13 anos; Inglaterra, 10 anos; e Escócia, 8 anos.

Em síntese, a legislação deve adequar-se a realidades emergentes. Pelo menos sua interpretação deve pautar-se pelo método evolutivo, que leva em consideração a realidade existe não no momento de produção da norma, mas, sim, de sua aplicação. Muitas vezes vedações e exigências que eram pertinentes no passado deixaram de ter sentido, seja em face de alterações no mundo fático, seja em face de novos princípios introduzidos ou reafirmados, com maior força, pela ordem jurídica.

A conjugação dos princípios da proporcionalidade e da razoabilidade impede que a Administração faça exigências exageradas, inúteis ou mesmo deletérias aos interesses que deve proteger. Entretanto, na vida prática, conforme foi demonstrado por meio de uma série de exemplos concretos, com desagradável freqüência o cidadão se depara com exigências totalmente despropositadas, inúteis, ditadas simplesmente pelo propósito de arrecadar os emolumentos correspondentes ou como uma demonstração de poder e para exigir uma submissão do interessado; ou, ainda, como forma de dificultar ou, mesmo, impedir o exercício de direitos.

Vale aqui lembrar que na Espanha, conforme demonstra Teresa Nuñes Gómez,[23] o art. 35 da Lei do Regime Jurídico da Administração Pública e do Procedimento Administrativo Comum (*Ley 30/1992, de 26 de noviembre*) confere aos cidadãos o direito público subjetivo de não apresentar documentos inúteis, desnecessários, inexigíveis ou reiterativos. Oxalá, algum dia, também no Brasil se tenha consciência de que a Administração Pública não tem o direito de simplesmente aborrecer, perturbar ou molestar o cidadão. Não cabe à Administração Pública, nem mesmo com base na lei, criar dificuldades para vender facilidades, pois isso atinge o cerne da cidadania, o âmago da liberdade, a própria dignidade da pessoa, configurando patente inconstitucionalidade.

Vedações ou exigências despropositadas sempre são sustentadas por alguma norma legal ou regulamentar. Na prática, a hierarquia das normas jurídicas se inverte, pois é mais grave para o servidor público subalterno descumprir a ordem de seu superior hierárquico imediato que afrontar a Constituição. Mas isso também se repete nos altos escalões administrativos, com relação aos ocupantes temporários dos cargos de natureza política. Mas, em termos estritamente jurídicos, as leis e os regulamentos devem ser aplicados de acordo com a Constituição, e não o contrário.

Não obstante isso seja ululantemente óbvio, é conveniente reforçar essa afirmação com o testemunho e a indiscutível autoridade, moral e jurídica, da eminente Ministra do STF Cármen Lúcia Antunes Rocha:

"A Constituição é a medida de todas as normas. O padrão de validade jurídica das normas que compõem o sistema de Direito é a Constituição. A sua qualidade paramétrica deriva, em parte, de sua fundamentalidade, entendida aqui como o ponto de modelação e sustentação de todo o sistema normativo e como origem de todas as normas e, em parte, de sua supremacia, inteligida como a primariedade e a superioridade material e formal que ela ostenta. Como Lei Fundamental e Suprema, a Constituição é a única e superior vertente de validade de todas as normas, as quais somente têm existência plena se compatíveis e conformes a ela. A carência do elemento conformador e compatível com a Constituição torna a lei, o ato ou o comportamento despojado de validade jurídica, tornando-o, assim, vulnerável a efeitos específicos definidos pela ordem normativa no sentido da sua não-aplicação

23. Teresa Nuñes Gómez, *Abuso en la Exigencia Documental y Garantías Formales de los Administrados*, Espanha, Universidad de Olviedo/ Atelier Libros Jurídicos, 2005.

ou da não-aceitação ou da cessação de seus efeitos.

"Inconstitucional é, pois, a lei, o ato normativo ou o comportamento desarmonizado com a Constituição. Esta, que tem força obrigatória vertical superior, é descumprida. Inconstitucionalidade tem sempre o sentido de descumprimento da norma maior e de obrigatoriedade máxima. Significa, pois, afirmar que, estabelecido o confronto entre o parâmetro constitucional e a lei ou o ato que se deseja analisar, constata-se uma dissonância entre eles. Sendo o sistema constitucional o padrão mensurador da validade jurídica de uma lei, ato normativo ou comportamento, tem-se que este desvale em relação àquele pela ausência de sintonia entre eles e a maior superioridade e força obrigatória, que é a norma constitucional."[24]

Mesmo reconhecendo a supremacia da norma e dos princípios constitucionais em relação às leis e regulamentos, é preciso salientar que a Constituição compreende uma pluralidade de normas e princípios que devem conviver harmonicamente. Não basta demonstrar que uma determinada norma legal ou regulamentar ou um determinado ato administrativo, especialmente quando praticado no exercício da polícia administrativa, têm suporte em um específico e determinado preceito ou princípio constitucional, pois nenhum preceito ou princípio constitucional vive isoladamente, desvinculado de todo o contexto ao qual pertence.

Neste ponto, é necessário invocar o amparo doutrinário de outro luminoso integrante do STF, o Min. Eros Roberto Grau, para quem não se pode interpretar a Constituição "em tiras", mas cujo pensamento somente pode ser entendido com fidelidade diante da transcrição literal de seu escrito:

"Por isso mesmo a interpretação do Direito é interpretação do Direito, e não textos isolados, desprendidos do Direito.

24. Cármen Lúcia Antunes Rocha, *Constituição e Constitucionalidade*, Belo Horizonte, Lê, 1991, p. 98.

"Não se interpretam textos de Direito, isoladamente, mas sim o Direito, no seu todo.

"Santi Romano [1964:211] insiste em que a interpretação da lei é sempre interpretação não de uma lei ou de uma norma singular (texto, e não norma – insisto), mas de uma lei ou uma norma que é considerada em relação à posição que ocupa no todo do ordenamento jurídico; o que significa que o que efetivamente se interpreta é esse ordenamento e, como conseqüência, o texto singular. Hermann Heller [1977:274], por outro lado, observa que o preceito jurídico particular somente pode ser fundamentalmente concebido, de modo pleno, quando se parta da totalidade da Constituição política. A propósito, diz Geraldo Ataliba [1970:373]: '(...) nenhuma norma jurídica paira avulsa, como que no ar. Nenhum mandamento jurídico existe em si, como que vagando no espaço, sem escoro ou apoio. Não há comando isolado ou ordem avulsa. Porque esses – é propedêutico – ou fazem parte de um sistema, nele encontrando seus fundamentos, ou não existem juridicamente'.

"Não se interpreta o Direito em tiras, aos pedaços.

"A interpretação de qualquer texto de Direito impõe ao intérprete, sempre, em qualquer circunstância, o caminhar pelo percurso que se projeta a partir dele – do texto – até a Constituição.

"Por isso insisto em que um texto de Direito isolado, destacado, desprendido do sistema jurídico, não expressa significado normativo algum. As normas – afirma Bobbio [1960:3] – só têm existência em um contexto de normas, isto é, no sistema normativo.

"A interpretação do Direito – lembre-se – desenrola-se no âmbito de três distintos contextos: o lingüístico, o sistêmico e o funcional [Wróblewski 1985:38 e ss.]. No contexto lingüístico é discernida a semântica dos enunciados normativos. Mas o significado normativo de cada texto somente é detectável no momento em que se o toma como inserido no contexto do sistema, para após afirmar-se, plenamente, no contexto funcional.".[25]

Com maior ou menor honestidade intelectual, certamente sempre será possível apontar algum fundamento para cada abuso ou omissão, mediante o pinçamento de algum dispositivo isolado. Quanto menos dotado de conhecimentos jurídicos, mais facilmente alguém se dará por satisfeito diante de uma argumentação supostamente jurídica bem feita, ainda que incorreta ou, mesmo, desonesta. Isso talvez justifique a razão pela qual tantos abusos são cometidos em nome da liberdade, da igualdade, do interesse público e dos direitos sociais.

O cidadão comum fica estarrecido e confuso diante de tantas controvérsias interpretativas. No contexto social, pela constante repetição de perplexidades, chegou-se a um estado de profunda depressão moral e institucional, marcada pela passividade, resignação, conformismo, desencanto, desânimo e desinteresse, formando o caldo de cultura que favorece os espíritos totalitários providos de sedutores discursos supostamente democráticos, mas verdadeiramente demagógicos.

Aos juristas, mais que aos políticos, cabe a tarefa de restauração da cidadania e da dignidade da pessoa, mediante a denúncia das distorções e pela demonstração de que as instituições são providas de remédios suficientes e eficazes para sanar suas próprias feridas e debilidades.

25. Eros Roberto Grau, *Ensaio e Discurso sobre a Interpretação/Aplicação do Direito*, São Paulo, Malheiros Editores, 2002, p. 113.

# O CONTROLE DAS POLÍTICAS PÚBLICAS PELO PODER JUDICIÁRIO NO BRASIL – UMA VISÃO GERAL[1]

MARCELO FIGUEIREDO

Advogado e Professor de Direito Constitucional nos Cursos de Graduação e Pós-Graduação da Faculdade de Direito da PUC/SP – Diretor da PUC/SP eleito para o quatriênio 2005/2009

A utilização do Poder Judiciário para questionar e obrigar a Administração Pública[2] a desenvolver *políticas públicas* tem freqüentado as páginas da jurisprudência e da doutrina no Brasil.

Pareceu-nos interessante trazer essa temática a este Seminário, pois se trata de uma realidade brasileira ou, se quisermos, que tem aparecido mais intensamente na América Latina, sobretudo.[3] Ademais, o problema toca também de perto no tema do desenvolvimento. Não há negar que os chamados *direitos sociais*, enquanto direitos subjetivos às prestações sociais, se encontram vinculados à tarefa de melhoria e redistribuição dos recursos existentes em dada sociedade, contribuindo para o desenvolvimento do ser humano e de sua qualidade de vida.

1. Artigo preparado para servir de guia de exposição de palestra proferida no Seminário de Verão promovido pela Faculdade de Direito da Universidade de Coimbra em 11.7.2007.

2. Utilizamos o termo "Administração Pública" em sentido amplo. Aqui, pode ser entendido como sinônimo de Poder Executivo ou Governo.

3. De fato, a falta de cidadania de expressiva parte da sociedade nos países subdesenvolvidos ou em desenvolvimento leva a uma maior participação do Poder Judiciário, que acaba acolhendo inúmeras demandas sociais e coletivas que não conseguem ser articuladas nos canais intermediários ou "competentes". Ademais, recorde-se que também encontramos Judiciários mais ou menos "ativistas" ou "progressistas" não só na América Latina, mas em todo o mundo. A Suprema Corte de Israel, por exemplo, é considerada uma das mais ativas nesse sentido, rompendo os padrões tradicionais da jurisdição constitucional para ser considerada pró-ativa (não sem resistência doutrinária). Especialmente a partir da década de 80 a Corte tem desenvolvido um grande número de poderosas ferramentas para intervir na ação governamental, inclusive em áreas em que em outros Estados essa intervenção seria considerada inconstitucional. São exemplos dessa conduta: (a) a intervenção nos atos internos do *Knesset*; (b) o desenvolvimento da doutrina segundo a qual "uma figura pública detém a confiança popular", através da qual foi possível à Corte determinar ao Primeiro-Ministro a demissão de um agente político do Executivo mesmo na ausência de norma jurídica específica prevendo essa remoção; (c) assuntos de segurança do Estado; e outros. É o que nos informa Suzie Navot, *The Constitutional Law of Israel*, Kluwer, 2007. V. também, da autora, o artigo intitulado "More of the same: judicial activism in Israel", 7 *European Public Law* (2001) 355.

Urbano Ruiz,[4] desembargador do TJSP, oferece-nos alguns casos concretos que bem demonstram a problemática que pretendemos trazer à tona com este artigo. As ementas abaixo são auto-explicativas.

I – A Delegacia do Ensino da cidade de Rio Claro, no interior do Estado de São Paulo, informou ao Promotor de Justiça que no ano letivo que se aproximava, o de 1998, faltariam cerca de 500 vagas na 1ª série do Ensino Fundamental. Muitas crianças não teriam acesso à escola. A instituição documentou os fatos e promoveu ação civil pública para obrigar o Prefeito a criar tais vagas, já que a CF, nos arts. 211 e 212, obrigava a Municipalidade a atuar prioritariamente no Ensino Fundamental, investindo 25%, no mínimo, da receita resultante de impostos. Bem por isso, obrigatório o Ensino Fundamental, gratuito (art. 208), sem que qualquer criança pudesse ficar sem escola (ECA, art. 208), tanto que os pais seriam responsabilizados criminalmente caso deixassem de matricular os filhos (CP, art. 246). O procedimento não previa audiência preliminar de conciliação, mas ela foi designada, ganhando o fato repercussão na imprensa. Embora o Alcaide relutasse em criar aquelas vagas, a liminar foi deferida e o chefe do Executivo Municipal terminou por permitir que aquelas crianças tivessem acesso ao ensino público, sem *contestar a ação*.

II – Na Grande São Paulo os trens de subúrbio viajavam com as portas abertas, por causa do excesso de passageiros, transportados até sobre o teto do vagão. Eram freqüentes mortes e mutilações nos acidentes e quedas. Foi promovida ação civil pública, também pelo Ministério Público Estadual, para obrigar a concessionária daquele serviço público a oferecer transporte digno, regular e seguro aos usuários. A ação terminou sendo julgada *procedente*, com a aquisição de trens novos e a recuperação daqueles antigos, com melhorias significativas para os usuários.

III – Idêntica ação foi promovida para obrigar a Administração Pública a distribuir gratuitamente remédios para pessoas carentes, sobretudo aidéticos (portadores do vírus HIV), que não tinham condições econômicas de adquiri-los.[5]

IV – "Meio ambiente – Lançamento de esgotos domésticos sem tratamento de resíduos industriais em curso d'água que abastece a população – Legitimidade passiva do Município – Responsabilidade solidária com o concessionário de serviço público municipal, com quem firmou convênio para realização do serviço de coleta de esgoto urbano – Ação julgada procedente para condenar concessionária e Município a tratarem os efluentes antes lançados no curso d'água."[6]

V – "Direito à saúde – Fornecimento de energia elétrica para utilização de aparelho de oxigenoterapia.

"Trata-se de direito à vida e à saúde, garantia constitucional e dever do Estado. O direito à saúde é assegurado a todos, devendo os necessitados receber do ente público a assistência necessária. À evidência, o cumprimento dos preceitos constitucionais é dever do Poder Público, no âmbito do Executivo, que, em face de sua omissão, pode ser perseguido na esfera judicial – Necessidade da concessão de tutela para fornecimento da energia elétrica necessária à utilização do aparelho de oxigenoterapia, assegurando o direito à vida."[7]

VI – Concedeu-se tutela antecipada para que se faça o destaque nos orçamentos

4. Urbano Ruiz, "A utilização do Judiciário para questionar e obrigar a Administração a desenvolver políticas públicas", Contribuição ao VII Seminário do IBCCRIM, publicado na *Revista da Escola Paulista da Magistratura* 1/11-18, Ano 6, julho-dezembro/2005.

5. O caráter polêmico de decisões dessa natureza e sua repercussão jurídica, social e econômica serão objeto de discussão mais à frente.

6. Os exemplos de I a III são de Urbano Ruiz, obtidos no já citado artigo.

7. *Boletim AASP* 2.528/1.375, "Ementário".

(do Município) de 2005 e subseqüentes dos valores informados para o fornecimento de água tratada por parte de sociedade de economia mista (fornecedora), de modo a lhe assegurar meios para o pagamento devido.[8]

VII – "Ação civil pública – Direito do consumidor – Correta informação acerca dos riscos e potenciais danos que o consumo de bebidas alcoólicas causa à saúde – Inscrição necessária nos rótulos de bebidas alcoólicas.

"1. É possível e exigível do Judiciário impor determinada conduta ao fornecedor sem que esta esteja expressamente prevista em lei, desde que afinada com as políticas públicas diretamente decorrentes do texto constitucional e do princípio da plena informação ao consumidor (art. 6º, II, III e IV, da Lei n. 8.078/1990), pois traduz-se em dever do Estado, do qual o Judiciário é Poder, de acordo com o art. 196 da Constituição.

"2. O consumo de alcoólicos não interessa só à comunicação social, à propaganda e ao comércio de tais produtos, mas também sob o aspecto da saúde pública, da proteção do menor e do adolescente, da segurança veicular, do direito de informação e de proteção ao consumidor.

"3. O comando do art. 9º do Código do Consumidor indica os direitos básicos do consumidor à informação adequada e clara sobre o produto e sobre os riscos que apresenta, sobretudo tratando-se de produto potencialmente nocivo à saúde, cuja informação deve ser feita de maneira ostensiva, a despeito de a previsão do art. 4º, § 2º, da Lei n. 9.294/1996 determinar que os rótulos de bebidas alcoólicas conterão advertência para que os consumidores evitem o consumo excessivo de álcool.

"4. Não ocorre preclusão de matéria que diz com as condições da ação, caso de legitimidade, sobretudo nas ações civis públicas, onde se perseguem direitos difusos, cujo interesse depreende-se da propriedade, das relações privatistas em geral, o que, *in casu*, revelou-se pelo interesse demonstrado pela embargante, tantas vezes reiterado, de defender a posição dos associados que são fabricantes de bebidas, tese da co-ré União.

"5. Condenada a ré União a exigir na rotulagem de todas as bebidas alcoólicas produzidas ou comercializadas no território pátrio o teor alcoólico e o alerta, em expressão gráfica adequada, de que "O ÁLCOOL PODE CAUSAR DEPENDÊNCIA E EM

8. Trata-se de caso em que atuamos. Cuidava-se de ação ordinária proposta pela Cia. de Saneamento Básico do Estado de São Paulo, no caso (fornecedora de água potável a grosso) com o pedido principal para que fosse condenada a ré, Cia. de Saneamento do Município de Diadema (devedora da primeira), a que fossem procedidos *destaques nos orçamentos municipais de 2005 e subseqüentes*. O pedido (e a decisão) foi deveras *original*, pois fundado no caráter vinculado do orçamento e de seus itens. Requeria-se ao Judiciário uma postura mais ativa no sentido de determinar ao Executivo que procedesse à "reservação" orçamentária. Pinçamos os seguintes trechos da decisão, que acolheu, no particular, lição do professor Régis de Oliveira: "O dever de inserir no orçamento as despesas reais relativas a obrigação permanente, além de representar compromisso contratual, também constitui múnus legal, pois a estrutura do Estado moderno cede a imperativos de boa administração. Já não bastam boas intenções. O Estado, através de seus governantes, tem o dever de planificar a peça orçamentária, de forma a identificar a intenção de cumpri-la. Não pode esclarecer previsões irreais ou fúteis, apenas para desincumbir-se de determinação constitucional. A peça orçamentária há de ser real. A positivação não só do ideário político, mas da concretude da peça orçamentária, passa a vincular as ações administrativas e políticas. As finalidades que forem inseridas na peça orçamentária deixam de ser mera ação governamental, mas identificam a solidez de compromissos com o cumprimento dos objetivos ali consignados. Isso equivale a reconhecer que não é lícito à Administração elaborar peça orçamentária em desconformidade com a realidade, ocultando obrigações e fazendo previsão de gastos aquém da realidade, transformando o prestador dos serviços essenciais em agente financeiro dos seus projetos, já que a ausência das despesas no orçamento traz como conseqüência a exoneração do devedor quanto à quitação dentro daquele exercício" (TJSP, AI 362.101.5/0-00).

EXCESSO É PREJUDICIAL À SAÚDE" e a ABRABE a expedir essa informação a todas as suas associadas e comunicar aos demais produtores de alcoólicos, quanto à necessária adequação.

"6. Provido o recurso."[9]

VIII – "Ação civil pública – Duplicação de rodovia federal – Intervenção do Poder Judiciário na Administração Pública – Possibilidade – Antecipação de tutela.

"A moderna jurisprudência admite a intervenção do Poder Judiciário na Administração Pública viabilizando a antecipação de tutela para determinar a execução de obra relativamente à duplicação de rodovia federal, ante a responsabilidade civil do Estado sobre mortes e mutilações decorrentes de acidentes de trânsito havidos na rodovia de sua competência."[10]

Os exemplos poderiam ser multiplicados.

Embora ainda seja em número reduzido o grau de provocação do Poder Judiciário para demandas relacionadas a implementação dos direitos sociais[11] (proporcionalmente às necessidades populares) e econômicos, há avanços significativos em ações baseadas no Código de Defesa do Consumidor, envolvendo temas como, *v.g.*, a saúde, a educação, a prestação de serviços, o fornecimento de medicamentos[12] etc.

Isso porque a Constituição brasileira de 1988 instituiu um efetivo direito à tutela individual, coletiva e meta-individual (direitos difusos). São várias as possibilidades abertas às pessoas para permitir que políticas públicas atinentes a essas áreas sejam determinadas ou ajustadas conforme o programa constitucional.

A ação civil pública,[13] as diversas ações constitucionais, as ações específicas previstas no controle concentrado de constitucionalidade

9. TRF-4ª Região, 3ª Turma, AC 478.166-PR, processo 200204010006100, rela. Juíza Marga Inge Barth Tessler, j. 27.5.2003.

10. TRF- 4ª Região, AgRg no AI 200404010145703-SC, rel. Juiz Edgard A. Lippmann Jr., j. 23.6.2004.

11. Os direitos sociais estão espraiados por toda a Constituição brasileira. Seu art. 6º dispõe: "Art. 6º. São direitos sociais a educação, a saúde, o trabalho, a moradia, o lazer, a segurança, a previdência social, a proteção à maternidade e à infância, a assistência aos desamparados, na forma desta Constituição". Já o art. 7º da CF contém 34 incisos alusivos ao mesmo tema. Encontramos também um extenso título da "Ordem Social", que vai do art. 193 ao art. 232 na CF brasileira.

12. Na área da saúde a tendência jurisprudencial é a de afastar cláusulas abusivas de contratos de seguro-saúde que neguem ou venham a proibir, direta ou indiretamente, tratamento de moléstias infecto-contagiosas. Tais decisões invocam o princípio da interpretação mais favorável ao consumidor, tendo em vista a relação assimétrica entre ele e o fornecedor. Reconhece-se também o direito à educação fundamental como um dever do Estado, de forma a garantir, por exemplo, o atendimento em creche e pré-escola às crianças de zero a seis anos de idade; ou ainda se reconhece aos estudantes universitários do ensino superior que não se pode condicionar a renovação da matrícula ao pagamento de mensalidade atrasada, restando consagrado o direito à renovação de matrícula. A proteção jurídica à parte mais vulnerável de uma relação tem sido consagrada, tal qual no direito do trabalho, ao trabalhador.

13. Criada pela Lei 7.347/1985, tem por objeto a proteção de uma ampla gama de valores, em especial o meio ambiente, os consumidores, os bens e valores artísticos, estéticos, históricos, turísticos e paisagísticos. Posteriormente ampliou-se também seu objeto, pois o Código de Defesa do Consumidor, em seu art. 110, acrescentou o inciso IV ao art. 1º da Lei 7.347/1985, para dizer que também pode referida lei proteger "qualquer outro interesse difuso ou coletivo". Evidentemente que essa proteção a qualquer interesse outro, difuso ou coletivo, deve ser entendida apenas dentro da finalidade da Lei da Ação Civil Pública, não pretendendo o legislador autorizar que essa ação possa servir para proteção de direitos meramente individuais. São legitimados à propositura da ação não só o Ministério Público, que tem o dever-poder de ajuiza-la, mas também órgãos públicos e privados ou associação que esteja constituída Há mais de um ano e que inclua entre suas finalidades institucionais a proteção ao meio ambiente, ao consumidor, à ordem econômica, à livre concorrência ou ao patrimônio artístico, estético, histórico, turístico e paisagístico. A Lei da Ação Civil Pública no Brasil tem sido poderosa

junto ao STF,[14] o mandado de injunção, a ação de inconstitucionalidade por omissão,[15] a ação direta de inconstitucionalidade de lei ou ato normativo, a ação declaratória de constitucionalidade (art. 103 da CF), a argüição de descumprimento de preceito fundamental, são exemplos dos caminhos abertos para que entidades ou grupos legitimados possam questionar a omissão do legislador ou do Poder Executivo, ensejando, no limite, *o ajuste das condutas administrativas aos desideratos e fins previstos na Constituição*.

O que essas ações trazem em comum?

Pretendem, ao que parece, obrigar o administrador público a alterar um padrão de comportamento não só fundado em alegada ilegalidade ou eventualmente inconstitucionalidade de atos, programas ou políticas públicas, como também objetivam corrigir desvios ou alterar concepções ou objetivos na implantação de determinados programas governamentais, envolvendo uma gama enorme de segmentos, como os relativos a saúde, educação, serviços públicos etc.

Inúmeras questões polêmicas tais decisões encerram. As mais comumente encontradas na doutrina são: (i) violação a larga do princípio da separação de Poderes, na medida em que o Judiciário – a pretexto de conhecer de violações de direito – poderia estar a invadir esfera de competência reservada atribuída aos demais Poderes, praticando, assim, inconstitucionalidade; (ii) não caberia ao Poder Judiciário, a pretexto de corrigir atos ilegais ou inconstitucionais, acolher ou formular políticas públicas alternativas, papel do Poder eleito e democrático, e não do Judiciário;[16] (iii) decisões judiciais não poderiam substituir-se ao orçamento público, criando ou alterando despesas regularmente estabelecidas pelos Poderes ou autoridades competentes; (iv) é papel do Judiciário prestar a justiça distributiva e eqüitativa desse modo, digamos, criativo e inovador? Em que termos e em que limites?

Todas essas questões são complexas e não pretendemos resolvê-las, mas simplesmente trazer ao debate, iluminá-las, trazendo o atual "estado da arte" no Brasil.

Há ainda outra questão que surge coligada, a saber: a incorporação de tratados à Constituição em diversos países, através do reconhecimento de sua hierarquia constitucional,[17] também traz problemas relativos ao

aliada no combate à corrupção, à improbidade administrativa, na defesa do patrimônio público, amplamente considerado, sendo na imensa maioria das vezes o Ministério Público (Estadual ou Federal) o autor dessa ação.

14. V. nosso artigo "Una visión del control de constitucionalidad en Brasil", *Revista Jurídica de Castilla – La Mancha* 41, Toledo/Espanha, novembro/2006. V., ainda, de nossa autoria, *O Mandado de Injunção e a Inconstitucionalidade por Omissão*, São Paulo, Ed. RT, 1991 (esgotado).

15. V., por exemplo, os MI 283-5/1991 e 284-3/1992, onde, lamentavelmente, não obstante algum avanço, ainda se restringem à declaração de omissão como mera ciência ao omisso para que adote as providências necessárias, mas não avançaram mais intensamente para uma solução do caso concreto, como quer a doutrina majoritária no Brasil. Já na inconstitucionalidade por omissão o STF dá ciência ao Poder Legislativo para "a adoção das providências necessárias", não podendo ir além para obrigá-lo a editar a regra faltante. Tratando-se de órgão administrativo, diz a Constituição Federal que as providências devem ser determinadas em 30 dias (art. 103, § 2º).

16. A composição do Poder Judiciário brasileiro está fundada em um sistema meritocrático que, por um lado, se inicia com o ingresso na carreira pelo cargo inicial de juiz substituto, por meio de concurso de provas e títulos, e com o processo de promoção de entrância para entrância e acesso aos tribunais, alternadamente, por antigüidade e por merecimento (v. art. 93 da CF). Por outro lado, está baseado em um sistema de garantias: de independência, que assegura ao juiz a vitaliciedade, a inamovibilidade e a irredutibilidade de vencimentos; e de imparcialidade: vedação do exercício de outro cargo, exceto o magistério; vedação de receber, a qualquer título, vantagem em razão de sua função; e vedação de se dedicar à atividade político-partidária.

17. O STF no Brasil tem afirmado, em jurisprudência mais recente, que os *tratados internacionais de direitos humanos* subscritos pelo Brasil têm

controle de políticas públicas. Isso porque vários desses tratados estabelecem direitos, como o direito de trabalhar, direito a determinado nível de vida adequado; direitos, esses, que se diferenciam dos tradicionais "direitos" em face do Estado.[18]

Esses "novos" direitos, que aqui simplificamos, denominando-os "direitos a prestações sociais", não poderiam, ademais, ser outorgados ou reconhecidos pelos tribunais ou pelo Judiciário (em várias hipóteses) sem a participação ou intervenção ativa dos demais Poderes ou órgãos do Estado.

*status* normativo supralegal, o que torna inaplicável a legislação infraconstitucional com eles conflitante, seja ela anterior ou posterior ao ato de ratificação; e que desde a ratificação pelo Brasil, sem qualquer reserva, do Pacto Internacional dos Direitos Civis e Políticos (art. 11) e da Convenção Americana sobre Direitos Humanos – Pacto de São José da Costa Rica (art. 7º, 7), não há mais base legal para a prisão civil do depositário infiel (HC 90.172-SP, rel. Min. Gilmar Mendes, j. 5.6.2007). Na Costa Rica, país de forte desenvolvimento na área dos direitos humanos, por exemplo, as reformas constitucionais de 1989 colocaram as normas de direitos humanos na mesma hierarquia da Constituição, e a Sala Constitucional da Corte Suprema de Justiça (voto 3.435/1992) estabeleceu que os convênios internacionais são instrumentos válidos para interpretar as normas constitucionais, reconhecendo-se, com isso, um *status* supraconstitucional quando aqueles outorgam maiores direitos ou garantias às pessoas em comparação à Constituição daquele país (cf. Giselle Molina Subirós, "El sistema axiológico de la CEDAW como parámetro de control constitucional en la formulación e implementación de leyes y políticas públicas", *Revista IIDH* 34-35/417-482, Costa Rica, 2001/2002).

18. O Brasil ratificou os mais importantes tratados internacionais de proteção aos direitos humanos, destacando-se, no âmbito dos direitos sociais e econômicos, a ratificação do Pacto Internacional dos Direitos Econômicos, Sociais e Culturais em 1992 e do Protocolo de San Salvador em matéria de direitos econômicos, sociais e culturais em 1996. Para maiores detalhes nessa perspectiva, cf. o artigo de Flávia Piovesan, "Justiciabilidade dos direitos sociais e econômicos no Brasil: desafios e perspectivas", *Revista de Direito do Estado* 2/55 e ss., Ano 1, Rio de Janeiro, Renovar, 2006.

Para a realização e satisfação de tais direitos não bastaria a tradicional remoção de atos ditos ilegais ou inconstitucionais, mas a criação concreta de *atos promocionais, prestacionais e efetivos.*

Recorde-se, por todos, a lição de Ingo Wolfgang Sarlet,[19] que procura distinguir resumidamente as características dos direitos de defesa e os direitos sociais prestacionais, do seguinte modo: (i) *direitos de defesa* – se identificam por sua natureza preponderantemente negativa, tendo por objeto abstenções do Estado, no sentido de proteger o indivíduo contra ingerências na sua autonomia pessoal. É, segundo pensamos, a clássica lição francesa; (ii) *direitos sociais prestacionais* – têm por objeto conduta positiva do Estado (ou particulares destinatários da norma), consistente numa prestação de natureza fática.

Afirma: "Enquanto a função precípua dos direitos de defesa é a de limitar o poder estatal, os direitos sociais (como direitos a prestações) reclamam uma crescente posição ativa do Estado na esfera econômica e social. Diversamente dos direitos de defesa, mediante os quais se cuida de preservar e proteger determinada posição (conservação de uma situação existente), os direitos sociais de natureza positiva (prestacional) pressupõem seja criada ou colocada à disposição a prestação que constitui seu objeto, já que objetivam a realização da igualdade material, no sentido de garantirem a participação do povo na distribuição pública de bens materiais e imateriais".

Enfim, são tantas e tão complexas tais questões, que talvez devamos recortá-las, para não nos perdermos no cipoal de dúvidas suscitadas.

Assim, iniciamos por fazer uma breve radiografia dos problemas do Estado Constitucional Brasileiro, com o objetivo de situar o leitor estrangeiro e contextualizar o tema,

19. Ingo Wolfgang Sarlet, no magnífico trabalho *A Eficácia dos Direitos Fundamentais*, Porto Alegre, Livraria do Advogado, 1998, pp. 257 e ss.

para em seguida cuidar da problemática relativa às "políticas públicas".

Flávio Dino de Castro e Costa nos auxilia a compreender esse cenário, ao afirmar:

"No Brasil, a teoria do desenvolvimento desigual e combinado demonstra toda a sua pertinência. Trotski, citado por Raymundo Faoro em *Os Donos do Poder*, afirma: 'Índios lançaram fora os arcos e flechas e apanharam imediatamente os fuzis, sem percorrer o caminho que havia entre essas duas armas do passado (...). Desta lei universal da desigualdade do ritmo decorre outra lei que, na falta de melhor nome, pode denominar-se *lei do desenvolvimento combinado*, no sentido da aproximação das etapas diversas, da combinação de fases discordantes, do amálgama de formas arcaicas e modernas.

"Esse amálgama revela-se, por exemplo, na inadequação da transposição mecânica para o nosso país do clássico ensinamento acerca da evolução histórica dos direitos fundamentais: direitos individuais (1ª geração), direitos políticos (2ª geração), direitos sociais (3ª geração). O deslocamento desse esquema conceitual da prática brasileira é manifesto. No plano da efetividade, os direitos políticos estão mais universalizados que os direitos individuais clássicos. No nosso país o alistamento eleitoral quase universal e as urnas eletrônicas (direitos de 2ª geração na 'era da Pós-Modernidade') convivem com a difusão de formas de trabalho escravo e com assassinatos de moradores de rua, privados não só do direito à moradia, mas também do direito à integridade e da liberdade de ir e vir (de 1ª geração).

"Tal amálgama jurídico decorre de vários fatores, merecendo destaque a brutal concentração de renda. Esta 'é medida pelo índice de Gini, que vai de 0 a 1. Zero significaria que cada um dos habitantes de um país teria renda idêntica, situação ideal, mas obviamente utópica. Índice 1, ao contrário, seria o número de um país em que a renda estivesse toda na mão de uma só pessoa, outra situação impossível. O Gini do Brasil, no *Relatório 2001*, mas com base em dados de 1997, era de 0,591. No *Relatório 2002*, com base em dados de 1998, aumentou para 0,607. Renda mais concentrada que a do Brasil só em Serra Leoa, República Centro-Africana e Suazilândia, paupérrimos países africanos'. Celso Furtado lembra que: 'Nos países de renda *per capita* semelhante à do Brasil (4.500 Dólares) a percentagem de pobres é de cerca de 10% da população total, portanto, menos de um terço da percentagem brasileira (34%)'.

"Tudo isso é ainda agravado pelas imensas assimetrias regionais que reforçam o citado modelo de desenvolvimento desigual. Na última pesquisa sobre o Índice de Desenvolvimento Humano (IDH) dos Municípios Brasileiros, dos 20 piores, 8 ficam no Maranhão, 5 no Piauí e 3 no Amazonas."[20]

Podemos trazer, ainda, a lição de Luís Roberto Barroso, que nos auxilia a compreender o momento e o Constitucionalismo brasileiro, ao afirmar: "O novo direito constitucional brasileiro, cujo desenvolvimento coincide com o processo de redemocratização e reconstitucionalização do país, foi fruto de duas mudanças de paradigma: (a) *a busca da efetividade das normas constitucionais, fundada na premissa da força normativa da Constituição*; (b) o desenvolvimento de uma dogmática da interpretação constitucional, baseada em novos métodos hermenêuticos

20. Flávio Dino de Castro e Costa, "A função realizadora do Poder Judiciário e as políticas públicas no Brasil", *Revista Interesse Público* 28/64 e ss., 2004. V. também, de José Afonso da Silva, *Poder Constituinte e Poder Popular*, São Paulo, Malheiros Editores, 2000, p. 17, e *Curso de Direito Constitucional Positivo*, 22ª ed., São Paulo, Malheiros Editores, 2003, p. 120. É ele quem afirma, ainda: "O certo, contudo, é que a Constituição de 1988 não promete a transição para o Socialismo com o Estado Democrático de Direito, apenas abre as perspectivas de realização social profunda *pela prática dos direitos sociais, que ela inscreve, e pelo exercício dos instrumentos que oferece à cidadania e que possibilita concretizar as exigências de um Estado de Justiça Social, fundado na dignidade da pessoa humana*" (grifamos).

e na sistematização de princípios específicos de interpretação constitucional. A ascensão política e científica do direito constitucional brasileiro conduziram-no ao centro do sistema jurídico, onde desempenha uma função de filtragem constitucional de todo o direito infraconstitucional, significando a interpretação e leitura de seus institutos à luz da Constituição"[21] (grifamos).

De outra parte, importante registrar que o movimento conhecido por "neoliberalismo",[22] que marcou o final do século XX, teve por efeito não só diminuir a presença do Estado como produtor e empresário, mas também relativizar a presença e importância dos chamados "direitos sociais".[23]

Entretanto, esse movimento, a nosso juízo, não teve a força suficiente para desobrigar o Estado de cumprir os objetivos solidários da justiça social e melhoria das condições de sua vida. Ao menos todo o arcabouço constitucional brasileiro, todo o travejamento constitucional, aponta em larga medida para esses objetivos mais solidários. É evidente que na contemporaneidade há de se pensar conectado a um sistema regional ou mundial para a concretização solidária desses objetivos, construídos em conjunto ou participativamente; mas forçoso considerar que nem todas as regiões do Planeta se encontram nas mesmas condições. Há assimetrias importantes e barreiras a serem superadas. O esforço deve ser de todos para um mundo melhor.[24]

Reafirma-se: o Brasil, não obstante as reformas liberalizantes por que passou na década passada, seguindo o movimento universal nesse sentido, ainda remanesce um Estado Social e Democrático de Direito, sendo obrigação constitucional a realização

21. Luís Roberto Barroso, "Fundamentos teóricos e filosóficos do novo direito constitucional brasileiro (Pós-Modernidade, teoria crítica e pós-positivismo)", in Luís Roberto Barroso (coord.), *A Nova Interpretação Constitucional*, Rio de Janeiro, Renovar, 2003, pp. 43 e ss.

22. Sobre o tema *Neoliberalismo e Direitos Humanos*, consulte-se a obra com esse título de Antônio José Avelãs Nunes, Rio de Janeiro, Renovar, 2003.

23. De certo modo encampamos a lição de Canotilho, temperada à moda brasileira, quando afirma que "a Constituição dirigente é um produto acabado de um projecto da Modernidade, quer em termos de sujeito histórico, quer em termos de homem triunfante na sua capacidade de transformação. Assim entendida, a Constituição dirigente enfrentou grandes dificuldades, resultantes do ataque das correntes mais conservadoras, mas também das críticas de alguns normativistas sociológicos (...). *Mas isto não pode significar que não sobrevivam algumas dimensões importantes da programaticidade constitucional e do dirigismo constitucional* (...). Em primeiro lugar, em termos jurídico-programáticos, uma Constituição dirigente – já explicitei isso várias vezes – representa um projecto histórico pragmático de limitação dos poderes de questionar do legislador, da liberdade de conformação do legislador, de vinculação deste aos fins que integram o programa constitucional. Nesta medida, penso que continuamos a ter algumas dimensões de programaticidade: o legislador não tem absoluta liberdade de conformação, antes tem de mover-se dentro do enquadramento constitucional. Esta a primeira sobrevivência da Constituição dirigente em termos jurídico-programáticos. (...)" (in Jacinto Coutinho (org.), *Canotilho e a Constituição Dirigente*, Rio de Janeiro, Renovar, 2002, pp. 13 e ss.).

24. Recorde-se uma vez mais J. J. Gomes Canotilho, quando afirma: "(...). No desenho das Constituições civis globais fica por explicar a sua *acoplagem* com as *políticas nacionais*, quer estejam ou não plasmadas na Constituição. Se a literatura constitucionalista enfatiza até à exaustão a *reserva do possível* econômico e social quando se trata de incrementar a realização dos direitos econômicos, sociais e culturais, terá de se questionar como se pode estruturar uma Constituição civil global que despreze à partida os *pressupostos fácticos e normativos* nacionais (e supranacionais, regionais) indispensáveis a essa mesma realização. Se as Constituições civis globais, embora sejam Constituições juridicamente autônomas, fazem parte de um sistema de redes aglutinador de vários subsistemas nacionais vinculados a regras-quadro ou até mesmo directivas politicamente programáticas das Constituições nacionais" (*"Brancosos" e Interconstitucionalidade – Itinerários dos Discursos sobre a Historicidade Constitucional*, Coimbra, Livraria Almedina, 2006, p. 300).

dos objetivos constantes de seu art. 3º,[25] a partir de suas políticas públicas, tendo o Poder Judiciário, nesse contexto, importante *parcela* de responsabilidade social.

Passamos, agora, a conceituar *política pública*.

As políticas públicas são um conjunto heterogêneo de medidas e decisões tomadas por todos aqueles obrigados pelo Direito a atender ou realizar um fim ou uma meta consoante com o interesse público.[26]

Ou, ainda, um programa de ação que tem por objetivo realizar um fim constitucionalmente determinado. As políticas públicas são mecanismos imprescindíveis à fruição dos direitos fundamentais, inclusive os sociais e culturais.

Evidentemente, como a Constituição brasileira é indubitavelmente programática (ou dirigente[27]), traça planos, diretrizes e metas a seus destinatários. Em larga medida, o fundamento da própria política pública está desenhado no texto constitucional, o que gera, em muitos casos, a justiciabilidade desses direitos e toda a polêmica que o tema contém.

É dizer, a Constituição é um importante elemento de referência e validade para o desenvolvimento de inúmeras políticas públicas nos diversos segmentos e atividades por ela regulados, traçando, em maior ou menor grau, os próprios elementos da política pública que devem ser desenvolvidos e concretizados.

Neste contexto, é evidente que o tema do *judicial review* aparece muito mais como uma atividade rotineira, ordinária, do Poder Judiciário, do que seria em um sistema como o norte-americano, onde há, como sabemos, uma Constituição sintética e principiológica.

Pode-se afirmar, em companhia do jurista brasileiro Fábio Konder Comparato, que:

"(...) a política aparece, antes de tudo, como uma *atividade*, isto é, um conjunto organizado de normas e atos tendentes à realização de um objetivo determinado.

"Sendo certo ainda que a política, como conjunto de normas e atos, é unificada pela sua finalidade. Os atos, decisões ou normas que a compõem, tomados isoladamente, são de natureza heterogênea e submetem-se a um regime jurídico que lhes é próprio.

"De onde se segue que o juízo de *validade de uma política* – seja ela empresarial ou governamental – não se confunde nunca com o juízo de *validade das normas e dos*

25. V. nota de rodapé 33, onde transcrito o art. 3º da CF brasileira.

26. Rodolfo de Camargo Mancuso afirma: "Neste passo, vale considerar que, se a *política pública*, por definição, em princípio *busca* alcançar um fim consoante com o *interesse público*, nem por isso, todavia, esses dois termos se pressupõem *necessariamente*: quando o constituinte estabeleceu que constitui objetivo fundamental 'erradicar a pobreza e a marginalização e reduzir as desigualdades sociais e regionais', o móvel, por certo, é a consecução de um objetivo de justiça social; todavia, daí não se segue, por exemplo, que o programa governamental voltado a implementar a função social da propriedade rural (art. 186) e a política agrícola (art. 187) vá *efetivamente* ao encontro daquele desiderato, de modo a fixar o homem no campo, assim aliviando a superdensidade populacional nos centros urbanos" ("Controle judicial das chamadas políticas públicas", in Édis Milaré (coord.), *Ação Civil Pública*, São Paulo, Ed.RT, 2001, p. 728).

27. Não estamos, neste passo, assumindo o compromisso ou entrando na discussão das virtudes ou defeitos da chamada "Constituição dirigente". Apenas ressaltamos uma evidência: o caráter compromissório e analítico da Constituição brasileira, como, de resto, de tantas outras Constituições contemporâneas em todo o mundo. Em que pese à revisão de posição do Professor J. J. Gomes Canotilho, no "Prefácio" da 2ª edição de sua conhecida obra *Constituição Dirigente e Vinculação do Legislador*, sobre a natureza e o caráter de vinculatividade operativa das Constituições compromissórias, entendemos que nos Estados periféricos, como é o caso do Brasil, onde não houve a realização linear dos direitos fundamentais a partir da noção de dimensões, acreditamos ainda ser o conceito de "Constituição dirigente" válido e útil à nossa realidade.

*atos* que a compõem. Uma lei editada no quadro de determinada política pública, por exemplo, pode ser inconstitucional sem que esta última o seja. Inversamente, determinada política governamental, em razão de sua finalidade, pode ser julgada incompatível com os objetivos constitucionais que vinculam a ação do Estado, sem que nenhum dos atos administrativos praticados, ou nenhuma das normas que a regem, sejam, em si mesmos, inconstitucionais."[28]

Pode soar um pouco exótico a alguns que o Poder Judiciário se ocupe de fazer valer diretamente não propriamente os direitos violados da parte, em seu sentido mais estrito, mas se preordene a executar, desde que provocado, concretamente, ações *e políticas públicas*[29] *a partir daquela violação.*

E nesse ponto é preciso compreender não só o arcabouço teórico que envolve a matéria, mas, sobretudo – e talvez mais importante que o primeiro –, a realidade brasileira.

Como um dos temas desse seminário é exatamente o desenvolvimento, parece oportuno recordar que é ele um processo de longo prazo.

É a lição de Gilberto Bercovici, para quem "o elemento social do processo desenvolvimentista é a aquisição da progressiva igualdade de condições básicas de vida, isto é, a realização para todo o povo dos direitos humanos de caráter econômico, social e cultural, como o direito ao trabalho, o direito à educação, em todos os níveis, o direito à seguridade social (saúde, previdência e assistência social), o direito à habitação e o direito de fruição dos bens culturais. Enfim, o desenvolvimento integral comporta, necessariamente, um elemento político, que é a chave de abóbada de todo o processo: a realização da vida democrática, isto é, a efetiva assunção, pelo povo, do seu papel de sujeito político, fonte legitimadora de todo poder e destinatário do seu exercício".[30]

Não resta dúvida de que o Poder Judiciário durante largo período foi o garante dos direitos civis e da liberdade individual.

É ele, no modelo liberal, o fiador da legalidade, da igualdade perante a lei. Mas essa realidade se desdobra em outras. Sabemos que, independentemente de discussão do modelo de Estado ou de suas características, é certo que o Judiciário passa a intervir mais diretamente na sociedade de massa.

O direito do consumidor, o direito urbanístico, o direito ambiental, são exemplos de como a controvérsia judicial assume um *papel social destacado* e amplo, que transcende as partes, para adequar e ajustar as relações sociais e comunitárias.

28. Fábio Konder Comparato, "Ensaio sobre o juízo de constitucionalidade de políticas públicas", *Revista de Informação Legislativa* 138/45, 1998.

29. O foco nos Estados Unidos da América é um pouco diverso. A *intromissão* (esse o termo utilizado pelo autor abaixo referido – o que já releva seu estado de espírito na matéria) judicial das Cortes é admitida em geral em nome da proteção dos direitos fundamentais do indivíduo violados por organizações governamentais ou públicas que deveriam custodiá-los. Essa forma de ativismo judicial é chamada de *remedial law* e ocorre "when violations by public agencies of the rights of children, prisioners, patients, and tenants are found to exist". Seu objetivo é, não raro, procurar alterar o padrão de comportamento das organizações-rés, ouvindo a comunidade jurídica e os *experts* envolvidos na demanda. "Remedial law may go beyond the award of damages and cease and desist orders to mandate programs and administer changes, but it does not intend to 'take over' public executive agencies permanently or manage them forever" (in Robert C. Wood (ed.), *Remedial Law – When Courts Become Administrators*, Amherst, University of Massachusetts Press, 1990).

No Brasil, v. também o artigo de José Reinaldo de Lima Lopes, "Direitos sociais e justiça – A experiência norte-americana", *Revista da Faculdade de Direito da USP* 92/201 e ss., 1997. Nele o autor faz um comparativo entre o Poder Judiciário norte-americano e o brasileiro, trazendo à discussão três casos do Direito Norte-Americano: "Golden Clause Cases" (1935), "Wyatt Cases" (1970) e "California v. US" (1995).

30. Gilberto Bercovici, *Constituição Econômica e Desenvolvimento*, São Paulo, Malheiros Editores, 2005, p. 108.

Não é sem razão, portanto, que a democracia e seu exercício vêm associados, *v.g.*, à implementação e gozo dos chamados *direitos sociais*.[31]

Em cada país o tema é tratado de uma maneira.[32]

Aliás, é importante registrar que o Brasil se intitula um Estado Democrático de Direito que tem como fundamentos: (i) a soberania; (ii) a cidadania; (iii) a dignidade da pessoa humana; (iv) os valores sociais do trabalho e da livre iniciativa; (v) o pluralismo político.[33]

Como diz José Reinaldo de Lima Lopes: "Por isso, convém subdividir tal questão em dois pontos: num primeiro momento, estabelecer as relações entre democracia, direitos sociais e políticas públicas; num segundo momento, estabelecer as relações entre um modelo de Estado emergente dos anos 80 e o papel do Judiciário nesse contexto".[34]

A tese do professor José Reinaldo de Lima Lopes pode ser sumulada do seguinte modo:

(i) As regras do jogo democrático são apenas o mínimo, sem as quais não pode haver democracia, mas que por si só não asseguram a existência da democracia. Em outras palavras, são condição necessária, mas não suficiente, da vida democrática (Bobbio).

(ii) A democracia está num processo de expansão, ou seja, ela é hoje um processo em si mesmo que almeja mais liberdade em mais lugares. Ou seja, de um Estado Democrático se passa a procurar uma sociedade democrática.

(iii) Os novos direitos sociais são representativos dessa realidade, e por isto são direitos constitucionais. Estes mesmos direitos constituem elemento essencial da democracia, na medida em que é inerente a esta a concessão de condições reais de possibilidade de vida digna.

(iv) Se a democracia é o oposto do poder autocrático e se sua realização depende da eliminação progressiva de oligarquias, de restrição ao acesso ao Estado (cargos de decisão ou de execução), transparência crescente do exercício do poder e participação consciente dos cidadãos, *a negativa dos direitos sociais, ou seja, a negativa das condições de possibilidade de vida digna garantida sob o nome de direitos sociais, é negativa da democracia*.[35]

31. A alusão aos direitos sociais (*status positivus socialis*) deve ser compreendida em sentido amplo. Queremos nos referir a direitos que demandam prestações, sobretudo em uma dimensão positiva do Estado, ou mesmo de particulares destinatários das normas constitucionais. No Brasil, v. Ingo Wolfgang Sarlet, *A Eficácia dos Direitos Fundamentais*, 1998, para aprofundamentos. No Brasil há uma gama imensa de direitos considerados sociais, como educação, saúde, previdência, assistência social etc. Não há uma única tábua de direitos sociais, mas uma série deles espraiados pela Constituição.

32. Para uma visão do que o ocorre com os direitos sociais na Europa é imprescindível a leitura da obra coordenada por Julia Iliopoulos-Strangas intitulada *La Protection des Droits Sociaux Fundamentaux dans les États-Membres de l'Union Européenne – Étude de Droit Comparé*, vol. 3 ("Human Rights"), Éditions Ant. N. Sakkoulas, Atenas, Bruylant e Nomos Varlagsgessellschaft Baden Baden, coleção, 2000.

33. Já o art. 3º da CF brasileira dispõe: "Art. 3º. Constituem objetivos *fundamentais* da República Federativa do Brasil: I – construir uma sociedade livre, justa e solidária; II – garantir o desenvolvimento nacional; III – erradicar a pobreza e a marginalização e reduzir as desigualdades sociais e regionais; IV – promover o bem de todos, sem preconceitos de origem, raça, sexo, cor, idade e quaisquer outras formas de discriminação". Não há dúvida de que o Brasil busca no seu quadro normativo e institucional um Estado Social de Direito onde haja maior participação da sociedade civil no Estado e maior democratização, com a finalidade de efetivar direitos sociais.

34. José Reinaldo de Lima Lopes, "Judiciário, democracia, políticas públicas", *Revista de Informação Legislativa* 122/256 e ss., Brasília, 1994.

35. Embora o silogismo no particular seja um pouco simplista, é preciso concordar que os direitos

(v) Os direitos sociais em regra dependem, para sua eficácia, de atuação do Executivo e do Legislativo, por terem o caráter de generalidade e publicidade. Assim é o caso da educação pública, da saúde pública, dos serviços de segurança e justiça, do direito a um meio ambiente sadio, do lazer, da assistência aos desamparados, da previdência social e outros previstos no art. 6º, no art. 7º, sem contar as disposições dos incisos do art. 170, do art. 182, do art. 193, do art. 225 e muitas outras espalhadas ao longo do corpo de toda a Constituição de 1988.

(vi) Questiona, ainda, o professor se: (a) os cidadãos em geral têm, ou não, o direito de exigir, *judicialmente*, a execução concreta de políticas públicas e a prestação de serviços públicos e (b) se e como o Judiciário pode provocar a execução de tais políticas.[36]

E, ao responder a tais questões, lembra a tentativa do constituinte de procurar encontrar mecanismos constitucionais (e judiciais) de exigir concretamente alguns direitos (iniciativa popular, mandado de injunção), para reconhecer, entretanto, que parece difícil superar algumas dificuldades, tais como: (i) a responsabilização do Estado por omissão de serviços essenciais nem sempre é possível; é tarefa complexa e difícil, visto que a maioria dos serviços públicos omitidos consistem em serviços *uti universi* e *uti singuli*, não remunerados diretamente pelos usuários, mas mantidos por meio de impostos gerais; (ii) além disso, a prestação de serviços depende da real existência dos meios: não existindo escolas, hospitais e servidores capazes e em número suficiente para prestar o serviço, o que fazer? Prestá-los a quem teve a oportunidade e a sorte de obter uma decisão judicial e abandonar a imensa maioria à fila de espera?[37]

Também parece simples afirmar que por intermédio de políticas públicas pode (e deve) o Estado de forma adequada realizar os fins e objetivos traçados na Constituição. A questão remanesce.

Que papel cabe ao Poder Judiciário nessa temática? Até onde é possível avançar no caminho do Estado Social e Democrático de Direito?

Um bom exercício será alinhavar de um lado os defensores de um ativismo mais agressivo nessa temática, e do outro seus adversários. Quem sabe um balanço pode nos oferecer algumas luzes e posições intermediárias adequadas.

Pode-se afirmar que, em linhas gerais, existem três grandes correntes a respeito da exigência dos direitos sociais, a saber: (i) a dos que entendem serem exigíveis todos os direitos classificados pela Constituição como fundamentais; (ii) a dos que entendem serem exigíveis apenas os direitos negativos,

sociais no Brasil se encontram encurralados sob o impacto do avanço do Liberalismo nas relações capital/trabalho e o predomínio da idéia de que o Estado deve abdicar de suas responsabilidades no campo social, transferindo-as para o mercado. Não há dúvida na assertiva segundo a qual o desenvolvimento do Brasil só poderá ocorrer com a transformação das estruturas sociais, o que faz com que o Estado deva estar cada vez mais capacitado e estruturado para promover o desenvolvimento e atender ao art. 3º da CF brasileira, acima já transcrito.

36. Tudo de acordo com José Reinaldo de Lima Lopes no citado artigo ("Judiciário, democracia, políticas públicas", *Revista de Informação Legislativa* 122), especialmente p. 257.

37. Esse é só um recorte do tema. O mesmo autor amplia a discussão trazendo não só a realidade orçamentária e fiscal do Estado como um limite objetivo à temática – o regime das finanças públicas bem como a diversidade das políticas públicas. Traz Claus Offe, Jean Overstake e indaga: "Qual a responsabilidade do Estado na implementação da política pública? Responsabiliza-se por prejuízos causados a indivíduos singulares, ou não? Responsabiliza-se pelo insucesso, ou seja, pelo resultado da política, ou apenas pelos meios? Os membros dos Poderes Públicos podem ser politicamente responsabilizados pela não-implementação de políticas públicas? Podem ser responsabilizados politicamente ou civilmente pela distorção ou desvio de políticas públicas?" (José Reinaldo de Lima Lopes no citado artigo ("Judiciário, democracia, políticas públicas", *Revista de Informação Legislativa* 122/259).

já que os positivos, por demandarem recursos, seriam exigíveis sob a cláusula da "reserva do possível", dependendo, ademais, do legislador; e (iii) a dos que entendem haver um núcleo de direitos positivos ligados ao mínimo existencial que seria sempre exigível. Os demais direitos ficariam também na reserva do possível.

Desde logo é importante circunscrever o objeto da temática. Quando falamos em *judiciabilidade das políticas públicas*, poderíamos até incluir a defesa de ações de finalidade coletiva, embora não seja essa nossa preocupação central.

É dizer, se inseríssemos em nossa suposta classificação (não anunciada), dentre os temas sindicáveis pelo Judiciário, a defesa de ações de finalidade coletiva, não parece haver – ao menos no contexto brasileiro – novidade alguma.

Isto porque se trataria do exercício regular de uma competência, por assim dizer, *ordinária*, comum, do Poder Judiciário brasileiro.[38]

Na medida em que vivemos sob o signo de um Estado Democrático de Direito em uma sociedade pluralista com instrumentos de democracia participativa, encontramos na Constituição brasileira inúmeros instrumentos a forçar um diálogo normativo entre os Poderes e funções do Estado e a sociedade nele inserida.

Assim sendo, colham-se de exemplo, além dos clássicos instrumentos da democracia semidireta, como a iniciativa popular (CF, arts. 14, II, e 49, XV), o plebiscito (arts. 14, I, e 18, §§ 3º e 4º), a ação popular (art. 5º, LXXIII), especialmente, os arts. 10, 11, 31, § 3º, 37,§ 3º, 74,§ 2º, 194, VII, 206, VI, e 216, § 1º, todos da CF brasileira.[39]

Aludidas normas constitucionais como que objetivam uma integração Estado/sociedade, fomentando uma participação da população e dos usuários de serviços na gestão e administração dos Poderes Públicos. Atribui-se informação, incrementa-se a participação e se confere legitimidade para atuar nos vários setores regulados pela Constituição.

Com isso, ampliam-se também por intermédio do Poder Judiciário o controle de legalidade dos atos públicos, a eficiência dos programas governamentais nas várias esferas da Federação Brasileira, diminuindo, conseqüentemente, em muitos casos, a margem de discricionariedade do administrador público brasileiro.

Note-se: não se trata apenas de conferir legitimidade (em juízo) a determinadas pessoas, entidades ou associações, mas de incentivar a participação dessas mesmas pessoas, destinatárias das normas constitucionais, para que participem, enquanto cidadãs, das decisões administrativas, formulando alternativas enquanto usuárias de determinadas atividades ou serviços.

No final das contas, evidentemente, caso haja discordância grave e fundamentada, irregularidade, ilegalidade (em sentido amplo) ou inconstitucionalidade, fornecem-se ao interessado ou à entidade competente meios para impugnar determinada opção, determinada política pública ou programa governamental, como estamos pretendendo demonstrar.[40]

Há quem – como Rodolfo de Camargo Mancuso – inclua a *judiciabilidade das*

38. Essencialmente dinamizada a partir da Constituição de 1988, muito embora ações coletivas com perfil de defesa do interesse social já existissem anteriormente a essa data, como é o caso da ação civil pública, cuja lei data de 1985 (Lei 7.347/1985).

39. O texto integral da Constituição brasileira pode ser acessado eletronicamente no endereço: *www.presidencia.gov.br*, no item "Legislação Brasileira".

40. Nesse sentido, no Brasil, tanto a doutrina como o STF têm amplamente utilizado o princípio da razoabilidade e a proporcionalidade (de vertente doutrinária germânica) para explorar as várias facetas do controle judicial dos atos administrativos, legislativos e de governo. Também é de ser lembrado o princípio do devido processo legal (na sua feição processual e substantiva), de matriz norte-americana, contemplado em nossa CF em seu art. 5º, LIV.

*políticas públicas nas ações de finalidade coletiva*. Ademais, segundo o mesmo autor, de reconhecer no Judiciário um papel de co-gestor dos interesses gerais. O processo não fica mais limitado a uma relação jurídica entre os próprios e diretos contraditores, passando a operar como um veículo idôneo a conduzir *conflitos coletivos de largo espectro*, como se verifica, por exemplo, nas demandas que contrapõem a classe dos ex-fumantes e a indústria fumígera: "Ressalte-se ainda que o fenômeno da chamada *judiciabilidade das políticas públicas* pode ser detectado, essencialmente na defesa de ações de finalidade coletiva, quando presentes ao menos os seguintes requisitos ou elementos: (1) aonde pretenda-se a defesa ou concretização de certos direitos relativos a sujeitos indeterminados; (2) tenhamos presentes ações com objeto indivisível; e (3) haja a possibilidade da coisa julgada com eficácia *erga omnes* ou também *ultra parte*".[41]

Outro dado que não pode ser esquecido no Brasil, alusivo à judicialização dos direitos sociais, diz respeito ao fato de que a Constituição brasileira – ao contrário de outras – vinculou muitas das prestações estatais aos direitos fundamentais, de aplicação imediata.

E não há dúvida de que o tema "políticas públicas" está intimamente ligado à realização desses direitos considerados imprescindíveis a uma vida livre e digna.

41. "Onde e quando a Constituição Federal estabelece um fazer, ou uma abstenção, automaticamente fica assegurada a possibilidade dessas condutas comissiva ou omissiva, em face da autoridade e/ou órgão competente, como, por exemplo, se dá em caso de descumprimento das normas tuteladoras do meio ambiente, onde o infrator se sujeita 'a sanções penais e administrativas, independentemente da obrigação de reparar os danos causados' (art. 225, § 3º); ou na política de atendimento aos precatórios judiciais, onde o descumprimento das normas de regência fundamenta o 'seqüestro da quantia necessária à satisfação do débito' (CF, § 2º do art.100), a par de eventual intervenção no ente político faltoso (CF, art. 35, I). (...). É de se reconhecer como ações de finalidade coletiva as manejáveis no controle direto de constitucionalidade (ação direta de inconstitucionalidade e ação direta de constitucionalidade, mandado de segurança coletivo, mandado de injunção, as ações para defesa coletiva de consumidores; a ação popular, as ações coletivas propostas por associações na defesa do grupo que representam; e mesmo, de certo modo, a ação fundada em ato de improbidade administrativa, porque, embora vise à recomposição do erário de uma dada Fazenda lesada, não há negar que o erário é um componente do patrimônio público – seu aspecto pecuniário –, donde hoje se reconhecer a legitimação ativa do Ministério Público para sua tutela judicial: o art. 129, III, da CF contém cláusula de extensão, abrindo a ação civil pública para defesa de 'outros interesses difusos e coletivos', o que deve ser compatibilizado com o disposto no inciso IX do art. 129 da CF, autorizando o *Parquet* a 'exercer outras funções que lhe forem conferidas, desde que compatíveis com sua finalidade'. Visto que entre as finalidades do Ministério Público figura a defesa do interesse social (CF, art. 127), também por aí se alcança sua legitimidade, dado ser inegável que a defesa do dinheiro público, bem indisponível por definição, consulta em última análise ao interesse social (art. 127). (...). O credenciamento outorgado a vários co-legitimados ativos para as ações de finalidade coletiva representa uma projeção, no plano judiciário, da diretriz constitucional da *democracia participativa*: à semelhança do apelo à integração da coletividade na boa gestão da coisa pública (plebiscito, referendo, audiências públicas, iniciativa popular de projetos de lei, participação em órgãos públicos colegiados de formação paritária), também essa participação é conclamada no plano judiciário: a OAB, partido político, órgão sindical, no controle direto de constitucionalidade; o cidadão-eleitor, na ação popular; a entidade de classe, no mandado de segurança coletivo; a associação, na ação em defesa de seus aderentes; o Ministério Público, os entes políticos, as associações, os sindicatos, os órgãos públicos, nas diversas ações civis públicas; qualquer pessoa, física ou jurídica, no mandado de injunção" (Rodolfo de Camargo Mancuso, "A projetada participação equânime dos co-legitimados à propositura da ação civil pública: da previsão normativa à realidade forense", in Paulo Lucon (coord.), *Tutela Coletiva – 20 Anos da Lei de Ação Civil Pública e do Fundo de Defesa de Direitos Difusos, 15 Anos do Código de Defesa do Consumidor*, São Paulo, Atlas, 2006, pp. 226 e ss.).

Assim, *v.g.*, o art. 5º, § 1º, da CF,[42] a gerar, *em muitos casos*, atribuição subjetiva dos direitos sociais diretamente.

Evidentemente, como já ressaltamos, o maior obstáculo é sempre o econômico.

Afirma-se, não sem razão, que não há direitos sem custos.

E, mais que isso, no plano das políticas públicas de caráter social haveria limitações materiais ao atendimento concomitante de *todos os programas sociais*, cabendo ao Poder Executivo e também ao Legislativo, em última análise, eleger quais as prioridades orçamentárias e políticas, fazendo a distribuição dos recursos orçamentários conforme previsão legal.[43]

Invoca-se a chamada *reserva econômica do possível* como argumento objetivo e

42. O art. 5º, § 1º, da CF brasileira, situado após o exaustivo elenco dos direitos fundamentais do art. 5º, dispõe: "As normas definidoras dos direitos e garantias fundamentais *têm aplicação imediata*" – o que nos remete ao tema da eficácia e aplicabilidade dos direitos fundamentais e toda a problemática envolvendo a diferente textura desses mesmos direitos. Pode-se afirmar que o esforço da doutrina e da jurisprudência brasileiras tem sido no sentido de dar ao dispositivo aplicação possível e generosa, atenta às dificuldades naturais de implementação dos diferentes tipos de direitos e garantias.

43. Julia Iliopoulos-Strangas (*La Protection des Droits Sociaux Fundamentaux dans les États-Membres de l'Union Européenne – Étude de Droit Comparé*, vol. 3 – "Human Rights", p. 935), sobre a questão orçamentária nas prestações e direitos sociais na União Européia, ensina: "Dans la totalité des États-membres, les prestations sociales doivent en principe être prévues par une loi, en vertu du principe de légalité conçu en tant que reserve de la loi. Cela est même explicititement prévu dans la législation sociale de certains ordres juridiques (Allemand). Toutefois, cette règle n'est pás appilquée avec rigueur, comme le démonstrent, par exemple, certains cas dans le domanine dês subventions. (...). Dans certains États-membres, comme exposé ci-après, il existe, en plus de la réserve de la loi, des contraintes budgétarires prévues dans la Constitution elle-même. En Allemagne la douctrine souligne que, si le citoyen a un droit subjectif, l'Administration ne peut pas invoquer de contraintes budgétaires et que cela n'est possible que si la prestation dépend du pouvoir discrétionnaire de l'Administration (*Ermessensleistungen*). Si une règle ne respecte pas le príncipe d'égalité, elle peut dans certains cas, on l'a vu, être étendue au groupe illégalement exclu des destinataires; le fait qu'il faille disposer de moyens financiers supplémentaires ne joue pas dans ce cas. En Italie, si la doctrine a reconnu l'importance des contraintes budgétaires, la Court Constitutionnelle, par ses arrêts en matière de sécurité sociale, a obligé le Parlement à adopter des mesures directes, et à attribuer des prestations qui n'avaient pás été prévues. La justification de ces arrêts se trouve dans le principe de non-discrimination, qui derive du príncipe d'égalité. En Irlande, alors même qu'il existe, comme dans les autres pays, des contraintes budgétaires pour les prestations sociales, l établissement du budget n'est toutefois soumis à aucune restriction constitucionnelle ou lègale, comme celle interdisant un déficit budgétaire". Em relação à sanção do Estado que não cumpre ou determina o cumprimento de um direito social garantido na Constituição, a mesma autora afirma: " S'il existe un moyen de sanctionner la carence de l'État à ne pas entreprendre une action positive pour sa mise en ouvre, se pose de manière différente selon qu'il s'agit du législateur ou de l'Administration (...). Parmi les exceptions doit être cite l'ordre juridique du Portugal, où un recours en inconstitutionnalité pour omission du législateur est expressément prévu, à l'inclusion des normes législatives nécessaires à l'exécution des droits sociaux consacrés dans la Constitution. Par contre, en Belgique la Cour d'Arbitrage ne peut pas sanctionner le défaut du législateur de garantir l'un des droits sociaux fondamentaux garantis à l'art. 23 de la Constitution. En France, non plus, excepté le domanine du droit communautaires, moyen indirect, il n'existe aucun moyen spécifique pour contraidre l'État à entreprendre une action positive pour la mise en ouvre d'un droit social. En Austriche, selon la conception traditionnelle des droits fondamentaux, la Court Constitucionnelle peut uniquement abolir des lois et décrets violant un droit fondamental, sans qu'elle soit autorisée à suppléer par sa décision à une loi contraire à la Constitution. La Cour Constitutionnelle a pourtant répondu à cette problématique – qui résulte du fait que la carence du législateur ne se prête aucunement, semble-t-il, à être mise en cause juridiquement – en définissant de manière três souple les dispositions à annuler. De plus, elle s'est déclarée prête, du moins en partie, à suivre la jurisprudence des organes de Strasbourg, qui ont dégagé, de la CEDH, des obrigations de protection (*Schutzpflicht*)

limite aplicável à problemática analisada.[44] A esse tema voltaremos mais adiante.

Antes mesmo de tratar da *reserva econômica do possível*, creio que seja importante fixar algumas premissas para que a questão econômica funcione como um dique ao pensamento e embruteça a possibilidade de novas criações.

Afinal de contas, se sempre o argumento econômico é limite objetivo à obtenção e fruição de quaisquer direitos, tudo estaria acacianamente resolvido com a invocação desse argumento.

Há recurso, há direito; não há recurso, não há direito. Parece evidente que a questão se empobrece, e não pode ser posta exclusivamente nesses termos.

Nesse particular, quem iluminou o caminho para o entendimento da questão, a nosso juízo, foram os juristas Stephen Holmes e Cass R. Sustein.[45] Na obra *The Cost of Rights – Why Liberty Depends on Taxes*, ambos deixam muito claras todas as implicações envolvendo os custos dos direitos. Dentre outros aspectos, coletamos os seguintes trechos que nos parecem elucidativos:

"1) Os cidadãos vigilantes devem saber como os recursos públicos são alocados. A Nação tem o direito de saber onde aloca cada centavo.

"2) Os americanos parecem esquecer facilmente que os direitos individuais e as liberdades dependem fundamentalmente de uma ação vigorosa do Estado.

"3) Direitos custam, dependem de recursos econômicos. Todos os direitos batem Às portas das arcas públicas.

"4) Recursos são finitos.

"5) De um modo geral, lamentavelmente, indivíduos que não vivem sob um governo capaz de tributar e conceder ordens e medidas judiciais não têm na prática direitos garantidos. Um Estado ausente não raro implica um Estado onde não se garantem direitos a ninguém.

"6) O custo dos direitos tem diferentes pesos, 'valem' de forma diferente. A liberdade de imprensa é mais valiosa a alguém já bem posicionado na sociedade que a alguém que mora embaixo da ponte.

"7) Os direitos têm um custo social, como também orçamentário.

"8) A atenção aos custos dos direitos não se prende a saber apenas seu valor, mas 'quem' decide alocá-los, na proteção de 'que tipos' de direitos e 'para quem'.

"9) Todos os direitos são dotados de um custo, sejam os chamados negativos ou os chamados positivos, pois todos implicam e pressupõem o pagamento de tributos para financiá-los, para implementá-los e para executá-los.

"10) As deliberações e decisões públicas envolvendo os gastos de recursos públicos deveriam focar as seguintes questões: (a) Quanto queremos e quanto podemos gastar com cada direito? (b) Qual a melhor maneira de gastá-los? (c) Qual a melhor maneira de despender os recursos com máxima proteção com um mínimo custo? (d) Todo o processo foi motivado e justificado amplamente?"[46]

des droits fondamentaux de la part du législateur et de l'Administration. La doucrine soutient par conséquence que les droits fondamentaux existants ne se limitent pas à identifier des limites que l'État est tenu de respecter mais qu'ils l'engagent également, bien qu'à un degré moindre, à agir de manière positive (...). Enfin, dans certains États-membres la douctrine a consideré la possibilite d'engager la responsabilité de l'État comme un moyen indirect de sanction de la carence du législateur; ainsi, la mise en jeu de la responsabilité du légistateur à accomplir sa mission prévue dans la Constitution a été défendue par une partie de la docrine hellénique".

44. O argumento em si não é novo. Os romanos já diziam *ad impossibilia nemo tenetur* – "ninguém é obrigado a coisas impossíveis".

45. Stephen Holmes e Cass R. Sustein, *The Cost of Rights – Why Liberty Depends on Taxes*, Nova York/Londres, W. W. Norton & Co., 1999.

46. Idem, tradução e interpretação livres do autor.

Pois bem, mas, como dizíamos, no Brasil podem ser identificadas três grandes linhas a respeito da exigência dos direitos sociais com diversos matizes.

Alguns entendem que todos os direitos sociais previstos como fundamentais na Constituição são exigíveis de pronto.

Outros entendem que exigíveis seriam apenas os direitos negativos, pois os positivos somente estariam disponíveis sob a reserva do possível, e ainda condicionados à mediação legislativa.

Por fim, há aqueles que entendem existir um núcleo de direitos positivos ligados ao *mínimo existencial* que seria sempre exigível, restando os demais direitos positivos sob a reserva do possível.

A nosso juízo, a questão deve ser delimitada, em um primeiro momento, segundo parâmetros do próprio regime constitucional.[47]

E no caso brasileiro é preciso recordar, em primeiro plano: (i) a vigência do princípio da inafastabilidade do amplo controle jurisdicional, previsto no art. 5º, XXXV, da CF, "a lei não excluirá da apreciação do Poder Judiciário lesão ou ameaça a direito"; (ii) o fato de o Brasil ser um Estado Democrático de Direito, conceito amplo e substantivo, que merece ser decodificado também pelo Judiciário para aplicar os valores e direitos constitucionais generosamente; (iii) ter presente a idéia de que os direitos e garantias fundamentais devem embeber a interpretação da Constituição e de seus destinatários, inclusive o Estado; (iv) compreender o esforço para conferir aplicabilidade e eficácia máxima aos direitos que atendam ao princípio da dignidade humana em sua dimensão mais compreensiva e pluralista possível; (v) considerar que os direitos constitucionais fundamentais considerados indispensáveis a uma vida digna (saúde, educação, moradia etc.) são de variada eficácia e aplicabilidade, e não raro demandam a integração dos vários Poderes para sua total fruição pelos particulares.

Presentes tais premissas de compreensão, é preciso, ainda, aceitar que o princípio da separação de Poderes, com sua dimensão contemporânea renovada, é vigente e deve ser aplicado, não por amor à mecânica do Constitucionalismo clássico, mas sobretudo por reverência aos espaços democráticos de cada função e Poder estatal.

É dizer: as políticas públicas não podem ser *formuladas originariamente* pelo Poder Judiciário, em respeito à própria cidadania.

De um lado, é possível concordar com Andréas J. Krell quando afirma:

"Ao mesmo tempo, a justificada cobrança de um controle mais efetivo dos atos administrativos, a ser exercido pelos tribunais em defesa dos direitos e garantias fundamentais, não deve chegar a ponto de querer atribuir 'todo o poder aos juízes', sendo ingênuo pensar que as relações de poder econômico e político estratificadas numa sociedade (ainda) *periférica* e a falta de qualificação profissional não se reproduziriam também no âmbito do Terceiro Poder".

"A condenação do Executivo, em sede de ação civil pública, a realizar obras de saneamento e prestar serviços públicos sociais com efetividade não pode ser obstruída mediante invocação do princípio da separação dos Poderes, da falta de recursos financeiros ou da pretensa invasão do 'mérito' dessas decisões. Nesses casos, a discricionariedade dos órgãos governamentais foi *reduzida a zero*, visto que as próprias normas legais constitucionais estabelecem, de forma expressa, os deveres de implementação das respectivas políticas públicas, cabendo ao Judiciário corrigir as omissões dos outros Poderes estatais."[48]

47. Com suas aberturas do Constitucionalismo contemporâneo, naturalmente.

48. Andréas J. Krell, *Discricionariedade Administrativa e Proteção Ambiental – O Controle dos Conceitos Jurídicos Indeterminados e a*

Não é possível, de outra parte, estender, dilatar, o *controle judicial* a tal ponto que teríamos inexistente o campo próprio, o núcleo essencial de competências atribuído a cada Poder e função estatal.

É a Constituição e na Constituição que a resposta a essa questão (da extensão e limite do controle) deve ser encontrada.

Será a partir das normas e princípios constitucionais, sobretudo aqueles que veiculam proteção à dignidade da pessoa humana no bojo dos direitos fundamentais, que encontraremos os deveres do Estado, positivos ou negativos, e sua regular compostura.

Não caberia ao Poder Judiciário, é certo, substituir-se ao administrador público no exercício de função administrativa, mas é preciso considerar que essa é apenas uma parte do problema.

Concordamos inteiramente com Ana Paula de Barcellos,[49] que, em magnífico artigo sobre o controle judicial em matéria de direitos fundamentais, identifica cinco objetos que podem sofrer controle jurídico e jurisdicional (sem prejuízo de outros).

São eles: (i) a fixação de metas e prioridades por parte do Poder Público em matéria de direitos fundamentais; (ii) o resultado final esperado das políticas públicas; (iii) a quantidade de recursos a ser investida em políticas públicas vinculadas à realização de direitos fundamentais, em termos absolutos ou relativos; (iv) o alcance, ou não, das metas fixadas pelo próprio Poder Público; e (v) a eficiência mínima (entendida como economicidade) na aplicação dos recursos públicos destinados a determinada finalidade.

Não seria possível trazer todo o raciocínio desenvolvido pelo longo artigo da professora Ana Paula de Barcellos. Pincemos, no entanto, apenas um deles: o relativo à *eficiência mínima* na aplicação dos recursos públicos destinados a determinada finalidade. A citação, apesar de longa, merece ser feita.

Afirma a professora:

"Imagine-se que um Município hipotético 'X' declara, em seu relatório de execução orçamentária, haver investido R$ 1.000.000,00 em saúde no ano de 2005. As questões que surgem aqui são duas. Em primeiro lugar: o que se fez especificamente com os R$ 1.000.000,00? Que resultado se produziu com tais recursos? Em segundo lugar, e tendo em conta essa informação, será o momento de apurar se existe uma relação de eficiência mínima entre os recursos investidos e o resultado produzido (seja ele qual for). Teria havido desperdício, ineficiência ou desvio? O resultado produzido concretamente pelo investimento de tais recursos custa razoavelmente R$ 1.000.000,00?

"Repita-se que esse controle não se ocupa do *quanto* deveria ou não ter sido investido em determinada área ou mesmo de quais deveriam ter sido as prioridades de investimento nesse particular. Deixando, por ora, a cargo dos Poderes Públicos majoritários a definição desses elementos, o que se procura verificar é a existência – ou não – de uma relação de eficiência mínima entre o que se investiu e o resultado específico desse investimento. Há duas observações a fazer sobre a questão.

"O controle da eficiência eventualmente poderá exigir o recurso a parâmetros externos, obtidos junto ao mercado, para que seja possível aferir qual o custo real, ainda que aproximado, dos bens e serviços produzidos afinal pelo Poder Público. Suponha-se que, com os R$ 1.000.000,00, o Município 'X' afirme ter construído a escola 'Y' e incrementado a qualidade da merenda escolar das cinco escolas já existentes na região, atendendo a um total de 800 crianças. Pois

*Competência dos Órgãos Ambientais, um Estudo Comparativo*, Porto Alegre, Livraria do Advogado, 2004, pp. 135-136.

49. Ana Paula de Barcellos, "Constitucionalização das políticas públicas em matéria de direitos fundamentais: o controle político social e o controle jurídico no espaço democrático", *Revista de Direito do Estado* 3/35 e ss., Ano 1, Rio de Janeiro, Renovar, 2006.

bem: quanto deveria custar, em geral, uma edificação do porte da escola 'Y' e quanto custa, também em média, a melhoria introduzida na merenda escolar?

"A segunda observação envolve a noção de *eficiência*, embora não seja o caso, aqui, de examinar o tema com maior profundidade. A doutrina especializada visualiza na eficiência um dever geral de a Administração otimizar o emprego dos meios disponíveis para, com eles, obter os melhores resultados possíveis relevantes para o interesse público. Nada obstante, a economicidade – isto é: a relação custo/benefício sob uma perspectiva financeira – será sempre um aspecto importantíssimo a ser examinado no contexto da eficiência.

"Ainda sobre a noção de eficiência, também é certo que a avaliação acerca do que é ou, mais precisamente, do que foi eficiente ou não muitas vezes produzirá zonas de certeza negativa, zonas de certeza positiva e também as chamadas 'zonas de penumbra'. Dito de outro modo, algumas opções dos Poderes Públicos poderão facilmente ser descritas como ineficientes (zona de certeza negativa), outras como eficientes (zonas de certeza positiva), ao passo que em relação a outras haverá dúvida fundada sobre seu *status*, sobretudo tendo em conta – e esse é também um aspecto importante – as circunstâncias que cercavam e pressionavam o administrador (e eventualmente também o legislador) no momento em que tomou a decisão que agora o Poder Judiciário examina.

"A possibilidade de controle da eficiência mínima das políticas públicas, antes de outros desenvolvimentos maiores e mais aprofundados, envolverá sobretudo o aspecto da economicidade, de modo a verificar o emprego adequado dos recursos no contexto das políticas públicas direcionadas (ou supostamente direcionadas) à realização dos direitos fundamentais. Esse controle, é claro, tem por objetivo principal eliminar as zonas de certeza negativa na matéria. Isto é: impedir ou, no mais das vezes, apenas punir – já que impedir em caráter preventivo nem sempre será viável – condutas claramente ineficientes ou mesmo a malversação criminosa do dinheiro público.

"De outra parte, aceitamos que seja plenamente possível o controle judicial das políticas públicas no Brasil no tocante à sua adequação ao conteúdo e aos fins estabelecidos na Constituição.

"Ao interpretar a Constituição procurando dela sacar todas as suas potencialidades, verificamos que o controle das políticas públicas não é um exercício retórico ou demagógico, mas um verdadeiro dever do Estado-juiz. Tudo evidentemente com *prudência* e *razoabilidade*.

"Assim, parece-nos que ao juiz é plenamente possível exercitar o princípio da ampla tutela jurisdicional com os olhos voltados à máxima eficácia dos direitos e garantias fundamentais, para contrastar se a política pública apresenta ineficiência ou omissão em seu cumprimento, sindicar amplamente as causas e motivos que levaram àquela situação, verificar se direitos estiverem ameaçados ou lesados.

"De outra parte, parece-nos que a teoria da *reserva do possível* deve ser acolhida com ressalvas. Sempre existirá alguma sorte de limite para o atendimento a direitos, considerando que todos eles têm determinado custo, e os recursos são limitados (Susskind).

"É no mínimo discutível a tese de que, em nome da reserva do possível, pode-se obstaculizar o reconhecimento de direitos a prestações estatais. É intuitivo que esse obstáculo não possa ser invocado como razão absoluta para o desenvolvimento e atendimento dos direitos sociais.

"Mas também não podemos nos fixar nas (meras) alegações – useiras e vezeiras – de ausência de recursos, discurso monocórdico do Poder Público. As perguntas que podem e devem ser feitas são as seguintes:

"Qual o motivo que levou à alegada escassez? Ele é real? Há espaço jurídico para questionar as prioridades adotadas pelo Governo? A Constituição (ou a lei) estabeleceu algum tipo de prioridade material naquela determinada matéria ou assunto em litígio?

"Como bem ressalta Américo Bedê Freire Jr.:

"'Será que é possível falar em falta de recursos para a saúde quando existem, no mesmo orçamento, recursos com propaganda do Governo? Antes de os finitos recursos do Estado se esgotarem para os direitos fundamentais, precisam estar esgotados em áreas não-prioritárias do ponto de vista constitucional e não do detentor do poder.

"'Por outro lado, é preciso observar que, se os recursos não são suficientes para cumprir integralmente a política pública, não significa de per si que são insuficientes para iniciar a política pública'."[50]

E como o STF analisa essa temática? Ao ensejo de responder a essa questão já será possível tocar em dois pontos intimamente conectados, a saber: a *reserva do possível* e (*versus*) a *teoria do mínimo existencial*.

Não se pode dizer que o STF no Brasil tenha enfrentado a matéria de forma exaustiva ou que tenha uma posição firme a respeito. Foram poucas as vezes que a matéria ascendeu àquela Corte e há poucos pronunciamentos a respeito. Entretanto, os casos são interessantes e merecem ser trazidos à colação.

O primeiro caso importante decidido no STF no Brasil relativamente a esse assunto foi a ADPF 345, Relator o Min. Celso de Mello (em 29.4.2004). Não importam os detalhes processuais do caso para nossa análise. Basta assinalar que o autor da ação questionava, originariamente, o veto presidencial no orçamento de determinado ano, o que implicava desrespeito ao preceito fundamental decorrente da Emenda Constitucional 29/2000, que foi promulgada para garantir *recursos financeiros mínimos a serem aplicados nas ações e serviços públicos de saúde*.

Em primeiro lugar, o Relator, Min. Celso de Mello, destacou que a argüição de descumprimento de preceito fundamental é instrumento idôneo e apto a *viabilizar e concretizar políticas públicas*, quando previstas no texto da Constituição e venham a ser descumpridas, total ou parcialmente, pelas instâncias governamentais destinatárias do comando constitucional.

Afirmou: "Essa eminente atribuição conferida ao STF põe em evidência, de modo particularmente expressivo, a dimensão política da jurisdição constitucional conferida a esta Corte, *que não pode demitir-se do gravíssimo encargo de tornar efetivos os direitos econômicos, sociais e culturais*, que se identificam, enquanto direitos de segunda geração, com as liberdades positivas, reais ou concretas, sob pena de o Poder Público, por violação positiva ou negativa da Constituição, comprometer, de modo inaceitável, a integridade da própria ordem constitucional".

Sobre o papel do STF e o controle das políticas públicas, afirmou o Relator: "É certo que não se inclui, ordinariamente, no âmbito das funções institucionais do Poder Judiciário – e nas desta Suprema Corte, em especial – a atribuição de formular e de implementar políticas públicas (José Carlos

50. Idem, p. 74. Sílvio Rocha, magistrado federal e professor de Direito Administrativo da PUC/SP, também aceita um controle substancial, ao afirmar: "O magistrado deve investigar no caso concreto: (a) se a política pública social contemplada recebeu recursos minimamente condizentes com as necessidades de atendimento, em cotejo com outras necessidades de menor importância contempladas no orçamento, *v.g.*, comparar recursos destinados àquela política pública com recursos destinados à publicidade; (b) se os recursos destinados àquela política foram exauridos ou simplesmente contingenciados; (c) estabelecer uma política pública mínima para vigorar enquanto não for implantada outra pelo Poder Público que atenda de modo satisfatório à demanda; (d) determinar a abertura de crédito suplementar para suprir os gastos da política pública minimamente eficaz determinada por ele" (resumo oferecido pelo autor da intervenção no II Congresso Brasileiro de Direito Público realizado em Maceió/Brasil em 2006).

Vieira de Andrade), pois, nesse domínio, o encargo reside, primariamente, nos Poderes Legislativo e Executivo. Tal incumbência, no entanto, embora em bases excepcionais, poderá atribuir-se ao Poder Judiciário se e quando os órgãos estatais competentes, por descumprirem os encargos político-jurídicos que sobre eles incidem, vierem a comprometer, com tal comportamento, a eficácia e a integridade de direitos individuais e/ou coletivos impregnados de estatura constitucional, ainda que derivados de cláusulas revestidas de conteúdo programático”.

Sobre a reserva do possível, afirmou o Relator que “o caráter programático das regras inscritas no texto da Carta Política não pode converter-se em promessa constitucional inconseqüente, sob pena de o Poder Público, fraudando justas expectativas nele depositadas pela coletividade, substituir, de maneira ilegítima, o cumprimento de seu impostergável dever, por um gesto irresponsável de infidelidade governamental ao que determina a própria Lei Fundamental do Estado. Não deixo de conferir, no entanto, assentadas tais premissas, significativo relevo ao tema pertinente à ‘reserva do possível’ (Stephen Holmes/Cass R. Sustein), notadamente em sede de efetivação e implementação (sempre onerosas) dos direitos de segunda geração (direitos econômicos, sociais e culturais), cujo adimplemento, pelo Poder Público, impõe e exige, deste, prestações estatais positivas concretizadoras de tais prerrogativas individuais e/ou coletivas. É que a realização dos direitos econômicos, sociais e culturais – além de caracterizar-se pela gradualidade de seu processo de concretização – depende, em grande medida, de um inescapável vínculo financeiro subordinado às possibilidades orçamentárias do Estado, de tal modo que, comprovada, objetivamente, a incapacidade econômico-financeira da pessoa estatal, desta não se poderá razoavelmente exigir, considerada a limitação material referida, a imediata efetivação do comando fundado no texto da Carta Política. Não se mostrará lícito, no entanto, ao Poder Público, em tal hipótese – mediante indevida manipulação de sua atividade financeira e/ou político-administrativa –, criar obstáculo artificial que revele o ilegítimo, arbitrário e censurável propósito de fraudar, de frustrar e de inviabilizar o estabelecimento e a preservação, em favor da pessoa e dos cidadãos, de condições materiais mínimas de existência. Cumpre advertir, desse modo, que a cláusula da ‘reserva do possível’ – ressalvada a ocorrência de justo motivo objetivamente aferível – não pode ser invocada, pelo Estado, com a finalidade de exonerar-se do cumprimento de suas obrigações constitucionais, notadamente quando desta conduta governamental negativa puder resultar nulificação ou, até mesmo, aniquilação de direitos constitucionais impregnados de um sentido de essencial fundamentalidade”.

Sobre a convivência da “reserva do possível” com o “mínimo existencial”, afirmou o Relator:

“A meta central das Constituições modernas, e a da Carta de 1988 em particular, pode ser resumida, como já exposto, na promoção do bem-estar do homem, cujo ponto de partida está em assegurar as condições de sua própria dignidade, que inclui, além da proteção dos direitos individuais, condições materiais mínimas de existência. Ao apurar os elementos fundamentais dessa dignidade (o mínimo existencial), estar-se-ão estabelecendo exatamente os alvos prioritários dos gastos públicos. Apenas depois de atingi-los é que se poderá discutir, relativamente aos recursos remanescentes, em que outros projetos se deverá investir. O mínimo existencial, como se vê, associado ao estabelecimento de prioridades orçamentárias, é capaz de conviver produtivamente com a reserva do possível.

“Vê-se, pois, que os condicionamentos impostos pela cláusula da ‘reserva do possível’ ao processo de concretização dos direitos de segunda geração – de implantação sempre onerosa – traduzem-se em um binômio que compreende, de um lado, (1) a razoabilidade da pretensão individual/social deduzida em face do Poder Público e, de outro, (2) a existência de disponibilidade financeira do Estado para tornar efetivas as prestações positivas dele reclamadas."

Sobre a liberdade do legislador e do Executivo para conformar ditos "direitos sociais", afirmou: "Não obstante a formulação e a execução de políticas públicas dependam de opções políticas a cargo daqueles que, por delegação popular, receberam investidura em mandato eletivo, cumpre reconhecer que não se revela absoluta, nesse domínio, a liberdade de conformação do legislador, nem a de atuação do Poder Executivo. É que, se tais Poderes do Estado agirem de modo irrazoável ou procederem com a clara intenção de neutralizar, comprometendo-a, a eficácia dos direitos sociais, econômicos e culturais, afetando, como decorrência causal de uma injustificável inércia estatal ou de um abusivo comportamento governamental, aquele núcleo intangível consubstanciador de um conjunto irredutível de condições mínimas necessárias a uma existência digna e essencial à própria sobrevivência do indivíduo, aí, então, justificar-se-á, como precedentemente já enfatizado – e até mesmo por razões fundadas em um imperativo ético-jurídico –, a possibilidade de intervenção do Poder Judiciário, em ordem a viabilizar, a todos, o acesso aos bens cuja fruição lhes haja sido injustamente recusada pelo Estado".

Em 22.11.2005, no AgRg no RE 410.715-SP, também Relator o Min. Celso de Mello, a 2ª Turma do STF decidiu na forma abaixo. A ementa é elucidativa:

"Criança de até seis anos de idade – Atendimento em creche e em pré-escola – Educação Infantil – Direito assegurado pelo próprio texto constitucional (CF, art. 208, IV) – Compreensão global do direito constitucional à educação – Dever jurídico cuja execução se impõe ao Poder Público, notadamente ao Município (CF, art. 211, § 2º) – Recurso improvido (recorrente: Município de Santo André; recorrido: Ministério Público do Estado de São Paulo).

"A Educação Infantil representa prerrogativa constitucional indisponível, que, deferida às crianças, a estas assegura, para efeito de seu desenvolvimento integral, e como primeira etapa do processo de educação básica, o atendimento em creche e o acesso à pré-escola (CF, art. 208, IV). Essa prerrogativa jurídica, em conseqüência, impõe ao Estado, por efeito da alta significação social de que se reveste a Educação Infantil, a obrigação constitucional de criar condições objetivas que possibilitem, de maneira concreta, em favor das 'crianças de zero a seis anos de idade' (CF, art. 208, IV), o efetivo acesso e atendimento em creches e unidades de pré-escola, sob pena de configurar-se inaceitável omissão governamental, apta a frustrar, injustamente, por inércia, o integral adimplemento, pelo Poder Público, de prestação estatal que lhe impôs o próprio texto da Constituição Federal. A Educação Infantil, por qualificar-se como direito fundamental de toda criança, não se expõe, em seu processo de concretização, a avaliações meramente discricionárias da Administração Pública, nem se subordina a razões de puro pragmatismo governamental. Os Municípios – que atuarão, prioritariamente, no Ensino Fundamental e na Educação Infantil (CF, art. 211, § 2º) – não poderão demitir-se do mandato constitucional, juridicamente vinculante, que lhes foi outorgado pelo art. 208, IV, da Lei Fundamental da República, e que representa fator de limitação da discricionariedade político-administrativa dos entes municipais, cujas opções, exercidas de modo a comprometer, com apoio em juízo de simples conveniência ou de mera oportunidade, a eficácia desse direito básico de índole social. *Embora resida, primariamente, nos Poderes Legislativo e Executivo a prerrogativa de formular e executar políticas públicas, revela-se possível, no entanto, ao Poder Judiciário determinar, ainda que em bases excepcionais, especialmente nas hipóteses de políticas públicas definidas pela própria Constituição, sejam estas implementadas pelos órgãos estatais inadimplentes, cuja omissão – por importar descumprimento dos encargos político-jurídicos que sobre eles incidem em caráter mandatório – mostra-se apta a comprometer a eficácia e a integridade de direitos sociais e culturais impregnados de estatura constitucional.*"

Já em 8.6.2007 a Presidente do STF, Min. Ellen Gracie, na SSeg 3.205, também enfrentou o tema, indeferindo pedido do Estado do Amazonas que requeria a suspensão da execução de uma medida liminar concedida em um mandado de segurança em trâmite no Tribunal de Justiça daquele Estado, a qual determinou à Secretaria de Estado da Saúde a "imediata aquisição do medicamento *Diazóxido*, junto ao respectivo laboratório fabricante da droga, e manutenção de seu fornecimento de forma ininterrupta, enquanto perdurar a necessidade médica de sua ingestão".

Cuidava-se de ação impetrada por menor representada por sua mãe, na qual afirma que sua filha é portadora de hiperinsulinismo congênito, uma rara patologia que cursa com a liberação exacerbada de insulina pelas células beta do pâncreas, cujo tratamento necessita da utilização do medicamento, fabricado no Canadá. O Governo do Estado manifestou-se afirmando que não dispunha desse medicamento, pois o mesmo não fazia parte do programa governamental de medicamentos excepcionais. Ademais, alegou que, ao ser compelido a adquirir esse medicamento, estaria sacrificando toda a coletividade, pois, valendo-se do exemplo do caso concreto, estar-se-ia atendendo a uma necessidade individual, em detrimento do equilíbrio financeiro do sistema em relação à coletividade, e, ainda, que o art. 196 da CF brasileira, ao assegurar o direito à saúde, se refere, em princípio, à efetivação de políticas públicas que alcancem a população como um todo, não garantindo situações individualizadas, como o fornecimento de remédios excepcionais e de alto custo que estão fora da lista oficial do Sistema Único de Saúde/SUS.

Sem adentrar a discussão teórica da justiciabilidade das políticas públicas, simplesmente, a Relatora, atenta às condições de saúde da menor e aos relatórios (laudos) médicos constantes do processo, que indicavam que o referido medicamento era o único a possibilitar uma condição possível de vida à paciente, e, ainda, atendendo à condição de hipossuficiência econômica da mesma, determinou a importação do medicamento até a menor completar dois anos de idade, quando teoricamente poderia o medicamento ser gradativamente suspenso ou substituído.

Vista a posição do STF no Brasil, podemos avançar, explorando um pouco mais a teoria do mínimo existencial.

Sobre a *teoria do mínimo existencial*, acolhida nos julgados do STF, lembramos uma vez mais Ingo Wolfgang Sarlet, que enfrentou o tema do "mínimo indispensável para uma existência digna" trazendo para o Direito Brasileiro a doutrina alemã. Afirma:

"(...) a discussão em torno da garantia do mínimo indispensável para uma existência digna ocupou posição destacada não apenas nos trabalhos constituintes, *[o autor refere-se à realidade alemã]* mas também após a entrada em vigor da Lei Fundamental. Na doutrina, o primeiro nome ilustre a sustentar a possibilidade do reconhecimento de um direito subjetivo à garantia positiva dos recursos mínimos para uma existência digna foi o publicista Otto Bachof, que, já no início da década de 50, considerou que o princípio da dignidade da pessoa humana (art. 1º, I, da LF) não reclama apenas a garantia da liberdade, mas também um mínimo de segurança social, já que sem os recursos materiais para uma existência digna a própria dignidade da pessoa ficaria sacrificada. Por esta razão, o direito à vida e à integridade corporal (art. 2º, II, da LF) não pode ser concebido meramente como proibição de destruição da existência, isto é, como direito de defesa, impondo, ao revés, também uma postura ativa no sentido de garantir a vida.

"(...) em outros arestos a Corte Constitucional alemã, resultando no reconhecimento definitivo do *status* constitucional da garantia estatal do mínimo existencial. Para além disso, a doutrina alemã entende que a garantia das condições mínimas para uma existência digna integra o conteúdo essencial do princípio do Estado Social de Direito, constituindo uma de suas principais tarefas e obrigações."[51]

No Brasil a doutrina alemã tem sido regularmente invocada pelo STF e explorada por diversos autores brasileiros.[52]

Examinado o panorama do Direito Brasileiro, seria interessante fecharmos o presente artigo trazendo um exemplo de como a matéria recebeu tratamento no sistema regional interamericano: "Rumo à exigibilidade internacional dos direitos econômicos, sociais e culturais nas Américas: o desenvolvimento da jurisprudência do sistema interamericano". Para isso, trazemos à colação o trabalho e as idéias desenvolvidas por James Louis Cavallaro e Thamy Pogrebinschi[53] exatamente com o título acima.

Nesse trabalho os autores pretendem demonstrar – trazendo a jurisprudência da *Comissão* e da *Corte Interamericana de Direitos Humanos* – a importância da consolidação e as possibilidades existentes para o desenvolvimento de precedentes que aumentem a exigibilidade desses direitos (sociais, econômicos e culturais) no sistema interamericano.

Procuraremos fazer um resumo do trabalho desses autores,[54] ou seus pontos essenciais, pois, a nosso juízo, ele acrescenta e complementa o cenário nacional, apresentando um panorama da realidade regional ou interamericana, demonstrando, do mesmo modo, que o movimento e a necessidade de proteção e promoção desses direitos parecem ser mesmo universais.

O trabalho está dividido nos seguintes aspectos:

51. Ingo Wolfgang Sarlet, *A Eficácia dos Direitos Fundamentais*, pp. 292 e ss.

52. Ampliar em Cláudio Pereira de Souza Neto, "Fundamentação e normatividade dos direitos fundamentais: uma reconstrução teórica à luz do princípio democrático", in Luís Roberto Barroso (coord.), *A Nova Interpretação Constitucional*, pp. 285 e ss. Afirma o autor: "Observe-se que, a despeito de sua inspiração eminentemente liberal, não há nesta teoria a pretensão de que as políticas públicas estatais se restrinjam ao mínimo existencial, deixando ao mercado a realização do que estiver além disso. Também o Estado, para esse ponto de vista, pode realizar a justiça social (...). Por agora, buscaremos apenas fixar alguns pressupostos, também compartilhados pela teoria do mínimo existencial, que comporão o pano de fundo das reflexões que se seguem: (1) o Estado tem legitimidade para concretizar direitos sociais, sobretudo para aqueles que, por uma infinidade de motivos, não conseguiram concretizá-los por conta própria; (2) da totalidade dos direitos sociais, alguns podem ser considerados direitos fundamentais; (3) qualquer sociedade onde tais direitos não estejam respeitados – ou onde não haja iniciativas consistentes para implementá-los – é uma sociedade injusta; (4) o campo da fundamentalidade dos direitos sociais pode ser definido através de critérios materiais; (5) o Judiciário tem a prerrogativa de concretizar, independentemente das políticas governamentais e da ação legislativa, os direitos sociais na medida da fundamentalidade material, ao passo que o que está além disso deve ser concretizado pelo Executivo e pelo Legislativo nas suas esferas de competência; (6) os ramos eletivos do Estado possuem legitimidade democrática – quando eleitos democraticamente – para implementar políticas públicas, não se concordando com a tese de que o Judiciário é uma verdadeira panacéia para a solução de todos os problemas da vida social". Concordamos com o desenvolvimento de suas idéias.

53. James Louis Cavallaro e Thamy Pogrebinschi, "Rumo à exigibilidade internacional dos direitos econômicos, sociais e culturais nas Américas: o desenvolvimento da jurisprudência do sistema interamericano", in Flávia Cristina Piovesan (coord.), *Direitos Humanos, Globalização Econômica e Integração Regional – Desafios do Direito Constitucional Internacional*, Ford Foundation/Max Limonad/Justiça Global, 2001, pp. 669-684.

54. Utilizaremos exclusiva e integralmente, nesta parte, o trabalho já citado de James Louis Cavallaro e Thamy Pogrebinschi, transcrevendo quase que integralmente suas idéias e conceitos. Onde possível, resumiremos suas idéias.

*1) Contexto histórico: o sistema interamericano de proteção dos direitos humanos*

Recordam que a Organização dos Estados Americanos/OEA, por meio de sua Assembléia-Geral, em maio/1948, aprovou a *Declaração Americana de Direitos e Deveres do Homem*. Esse documento positivou diversos direitos humanos fundamentais – tanto direitos civis e políticos como também direitos econômicos, sociais e culturais. A Declaração Americana prevê os direitos à saúde (art. 11), à educação (art. 12), à cultura (art. 13), ao trabalho (art. 14) e à previdência social (art. 16). Em 1969 surge a *Convenção Americana de Direitos Humanos*, e após 9 anos e 11 ratificações o tratado finalmente entrou em vigor.

A Convenção, ao contrário da Declaração, falhou ao não especificar os direitos econômicos, sociais e culturais da mesma forma que a Declaração de 1948. Todo o tema dos direitos econômicos, sociais e culturais na Convenção Americana resume-se a um único artigo: o art. 26, intitulado "Desenvolvimento progressivo", que estabelece: "Os Estados-Partes comprometem-se a adotar as providências, tanto no âmbito interno como mediante cooperação internacional, especialmente econômica e técnica, a fim de conseguir progressivamente a plena efetividade dos direitos que decorrem das normas econômicas, sociais e sobre educação, ciência e cultura, constantes da Carta da Organização dos Estados Americanos, reformada pelo Protocolo de Buenos Aires, na medida dos recursos disponíveis, por via legislativa ou por outros meios apropriados".

Criticam os autores a ausência de um dever concreto aos Estados-Partes. Dizem que eles estão a "tomar providências a fim de conseguir progressivamente (primeira limitação) a plena efetividade (segunda limitação) dos direitos que decorrem das normas econômicas, sociais (...) (terceira limitação)".

E uma vez que os Estados-Partes nao são obrigados a tomar qualquer medida imediata e nenhum direito é fixado pelo art. 26 (tais como direitos à educação, moradia, condições adequadas de trabalho etc.), casos individuais de violação do art. 26 não podem ser apreciados pelos órgãos de direitos humanos do sistema interamericano.

De outra parte, a Comissão e a Corte vinham ativamente defendendo os direitos civis e políticos, até porque durante largo período essa era a maior necessidade na América Latina, devido a cíclicos movimentos revolucionários ou ditaduras militares, deixando de lado os direitos econômicos, sociais e culturais.

Posteriormente essa lacuna foi preenchida – ao menos em parte – pelo *Protocolo Adicional à Convenção Americana sobre Direitos Humanos em Matéria de Direitos Econômicos, Sociais e Culturais*, conhecido como o "Protocolo de San Salvador".

Nele se prevê o direito ao trabalho (art. 6º); direito a condições de trabalho justas e eqüitativas (art. 7º); direitos trabalhistas (art. 8º); direito à seguridade social (art. 9º); direito à saúde (art. 10); direito ao ambiente saudável (art. 11); direito à alimentação (art. 12); direito à educação (art.13); direito aos benefícios da cultura (art. 14); direito à proteção das famílias (art. 15); direito da criança (art. 16); além da proteção dos idosos (art. 17) e dos portadores de deficiências físicas (art. 18). O art. 19, de outro lado, autoriza que os direitos estabelecidos nos arts. 8º (trabalho)e 13 (educação), por uma ação imputável diretamente ao Estado, podem dar lugar ao direito de petição individual à Comissão e à Corte.

Informam os autores que há ampla base para defender a exigibilidade, no sistema interamericano, de todos os direitos protegidos no Protocolo de San Salvador.

*2) Monitoramento judicial e quase-judicial no sistema interamericano*

Explicam os autores que a Comissão Interamericana de Direitos Humanos, criada em 1959, é um organismo quase-judicial que promove os direitos humanos, através de uma série de funções que vão além da adjudicação de casos individuais.

Já a Corte, estabelecida pela Convenção Americana de Direitos Humanos (elaborada em 1969 e posta em vigor em 1978), é um órgão unicamente judicial que tem por atribuição resolver disputas individuais encaminhadas pela Comissão (jurisdição contenciosa), bem como tem o poder de emitir opiniões consultivas, a partir da requisição dos Estados-membros da OEA, da Comissão e de outros órgãos da OEA.

A Comissão Interamericana recebe e processa petições individuais de alegações de violações dos direitos humanos garantidos no sistema interamericano. Para encaminhar uma petição para a Comissão é preciso que tenham sido esgotados os recursos internos ou que se apresente uma exceção válida para essa regra. O litígio naturalmente pode chegar à Corte Interamericana. Se isso ocorrer, a Comissão pode deixar de ser árbitro e passa a ser parte: ela se torna a peticionária perante a Corte, contra o Estado acusado na petição inicial de ter violado direitos.

*3) Antecedentes de proteção dos direitos econômicos, sociais e culturais*

Recordam os autores que, apesar da falha dos direitos econômicos, sociais e culturais, tanto a Comissão quanto a Corte assentaram precedentes que pavimentam um caminho para a defesa desses direitos.

Recordam decisão de 1985 da Comissão do caso envolvendo índios ianomâmis na Amazônia Brasileira. Nesse caso, um plano governamental de desenvolvimento que visava a explorar recursos na Amazônia levou à construção de uma rodovia que atravessava o território ianomâmi. A entrada maciça de civis nas tradicionais terras indígenas provocou uma série de mudanças radicais no modo de vida daquela população, como prostituição, doenças, perda de terras etc. Determinou-se que o Governo Brasileiro violou os direitos à vida, à segurança, ao domicílio, à locomoção, à preservação da saúde e ao bem-estar, todos garantidos na Declaração Americana.

Em outro caso, também envolvendo povos indígenas, a Comissão Interamericana monitorou um acordo negociado entre o Governo da Venezuela e peticionários. O caso envolvia a morte de índios e conflitos com garimpeiros. Houve posteriormente um acordo com o Governo Venezuelano, promovido pela Comissão, em 1999. O Governo Venezuelano concordou em tomar diversas medidas referentes à violações de direitos econômicos, sociais e culturais.

*4) Jurisprudência da Corte Interamericana*

Em seguida os autores trazem os casos que entendem mais relevantes da Corte Interamericana de Direitos Humanos envolvendo a defesa de direitos econômicos, sociais e culturais.

Ressaltam que, apesar de poucos os casos, a Corte já se manifestou sobre a exigibilidade judicial de alguns dos direitos contemplados no Protocolo de San Salvador, inclusive em um caso onde teve de decidir se a indigência do peticionário poderia ser considerada fundamento suficiente para uma exceção à regra de esgotamento dos recursos internos, tendo decidido afirmativamente nos seguintes termos: "Si una persona busca la protección de la ley para hacer valer los derechos que la Convención le garantiza, y encuentra que su posición económica se lo impide (en este caso, su indigencia) porque no puede pagar la asistencia legal necesaria o cubrir los costos del proceso, queda discriminada por motivo de su posición económica y colocada en condiciones de desigualdad ante la ley. La protección de la ley constituye, básicamente, los recursos que esta dispone para la protección de los derechos garantizados por la Convención".

*5) O caso "Baena Ricardo"*

Em 1990 a Confederação dos Sindicatos de Empresas Estatais apresentou ao Governo Panamenho uma lista de 13 reivindicações, entre as quais constavam a não-privatização das instituições do Estado, manutenção de programas de seguro social, pagamento de salários atrasados etc. Houve rejeição das demandas por parte do Governo, seguida de manifestação nacional e greve pacífica.

Após alguns incidentes políticos, o Presidente enviou à Assembléia Legislativa Nacional um projeto de lei para dispensar todos os servidores públicos que participaram na organização, promoção ou execução da greve citada, dada a determinação do Governo de que a greve teria tentado subverter a ordem constitucional e democrática do país e a substituir por um governo militar (alegações).

Antes de esta lei ser aprovada – dizem os autores –, as administrações de várias empresas estatais dispensaram sumariamente um total de 270 empregados, cujos nomes foram por elas escolhidos. A Lei 25 autorizou a dispensa de todos os servidores públicos que tiveram participação em atividades que violaram a ordem constitucional, também restringindo severamente as garantias processuais a servidores públicos dispensados, permitindo inclusive a aplicação retroativa dessas restrições.

*A decisão da Corte.* A Corte divulgou sua análise fundamentada nas violações cometidas pelo Estado Panamenho. No que tange à violação do art. 8º da Convenção, que proíbe a aplicação de sanções criminais sem prévia cominação legal, a Corte citou precedente da Corte Européia de Direitos Humanos no sentido de que sejam aplicadas as mesmas garantias do devido processo da esfera criminal aos processos disciplinares de natureza civil.

*6) Casos em trâmite na Corte*

Por fim, os autores trazem três casos que estão em andamento na Corte, a saber:

(a) *Caso "Benvenuto Torres" (direito à seguridade social).* A petição foi levada à Comissão em nome de cinco pensionistas do Governo Peruano, todos idosos e doentes, que tiveram seu direito de perceber uma pensão do Estado, desconsiderada, inviável. Após anos de clara obstrução da justiça por parte do Estado Peruano, as vítimas recorreram à Comissão Interamericana de Direitos Humanos. Alegavam violação do direito à proteção judicial e ao devido processo legal, bem como do direito de dispor de garantias judiciais e de contar com um recurso sincero, rápido e efetivo (arts. 8º e 25 da Convenção Americana). Discutem ainda a violação dos direitos à seguridade social, à vida, à integridade da pessoa e à saúde. Afirmam, ainda, que o Estado Peruano violou o direito à seguridade social ao privar os peticionários dos meios de subsistência, que, em sua condição de pensionistas, lhes são indispensáveis para uma vida digna e com decoro.

(b) *Caso "Menéndez Caride e outros".* Em 1988 um grupo de aposentados propôs ação judicial na Argentina visando a obter reajuste de suas aposentadorias, de acordo com a lei vigente. Em 1992 os aposentados obtiveram decisão judicial favorável; as autoridades argentinas, contudo, se abstiveram de cumprir a determinação. Um grupo de aposentados apresentou uma petição à Comissão Interamericana de Direitos Humanos, alegando: (i) violação dos arts. 4º (direito à vida), 8º, combinado com o art. 25 (garantias judiciais), e 21.2 (direito de propriedade), direito à saúde e ao bem-estar do art. XI da Declaração Americana. Afirmam que a abstenção do pagamento das aposentadorias aos idosos viola o direito destes A uma existência digna, contrariando o art. 4º. Ao mesmo tempo, consideram que o direito de propriedade inclui o direito a receber uma aposentadoria satisfatória, ou seja, que os anos trabalhados por eles geram riqueza que não pode ser indevidamente apropriada pelo Estado.

(c) *Caso "Odir Miranda".* Nele, através da discussão de violação do direito à vida, os peticionários inseriram em sua fundamentação legal o direito à saúde. Miranda é um portador do vírus HIV. Com o auxílio de amigos e de um médico particular, fez uso da chamada "terapia tripla" de combate à doença, que melhorou muito seu estado clínico. Internado em hospital público, fundou uma associação para difundir o uso dessa terapia, entrando com petição junto ao serviço de saúde de seu país para a aquisição e administração desse tratamento, indeferida a petição sem qualquer fundamento aparente. A partir daí, Odir ajuizou ação contra o serviço de saúde, acusando-o de violações arbitrárias relativas ao direito à vida, à saúde e de igualdade (não-discriminação arbitrária). O argumento central da petição à Comissão Interamericana de Direitos Humanos, em tramitação, alegava violação conjunta do direito à vida e do direito à saúde. Ademais, que seu Governo não havia feito esforços para o gozo de uma "qualidade de vida adequada" a seus cidadãos. Com base no art. 11 da Declaração Americana e no art. 10 do Protocolo de San Salvador e, ainda, no art. 26 da Convenção, os peticionários alegam que o Estado de San Salvador tem a obrigação jurídica de realizar todos os atos que sejam necessários para melhorar a saúde e alcançar um mais alto nível de bem-estar físico, mental e social.[55]

(d) *Caso dos "Menores da Comunidade Paynemil"*. Por fim, os autores trazem o caso dos menores da província de Neuquén, na Argentina. Em março/1997 uma defensora de menores local impetrou ação de amparo para garantir a saúde das crianças e jovens da comunidade indígena local afetados pelo consumo de água contaminada com mercúrio e chumbo. Em sua requisição solicitou que o Estado providenciasse água potável necessária para a sobrevivência da comunidade. O juiz de primeiro grau acatou a solicitação, ordenando a província a tomar medidas, entre elas o fornecimento de 250 litros de água potável diários para cada habitante da comunidade, assim como a realização de medidas necessárias para tratar o problema e garantir que não se repetisse no futuro. Confirmada a decisão, a Província entregou somente 14 litros de água diários por pessoa, sem realizar qualquer das outras medidas ordenadas judicialmente. Diante desse descumprimento, a defensora apresentou denúncia à CIDH, na qual expôs os fatos descritos. Além de denunciar o descumprimento estatal, a petição também fez menção à discriminação sofrida pelos membros da Comunidade em seu direito ao acesso à água potável, em relação aos demais habitantes. Ressaltou as violações dos direitos das crianças (art. 19 da Convenção), os direitos à saúde, à vida em um ambiente são, todos protegidos pela Convenção.

A Comissão abriu o caso, e o Estado Argentino respondeu à primeira comunicação em dezembro/1998. Em setembro/1999 deu-se início a um processo de solução amistosa entre as partes, mediado pela CIDH. Espera-se que a solução amistosa inclua medidas concretas para responder às reivindicações de direitos econômicos, sociais e culturais.[56]

Vê-se que o movimento pela justiciabilidade e responsabilidade pelo cumprimento de direitos sociais, econômicos e culturais é uma constante no mundo contemporâneo.

A título de finalização do presente artigo, procuramos sumular as idéias principais desenvolvidas, com objetivo eminentemente didático.

*1.* No Brasil, a Constituição de 1988, que coroou o processo de redemocratização e que, do ponto de vista simbólico, superou o modelo anterior, adotou um figurino programático e dirigente, sendo pródiga na formulação de direitos fundamentais de defesa e de prestação de deveres ao Estado e aos particulares.

*2.* Na ordem constitucional brasileira os direitos fundamentais não são concebidos como simples direitos de defesa em

55. Não estamos afirmando que há direito subjetivo nos casos em exame. Apenas trazemos à colação a discussão para demonstrar como tem sido utilizada essa importante instância de discussão desses direitos perante Tribunais e Cortes internacionais e como esses mecanismos podem ser invocados e percorridos.

56. Tudo de acordo com os citados autores Cavallaro e Pogrebinschi.

face do Estado. Ao contrário, tais direitos exigem comportamentos ativos (proteção e promoção) dos vários Poderes Públicos da Federação Brasileira (Federal, Estadual, Distrital e Municipal). Ademais, tais direitos são, em grande medida, aplicáveis diretamente às relações jurídico-privadas, com alguns temperamentos.

*3.* O Poder Judiciário tem sido provocado, sobretudo pelo Ministério Público brasileiro, a questionar e avaliar políticas públicas, notadamente direitos sociais, econômicos e culturais, quer em função das obrigações e direitos constitucionais diretamente sacados da Constituição, quer em razão de omissão, ilegalidade, desvio de poder ou irrazoabilidade (gênero) dos Poderes Públicos no cumprimento das metas constitucionais e infraconstitucionais.

*4.* Tais ações, individuais ou coletivas (conflitos de massa), pretendem, não raro, obrigar o Poder Público ou o administrador público a alterar um padrão de comportamento e, assim, também ajustar políticas públicas. Esse modelo é incentivado e promovido pelo desenho das normas constitucionais que pretendem infundir maior participação política e pública às decisões no Estado Democrático de Direito.

*5.* O Brasil, não obstante as reformas liberalizantes por que passou na década passada, seguindo a tendência universal de enxugamento do Estado, remanesce com a alma e com a espinha dorsal de um Estado Democrático de Direito, comprometido com os valores substantivos de promoção de justiça social, igualdade e liberdade. Tais reformas não tiveram o condão de obscurecer o caráter compromissório da Constituição de 1988.

*6.* O fenômeno da justiciabilidade das políticas públicas manifesta-se de várias maneiras, quer no controle de constitucionalidade, quer na defesa de ações de finalidade coletiva.

*7.* É possível, em determinados casos, de acordo com o desenho constitucional e com o arcabouço legal, às vezes somente com o primeiro, exigir judicialmente que os administradores públicos implementem medidas ou políticas que permitam vida mais digna e justa aos brasileiros.

*8.* Ao conceder essa ampla tutela, o Poder Judiciário não deve "invadir" a área de atuação do Poder Executivo, mas, sim, pode e deve corrigir inconstitucionalidades, ilegalidades, abusos ou desvios de poder, decisões desproporcionais ou desarrazoadas, como, também, corrigir ou promover ações afirmativas, compatibilizando as políticas públicas às diretrizes e metas constitucionais.

*9.* No Brasil, a partir da década de 80 abriu-se a possibilidade ao juiz, para o cumprimento das obrigações de fazer e de não fazer em matéria de interesse difuso e coletivo, de ordenar a execução específica ou a cominação de multa, independentemente do pedido do autor nesse sentido. O Código de Defesa do Consumidor e o Estatuto da Criança e do Adolescente são exemplos eloqüentes de uma verdadeira revolução processual na busca do melhor atendimento possível ao direito da parte.

*10.* A teoria da *reserva econômica do possível* como argumento e limite objetivo ao atendimento dos direitos sociais tem sido regularmente invocada pela doutrina e pela jurisprudência brasileiras. De um lado temos partidários fiéis de sua integral aplicabilidade; de outro, há respeitáveis oposições à sua integral adoção em face da realidade constitucional brasileira. Parece prudente aceitar a teoria com temperamentos.

*11.* Todos os direitos têm custos e dependem da sociedade (Sustein).

*12.* As deliberações e decisões públicas acerca dos gastos públicos devem ser feitas e conduzidas pelo Poder político e democrático nos espaços livres de conformação para que o embate e a criação normativa brotem voluntariamente do espaço social.

*13.* A Constituição não deve ser um instrumento autoritário de modelagem de todos os espaços sociais. Sequer cabe ao Judiciário ou à jurisdição constitucional sufocar o espaço da política, dos indivíduos e a autonomia privada da pessoa humana.

*14.* É a partir das normas e princípios constitucionais, sobretudo aqueles que veiculam a proteção à dignidade humana, no bojo dos direitos fundamentais, que encontraremos os deveres do Estado, positivos e negativos, à sua regular compostura.

*15.* Em face da realidade brasileira, ao Poder Judiciário é atribuída uma importantíssima missão de co-responsável pela correção das desigualdades sociais, nos limites de sua atuação criativa e promocional dos direitos fundamentais.

*16.* Não obstante a formulação e execução de políticas públicas dependam de opções políticas a cargo dos Poderes populares, não há liberdade absoluta nesse domínio, quer do legislador, quer do Executivo. Se tais Poderes agirem de modo irrazoável ou procurarem neutralizar direitos sociais, agindo com inércia ou abusivamente, afetando a existência digna, cumpre ao Judiciário corrigir tais condutas (STF).

*17.* A justiciabilidade dos direitos fundamentais alcançou o sistema interamericano e constitui importante remédio para a promoção e correção de rotas em busca da plena eficácia dos princípios cardeais da civilização democrática e pluralista no Estado de Direito.

# REGISTRO DE PREÇOS: INCONSTITUCIONALIDADE DO ART. 8º DO DECRETO FEDERAL 3.931/2001 E DO ART. 15-A, § 3º, DO DECRETO ESTADUAL 51.809/2007 (FIGURA DO "CARONA") – POSSIBILITAÇÃO DE COMETIMENTO DO CRIME PREVISTO NO ART. 89 DA LEI 8.666/1993

Toshio Mukai

Mestre e Doutor em Direito (USP) – Ex-Professor de Direito Administrativo da Faculdade de Direito da Universidade Mackenzie

*1. A obrigatoriedade constitucional da efetivação de licitação. 2. O "carona" não pode existir no ordenamento jurídico constitucional do país.*

## *1. A obrigatoriedade constitucional da efetivação de licitação*

O inciso XXI do art. 37 da CF estatui que, "ressalvados os casos especificados na legislação, *as obras, serviços, compras e alienações serão contratados mediante processo de licitação pública que assegure igualdade de condições a todos os concorrentes* (...)" (grifamos).

O Decreto 3.931, de 19.9.2001, trouxe, ao tratar do Registro de Preços em nível federal, duas novidades: (a) a possibilidade de o órgão gerenciador (aquele que pretende dar início à licitação – concorrência ou pregão) convidar outros órgãos ou entidades (mediante correspondência eletrônica ou outro meio eficaz) para participar do Registro de Preços; ou seja, em cada licitação, para os fins de Registro de Preços, além, de poderem existir diversos fornecedores, poderão também existir vários órgãos ou entidades contratantes. Até aí, nada de ilegal ou inconstitucional vemos nesta novidade; (b) o art. 8º dispõe que a *Ata de Registro de Preços, durante sua vigência, poderá ser utilizada por qualquer órgão ou entidade que não tenha participado do certame licitatório*, mediante prévia consulta ao órgão gerenciador, desde que devidamente comprovada a vantagem.

Ora, neste caso, o inciso XXI do art. 37 da CF ficou aberta e escancaradamente violentado, pois esses órgãos ou entidades que, no curso da execução de uma Ata de Registro de Preços, podem adquirir os bens ou serviços licitados pelo órgão gestor e pelos outros convidados a participar, em última análise, estão adquirindo bens ou serviços sem ter participado de qualquer licitação. Eis aí a figura do "carona", como a doutrina já apelidou esses órgãos ou entidades que, por essa via, compram bens ou contratam serviços sem licitação, o que é frontalmente contra o disposto no inciso XXI do art. 37 da CF.

Na verdade, não pode existir essa figura estranha, denominada de "carona", porque, além do mais, é crime "*dispensar ou inexigir licitação fora das hipóteses previstas em lei*, ou deixar de observar as formalidades pertinentes à dispensa ou à inexigibilidade" (art. 89 da Lei 8.666/1993 – grifamos).

Portanto, o órgão gestor que permitir que o "carona" se utilize da Ata de Registro de Preços, porque este não participou da licitação, comete o crime previsto no art. 89 da Lei 8.666/1993.

No mesmo sentido, "na mesma pena *[detenção de três a cinco anos, e multa]* incorre aquele que, tendo comprovadamente concorrido para consumação da ilegalidade, beneficiou-se da dispensa ou inexigibilidade ilegal, para celebrar contrato com o Poder Público" (aqui, os fornecedores contratados pelo órgão gestor também receberão as penas referidas) (parágrafo único do art. 89 da Lei 8.666/1993).

Veja-se que o § 3º do art. 8º do decreto referido dispõe que: "As aquisições ou contratações adicionais a que se refere este artigo não poderão exceder, por órgão ou entidade, a 100% (cem por cento) dos quantitativos registrados na Ata de Registro de Preços".

Outra ilegalidade aberrante aqui se esconde: se o órgão gestor, que é o contratante (ou poder vir acompanhado de outros contratantes licitadores), pelo § 1º do art. 65 da Lei 8.666/1993, somente pode adquirir mais de 25% do valor inicial atualizado do contrato (nesse caso, o valor é o do pré-contrato Ata de Registro de Preços), como é que um órgão ou entidade (o "carona") pode adquirir até 100% dos quantitativos registrados na Ata de Registro de Preços? E se os "caronas" forem mais de um, cada um deles pode, pelo § 3º do art. 8º, adquirir 100%. Se os "caronas" forem, por exemplo, 60 órgãos ou entidades, o valor inicial da Ata de Registro de Preços já não mais é parâmetro para nada, nem mesmo para os 25% do valor inicial da Ata.

Destarte, sob este ponto também o "carona" é ilegal, pelo que dispõe o referido § 3º do art. 8º do Decreto 3.931/2001, confrontado com o § 1º do art. 65 da Lei 8.666/1993.

### *2. O "carona" não pode existir no ordenamento jurídico constitucional do país*

Sabe-se que já o egrégio TCU analisou um caso em que se aplicou o disposto no § 3º do art. 8º, mencionado no acórdão 1.487/2007 (TCU, Plenário, Processo TC-008.840/2007-3), sendo o órgão gestor o Ministério da Saúde.

Segundo o que se vê do acórdão, tratou-se de se examinar determinada representação da 4ª SECEX acerca de possíveis irregularidades na Ata de Registro de Preços do Pregão 16/2005, da Coordenação-Geral de Recursos Logísticos do Ministério da Saúde, ante o decidido no acórdão 1.927/2006, 1ª Câmara.

Segundo a SECEX, deveria ser adotada medida cautelar no sentido de que fosse determinado à Coordenação-Geral de Recursos Logísticos do Ministério da Saúde a suspensão das autorizações de adesão à Ata.

Após todas as discussões e pareceres que foram produzidos no âmbito do Processo TC-008.840/2007-3, o TCU chegou à seguinte decisão:

"Acordam os Ministros do Tribunal de Contas da União, reunidos em Sessão Plenária, ante as razões expostas pelo Relator, em:

"9.1 Conhecer da presente representação, por preencher os requisitos de admissibilidade previstos no art. 237, VI, do Regimento Interno-TCU, e considerá-la parcialmente *(sic)* procedente.

"9.2 Determinar ao Ministério do Planejamento, Orçamento e Gestão que:

"9.2.1 oriente os órgãos e entidades da Administração Federal para que, quando forem detectadas falhas na licitação para Registro de Preços que possam comprometer a regular execução dos contratos advindos, abstenham-se de autorizar adesões à respectiva Ata;

"9.2.2 adote providências com vistas à reavaliação das regras atualmente estabelecidas para o Registro de Preços no Decreto n. 3.931/2001, *de forma a estabelecer limites para a adesão a Registros de Preços realizados por outros órgãos e entidades, visando a preservar os princípios da competição, da igualdade de condições entre os licitantes e da busca da maior vantagem para a Administração, tendo em vista que as regras atuais permitem a indesejável situação e adesão ilimitada a Atas em vigor, desvirtuando as finalidades buscadas por essa sistemática, tal como a hipótese mencionada no relatório e voto que fundamentam este acórdão*;

"9.2.3 dê ciência a este Tribunal, no prazo de 60 dias, das medidas adotadas para cumprimento das determinações de que tratam os itens anteriores.

"9.3 Determinar à 4ª SECEX que monitore o cumprimento deste acórdão.

"9.4 Dar ciência deste acórdão, relatório e voto ao Ministro da Saúde, à Controladoria-Geral da União e à Casa Civil da Presidência da República.

"10. Ata 32/2007 – Plenário.

"11. Data da sessão: 1.8.2007 – Ordinária."

Fica-se sabendo, da leitura do corpo do acórdão, o verdadeiro escândalo criminoso que se praticou nesse caso.

Com efeito, é do relatório a seguinte passagem: "Alinho-me ao entendimento da Unidade Técnica no sentido de que a permissão *de um ilimitado número de adesões* às Atas de Registro de Preços pode afrontar os princípios da competição e da igualdade de condições entre os competidores" (no nosso entender, não é essa a crítica que merece a questão do "carona". É que se trata de contratações sem licitação, eis que o próprio art. 8º dispõe que: "A Ata de Registros, durante sua vigência, *poderá ser utilizada por qualquer órgão ou entidade da Administração que não tenha participado do certame licitatório*"); eis aí o Decreto 3.931/2001 autorizando a prática de um crime.

Ademais, utilizando-se como exemplo o caso em questão, não parece razoável considerar que uma licitante que apresentou proposta de R$ 32.000.000,00 possa celebrar contratos com a Administração Pública que totalizam quase R$ 2.000.000.000,00 *(sic)*. De fato, caso todas as possíveis contratações ocorressem tendo como objeto as quantidades máximas registradas na Ata, também restaria clara a afronta aos princípios da moralidade e da impessoalidade (na verdade, isso foi o de menos); afrontou-se, através do Decreto 3.931/2001 e, depois, através da licitação para Registro de Preços, do Ministério da Saúde, a regra da obrigatoriedade da licitação (art. 37, XXI, da CF) e o art. 89 e parágrafo único da Lei 8.666/1993 (dispensa de licitação fora das hipóteses previstas em *lei*, e comprovadamente o contratado foi beneficiado, pois concorreu para a consumação da ilegalidade, o que é crime).

Além disso tudo, não podemos nos esquecer de que o detentor da Ata de Registro foi "contratado" para fornecer um quantitativo determinado e que, no caso, fornecendo o mesmo bem para os "caronas", sem licitação (portanto, ilegalmente, pois um decreto não pode contrariar nem a Lei 8.666/1993, nem a Constituição), num quantitativo muito maior (a "caronas" para usufruir de uma situação criminosa e absolutamente ilegal e inconstitucional).

Do voto do Ministro Relator colhe-se a seguinte informação: "No caso em concreto sob exame, a 4ª SECEX faz um exercício de raciocínio em que demonstra a possibilidade real de a empresa vencedora do citado Pregão n. 16/2005 *[só podia ser...]* ter firmado contratos com os 62 órgãos que aderiram à Ata, *[diga-se, como "caronas"]* na ordem de R$ 2.000.000.000,00, sendo que, inicialmente, sagrou-se vencedora de um único certame licitatório para prestação de serviços *[sic – não é registro de preços?]* no valor de R$ 32.000.000,00".

Observa-se, assim, que o art. 8º do Decreto 3.931/2001, além de possibilitar esse verdadeiro escândalo, criminoso e inconstitucional, ofende frontalmente o princípio do art. 37 da CF e o do art. 3º da Lei 8.666/1993, ou seja, o da igualdade, o da moralidade e o da competitividade.

Porém, esse verdadeiro crime em matéria de licitação e contratação (art. 89 da Lei 8.666/1993) não parou por aí.

É que o Governo do Estado de São Paulo baixou o Decreto 51.809, de 16.5.2007, que dispõe sobre o Registro de Preços em nível estadual.

E este diploma legal (?), através do seu art. 2º, sem qualquer vergonha nem rebuços, acresceu ao Decreto 47.495, de 16.7.2003, os arts. 15-A e 15-B, o primeiro com a seguinte redação:

"Art. 15-A. A Ata de Registro de Preços, durante sua vigência, poderá ser utilizada por qualquer órgão ou entidade da Administração *que não tenha participado do certame licitatório*, mediante prévia consulta ao Órgão Gerenciador, desde que comprovada a vantagem dessa adesão.

"§ 1º. Caberá ao fornecedor beneficiário da Ata de Registro de Preços, observadas as condições nela estabelecidas, optar pela aceitação ou não do fornecimento, *independentemente dos quantitativos registrados em Ata, desde que este fornecimento não prejudique as obrigações anteriormente assumidas.*

"§ 2º. As aquisições ou contratações adicionais a que se refere este artigo não poderão exceder, por órgão ou entidade, a 100% (cem por cento) dos quantitativos registrados na Ata de Registro de Preços.

"§ 3º. Poderão igualmente utilizar-se da Ata de Registro de Preços, mediante prévia consulta ao Órgão Gerenciador, outros entes e entidades da Administração Pública, desde que observadas as condições estabelecidas nos §§ 1º e 2º deste artigo" (grifamos).

Verifica-se, pois, que o decreto seguiu, sem tirar nem pôr, o que está contemplado no Decreto federal 3.931/2001.

Ou seja, o art. 15-A, § 3º, é absolutamente inconstitucional, posto que violenta, às escâncaras, o disposto no art. 37, XXI da CF, que, ressalvando os casos previstos em lei (arts. 17 e 24 da Lei 8.666/1993), obriga que "todas as compras, serviços, obras e alienações *serão contratadas mediante processo de licitação pública* que assegure igualdade de condições aos concorrentes (...)".

Portanto, quando o decreto estadual admite que qualquer órgão ou entidade, que não participou (*não promoveu*) do certame, possa efetuar compras, aderindo à Ata de Registro de Preços proveniente de licitação efetuada por outro órgão ou entidade estadual, está contratando sem licitação (como, aliás, o próprio art. 15-A confessa), e, portanto, esta contratação é inconstitucional. E, ao mesmo tempo, se constitui num crime, posto que, segundo o art. 89 da Lei 8.666/1993, qualquer contratação feita pelos órgãos e entidades da Administração Pública sem licitação, fora das hipóteses legais (previstas nos arts. 17, 24 e 25 da Lei 8.666/1993), se constitui em crime.

Destarte, o decreto estadual dirige o agente contratante ao cometimento de um crime, pois aí há dolo, posto que tanto os autores do decreto como seus cumpridores sabem que estão violando a legislação, eis que essa figura que foi denominada de "carona" inexiste e não pode existir no ordenamento jurídico nacional.

Já o art. 15-B vai mais além. Diríamos que o artigo anterior admite o "carona" estadual. O art. 158-B admite o "carona" em nível nacional.

Diz ele: "Os órgãos e entidades da Administração Estadual poderão utilizar-se de Atas de Registro de Preços realizadas pela União, Distrito Federal, outros Estados e Municípios, desde que demonstrada a vantagem econômica em tal adesão comparativamente aos preços registrados no Sistema Integrado de Informações Físico-Financeiras – SIAFISICO".

Quer dizer, o decreto generalizou a idéia do "carona", agora, não só transgredindo o princípio da obrigatoriedade de licitação (art. 37, XXI, da CF), como continuando a admitir o crime (em todo o território nacional) previsto no art. 89 da Lei 8.666/1993, como, também, quebrando violentamente o sistema federativo. Para o art. 15-B inexistem fronteiras autonômicas competenciais, mais, entre os diversos níveis de governo, já que os órgãos e entidades da Administração Estadual poderão pegar "carona" em licitações de Registro de Preços efetuadas por qualquer órgão ou entidade pertencente à União, Municípios, Distrito Federal e outros Estados. Isto representa a demolição da Federação.

O decreto estadual, neste ponto, aboliu a Federação, eis que para ele inexistem mais as autonomias nem as competências das entidades federativas.

Ora, se, pelo art. 60, § 4º, da CF, "não será objeto de deliberação a proposta de emenda tendente a abolir: I – a forma federativa de Estado", quanto mais um simples decreto. Ou seja, se existe vedação, cláusula pétrea, como essa, que até mesmo por emenda constitucional não se pode abolir a Federação, pode um simples decreto federal fazê-lo, como, efetivamente, o fez. Portanto, os arts. 15-A, § 3º, e 15-B acrescidos ao Decreto 47.495, de 16.7.2003, são flagrantemente inconstitucionais, constituindo-se, a nosso ver, numa verdadeira aberração jurídica.

O pior de tudo isso é que o regime federativo foi completamente abandonado, conspurcado, violentado e, criminosa e corruptamente, ignorado, pois, segundo consta, a figura do "carona" já foi adotada pela Secretaria da Saúde do Rio de Janeiro, órgãos do Estado do Amazonas, Minas Gerais, Mato Grosso e do Distrito Federal e, ainda, o Estado do Ceará aderiram também ao "carona". Até o TJMA se teria utilizado dessa notória estratégia de corrupção e efetivação de crime.

# O PRINCÍPIO DA LIBERDADE NO ÂMBITO DO DIREITO ADMINISTRATIVO

José Sérgio Monte Alegre

Professor de Direito Administrativo da Universidade Tiradentes-Aracaju/SE,
da Escola Superior da Magistratura e da Escola Superior de Advocacia

*1.* Tem-se dito a mais não poder que o regime jurídico administrativo se constrói sobre um sistema de princípios dentre os quais sobrelevam em importância o da supremacia do interesse público e o da indisponibilidade desse mesmo interesse. A doutrina impressiona, sobremodo quando se encarece que esse regime se define tendo em conta prerrogativas da Administração, de um lado, e direitos dos administrados, de outro. Ainda mais: que tais princípios fundamentam e justificam formidáveis prerrogativas ou privilégios da Administração, com o quê se verticaliza a relação a entretecer com os indivíduos, desequilibrando-a em favor daquela.

*2.* Todavia, *será assim mesmo*? Será que o discurso da dominância desses dois princípios tem a força de subjugar o *princípio da liberdade*, em obséquio do qual está a filiação histórica do direito administrativo? Ou será que o princípio de maior realce continua a ser o da *liberdade do indivíduo*, esta, sim, como expressão da vontade geral formalizada na lei, para a qual todo cidadão-eleitor tem o direito de concorrer, pessoalmente ou por seus representantes, e inspirada no propósito de resguardar a criatura humana contra eventuais desvios de comportamento do Poder Público? Tenho como certo que a questão não é ludicamente acadêmica, bem ao gosto de quem, já privado do que fazer, resolve dedicar-se ao ócio criativo, celebrizado por Domenico de Massi. Realmente, se suportes primários do regime jurídico-administrativo são aqueles princípios, e não este último, então, a regra geral a orientar toda a compreensão desse ramo do direito público neles estará substanciada, e a liberdade individual receberá o tratamento de cláusula de exceção. Ao revés, se a liberdade é que assoma ao primeiro plano, então, esta é que constituirá a regra geral; e os outros princípios, as exceções. E como as exceções se interpretam sempre restritiva e nunca ampliativamente, as repercussões no direito administrativo haverão de ser intensas e da maior amplitude.

*3.* Entretanto, *haverá* este princípio da liberdade? *Onde* encontrá-lo? *Quem* o deve encontrar e revelar? E *como*? Sem dúvida, o princípio existe, é de extração constitucional, e há de ser encontrado e revelado pela doutrina e pela jurisprudência, sem disputas de primazia, em inter-relação, com recurso aos princípios gerais e o concurso de métodos já consagrados de interpretação. Afinal, esta é a atividade comum do homem de leis.

*3.1* Vejamos. Da *liberdade* trata, por exemplo, o Preâmbulo da Constituição, dotado de valor normativo. Em seguida, o art. 5º, *caput*, e diversos dos seus incisos, dentre os quais os incisos II, LXI e LXV. Quanto a esses dois últimos é enfática a doutrina do STF, pela sua 2ª Turma: "(...) pois no sistema jurídico brasileiro, fundado em bases democráticas, *prevalece o princípio da liberdade* (...)" (HC 80.719-4-SP, rel. Min. Celso de Mello, v.u., *DJU* 28.9.2001 – sem os grifos no original). Nessa linha, tem-se que: "A *privação cautelar* da liberdade individual *reveste-se* de caráter excepcional, *somente* devendo ser decretada em situações *de absoluta necessidade*. A prisão preventiva, *para legitimar-se* em face de nosso sistema jurídico, *impõe* – além da *satisfação* dos *pressupostos* a que se refere o art. 312 do CPP ( prova da existência material do crime e indício suficiente da sua autoria) – que se evidenciem, *com fundamento em base empírica idônea*, razões justificadoras da *imprescindibilidade* dessa *extraordinária* medida cautelar de privação da liberdade do indiciado *ou* do réu" (idem). E, logo adiante: "*A prerrogativa jurídica da liberdade – que possui extração constitucional* (CF, art. 5º, LXI e LXV) – não pode ser ofendida por interpretações doutrinárias ou jurisprudenciais que, fundadas em preocupante discurso de conteúdo autoritário, culminam por consagrar, paradoxalmente, em detrimento de direitos e garantias fundamentais proclamados pela Constituição da República, a ideologia da lei e da ordem" (*habeas corpus* citado).

*3.2* Mais ainda: em estudo anterior ("Vertentes hermenêuticas de risco", na *RTDP* 32/31-36, 2000) escrevi que:

"(...). É visível, ainda hoje, o nível de comprometimento da Constituição atual com vertentes do pensamento revolucionário francês de 1789, inclusive e sobremodo com aquelas formalizadas na Declaração dos Direito do Homem e do Cidadão. Se não, vejamos.

"4.1 Está acolhida na Constituição Federal a garantia a brasileiros e estrangeiros residentes no país da inviolabilidade do direito à vida, à liberdade, à segurança e à propriedade, nos termos que enuncia (art. 5º, *caput*). Ora, o que é isso senão a versão brasileira da fórmula francesa de que o fim de toda a associação política é a conservação dos direitos naturais e imprescritíveis do homem, e que esses direitos são a liberdade, a propriedade e a segurança, ademais da resistência à opressão, este último inexplicavelmente ausente do texto nacional (Declaração dos Direitos do Homem e do Cidadão )? Não é irrelevante que a Constituição brasileira tenha usado a palavra 'garante', ao invés de 'outorga', de 'atribui', de 'concede'; e só se garante o que já existe! Também não é um indiferente jurídico a consagração da separação de Poderes, sob o enunciado clássico (art. 2º). E não será verdadeiro que, para o direito da Revolução, não tinha Constituição a sociedade em que os Poderes não estivessem separados, nem garantidos os direitos naturais da pessoa humana? Pois bem: se é esta a ótica, então, o Brasil tem Constituição...

"4.2 Contudo, há mais. Na Declaração, lê-se: 'A liberdade consiste em poder fazer tudo quanto não incomode o próximo; assim, o exercício dos direitos naturais de cada homem não tem limites senão nos que asseguram o gozo destes direitos a outro homem. *Estes limites não podem ser determinados senão pela lei*' (sem o destaque, no original ). Logo adiante: 'A lei só tem o direito de proibir as ações prejudiciais à sociedade. Tudo quanto não é proibido pela lei não pode ser impedido e ninguém pode ser obrigado a fazer o que ela não ordena'. Enquanto isso, na Constituição republicana afirma-se que 'ninguém é obrigado a fazer ou deixar de fazer alguma coisa senão em virtude de lei' (art. 5º, II). Ou, então: 'A lei é expressão da vontade de todos. Todos os cidadãos têm o direito de concorrer pessoalmente ou por seus representantes para a sua formação. Ela deve ser a mesma para todos, quer proteja, quer castigue. Todos os cidadãos, sendo iguais aos seus olhos, sendo igualmente admissíveis a todas as dignidades, colocações e empregos públicos, segundo suas virtudes e talentos' (Declaração). Quais os seus equivalentes na Constituição Federal? Simples: 'Todo o poder emana do povo, que o exerce por meio de representantes eleitos ou diretamente, nos termos desta Constituição' (art. 1º, parágrafo único); e 'Todos são iguais perante a lei, sem distinção de qualquer natureza, (...)' (art. 5º, *caput*). Prosseguindo, na Declaração está escrito: 'Todo homem será julgado inocente até quando for declarado culpado'. Na Constituição: 'Ninguém será considerado culpado, até o trânsito em julgado de sentença penal condenatória' (art. 5º, LVII ). Outras identidades existem, mas parecem suficientes as que ficaram citadas.

"4.3 Então, a referência à lei, pura e simplesmente, não é bastante para traçar com fidelidade a silhueta do Estado de Direito, no Brasil. Há de se lhe acrescentar outros elementos de informação, resumidos na seguinte fórmula: leis que expressem uma opção fundamental pela prossecução de valores como a intangibilidade da vida humana, da liberdade, da segurança, da propriedade, ademais de obsequiosas à igualdade e resultantes do exercício da função legislativa, predominantemente exercida pelo Congresso Nacional, com a sanção presidencial, como órgão de expressão do Poder Legislativo, exercitado por delegação do titular da soberania, o povo. Isso, obviamente, sem esquecer que no Brasil, o Executivo *não* apenas se movimenta dentro dos limites que lhe são traçados pelo Legislativo, mas também *o faz* sob o controle do juiz (art. 5º, XXXV, da CF). Aí, sim, a expressão 'Estado de Direito' guardará sintonia material com a Constituição.

"4.4 Neste ponto, uma primeira conclusão já é possível. No sofisticado esquema de relações entre a autoridade e a liberdade, tudo se resume à cláusula da *proteção da liberdade mediante a interdição do arbítrio do Estado e, dentro deste, do Poder mais perigoso para a cidadania, que é o Executivo*. Aliás, esta a razão de ser do direito administrativo, a sua filiação histórica, como rebento legítimo e não bastardo do Estado de Direito liberal, tal como concebido pela Revolução Francesa. Sob esta perspectiva, *a liberdade é a regra e a sua restrição a exceção*; e toda exceção se interpreta restritiva e nunca ampliativamente. A propósito, em recente decisão, o STF deixou assentado que matéria de direito estrito não se presume nem comporta interpretação ampliativa (ADI 724-6-RS, *DJU* 27.4.2001). Segue-se inclusive que, na dúvida, decide-se em favor da liberdade, à semelhança do que acontece no direito do trabalho (na dúvida, em favor do mísero) e no Direito Penal (na dúvida, em favor do réu). Ou deixou de ser exato que quem nasce livre (e igual em direitos) é o homem? Ou que só este é titular de uma *liberdade originária, nunca o Estado*? (...)."

*4.* Acrescento, agora: e que essa liberdade originária somente admite limites postos pela lei, como expressão da vontade geral, não sendo por outra razão que a liberdade para o indivíduo significa ausência de proibição legal, enquanto para a Administração traduz necessidade de prévia habilitação por lei. Não é à toa que Fritz Fleiner deixou averbado: "Administração legal , então, é aquela posta em movimento pela lei e exercida dentro dos limites de suas disposições"; e Seabra Fagundes, em fórmula feliz, registrou: "Administrar é aplicar a lei de ofício"; e Cirne Lima, à sua vez, resumiu em síntese de rara oportunidade: "Jaz, conseqüentemente, a Administração Pública debaixo da legislação que deve enunciar a regra de Direito"; e, enfim, o atual Celso Antônio Bandeira de Mello: "No Estado de Direito, a Administração só pode agir em obediência à lei, esforçada nela e tendo em mira o fiel cumprimento das finalidades assinadas na ordenação normativa". Ademais, essa liberdade tolera somente as restrições proporcionadas às necessidades coletivas a serem atendidas, excluído qualquer excesso, seja no tocante à intensidade da medida restritiva adotada, seja no relativo à sua amplitude. Ou, na fórmula do Código de Procedimento Administrativo do Estado de Sergipe (Lei Complementar 33/96): "A Administração

Pública Estadual, no desempenho da função administrativa, reger-se-á pelos princípios gerais: "Art. 4º. A Administração Pública Estadual, no desempenho da função administrativa, reger-se-á pelos princípios gerais: (...); VI- da proporcionalidade, significando que, no desempenho da função administrativa suscetível de agravar a situação jurídica dos administrados, somente se adotarão providências cuja extensão e intensidade sejam indispensáveis para a realização do correspondente interesse público".

*5.* A partir daí, ausente o propósito de reanimação de um Liberalismo caduco e malsão sob vários aspectos, o que se há de fazer é revisitar o tema. E uma outra conclusão talvez aflore, mais condizente com um Estado Democrático de Direito, cujas raízes mais profundas e mais sadias estão lançadas no ideário revolucionário francês: o *princípio* sobre o qual *se articula* todo o direito administrativo continua a ser o da *liberdade do indivíduo*. Tudo quanto a restrinja não é mais senão exceção, e como tal há de ser tratado. O que, no pertinente ao tema ora versado, é o mesmo que dizer: é vedado impor restrições à liberdade individual, salvo quando o interesse público *comprovadamente* o exigir, e na exata medida dessa exigência. Enfim, veja-se, aí, que é o próprio indivíduo, atuando diretamente ou pelos seus representantes eleitos, na forma de lei, que, dispondo sobre si mesmo e suas conveniências, estabelece limites à sua liberdade. Nessa medida, continua sendo, como já o era antes, livre. E a liberdade, então, aparece como ponto de partida e ponto de chegada da jornada humana sobre a Terra.

# PARECERES

## EMPRESA ESTATAL – ASSOCIAÇÃO COM EMPRESA PRIVADA SEM LICITAÇÃO PARA CONSTITUÍREM SOCIEDADE DE PROPÓSITOS ESPECÍFICOS QUE DISPUTARÁ LICITAÇÃO DE CONCESSÃO DE SERVIÇO PÚBLICO – INVALIDADE – INCONSTITUCIONALIDADE DO ART. 32 E §§ DA LEI 9.074/1995

Celso Antônio Bandeira de Mello

Professor Titular de Direito Administrativo da Faculdade de Direito da PUC/SP

### CONSULTA

A empresa "X" formula-nos a seguinte consulta:

> I – Empresa estatal pode, para fins de colher preços em vista de participar de certame licitatório, travar, sem licitação, pré-contratos de fornecimento de bens e serviços com terceiros e, se viesse a vencer dito certame, firmar com eles os ulteriores contratos definitivos?
>
> II – Empresa estatal poderia, sem prévio certame licitatório, escolher livremente empresa privada para com ela associar-se em vista da constituição de empresa de propósitos específicos para a qual viria a ser outorgada concessão de serviço público?

Às indagações respondo nos termos que seguem.

### PARECER

*1.* É sabido e ressabido que o Poder Público, em quaisquer de suas esferas – federal, estadual, distrital e municipal –, tanto como as entidades de suas Administrações indiretas, são obrigados a um procedimento seletivo prévio quando desejam constituir vínculos com terceiros neles interessados, ensejando-lhes a possibilidade de disputarem isonomicamente o desfrute de situação que não possa ser dispensada generalizadamente a todos os pretendentes.

A licitação é o mais comum e disseminado destes procedimentos prévios, e é a regra geral quando os sujeitos governamentais queiram adquirir, alienar ou locar bens, contratar a realização de obras ou serviços, outorgar concessões, permissões de obra, serviço ou de uso exclusivo de bem público.

Notoriamente, perante tais situações ditas pessoas estão adstritas a promovê-la.

De fora parte a expressa exigência constitucional, como adiante se dirá, e os ditames legais que a fazem obrigatória, o simples princípio da igualdade, pedra angular do Estado Democrático de Direito e insculpido no art. 5º da Lei Magna, seria mais que bastante para impor sua indeclinável realização, ainda que inexistissem os preceitos normativos que lhe reclamam a positividade.

Nunca é demais encarecer que a *igualdade de todos* em face do Poder Público está na raiz mesma do moderno Estado Democrático e se constitui, sem dúvida alguma, em objetivo de supina importância. Relembre-se que o próprio princípio da *legalidade* é um meio para colocar a isonomia a bom recato. Não sem razão, o lema da Revolução Francesa – movimento instaurador das idéias do Estado de Direito no Continente Europeu – era "Liberté, *Egalité*, Fraternité", e não "Liberté, *Légalité*, Fraternité".

Aliás, este valor – a isonomia – que a ordem normativa se esmera em proteger, está estampado no texto constitucional do País *não apenas na implicitude que advém do princípio da legalidade e na mencionada consagração expressa* na própria abertura do título relativo aos "Direitos e Garantias Fundamentais" (art. 5º), como especificamente na qualidade de cânone básico regedor da Administração, no art. 37, ao se consagrar, ali, o princípio da *impessoalidade*. Deveras, por via dele almejou-se que houvesse uma regra só, a mesma para todos os colhidos por sua abrangência e efeitos, embargando-se, então, as perseguições, os favoritismos, as benesses para uns em detrimento de outros – vale dizer, o arbítrio, cuja eliminação é precisamente o objetivo máximo do Estado de Direito.

*2.* Ademais, a licitação é reclamada por outro princípio constitucional de assinalada relevância: o princípio da moralidade administrativa, bem jurídico ao qual nosso sistema constitucional atribuiu o mais subido realce, pois o enfatizou em pelo menos quatro oportunidades. A saber:

(a) No art. 5º, LXXIII, segundo cujos termos: "qualquer cidadão é parte legítima para propor ação popular que vise a anular ato lesivo ao patrimônio público ou de entidade de que o Estado participe, à *moralidade administrativa*, ao meio ambiente e ao patrimônio histórico e cultural, ficando o autor, salvo comprovada má-fé, isento de custas judiciais e do ônus da sucumbência" (grifamos).

(b) No art. 37, *caput*, ao erigir a moralidade em princípio assujeitador da Administração direta, indireta ou fundacional.

(c) No § 4º do mesmo art. 37, ao dispor que: "Os atos de improbidade administrativa importarão a suspensão dos direitos políticos, a perda da função pública, a indisponibilidade dos bens e o ressarcimento ao erário, na forma e gradação previstas em lei, sem prejuízo da ação penal cabível".

(d) No art. 85, ao enunciar como crime de responsabilidade, ensejador do *impeachment* do presidente da República, a prática de atos que atentem contra: "V – a probidade na administração".

Se não existisse o dever de licitar, não padece dúvida de que os administradores públicos podendo, a seu bel-prazer, entregar a quem desejassem os negócios a serem travados com particulares, se o desejassem fariam disto um meio de captação de proveitos pessoais, em detrimento da moralidade administrativa e com inevitável sacrifício da qualidade do atendimento do interesse público que deveria ser buscado naquelas relações. Assim, é livre de qualquer dúvida ou entredúvida que a licitação é um instrumento indispensável para proteger a moralidade administrativa.

*3.* Até agora foram postos em saliência preceitos que atinam a um dos ângulos da questão enfocada, mas há outro aspecto a ser salientado, e ao qual alude procedentemente a Lei nacional de Licitações, Lei 8.666, de 21.6.1993. Esta, logo em seu art. 3º, indica quais são os objetivos da licitação: "A licitação destina-se a garantir a observância do princípio constitucional da isonomia e a selecionar a proposta mais vantajosa para a Administração (...)".

Com efeito, a licitação está animada pela correta convicção de que por via da competição instaurada entre os afluentes ao certame se poderá abicar no melhor negócio possível para satisfação do interesse público. Ou seja: estriba-se também na idéia óbvia de que os concorrentes, movidos pelo empenho de vencer o certame, se esforçarão por se superar reciprocamente na oferta de vantagens ao promotor da licitação.

Então, por via deste expediente não só se assegura o princípio da igualdade; não apenas se forceja por assegurar a moralidade administrativa, contrapondo-se tanto a perseguições como – e sobretudo – a favoritismos que, se fora livre a contratação, poderiam existir, motivados pelas mais diversas razões, desde as partidárias ou de amizade até as mais interesseiras e desonestas, como também, o que é de fundamental importância para a defesa de interesses administrativos, concorre-se decisivamente para a captação do negócio mais vantajoso para as conveniências públicas, obsequiando-se, dessarte, o *princípio da boa administração*, conhecido da doutrina italiana e que, entre nós, está consagrado sob a denominação menos feliz de *princípio da eficiência*.

*4.* Sempre é oportuno enfatizar a importância dos princípios para a intelecção da ordem jurídica. A respeito, de outra feita averbamos:

"Violar um princípio é muito mais grave que transgredir uma norma. A desatenção ao princípio implica ofensa não apenas a um específico mandamento obrigatório, mas a todo o sistema de comandos. É a mais grave forma de ilegalidade ou inconstitucionalidade, conforme o escalão do princípio atingido, porque representa insurgência contra todo o sistema, subversão de seus valores fundamentais, contumélia irremissível a seu arcabouço lógico e corrosão de sua estrutura mestra.

"Isto porque, com ofendê-lo, abatem-se as vigas que o sustêm e alui-se a estrutura neles esforçada."

A assertiva justifica-se, porquanto: "Princípio é, por definição, mandamento nuclear de um sistema, verdadeiro alicerce dele, disposição fundamental que se irradia sobre diferentes normas, compondo-lhes o espírito e servindo de critério para sua exata compreensão e inteligência, exatamente por definir a lógica e a racionalidade do sistema normativo, no que lhe confere a tônica e lhe dá sentido harmônico. É o conhecimento dos princípios que preside a intelecção das diferentes partes componentes do todo unitário que há por nome sistema jurídico positivo".[1]

Deveras, nos princípios se encontram as direções estimativas que obrigatoriamente conformam de modo completo quaisquer atos a eles submetidos, como bem anotou Agustín Gordillo, doutor da maior suposição, ao apostilar: "Diremos entonces que los principios de derecho público contenidos en la Constitución son normas jurídicas pero no sólo eso; mientras que la norma es un marco dentro del cual existe una cierta libertad, el principio tiene substancia integral".

E, a breve trecho: "La norma es límite, el principio es límite y contenido. La norma da a la ley la facultad de interpretarla o aplicarla en más de un sentido, y el acto administrativo la facultad de interpretar la ley en más de un sentido; pero el principio establece una dirección estimativa, un sentido axiológico, de valoración, de espíritu".[2]

*5.* Sem embargo, sejam quais forem estes múltiplos assentos principiológicos do dever de licitar, de toda sorte, o fato é que o art. 37, XXI, da CF o impõe de maneira explícita, iniludível e peremptória, ao estatuir:

1. Celso Antônio Bandeira de Mello, *Curso de Direito Administrativo*, 22ª ed., São Paulo, Malheiros Editores, 2007, pp. 922-923.

2. Agustín Gordillo, *Introducción al Derecho Administrativo*, 2ª ed., Buenos Aires, Abeledo-Perrot, 1966, pp. 176-177.

"A Administração Pública direta e indireta de qualquer dos Poderes da União, dos Estados, do Distrito Federal e dos Municípios obedecerá aos princípios de legalidade, impessoalidade, moralidade, publicidade e eficiência e, também, ao seguinte: (...) XXI – ressalvados os casos especificados na legislação, as obras, serviços, compras e alienações serão contratados mediante *processo de licitação pública* que assegure igualdade de condições a todos os concorrentes, com cláusulas que estabeleçam obrigações de pagamento, mantidas as condições efetivas da proposta, nos termos da lei, o qual somente permitirá as exigências de qualificação técnica e econômica indispensáveis à garantia do cumprimento das obrigações" (grifamos).

É, então, claro a todas as luzes que a Lei Maior instituiu como *regra geral* o dever do Poder Público de realizar previamente licitação pública para poder travar os aludidos contratos, valendo enfatizar que o disposto no preceptivo citado abrange, como resulta do seu *caput*, tanto a Administração direta quanto a indireta.

***6.*** Não se imagine que o fato de o inciso XXI declarar "ressalvados os casos especificados na legislação" aporte algum enfraquecimento relevante no rigor da regra em apreço, pois é óbvio que da ressalva em questão só se pode extrair a possibilidade de afastamento do certame licitatório quando, em intelecção razoável, sua realização seria, pela natureza das coisas ou por razões de tomo, compreensivelmente havida como inexeqüível ou despicienda.

Deveras, se o legislador pudesse arredar, ao seu talante, a obrigação de licitar, sem que para tanto comparecessem motivos de relevância indiscutível, é óbvio que o dever em causa não teria força constitucional, mas meramente legal, visto que se imporia, ou não, ao sabor do legislador, ao arbítrio deste. Ora, ninguém de bom senso adotaria tal interpretação, pena de irrogar ao constituinte a rematada tolice de incluir um dispositivo de valência substancialmente nula. Eis, pois, que as situações em que pode ser postergada a licitação são excepcionais, de modo que, afora os casos entre nós conhecidos como de inexigibilidade, não podem ser erigidas hipóteses de dispensa senão quando, em intelecção razoável, se tenha de convir que para tanto concorrem razões de indiscutível procedência.

Com efeito, ninguém imaginaria que o art. 37, XXI, ao fixar o princípio geral da obrigatoriedade de licitação, com ressalva dos casos especificados na legislação, abriu a possibilidade de que esta, sem peias ou limites lógicos e juridicamente defensáveis, pudesse, a seu talante, promover a subversão ou o desnaturamento do sentido informador do comando em apreço.

Se fosse admissível tão desabrida intelecção, incidir-se-ia no disparate de concluir que a norma em apreço seria uma quase-inutilidade, de valência subalterna, já que sua positividade não dependeria de sua força própria, a constitucional, mas daquela que o Legislativo ordinário lhe quisesse emprestar.

*7.* Foi o que de outra feita averbamos, ao nos reportarmos ao precitado art. 37, XXI, nos seguintes termos: "Evidentemente, aí não se concedeu um aval para que a lei exima de licitação os casos que bem entenda. É óbvio que se assim fosse o legislador ordinário, a seu talante, faria ou não imperar a clara opção constitucional em prol da licitação como regra, e regra demandada pela própria noção de República ou de Estado Democrático de Direito. O que decorre da ressalva inicial do preceptivo em causa é que a lei permitira contratação direta seja quando inexistirem as condições objetivas propiciatórias da disputa útil em que se substancia este procedimento, seja quando realizá-lo implicaria menoscabar a própria realização de interesses públicos".[3]

3. Celso Antônio Bandeira de Mello, "Pressupostos da Licitação", in Armando Verri Jr. e outros (coords.), *Licitação e Contratos Administrativos, Temas Controvertidos*, São Paulo, Ed. RT, 1999, p. 129.

Também Joel de Menezes Niebuhr observa que "o legislador não decide dispensar a licitação com liberdade absoluta. A dispensa – foi dito mais de uma vez – pressupõe que a realização do certame acarrete sacrifícios ou prejuízos de monta a valores relacionados ao interesse público".[4]

E, pouco adiante, arrematou: "Então, é forçoso concluir que o legislador só está habilitado a dispensar licitação pública diante de hipótese em que a realização dela acarrete efetivamente gravame de monta ao interesse público, cuja razoabilidade não autorize suportá-lo. Em resumo, somente nestes casos, plenamente justificáveis, para proteger o interesse público, é que o legislador tem a liberdade de criar hipótese de dispensa".

O mesmo autor colaciona ainda, na mesma linha, dois oportuníssimos comentos, de Adilson Dallari e de Carlos Ari Sundfeld, que merecem transcrição.

Disse o primeiro deles: "É preciso, porém, deixar uma coisa bastante clara: não é dado ao legislador, arbitrariamente, criar hipótese de dispensa de licitação, porque a licitação é uma exigência constitucional. Se o elemento tomado em consideração para que seja feita essa dispensa não for pertinente, não for razoável ou compatível com o princípio da igualdade, a lei será inconstitucional. A dispensa indevidamente dada pela lei não pode valer perante a Constituição. Portanto, não é dado ao legislador dispensar licitação ao seu talante., à sua vontade, se esse fator de discrímen, se o elemento tomado em consideração, não for relevante e não tiver abrigo constitucional, se não for razoável, pelo menos, à luz da Constituição".[5]

O segundo prelecionou: "O legislador tem o poder, conferido pelo constituinte, de indicar situações de dispensa. No entanto, sob pena de inconstitucionalidade, há de usá-lo sem desvios ou excessos, pois não dispõe de cheque em branco para, sem justificativa razoável, excepcionar o princípio geral da obrigatoriedade da licitação. Não fosse assim, a eficácia da imposição constitucional ficaria dependente dos desejos do legislador, em inversão total da ordem normativa".[6]

Evidentemente, então, aí não se concedeu um aval para que a lei exima de licitação os casos que bem entenda, pois, a ser deste modo, o legislador ordinário, a seu livre alvedrio, faria ou não imperar a clara opção constitucional em prol da licitação como regra, e regra demandada pela própria noção de República ou de Estado Democrático de Direito. O que decorre da ressalva inicial do preceptivo em causa é que a lei permitirá contratação direta seja quando inexistirem as condições objetivas propiciatórias da disputa útil em que se substancia este procedimento, seja quando realizá-lo implicaria menoscabar a própria realização de interesses públicos.

Dessarte, não cabe dúvida ou entredúvida de que o Poder Público, para se eximir do dever de licitar, necessitaria estar perante situação cuja compostura justificasse logicamente tal isenção, na conformidade de parâmetros de razoabilidade, ao lume dos quais fosse perceptível que a exceção daí derivada não comprometeria a higidez da regra, não lhe ofenderia a razão de ser, nem se incompatibilizaria com seus fundamentos jurídicos e racionais.

***8.*** Assinale-se, derradeiramente, que o texto constitucional ainda é mais enfático na imposição do dever de licitar quando em pauta a outorga de permissões e concessões de serviço público, posto que o art. 175 dispõe: "Incumbe ao Poder Público, na forma da lei, diretamente ou sob regime de concessão ou permissão, *sempre através de licitação*, a prestação de serviços públicos" (grifamos).

4. Joel de Menezes Niebuhr, *Dispensa e Inexigibilidade de Licitação Pública*, São Paulo, Dialética, 2003, p. 136.

5. Adilson Dallari, *apud* Joel Niebuhr, *Dispensa e Inexigibilidade de Licitação Pública*, pp. 136-137.

6. Carlos Ari Sundfeld, *apud* Joel Niebuhr, *Dispensa e Inexigibilidade de Licitação Pública*, p. 137.

Perante estes institutos, o constituinte houve por bem não apenas renovar o dever da adoção de procedimento licitatório prévio – reforçando, pois, a dicção do art. 37 –, como encareceu sua necessidade por meio de linguagem ainda mais cortante, ao se servir de dicção bastante radical, por estabelecer que o Poder Público, para se servir de permissão de serviço público ou concessão de serviço público. teria de fazê-lo "sempre através de licitação".

***9.*** É ao lume destes suportes teóricos que se haverão de examinar as duas indagações da consulta, as quais, em face deles, apresentam-se, já a um primeiro súbito de vista, como naturalmente resolutas.

Deveras, por tudo quanto foi colhido do texto constitucional e dos princípios nele residentes, é óbvio que uma entidade estatal prestadora de serviço público participante de concorrência jamais poderia eleger com liberdade alguma empresa para apenas nela colher preços e firmar pré-contratos para fornecimento de bens e serviços; contratos, estes, que se tornariam definitivos caso a estatal obtivesse sucesso no certame. Trata-se de algo de evidência solar, pois sobre postergar-se, nisto, sem qualquer razão prestante, o princípio da licitação, tal procedimento estaria a traduzir um favorecimento óbvio a uma dada empresa, com postergação dos princípios da igualdade e da busca do melhor negócio e com evidente risco para o princípio da moralidade administrativa, podendo-se dizer que nisto estaria ocorrendo uma agressão à escala vista ao princípio da impessoalidade, a que alude o *caput* do art. 37.

Com efeito: é claro a todas as luzes que o interesse público seria atendido se a estatal buscasse obter as cotações mais baixas encontráveis por via de uma competição entre as interessadas, e não se, inversamente, sem qualquer razão prestante, decidisse convidar uma empresa, decidindo-se benemerentemente em favor dela. Foi, todavia, por este rumo inadmissível que enveredou a Lei 9.074, de 7.7.1995, ao dispor, em seu art. 32 e §§, que:

"Art. 32. A empresa estatal que participe, na qualidade de licitante, de concorrência para concessão e permissão de serviço público poderá, para compor sua proposta, colher preços de bens ou serviços fornecidos por terceiros e assinar pré-contratos com dispensa de licitação.

"§ 1º. Os pré-contratos conterão, obrigatoriamente, cláusula resolutiva de pleno direito, sem penalidades ou indenizações, no caso de outro licitante ser declarado vencedor.

"§ 2º. Declarada vencedora a proposta referida neste artigo, os contratos definitivos, firmados entre a empresa estatal e os fornecedores de bens e serviços, serão, obrigatoriamente, submetidos à apreciação dos competentes órgãos de controle externo e de fiscalização específica."

Eis, pois, que o art. 32 e §§, supratranscritos, ao autorizarem a postergação do certame e contratação direta na hipótese ali contemplada, ofenderam à escala vista o art. 37 da CF, incorrendo em grosseira inconstitucionalidade, por não existirem fundamentos sólidos que permitiriam a absolvição do dever de licitar em casos desta ordem.

***10.*** Muito mais evidente ainda seria a invalidade da conduta de empresa estatal que dessarte almejasse associar-se a empresa privada para fins de constituir com ela sociedade de propósitos específicos destinada a receber concessão de serviço público de exploração de energia elétrica.

Com efeito, ao associar-se, sem licitação, com empresa estatal, viria a sociedade privada a ganhar a possibilidade de disputar certame para obter concessão *em situação que estaria juridicamente fora de seu alcance*; qual seja, na qualidade de associada de uma estatal. Faltando-lhe a titulação jurídica para dita sociedade, que só poderia ter obtido ao cabo de procedimento licitatório em que houvesse sido vencedora, evidentemente não poderia ao depois vir a se beneficiar de uma concessão (em caso de vitória da sociedade de propósitos específicos) a que teria acedido sem poder aceder a ela.

Em suma: mesmo a um primeiro súbito de vista salta aos olhos a grosseira inconstitucionalidade que se constituiria na associação, sem procedimento licitatório prévio, de empresa estatal com empresa privada – vício, este, cuja escandalosa evidência se exponenciaria ao máximo se dita associação se destinasse a constituir empresa de propósitos específicos para receber concessão de serviço público da qual a empresa privada se beneficiaria sem ter participado de licitação que a habilitasse ulteriormente à disputa da concessão.

***11.*** Cumpre notar que a Lei nacional de Licitações e Contratos (n. 8.666, pré-mencionada) explicitamente manifesta o propósito de colocar em seu âmbito de incidência um larguíssimo espectro de relações entre Administração e terceiros. Com efeito, seu art. 2º, parágrafo único, estabeleceu que: "Para os fins desta Lei, considera-se contrato qualquer ajuste entre órgãos ou entidades da Administração Pública e particulares, em que haja um acordo de vontade para a formação de vínculo e a estipulação de obrigações recíprocas, seja qual for a denominação utilizada". É certo, ainda, que *sociedade* é um tipo de contrato, e que, se para simples fornecimento de bens é exigida licitação, com muito maior razão haver-se-á de exigi-la para um tipo de contrato que estabelece entre as partes um vínculo ainda muito mais estreito e comprometedor, como ocorre no contrato de sociedade.

Seja como for, o que jamais se poderia pôr em dúvida é que os cânones fundamentais, constitucionalmente consagrados, da isonomia, da impessoalidade da Administração, da moralidade e da eficiência ou boa administração inadversavelmente exigiriam licitação nas hipóteses submetidas à consulta.

***12.*** Isto tudo posto e considerado, às indagações da consulta respondo:

I – Empresa estatal não pode, para os fins de colher preços em vista de participar de certame licitatório, travar, sem licitação, pré-contratos de fornecimento de bens e serviços com terceiros e, se viesse a vencer dito certame, firmar com eles os ulteriores contratos definitivos. Fazê-lo corresponderia a ofender o princípio da igualdade, com sérios riscos para o princípio da moralidade, e a postergar inadmissivelmente a busca do negócio mais vantajoso para o Poder Público, agravando, então, o princípio da *boa administração*, consagrado entre nós com o nome de *princípio da eficiência.*

II – Empresa estatal nunca poderia, sem prévio certame licitatório, escolher livremente empresa privada para com ela associar-se em vista da constituição de empresa de propósitos específicos que receberia concessão de serviço público. Fazê-lo implicaria incorrer em todas as violações ao Direito assinaladas na resposta anterior.

É o meu parecer.

São Paulo, 28 de agosto de 2007

## PARECERES

# DAS ATRIBUIÇÕES E RESPONSABILIDADES DO PODER CONCEDENTE E DA CONCESSIONÁRIA FRENTE ÀS SITUAÇÕES DE INTERFERÊNCIA URBANA PROVOCADAS POR BOICOTE AO PEDÁGIO DE RODOVIA OBJETO DE CONCESSÃO

ARNOLDO WALD

Professor Catedrático de Direito Civil da Faculdade de Direito da UERJ

*1. Do regime jurídico das concessões de serviços públicos. 2. Dos direitos e obrigações do poder concedente, da concessionária e dos usuários na concessão da exploração do Sistema Rodoviário Castello-Raposo: 2.1 Obrigações do poder concedente (Estado de São Paulo) – 2.2 Obrigações da concessionária – 2.3 Dos usuários de serviços públicos. 3. O exercício do poder de polícia no âmbito das concessões rodoviárias no Estado de São Paulo. 4. Da alteração unilateral dos contratos administrativos e do dever da Administração de recomposição do equilíbrio econômico-financeiro. 5. A análise da notificação expedida à Consulente e de seus efeitos em face da legislação em vigor do contrato de concessão. 6. Conclusões. Resposta aos quesitos formulados.*

*O contrato de concessão de serviços públicos é classificado como contrato de colaboração e de cooperação entre a empresa privada e a Administração Pública, cujas cláusulas devem ser interpretadas e aplicadas segundo o princípio da parceria.*

*Além do poder-dever de zelar pela adequada prestação dos serviços, o poder concedente se obriga a viabilizar e manter as condições necessárias à referida prestação por parte da concessionária, inclusive mediante o exercício do poder de polícia.*

*Constituindo atribuição do poder concedente, não pode ser exigida da concessionária a realização de ações que impeçam a realização de "boicote", com a utilização de rotas de fuga ao pedágio.*

*O poder concedente tem a prerrogativa de alterar unilateralmente as obrigações nos contratos administrativos, mas está adstrito aos limites e condições ditados pela lei e pelo contrato.*

*Caso o poder concedente venha a adotar medidas que impliquem aumento de encargos para a concessionária, ou que acarretem redução da receita da concessão, está obrigado a recompor a equação econômico-financeira inicial do contrato de concessão.*

*O próprio contrato de concessão, coerentemente com os preceitos consti-*

*tucionais e legais, admite que a concessionária terá direito à recomposição da equação econômico-financeira inicial sempre que ocorrerem fatos imprevisíveis decorrentes de força maior, caso fortuito, fato do príncipe, fato da Administração ou interferências imprevistas que resultarem na variação de custos da concessionária, ou seja, na relação entre custos e remuneração da concessão.*

***In casu,*** *quaisquer medidas tomadas pelo poder concedente no sentido de aumentar os encargos da concessionária servirão de base a um pedido de revisão contratual, de forma a restabelecer o equilíbrio econômico-financeiro inicial do contrato.*

## CONSULTA

*1.* A *Concessionária de Rodovias do Oeste de São Paulo – Via Oeste S/A* (*Via Oeste*), através da sua ilustre advogada, Dra. Sílvia Uemura, honra-nos com consulta que versa sobre as atribuições do poder concedente e da concessionária frente às situações de interferência urbana provocadas por boicote ao pedágio de rodovia objeto da concessão para exploração do *Sistema Rodoviário Castello-Raposo*, à luz do Contrato de Concessão firmado entre as partes e da legislação em vigor.

*2.* Informa a Consulente que o prazo da concessão é de 240 meses, conforme determinado no item 22.1 do Edital e Cláusula Sétima, item 7.1, do Contrato de Concessão, sendo que, após o término do período da concessão, todas os obras realizadas revertem ao Estado de São Paulo, nos termos da Cláusula Quadragésima Segunda, item 42.1, do referido Contrato.

*3.* Em cumprimento ao Contrato de Concessão assinado em 30.3.1998, a *Via Oeste* efetuou diversos investimentos, incluindo a implantação de marginais na rodovia, de forma a acrescentar ao Sistema quatro faixas de rolamento e praça de pedágio, em cada um dos sentidos da rodovia.

*4.* Não obstante os esforços envidados no sentido de aperfeiçoar as condições do referido Sistema Rodoviário, com vistas a proporcionar maior conforto e segurança aos usuários, grande parte dos mesmos vem utilizando uma rota de fuga, ocasionando congestionamentos em determinado trecho localizado do Sistema.

*5.* Diante desta contenção de tráfego, que decorre, em grande parte, do "boicote" feito pelos usuários ao pedágio da rodovia, veio o poder concedente, em 22.6.2001, a notificar a concessionária no sentido de tomar providências para a solução da deficiência apontada no Relatório de Monitoração de Tráfego, relativo aos anos de 1999 e 2000, onde é apontado como ponto crítico o trecho compreendido entre o km 23 e o km 26 da rodovia concedida.

*6.* Acrescentou, ainda, a Comissão de Concessões da Secretaria de Transportes que: "A transposição do nível de serviço 'D' em mais de 50h/ano verificada, conforme estabelecido pelo *Highway Capacity Manual* (*HCM*), compromete a fluidez do tráfego, conforto e segurança do usuário da rodovia, fatores, estes, que integram o conceito de serviço adequado a ser prestado por essa concessionária, conforme definido no art. 6º, § 1º, da Lei 8.987, de 13.2.1995".

*7.* De acordo com a notificação, a concessionária teria o prazo de 30 dias para o cumprimento dessa determinação.

*8.* Diante do exposto acima, indaga-nos a Consulente o seguinte:

**Primeiro quesito** – Em face das disposições da Lei 8.897/1995, do Regulamento da Concessão, bem como do Contrato de Concessão e do Edital de Licitação, quais as atribuições do poder concedente e da concessionária quanto à adoção de medidas para solução de pontos críticos que comprometam a fluidez do tráfego, o conforto e a segurança da rodovia concedida?

**Segundo quesito** – Cabe a recomposição do equilíbrio econômico-financeiro do contrato de concessão caso as medidas que venham a ser adotadas, referidas no quesito anterior, acarretem o rompimento da equação econômico-financeira vigente no início da concessão? Em caso afirmativo, como deverá ser promovida a recuperação do equilíbrio rompido?

*9.* A resposta aos quesitos envolve o estudo do regime jurídico das concessões rodoviárias no que concerne aos deveres do poder concedente, da concessionária e dos usuários, ao exercício de poder de polícia da Administração no âmbito das concessões rodoviárias, à alteração unilateral das condições e efeitos do contrato. Após o estudo dos tópicos acima, passaremos à análise do caso concreto e às respostas aos quesitos apresentados.

PARECER

***1. Do regime jurídico das concessões de serviços públicos***

*10.* Por força de preceito constitucional, o poder concedente mantém uma relação contratual especial com a concessionária prestadora de serviços públicos, sendo o contrato de concessão o instrumento que formaliza tal relação. É o que se extrai do disposto no art. 175, parágrafo único, I, da CF, *in verbis*:

"Art. 175. Incumbe ao Poder Público, na forma da lei, diretamente ou sob regime de concessão ou permissão, sempre através de licitação, a prestação de serviços públicos.

"Parágrafo único. A lei disporá sobre: I – o regime das empresas concessionárias e permissionárias de serviços públicos, *o caráter especial de seu contrato* e de sua prorrogação, bem como as condições de caducidade, fiscalização e rescisão da concessão ou permissão; (...)" (grifamos).

*11.* Certo é que, com a outorga da concessão, o Estado não se desobriga do seu dever constitucional de realizar o serviço público, nem abdica da titularidade da sua prestação, mas delega sua execução ao particular, que a assume todos os riscos empresariais envolvidos, mas sob a supervisão e a cooperação do Poder Público. Conforme se verifica pela etimologia da palavra, "concessão" é uma *cessão* na qual o Estado continua a atuar como participante, sendo que o prefixo "co" também é encontrado em outras palavras com sentido análogo, como é o caso de "condomínio", "cooperação", "colaboração" etc.

*12.* De fato, opera-se, hoje, uma espécie de democratização do exercício do poder do Estado, que se consolida através de relação de colaboração com o particular.

*13.* Em parecer exarado por solicitação da Associação Brasileira das Concessionárias de Rodovias – ABCR, Marçal Justen Filho assinala que: "A supressão do arbítrio e a redução do autoritarismo dão nova relevância ao contrato administrativo, como instrumento de associação entre Estado e iniciativa privada. Produz-se fenômeno denominado de 'contratualização' da atividade administrativa. O Estado substitui o modelo da 'imposição unilateral' pelo do 'acordo bilateral'. Ao invés de o Estado impor, passa a compor-se com os particulares".[1]

*14.* Daí por que a doutrina tem classificado o contrato de concessão de serviços públicos na categoria de contrato de colaboração entre a empresa privada e a Administração, o que lhe dá maior flexibilidade, que se torna mais importante no momento em que se impõe a composição dos interesses dos contratantes, mormente em virtude das *modificações posteriores unilateralmente impostas pelo Poder Público*. Não há dúvida de que todas as alterações contratuais supervenientes que vierem a ser decididas pela autoridade pública não podem prescindir de uma solução ***dinâmica*** *e* ***negociada*** *entre as partes, de modo a não prejudicar*

1. Marçal Justen Filho, in parecer exarado por solicitação da Associação Brasileira de Concessionárias de Rodovias – ABCR, em janeiro/2001.

*a prestação do serviço público concedido nem acarretar injusto desequilíbrio na equação econômico-financeira do contrato de concessão.*

*15.* É a Lei 8.987/1995 que enuncia, no art. 23, as cláusulas que são essenciais ao contrato, as quais, coerentemente com o princípio que inspirou a edição do diploma legal, devem ser interpretadas e aplicadas segundo o princípio da parceria ou da colaboração entre o Poder Público e o empresário privado, sempre com vistas à satisfação do interesse público, que deve predominar por toda a duração do contrato.

*16.* Entramos, assim, num campo que a doutrina francesa caracterizou como sendo o da *economia concertada*,[2] na qual, para realizar seus planos, o Estado e a Administração vêem-se obrigados a negociar constantemente suas obrigações de acordo com os princípios da boa-fé e da lealdade, que se impõem não só na celebração, mas também na execução dos contratos.[3]

## *2. Dos direitos e obrigações do poder concedente, da concessionária e dos usuários na concessão da exploração do Sistema Rodoviário Castello-Raposo*

*17.* Para o exame das questões que constituem o objeto deste parecer faz-se mister identificar os deveres e obrigações do poder concedente, constantes na lei e estabelecidos no Edital e no Contrato de Concessão para exploração do *Sistema Rodoviário Castello-Raposo*, em comparação com os da concessionária e os dos usuários dos serviços.

### *2.1 Obrigações do poder concedente (Estado de São Paulo)*

*18.* No âmbito federal as atribuições do poder concedente[4] encontram-se definidas nos arts. 29 e 30 da Lei das Concessões (Lei 8.987, de 13.2.1995), dispositivos com os quais está afinado o art. 15 da Lei 7.835, de 8.5.1992, que regula as concessões de serviços públicos no Estado de São Paulo (mesmo sendo anterior à lei nacional). No âmbito da regulamentação estadual as atribuições constam do Regulamento da Concessão dos Serviços Públicos de Exploração do Sistema Rodoviário constituído pela Malha Rodoviária Estadual de Ligação entre as Regiões de São Paulo e Sorocaba, baixado pelo Decreto 41.722, de 17.4.1997.

*19.* Conforme a Lei de Concessões, as atribuições do Estado de São Paulo, como poder concedente, abrangem: (a) o controle e a fiscalização dos serviços e das obrigações da concessionária; (b) a homologação de reajustes e revisões tarifárias; (c) zelo que a Administração deve ter para assegurar a prestação de serviço adequado e o atendimento aos direitos dos usuários; (d) as providências do Poder Público necessárias à execução do serviço ou obra pública (desapropriações e constituição de servidões); (e) a implementação de estímulos à qualidade, produtividade, preservação do meio ambiente, competitividade e à formação de associações de usuários.

*20.* Dentre tais atribuições destacam-se as relativas ao *cumprimento das disposições*

2. Roger Percerou, in "Prefácio" da obra de Michel Fleuriet, *Les Téchniques de l'Economie Concertée*, Paris, Sirey, 1974, p. VII.

3. Yves Picod, *Le Devoir de Loyauté dans l'Exécution du Contrat*, Paris, LGDJ, 1989.

4. Conforme nosso *O Direito de Parceria e a Nova Lei de Concessões* (São Paulo, Ed. RT, 1996, p. 148), as atribuições são impropriamente denominadas, pelo legislador, de "encargos", palavra utilizada no texto legal no seu sentido geral, e não na acepção técnica específica do termo, que, conforme o *Dicionário Jurídico* editado pela Academia Brasileira de Letras Jurídicas, significa: "*Dir. Obrig.* Incumbência, obrigação, ônus; em sentido específico, condição estabelecida pelo doador ou testador ao beneficiário da doação ou do testamento" (Rio de Janeiro, Forense, 1990, p. 223).

*regulamentares do serviço e cláusulas contratuais da concessão e ao zelo pela boa qualidade do serviço*, pertinentes ao tema analisado neste parecer. Isto porque, efetivamente, a prestação do serviço adequado constitui obrigação da concessionária. No entanto, tal obrigação tem relação direta com as condições proporcionadas pelo poder concedente para que se realize adequadamente – o que não ocorre no presente caso, em que a prestação do serviço sofre interferência de evento externo.

*21.* Por outro lado, o Regulamento estadual que trata da concessão dos serviços de exploração do Sistema Rodoviário outorgado à *Via Oeste* classifica os serviços e demais atividades operacionais do referido Sistema em: (a) delegados; (b) não-delegados; (c) complementares.

*22.* Conforme o art. 6º do referido Regulamento, os serviços não-delegados são conceituados como aqueles de competência exclusiva do Poder Público, não compreendidos no objeto da concessão (como não poderia deixar de ser, pois representam o exercício do poder de polícia), tais como: (a) policiamento ostensivo de trânsito, preventivo e repressivo; (b) fiscalização e autuação de infrações relativas a: veículo; documentação; motorista; *regras de circulação, estacionamento e parada*; excesso de peso; (c) emissão de outorgas, nos termos da lei, referentes a: serviços de transporte coletivo de caráter rodoviário, internacional, interestadual e intermunicipal; serviços de transporte coletivo de caráter urbano, intermunicipal, suburbano, metropolitano ou municipal; serviços de transporte de trabalhador rural ou de pessoas em veículos de carga; realização de eventos na rodovia; serviços de transporte de cargas excepcionais e de cargas perigosas.

*23.* Como se observa da análise das disposições supra, um dos objetivos da atuação do Poder Público é possibilitar a ampla utilização das rodovias, resguardando a segurança dos usuários e bens e sua devida e necessária preservação. Tal objetivo pode ser melhor verificado quando se atribui ao poder concedente a competência exclusiva para o estabelecimento de *regras de circulação nas rodovias*, essenciais para sua devida utilização e diminuição dos riscos inerentes a tais serviços (que são verdadeiras limitações necessárias e legítimas ao direito de ir e vir).

*24.* Depreende-se do exame do item 18 do Edital, em conjunto com a Cláusula 47 do Contrato, que o poder concedente, por intermédio do Departamento de Estradas de Rodagem/DER, possui diversas obrigações, que visam a possibilitar o cumprimento das atividades decorrentes da concessão do *Sistema Rodoviário Castello-Raposo*, dentre as quais se destacam:

– aprovar, desde que autorizado pelo poder concedente, solicitações encaminhadas pela concessionária, quanto à construção, reformulação ou remoção de acessos;

– prestar assistência, quando solicitado, aos entendimentos com os órgãos competentes nas questões relacionadas com o licenciamento ambiental;

– dar apoio aos entendimentos com as Prefeituras Municipais quanto à construção, reformulação ou remoção de acessos;

– dar apoio aos entendimentos junto a concessionários de serviços públicos sempre que tais serviços, dentro da faixa de domínio, interfiram nas atividades da concessão;

– aprovar os projetos executivos dos serviços a serem implantados ou modificados, bem como os pareceres e relatórios emitidos por empresas independentes;

– fiscalizar a execução dos serviços delegados, dos serviços complementares e a exploração da concessão, zelando pela sua boa qualidade, inclusive recebendo e apurando queixas e reclamações dos usuários.

*25.* Da análise das disposições anteriores observa-se que, além do *poder-dever* de zelar pela adequada prestação dos serviços, o poder concedente *se obriga a possibilitar e manter as condições necessárias à referida prestação do serviço público por parte da concessionária*. Com efeito, insere-se no âmbito da sua competência exclusiva a prática de atos da administração pública, inclusive os inerentes ao poder de polícia, implementando ações que fogem à alçada da concessionária do serviço público, mas são imprescindíveis ao desenvolvimento do objeto da concessão.

***26.*** É relevante observar, nesse sentido, que, além dessas atribuições, o item 20.7 do Edital estabelece que: "O Poder Público exercerá no Sistema Rodoviário o poder de polícia administrativa, incluindo a competência para impor multa aos infratores dos regulamentos aplicáveis ao Sistema".

***27.*** À luz das disposições legais, regulamentares e contratuais, pode-se afirmar que as atribuições do poder concedente, no caso, como em toda concessão de serviços públicos, compreendem uma atuação efetiva, principalmente no âmbito da prevenção de práticas nocivas à perfeita execução do objeto da concessão.

*2.2 Obrigações da concessionária*

***28.*** Da mesma forma que o poder concedente, a concessionária *Via Oeste* também possui obrigações decorrentes da lei, do Edital e do Contrato para a exploração do *Sistema Rodoviário Castello-Raposo*.

***29.*** Conforme o art. 31 da Lei de Concessões, incumbem às concessionárias de serviços públicos a prestação de serviço adequado aos usuários bem como as providências e comportamentos que lhes competem, perante o poder concedente, com respeito à conservação e ao zelo pela integridade dos bens vinculados à concessão, à gestão dos recursos financeiros inerentes à prestação do serviço e às medidas que estão autorizadas a promover, de acordo com o edital e o contrato (desapropriação e constituição de servidões etc.).

***30.*** No âmbito estadual, o art. 5º do Regulamento aprovado pelo Decreto 41.722/1997, ao determinar que os serviços delegados são de competência específica da concessionária, elenca em diversos incisos e alíneas o alcance dos mesmos, destacando-se os seguintes:

– serviços correspondentes a funções operacionais (operação do sistema integrado de supervisão e controle de tráfego, postos de pedágio, postos de pesagem, prestação de apoio aos usuários; sinalização, implantação de esquemas operacionais; etc.);

– serviços correspondentes a funções de conservação (rotina e conservação dos elementos do Sistema Rodoviário; conservação de emergência);

– serviços correspondentes a funções de ampliação (duplicação de trechos da SP-270 – Rodovia Raposo Tavares; implantação de marginais e interseções; equacionamento de interferência com os sistemas de infra-estrutura e de serviços públicos; implantação ou adequação aos níveis de serviço ou às normas de segurança, de acesso, interseções e dispositivos de segurança; etc.).

***31.*** Para a realização de tais serviços, o art. 9º do referido Regulamento estabelece os *deveres* da concessionária, em 26 incisos.[5] Sob o aspecto contratual, conforme as Cláusulas 13 e 48 do Contrato e o item 19 do Edital (considerados os dois instrumentos conjuntamente) enunciam, dentre outras, as seguintes *obrigações* da *Via Oeste*:

– dar conhecimento imediato de todo e qualquer evento que possa vir a prejudicar ou impedir o pontual e tempestivo cumprimento das obrigações contratuais e que possa constituir causa de intervenção na concessionária, de caducidade da concessão ou da rescisão do Contrato;

5. Destacam-se, dentre os deveres estabelecidos no art. 26, aqueles inscritos nos seguintes incisos: "I – acionar todos os recursos à sua disposição a fim de garantir a fluidez do tráfego, em nível de serviço adequado"; "VIII – apoiar as atividades de fiscalização e policiamento"; "XXII – manter o poder concedente informado sobre toda e qualquer ocorrência não-rotineira".

– dar conhecimento imediato de toda e qualquer situação que corresponda a fatos que alterem de modo relevante o normal desenvolvimento dos serviços ou da exploração, apresentando, por escrito e no prazo mínimo necessário, relatório detalhado sobre esses fatos, incluindo, se for o caso, contribuição de entidades especializadas, externas à concessionária, com as medidas tomadas ou em curso para superar ou sanar os fatos referidos.

*32.* A iniciativa de comunicação de eventos e fatos ao poder concedente é providência de grande relevância a ser adotada pela concessionária, reveladora do cumprimento de determinação contratual e da preocupação com determinadas situações, como a ora existente, que consiste em "boicote" organizado e sistemático ao pagamento do pedágio, o que provoca congestionamentos e perturbação à prestação adequada do serviço. Na verdade, a iniciativa deve ser analisada não somente sob o ponto de vista de cumprimento de obrigação, mas principalmente sob o aspecto da oportunidade e conveniência da atuação do concedente, inclusive requerendo-se do mesmo a adoção das medidas necessárias para coibir a ação irregular.

*33.* De qualquer forma, não se pode exigir da concessionária que adote medidas fora de sua alçada para impedir a superveniência de situações como a que ora se apresenta, com a utilização de rota de fuga pelos usuários. Aguarda-se da mesma tão-somente a tomada de providências no âmbito de sua competência e desde que sejam razoavelmente exigíveis para a adequada prestação dos serviços.

*34.* A Cláusula 21 do Contrato e o item 20 do Edital, que tratam, respectivamente, da exploração do Sistema Rodoviário e da execução dos serviços, determinam de forma expressa que, durante todo o prazo da concessão, a concessionária é obrigada a manter condições de serviço adequado, para todas as atividades sob sua responsabilidade, prevendo-se o cumprimento de diversas outras obrigações específicas que possibilitem a prestação do referido serviço (planos de segurança, automatização das operações etc.).

*35.* De acordo com as normas editalícias e contratuais, o serviço deve ser prestado conforme padrões e níveis estabelecidos, que assegurem (de forma quantitativa e qualitativa) a efetiva prestação do serviço adequado, ou seja, conforme parâmetros a serem cumpridos pela concessionária.

*36.* Para tal, o Sistema Rodoviário cuja exploração é concedida à concessionária já estava definido no Edital como "o conjunto composto, na situação atual, pelo Sistema existente (item 13.1) e, no futuro, pelas ampliações decorrentes dos serviços correspondentes às funções de ampliação e do Complexo Maria Campos, da ligação da SP-075 com a SP-270 e dos contornos dos trechos urbanizados de São Roque e de Brigadeiro Tobias, após sua implantação, a serem executadas pelo DER e pela DERSA".

*37.* Tais aspectos são relevantes e pertinentes à discussão da matéria, na medida em que comprovam o alcance das condições existentes e que embasaram a proposta apresentada na licitação. Cabe, aliás, ponderar que o valor do investimento previsto no Edital é o "valor correspondente ao desembolso previsto para ampliação e conservação especial, previsto no Plano de Negócios,[6] que servir de base à celebração do Contrato", não tendo sido prevista, obviamente, uma eventual nova obrigação decorrente da situação objeto do presente parecer.

*38.* Em suma, sendo certo que a prestação do serviço adequado é verificada conforme padrões e níveis conhecidos previamente pela concessionária, que assumiu

6. Além de diversos outros aspectos, o Plano de Negócios contempla as projeções dos volumes de tráfego e das receitas correspondentes por praças de pedágio, além dos desembolsos referentes aos serviços correspondentes às funções de operação, conservação e apoio aos serviços não-delegados.

referida obrigação, insere-se no âmbito das atribuições do poder concedente manter as condições mínimas exigidas para o perfeito cumprimento do acordado e previsto em todos os documentos para a exploração do Sistema Rodoviário.

*2.3 Dos usuários de serviços públicos*

***39.*** Ao lado das obrigações e direitos do poder concedente e da concessionária, coexistem os direitos e deveres dos usuários de serviços públicos.

***40.*** Conforme o art. 7º da Lei de Concessões, ao lado dos direitos que lhe são assegurados, há obrigações impostas aos usuários, e, dentre outras, a de "contribuir para a permanência das boas condições dos bens públicos através dos quais lhes são prestados os serviços".

***41.*** Nos termos do art. 16 do Regulamento da Concessão, anteriormente citado, são direitos e obrigações dos usuários, especialmente:

– receber serviço adequado;

– *pagar pedágio*;

– contribuir para a permanência das boas condições dos bens públicos através dos quais lhes são prestados os serviços.

***42.*** Por seu turno, a Cláusula 46 do Contrato prevê, sem prejuízo do disposto na legislação aplicável, ao lado dos direitos que lhes são conferidos, a obrigação dos usuários do Sistema Rodoviário de:

– contribuir para que o Sistema Rodoviário permaneça em boas condições; e

– cumprir as normas do Código Nacional de Trânsito, dos regulamentos de trânsito do contratante e contribuir para a segurança de pessoas e de veículos.

***43.*** O item 20.5 do Edital, ainda, prevê que: "A circulação pelo Sistema Rodoviário obedecerá ao determinado no Código Nacional de Trânsito e sua regulamentação, bem assim às disposições legais e regulamentares aplicáveis, especialmente quanto aos direitos e deveres dos usuários".

***44.*** Tendo em vista que o bom funcionamento do trânsito, em condições seguras, é um direito de todos e dever dos órgãos e entidades componentes do Sistema Nacional de Trânsito, o Código Nacional de Trânsito, instituído pela Lei 9.503, de 23.9.1997, ao tratar das normas gerais de circulação e conduta, determina, em seu art. 26, que os usuários das vias terrestres devem: "I – *abster-se de todo ato que possa constituir perigo ou obstáculo para o trânsito de veículos*, de pessoas ou de animais, ou ainda causar danos a propriedades públicas ou privadas; II – *abster-se de obstruir o trânsito* ou torná-lo perigoso, atirando, depositando ou abandonando na via objetos ou substâncias, *ou nela criando qualquer outro obstáculo*" (grifos nossos).

***45.*** Da observação de todas as disposições anteriormente transcritas, conclui-se que os usuários, ao lado de todos os seus direitos, sempre com o objetivo de assegurar a prestação do serviço público adequado, têm também obrigações a serem cumpridas, e cuja inadimplência pode dificultar ou inviabilizar a realização adequada do serviço público.

***46.*** Tais obrigações, no que atina à consulta, resumem-se na conduta de conservação dos bens públicos e na obediência a normas que, no caso, são aquelas relativas à utilização das rodovias, *pagando pelo serviço e não provocando quaisquer interferências que possam dificultar ou impedir sua devida utilização pelos demais usuários ou possam causar risco à segurança de pessoas e bens.*

## ***3. O exercício do poder de polícia no âmbito das concessões rodoviárias no Estado de São Paulo***

***47.*** Inerente ao exame jurídico que se procede, para a resposta aos questionamentos da Consulente, faz-se mister enfocar com mais detalhes o poder de polícia que deve ser exercido pelo Estado tendo por escopo o funcionamento regular das rodovias.

*48.* O Código Civil qualifica as estradas como bens públicos de uso comum do povo (art. 66, I) e estabelece que seu uso pode ser gratuito ou retribuído, conforme as leis da União, dos Estados e dos Municípios a cuja administração pertencem (art. 68).

*49.* Conceitua-se como poder de polícia administrativa a faculdade de que dispõe a Administração Pública para condicionar e restringir o uso e gozo, atividades e direitos individuais, em benefício da coletividade ou do próprio Estado. Por esse mecanismo o Estado delimita a atividade dos particulares, reprimindo a que se revelar contrária, nociva ou inconveniente ao bem-estar social, ao desenvolvimento e à segurança nacional.

*50.* Salienta-se, entretanto, que não cumpre à polícia administrativa atuar sobre as pessoas, individualmente ou indiscriminadamente, pois é diferente das polícias civis e militares, que têm funções específicas.

*51.* Hely Lopes Meirelles, em sua obra *Direito Administrativo Brasileiro*, cita apropriadamente Cooley: "O poder de polícia (*police power*), em seu sentido amplo, compreende um sistema total de regulamentação interna, pelo qual o Estado busca não só preservar a ordem pública, senão também estabelecer para a vida de relações dos cidadãos aquelas regras de boa conduta e de boa vizinhança que se supõem necessárias para evitar conflitos de direitos e para garantir a cada um o gozo ininterrupto de seu próprio direito, até onde for razoavelmente compatível com o direito dos demais".[7]

*52.* O legislador introduziu este entendimento no art. 78 do CTN, dispondo: "Art. 78. Considera-se poder de polícia a atividade da Administração Pública que, limitando ou disciplinando direito, interesse ou liberdade, regula a prática de ato ou a abstenção de fato, em razão de interesse público concernente à segurança, à higiene, à ordem, aos costumes, à disciplina da produção e do mercado, ao exercício de atividades econômicas dependentes de concessão ou autorização do Poder Público, à tranqüilidade pública ou ao respeito à propriedade e aos direitos individuais ou coletivos".

*53.* Para o exercício dos deveres do poder de polícia, Fábio Marcelo de Rezende Duarte, ao tratar dos aspectos jurídicos das rodovias, atenta para a consolidação do seguinte o trinômio: "(a) integridade e intangibilidade absolutas do uso comum das faixas rodoviárias federais; (b) oponibilidade relativa (condicionada à segurança do tráfego e do trânsito) dos direitos individuais lindeiros ou forasteiros; (c) precariedade absoluta dos acessos (discricionariamente fixados pela autoridade rodoviária) das propriedades ribeirinhas à faixa de domínio da rodovia".[8]

E completa seu entendimento ressaltando que: "A transgressão do enunciado no trinômio acima enquadra – de plano – o administrador local em crime de prevaricação ou em falta grave no cumprimento de seus deveres. Quanto ao particular invasor, ele está incurso nas penas do art. 161, II, e art. 166, ambos do CP brasileiro".[9]

*54.* No âmbito do Poder Judiciário, o STF já concluiu que, no exercício regular da autotutela administrativa, pode a Administração executar diretamente os atos emanados de seu poder de polícia, sem se utilizar da via cominatória, que é posta à sua disposição em caráter facultativo.[10]

*55.* Por sua vez, o Código Nacional de Trânsito – Lei 9.503, de 23.9.1997 – determinou que o poder de polícia será da competência dos órgãos executivos, especificamente os da União, dos Estados, do Distrito Federal e dos Municípios, cada um atuando no âmbito de sua circunscrição.

7. Hely Lopes Meirelles, *Direito Administrativo Brasileiro*, 26ª ed., São Paulo, Malheiros Editores, 2001, p. 124.

8. Fábio Marcelo de Rezende Duarte, *Aspectos Jurídicos das Rodovias*, Série Jurídica, 1997, p. 27.

9. Idem, ibidem.

10. STF, RE 9.235, rel. Min. Orozimbo Nonato, j. 17.9.1948 (*RF* 124/438).

***56.*** Devem eles cumprir e fazer cumprir a legislação e as normas de trânsito, no âmbito de suas atribuições, como, planejar, projetar, regulamentar e operar o trânsito de veículos, de pedestres e de animais e promover o desenvolvimento da circulação. E devem estabelecer, em conjunto com a polícia rodoviária, as diretrizes necessárias para o policiamento ostensivo de trânsito.

***57.*** Aos Estados, no âmbito de sua circunscrição, compete, conforme determina o art. 22 do mesmo diploma legal, cumprir e fazer cumprir a legislação e as normas de trânsito, no âmbito de suas atribuições, e, quando necessário, estabelecer, com a Polícia Militar, as diretrizes específicas para o policiamento de trânsito.

***58.*** O poder coercitivo inerente aos Estados somente se revela eficaz na medida em que essa lei confere aos mesmos o dever de executar e fiscalizar o trânsito, autuando e aplicando as medidas cominatórias e punitivas necessárias e cabíveis no exercício regular do poder de polícia.

***59.*** Em face da relevância dos serviços prestados no Sistema Rodoviário, o respectivo Regulamento Estadual da Concessão define as normas aplicáveis à fiscalização dos serviços concedidos, ao exercício do poder de polícia administrativa e à imposição de penalidades.

***60.*** Nesse sentido, o art. 11 do referido Regulamento determina que: "O Poder Público exercerá no Sistema Rodoviário a que se refere este Regulamento o poder de polícia administrativa, incluída a competência para impor multas aos infratores dos regulamentos aplicáveis".

***61.*** Para tal, o art. 13 do Regulamento estabelece que: "As atividades policiais de caráter ostensivo, preventivo e repressivo e outras atribuídas por lei à Polícia Militar serão exercidas, no Sistema Rodoviário de que trata este Regulamento, pela Polícia Militar Rodoviária".

***62.*** Todas essas atividades, na verdade, devem ser entendidas como *serviços não-delegados*, definidos no corpo do Contrato como "serviços de competência exclusiva do Poder Público, não compreendidos no objeto da Concessão".

***63.*** Quando o Contrato trata da exploração do Sistema Rodoviário, em sua Cláusula 21, há o devido e expresso reconhecimento de que o *serviço adequado* compreende a prestação dos *serviços delegados*, sendo imprescindíveis e tendo como condição a execução dos *serviços não-delegados*, anteriormente mencionados, de competência do Poder Público, que é, no caso, o próprio poder concedente.

***64.*** Não se questione que o eventual exercício do poder de polícia visando a impedir a utilização da rota de fuga, obrigando os usuários a utilizar a rodovia e a pagar o respectivo pedágio, constitui limitação ao tráfego de pessoas e de bens, previsto no art. 5º, XV, da CF, pois o art. 150, V, da mesma Carta Magna já autoriza a prática e a respectiva cobrança, matéria que se tornou pacífica na interpretação dos tribunais.

### *4. Da alteração unilateral dos contratos administrativos e do dever da Administração de recomposição do equilíbrio econômico-financeiro*

***65.*** É indiscutível a posição de supremacia da Administração Pública, enquanto responsável pela realização do interesse público, dela decorrendo a possibilidade de alteração unilateral do contrato. Não obstante, esta posição não significa um poder ilimitado, de modo a configurar abuso e, em conseqüência, impor dano ao particular.

***66.*** Ensinam os doutrinadores que a Administração Pública pode alterar o contrato, para atender ao interesse público, na medida em que este o exige, diante de nova situação fática. Enquanto ao contratado não é conferida nem ao menos a possibilidade de inserção de cláusulas, que sempre deverão tão-somente obedecer ao estabelecido no edital, a Administração pode e deve, diante de fatos que alteram a persecução do interesse público, alterar o contrato, de forma a amoldá-lo à nova realidade, sempre respeitando, no entanto, o equilíbrio econômico-financeiro inicial do ajuste, sendo certo que a atuação do Poder Público deve observar a lei e os princípios da motivação e do devido processo legal.

*67.* A concessão é um meio de obter a colaboração dos particulares no desempenho de serviços públicos. O intento de realizar o bem comum autoriza o Estado a estabelecer unilateralmente as regras acerca do serviço e a fiscalizar a atividade do concessionário. Mas o concessionário não é um "inimigo" da Administração, e não pode ser combatido como um "explorador" da comunidade, pois, no caso, todos os interesses são finalmente convergentes.

*68.* Como apontam Eduardo García de Enterría e Tomás-Ramón Fernández: "Administração concedente e concessionário privado aparecem desse modo como colaboradores comprometidos na consecução de um mesmo fim, mais que como antagonistas em uma pura relação de intercâmbio".[11]

*69.* A Lei 8.666/1993 prevê genericamente essa prerrogativa da Administração no art. 58, I, para melhor possibilitar a adequação às finalidades de interesse público: "Art. 58. O regime jurídico dos contratos administrativos instituído por esta Lei confere à Administração, em relação a eles, a prerrogativa de: I – *modificá-los, unilateralmente, para melhor adequação à finalidades de interesse público, respeitados os direitos do contratado*; (...)" (grifos nossos).

*70.* Na seqüência, o texto legal cuida das hipóteses em que ela pode ocorrer, de modo a se inserir na atividade administrativa qualificada como lícita. O art. 65, I, estabelece as duas hipóteses em que a Administração pode proceder à alteração unilateral do contrato: "Art. 65. Os contratos regidos por esta Lei poderão ser alterados, com as devidas justificativas, nos seguintes casos: I – unilateralmente pela Administração: a) quando houver modificação no projeto ou das especificações, para melhor adequação técnica aos seus objetivos; b) quando necessária a modificação do valor contratual em decorrência de acréscimo ou diminuição quantitativa de seu objeto, nos limites permitidos por esta Lei; (...)".

*71.* A doutrina considera que o dispositivo legal acima transcrito enumera exaustivamente as situações em que a Administração pode, por ato seu, alterar o ajuste previamente firmado.

*72.* Neste sentido, assinala Jessé Torres Pereira Jr.: "Não haverá possibilidade de alteração em contrato público fora das hipóteses expressas naqueles incisos, que vinculam os passos da Administração na matéria, *formando elenco exauriente, insuscetível de acréscimo ou complementação ao nuto da autoridade*"[12] (grifos nossos).

*73.* A previsão legal, conferida à Administração, de exercício de seu direito de alterar unilateralmente o contrato encontra, todavia, como limite a garantia do contratado de ver mantido o equilíbrio econômico-financeiro estabelecido quando da celebração do ajuste e relativo aos encargos assumidos e sua pertinência ao valor pecuniário assegurado pela Administração. A lei prevê expressamente, no art. 65 § 6º, o dever da autoridade administrativa de restabelecer o equilíbrio econômico-financeiro inicial, através de aditamento, quando, por imposição de melhor adequação às finalidades de interesse público, ocorrer alteração unilateral do contrato.

11. Eduardo García de Enterría e Tomás-Ramón Fernández, *Curso de Derecho Administrativo*, vol. I , Madri, Civitas, 1980, p. 614 (original em Castelhano). No mesmo sentido: Agustín Gordillo, *Tratado de Derecho Administrativo*, 4ª ed., t. 1, Buenos Aires, Fundación de Derecho Administrativo, 1997, p. XI-46).

12. Jessé Torres Pereira Jr., *Comentários à Lei das Licitações e Contratações da Administração Pública*, 3ª ed., Rio de Janeiro, Renovar, 1995, p. 409.

*74.* Na verdade, o que se pretende destacar é a possibilidade de alteração contratual, desde que se façam presentes os requisitos básicos para a legitimidade: adequação à lei, motivação no interesse público e respeito ao princípio da garantia do equilíbrio econômico-financeiro do contrato de concessão. É o que tem ressaltado a doutrina: "(...) quando a *alteração feita nos limites legais* decorrer de ato da Administração, não se caracteriza falta contratual, mas prerrogativa a ela reconhecida no interesse público, com a conseqüente obrigação de restabelecer o equilíbrio econômico do contrato"[13] (grifos nossos).

*75.* Como exercício de uma prerrogativa da Administração, que pode ou não estar prevista explicitamente no ajuste, a alteração unilateral, característica do contrato administrativo, não pode ser efetivada sem a indicação precisa do motivo que a ensejou. Quaisquer modificações no objeto do contrato, sejam elas de natureza qualitativa ou quantitativa, devem ser tratadas como eventos excepcionais, devendo ser justificadas em virtude de fatos supervenientes à contratação.[14] A lei estabelece as hipóteses em que elas podem ocorrer. Caso o ato administrativo viole o texto legal, este se encontrará viciado.

*76.* Na espécie, há discricionariedade na escolha dos motivos que podem ensejar tal alteração; contudo, essa discrição tem por limite a razoabilidade, devendo "haver proporcionalidade entre o ato administrativo e o fato que o originou".[15]

*77.* Seabra Fagundes, com clareza, ensina: "(...) nos motivos ou fundamentos está a razão jurídica com que procede a Administração Pública. A lei estabelece quando, em face de que circunstâncias, deve agir a autoridade administrativa. Se esta age sem motivo legal, o seu ato é inválido".[16]

*78.* Se a lei descreve todos os elementos do ato administrativo, o ato se denomina *vinculado*, nada restando à Administração senão a fiel observância do comando legal. Sem embargo, se a lei confere liberdade ao administrador para a escolha dos motivos do ato, este deve agir pautado nos limites a ele conferidos para a consecução do interesse público. Ou seja, sua atividade não pode estar eivada de arbitrariedade, consubstanciando abuso ou desvio de poder. As situações de fato escolhidas para justificar a prática do ato devem realmente existir e ser aptas a produzir o efeito desejado.

*79.* Uma das mais importantes garantias do administrado contra a arbitrariedade das decisões administrativas é a do devido processo legal, previsto na CF, em seu art. 5º, LIV.

*80.* Os tribunais claramente reconhecem que não há que se alterar unilateralmente um contrato, de forma a causar dano ao contratado, sem a observância do devido processo legal e da ampla defesa.

*81.* Basicamente, no direito administrativo a autoridade pode alterar as obrigações do outro contratante e até as condições efetivas e conjunturais de prestação do serviço, mas não lhe é lícito modificar o equilíbrio financeiro, de tal modo que, a qualquer novo encargo ou agravamento da situação do contratante particular, deve o Estado fazer corresponder uma compensação adequada.

*82.* Nesse diapasão, o eminente jurista Cretella Jr. assinala: "A Administração tem o poder-dever de tomar providências imediatas para, *por aditamento*, restabelecer o equilíbrio econômico-financeiro inicial do contrato, sempre que ocorrer alteração do

13. Maria Sylvia Zanella Di Pietro, *Direito Administrativo*, 4ª ed., São Paulo, Atlas, 1996, p. 230.

14. Jessé Torres Pereira Jr., *Comentários à Lei das Licitações e Contratações da Administração Pública*, 3ª ed., p. 413.

15. Oswaldo Aranha Bandeira de Mello, *Princípios Gerais de Direito Administrativo*, 3ª ed., vol. I, São Paulo, Malheiros Editores, 2007, p. 494.

16. Seabra Fagundes, *O Controle dos Atos Administrativos pelo Poder Judiciário*, 6ª ed., São Paulo, Saraiva, 1984, p. 60.

ajuste, que aumente os encargos do interessado licitante".[17]

***83.*** É precisa a lição de Hely Lopes Meirelles quando sintetiza o conteúdo da expressão do equilíbrio econômico-financeiro como sendo "a relação que as partes estabelecem inicialmente no ajuste, entre os encargos do contratante e a retribuição da Administração, para a justa remuneração do seu objetivo".[18]

***84.*** A esta noção, acrescenta Celso Antônio Bandeira de Melo:

"Equilíbrio econômico-financeiro (ou equação econômico-financeira) é a *relação de igualdade* formada, de um lado, pelas obrigações assumidas pelo contratante no momento do ajuste e, de outro lado, pela compensação econômica que lhe corresponderá.

"A equação econômico-financeira é intangível. (...)"[19] (grifos nossos).

***85.*** Em estudo que compara o contrato administrativo à dívida de valor já salientamos que "o mencionado equilíbrio consiste em entender o contrato administrativo como um todo no qual os interesses das partes se condicionam; quando, em certas condições, ocorre uma ruptura do equilíbrio inicial em detrimento do contratante particular, este tem direito ao restabelecimento desse equilíbrio mediante o pagamento, pela Administração, de uma compensação pecuniária, ou seja, de um complemento de preço".[20]

***86.*** Cabe ressaltar, ainda, que a concessão de serviço público, assim como qualquer outra atividade administrativa, é regida pelo *princípio da legalidade,* o que significa dizer que tanto o concessionário, como o poder concedente, submetem-se ao ordenamento jurídico atinente à matéria, sendo inarredável a aplicação do princípio constitucional e legal que assegura a manutenção e o restabelecimento do equilíbrio econômico-financeiro do contrato de concessão.

***87.*** Reforçando a tese, assevera Celso Antônio Bandeira de Melo: "Para tanto, o que importa, obviamente, não é a 'aparência' de um respeito ao valor contido na equação econômico-financeira, mas o real acatamento dele. De nada vale homenagear a forma quando se agrava o conteúdo. O que as partes colimam em um ajuste não é satisfação de fórmulas ou de fantasias, mas um resultado real, uma realidade efetiva que se determina pelo espírito da avença; vale dizer, pelo conteúdo verdadeiro do convencionado".[21]

***88.*** Consta do mesmo art. 37 da CF, no inciso XXI,[22] a garantia do equilíbrio econômico e financeiro, até com uma extensão maior que a anteriormente existente, pois se tornou explicitamente aplicável a todos os contratos administrativos, e não somente à concessão de serviços públicos.

***89.*** Em nível infraconstitucional, a vigente Lei das Concessões (Lei 8.987, de

17. José Cretella Jr., *Das Licitações Públicas*, Rio de Janeiro, Forense, 1993, p. 301.

18. Hely Lopes Meirelles, *Estudos e Pareceres de Direito Público*, vol. 3, São Paulo, Ed. RT, 1981, p. 275.

19. Celso Antônio Bandeira de Melo, *Curso de Direito Administrativo*, 24ª ed., São Paulo, Malheiros Editores, 2007, pp. 625-626.

20. Arnoldo Wald, *Estudos e Pareceres de Direito Comercial*, 1ª Série, São Paulo, Ed. RT, 1972, p. 91.

21. Celso Antônio Bandeira de Melo, *Curso de Direito Administrativo*, 24ª ed., pp. 627-628.

22. "Art. 37. A Administração Pública direta, indireta ou fundacional, de qualquer dos Poderes da União, dos Estados, do Distrito Federal e dos Municípios obedecerá aos princípios de legalidade, impessoalidade, moralidade, publicidade e, também, ao seguinte: (...) XXI – ressalvados os casos especificados na legislação, obras, serviços, compras e alienações serão contratados mediante processo de licitação pública que assegure igualdade de condições a todos os concorrentes, com cláusulas que estabeleçam obrigações de pagamentos, *mantidas as condições efetivas da proposta*, nos termos da lei, o qual somente permitirá as exigências de qualificação técnica e econômica indispensáveis à garantia do cumprimento das obrigações; (...)" (grifos nossos).

13.2.1995) reafirma os princípios contidos na Carta Magna, nos termos dos seus art. 9º, e respectivos §§, e 10, do seguinte teor:

"Art. 9º. A tarifa do serviço público concedido será fixada pelo preço da proposta vencedora da licitação e preservada pelas regras de revisão previstas nesta Lei, no edital e no contrato.

"§ 1º. A tarifa não será subordinada à legislação específica anterior.

"§ 2º. Os contratos poderão prever mecanismos de revisão das tarifas, a fim de manter-se o equilíbrio econômico-financeiro.

"§ 3º. Ressalvados os impostos sobre a renda, a criação, alteração ou extinção de quaisquer tributos ou encargos legais, após a apresentação da proposta, quando comprovado seu impacto, implicará revisão da tarifa, para mais ou para menos, conforme o caso.

"§ 4º. Em havendo alteração unilateral do contrato que afete o seu inicial equilíbrio econômico-financeiro, o poder concedente deverá restabelecê-lo, concomitantemente à alteração.

"Art. 10. Sempre que forem atendidas as condições do contrato, considera-se mantido o equilíbrio econômico-financeiro."

***90.*** Vê-se, assim, que a legislação específica das concessões de serviços públicos consagra a responsabilidade contratual da Administração pela alteração unilateral do contrato (art. 9º, § 4º), sendo que no art. 18, ao explicitar as exigências do edital de licitação, especifica, no inciso VII, que devem ser mencionados os direitos e obrigações do poder concedente e da concessionária em relação a alterações e expansões a serem realizadas no futuro, para garantir a continuidade da prestação do serviço.

***91.*** No art. 23, IV e V, a Lei de Concessões enuncia explicitamente, dentre as cláusulas essenciais do contrato de concessão, as que prevejam os critérios e procedimentos para o reajuste e a revisão das tarifas, bem como os direitos, garantias e obrigações do poder concedente e da concessionária em caso de expansão, modernização, aperfeiçoamento e ampliação de equipamentos e instalações.

***92.*** Em conclusão, desde que se sucedam mudanças conjunturais, que afetem toda a estrutura tarifária montada à época da outorga da concessão, o contrato deverá ser revisto e recomposto, para que volte a refletir a equação econômica que norteou a proposta vencedora e serviu de base para a fixação da tarifa básica a vigorar durante a concessão.

***93.*** Nossos tribunais reconhecem, sem discrepância, o direito da Administração de alterar unilateralmente os contratos administrativos, bem como o do concessionário de serviço público à preservação do equilíbrio econômico-financeiro do contrato de concessão.

***94.*** Além de entender pela inviabilidade da modificação unilateral do contrato se desacompanhada da correspondente recomposição do seu equilíbrio econômico inicial, os tribunais chegaram a pronunciar a legitimidade da rescisão contratual, pela concessionária, quando não observado tal princípio, sem prejuízo da indenização correspondente à recomposição do valor contratado.[23]

***95.*** Assim, merece menção acórdão pioneiro do TRF-1ª Região, do qual foi relator o Juiz Vicente Leal, hoje Ministro do STJ. Naquele julgamento foi apreciado o desequilíbrio econômico-financeiro em concessão de transporte aéreo de passageiros, nos seguintes termos:

"Administrativo e civil – Contrato de concessão de transporte aéreo – Defasagem no valor das tarifas – Prejuízo – Indenização.

"A Constituição Federal de 1967, sob a redação da Emenda n. 1/1969,[24] assegurava,

23. STJ, 1ª Turma, AI 311.572 (2000/0054362-4), rel. Min. Milton Luiz Pereira, j. 8.8.2000 (*DJU* 18.9.2000).

24. Na CF de 1988 a observância da manutenção do equilíbrio econômico-financeiro encontra-se prescrita no art. 37, XXI.

nos contratos de concessão de serviços públicos, a manutenção do equilíbrio econômico e financeiro do pacto, por meio da fixação de tarifas reais, suficientes, inclusive, para a justa remuneração do capital e a expansão dos serviços (art. 167, II)."

***96.*** Esclareça-se que o mencionado acórdão foi confirmado no STJ e no STF em decisões unânimes relatadas, respectivamente, pelos Mins. César Asfor Rocha[25] e Octávio Gallotti.[26]

***97.*** A jurisprudência dos tribunais superiores, tanto do STJ quanto do STF,[27] em especial a da 1ª e a da 2ª Turmas deste último, ambas especializadas em matéria de direito público, é tranqüila neste sentido, como se pode verificar de diversos acórdãos.

***98.*** Além de concluírem pela inviabilidade da modificação unilateral do contrato se desacompanhada da correspondente recomposição do seu equilíbrio econômico inicial, os Tribunais chegaram a pronunciar a legitimidade da rescisão contratual, pela concessionária, quando não observado tal princípio, sem prejuízo da indenização correspondente à recomposição do valor contratado.[28]

***99.*** Neste mesmo diapasão versa a decisão no ROMS 3.161-RJ, submetido a julgamento no STJ: "É lícito ao poder concedente alterar, unilateralmente, as cláusulas objetivas do serviço e, até, agravar os encargos ou as obrigações do concessionário, desde que reajuste a remuneração estipulada, evitando a quebra do equilíbrio econômico-financeiro do contrato".[29]

***100.*** Em sede de julgados do TRF e dos tribunais estaduais não poderia ser diferente o entendimento, que, de fato, segue a orientação dos Tribunais superiores. No Estado do Rio de Janeiro, o Tribunal de Justiça em muitos julgados vem consagrando o direito da concessionária de serviço público à intangibilidade da inicial equação econômico-financeira do contrato de concessão, como se pode ilustrar com o aresto emanado do Órgão Especial desse Tribunal: "Transporte rodoviário intermunicipal de passageiros – Fixação de tarifas – Competência do DETRO/RJ – Avocação pelo governador – Inadmissibilidade – Cláusulas financeiras do contrato administrativo – Alteração unilateral – Impossibilidade. Tendo a lei estadual atribuído ao DETRO/RJ a competência para elaborar as planilhas de custos para os cálculos tarifários e autorizar preços, não pode outra autoridade, mesmo em se tratando do governador do Estado, avocar para si a competência, pois no Estado Democrático de Direito não é competente quem quer, mas sim quem pode, segundo a norma de Direito. Avocação só pode ter lugar onde há subordinação hierárquica administrativa, o que é incompatível com a natureza autárquica do DETRO/RJ, criado por lei, dotado de personalidade jurídica de direito público interno e com autonomia administrativa e financeira. *A modificação unilateral do contrato administrativo só atinge as chamadas cláusulas regulamentares ou de serviço, sem comprometer o seu equilíbrio econômico-financeiro. As disposições relativas à remuneração, de acordo com a melhor doutrina, escapam ao poder de modificação unilateral da Administra-*

25. STJ, 1ª Turma, REsp 32.534-5, j. 10.9.1996, v.u. (*DJU* 30.9.1996).

26. STF, 1ª Turma, RE 183.180-4, j. 17.6.1997, v.u. (*DJU* 1.8.1997).

27. Neste sentido o acórdão proferido no RE 191.532-SP, relatado pelo Min. Sepúlveda Pertence, publicado no *DJU* 29.8.1997, p. 40.234: "O reajuste de tarifas do serviço público é manifestação de uma política tarifária, solução, em cada caso, de um complexo problema de ponderação entre a exigência de ajustar o preço do serviço às situações econômicas concretas do segmento social dos respectivos usuários ao imperativo de manter a viabilidade econômico-financeira do empreendimento do concessionário".

28. STJ, 1ª Turma, AI 311.572 (2000/0054362-4), rel. Min. Milton Luiz Pereira, j. 8.8.2000 (*DJU* 18.9.2000).

29. STJ, ROMS 3.161-RJ (1993/00115407-9), rel. Min. Demócrito Reinaldo.

*ção, tanto assim que, se não forem por ela respeitadas, pode o prejudicado recorrer ao Judiciário em defesa da intangibilidade da equação econômico-financeira da avença.* Destarte, ainda que o Sr. Governador tivesse competência para fixar tarifa do transporte rodoviário, não poderia reduzi-la sem o devido processo legal. Não se trata de examinar matéria de fato controvertida em sede de mandado de segurança, mas sim de dar ou não validade a um ato administrativo viciado. Entre uma tarifa estabelecida regularmente pelo poder concedente, que está sendo praticada há quase um ano, e outra estabelecida unilateralmente, sem o devido processo legal e, ainda, por autoridade incompetente, deve ser prestigiada a primeira – Concessão de segurança (DSF) – Vencida a Desa. Áurea Pimentel Pereira (Partes: Empresa Auto Viação Jurema S/A e outros e Exmo. Sr. Governador do Estado do Rio de Janeiro – Mandado de segurança – N. do processo: 1999.0004.436 – Data de registro 26.4.2000 – Fls. 1.091-1.105 – Órgão Especial – Votação por maioria – Relator: Des. Sérgio Cavalieri Filho – J. 8.11.1999)" (grifos nossos).

***101.*** Como se pode observar, é vasta a jurisprudência pátria no sentido de condicionar a alteração unilateral do ajuste administrativo à preservação do equilíbrio econômico-financeiro do contrato.

### *5. A análise da notificação expedida à Consulente e de seus efeitos em face da legislação em vigor do contrato de concessão*

***102.*** A Consulente trouxe, para análise jurídica, a notificação que lhe foi dirigida pela Comissão de Concessões da Secretaria de Transportes do Estado de São Paulo, em 22.6.2001, no sentido de dela exigir a adoção de medidas para a solução da deficiência apontada no Relatório de Monitoração de Tráfego, relativo aos anos de 1999 e 2000, onde está indicado como ponto crítico o trecho compreendido entre o km 23 e o km 26 da rodovia concedida.

***103.*** A notificação determina a adoção, pela concessionária, no prazo de 30 dias, das medidas necessárias ao atendimento do disposto no art. 9º, I, do Regulamento da Concessão, consignando como justificativa: "A transposição do nível de serviço 'D' em mais de 50h/ano verificada, conforme estabelecido pelo *Highway Capacity Manual* (*HCM*), compromete a fluidez do tráfego, conforto e segurança do usuário da rodovia, fatores, estes, que integram o conceito de serviço adequado a ser prestado por essa concessionária, conforme definido no art. 6º, § 1º, da Lei 8.987, de 13.2.1995".

***104.*** O dispositivo regulamentar mencionado refere-se aos deveres da concessionária de "acionar todos os recursos postos à sua disposição, a fim de garantir a fluidez do tráfego, em nível de serviço adequado".

***105.*** Examinando os termos da referida notificação, parece-nos que esta não guarda consistência com os preceitos legais e regulamentares, bem como com as disposições do Edital e do Contrato de Concessão.

***106.*** Em face das disposições legais, regulamentares e contratuais, o poder concedente, ao lado de suas atribuições de controlar e fiscalizar os serviços prestados pela concessionária e de zelar pela prestação do serviço adequado, tem o *poder-dever* de tomar as providências necessárias para viabilizar à concessionária plenas condições para a realização do objeto da concessão.

***107.*** Como já salientado, não há dúvida de que integra a competência exclusiva do poder concedente implementar os atos de poder de polícia previstos na lei, nos regulamentos e no contrato de concessão. Tais ações, que fogem à alçada da concessionária do serviço público, são imprescindíveis ao desenvolvimento do objeto da concessão.

***108.*** No caso concreto sob análise, há uma interferência urbana, provocada por atos indevidos de "boicote" organizado ao pedágio, levados a efeito pelos usuários de determinadas localidades servidas pela rodovia concedida, tornando-se fato notório e público. O boicote, além de provocar alterações no fluxo do trânsito de veículos, compromete a segurança da estrada e de outros usuários, acarretando, ainda, prejuízos à concessionária, pela perda de receita. Esses atos de determinada categoria de usuários têm tido ampla publicidade. Ilustra-se, abaixo, com um dos painéis afixados em vias urbanas, conclamando a comunidade a fugir do pagamento do pedágio, mesmo utilizando-se da rodovia expressa.

Texto do painel:

Outro caminhos de fuga ao pedágio

*Para quem vai para Alphaville*

Entrar no trevo de Barueri, saída 26A, e na praça pegar à esquerda a rua da Prata para chegar a Alphaville pela ponte nova.

*Para quem vai para Alphaville ou Tamboré/Carapicuíba*

Vindo pela a rua Jussara, atravessar a Castello pelo Viaduto da Petrobrás no km 19 e logo após pegar a marginal da Castello, no sentido interior, livre de pedágio.

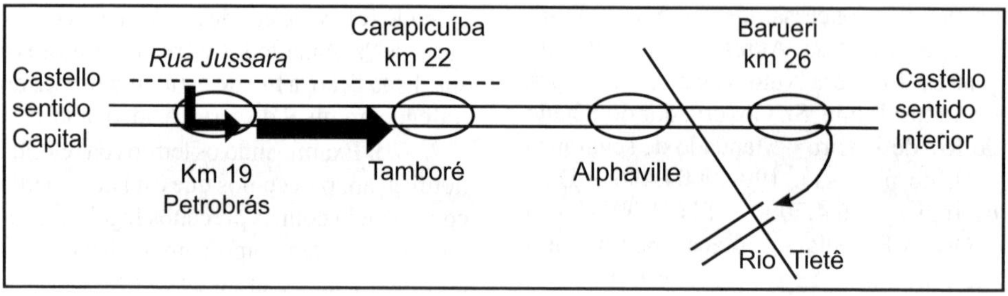


***109.*** De acordo com o art. 6º do Regulamento estadual,[30] os serviços *não-delegados* são conceituados como aqueles de competência exclusiva do Poder Público, como não poderia deixar de ser, pois representam o exercício do poder de polícia. Dentre eles, o policiamento ostensivo de trânsito, preventivo e repressivo.

***110.*** Cumpre ressaltar, conforme anteriormente observado, a disposição contida no item 20.7 do Edital de Licitação, delegando ao Poder Público expressa competência para o exercício do poder de polícia administrativa no Sistema Rodoviário, incluindo poderes para imposição de penalidades.

***111.*** Por outro lado, conforme dispõe o Código Nacional de Trânsito – Lei 9.503, de 23.9.1997 –, compete aos órgãos executivos dos entes da Federação cumprir e fazer cumprir a legislação e as normas de trânsito. Cabe-lhes, no âmbito de suas atribuições, planejar, projetar, regulamentar e operar o trânsito de veículos, de pedestres e de animais e promover o desenvolvimento da circulação.[31]

***112.*** Nesse sentido, o art. 11 do Regulamento estadual determina que é competência do Poder Público o exercício do poder de polícia administrativa, inclusive de aplicar

30. Regulamento da Concessão dos Serviços Públicos de Exploração do Sistema Rodoviário Constituído pela Malha Rodoviária Estadual de Ligação entre as Regiões de São Paulo e Sorocaba, baixado pelo Decreto 41.722, de 17.4.1997.

31. Aos Estados compete, conforme o art. 22 do Código Nacional de Trânsito, cumprir e fazer cumprir a legislação e as normas de trânsito, no âmbito de suas atribuições, e, quando necessário, estabelecer, com a Polícia Militar, as diretrizes específicas para o policiamento de trânsito.

multas, competindo à Polícia Militar Rodoviária as atividades policiais de caráter ostensivo, preventivo e repressivo.

***113.*** Pelo que consta das informações que nos foram encaminhadas, nenhuma medida foi adotada, pelas autoridades públicas competentes, para coibir e reprimir a prática indevida de "boicote" sistemático e organizado ao pedágio.

***114.*** Parece-nos que houve, à vista do exposto pela Consulente, por parte do Estado de São Paulo, enquanto poder concedente, atitude omissiva no cumprimento das atribuições que se inserem no âmbito de sua competência, e que, expressamente, estão classificadas como não-delegadas à concessionária, conforme já exposto com detalhes no item 3 deste parecer.

***115.*** Assim, descabe, a nosso ver, a determinação do poder concedente, dirigida à concessionária, no sentido da adoção de medidas para solucionar a distorção do nível de qualidade do serviço no trecho da rodovia que sofre a interferência das práticas de rota de fuga do pedágio, apontado no Relatório de Monitoração de Tráfego.

***116.*** Consta, ainda, do referido Relatório, como causa da apontada deficiência do serviço, o fato de estar sendo aguardada a construção da Marginal Leste, que é um evento contratual, a ser implementado no prazo previsto, e que não configura falta atribuível à concessionária, em moldes a motivar a notificação expedida.

***117.*** Cabe considerar, ainda, as disposições do item 2.2 do Anexo 7 do Edital 008/CIC/1997, transformado em Anexo 01 do Contrato de Concessão Rodoviária 003/CR/1998, às quais se reporta a notificação dirigida à consulente:

"**2.2 Critérios para Adequação da Capacidade**

"A Concessionária realizará, obrigatoriamente, revisões anuais de desempenho operacional em conjunto com a Contratante, visando a impedir que qualquer trecho das vias do Sistema venha a superar o nível de Serviço 'D' em mais de 50h/ano, em acordo com os critérios estabelecidos pelo *Highway Capacity Manual* (*HCM*). Este limite não poderá ser ultrapassado no período da concessão. Serão objeto de análise, pelo Contratante, os casos em que o nível de serviço das vias do Sistema seja prejudicado por interferência urbana.

"No caso de essas revisões anuais revelarem a ocorrência de outros pontos críticos ainda não identificados a Concessionária deverá iniciar as providências relativas à solução destes pontos críticos em no máximo seis meses após sua identificação ou até imediatamente, caso possa colocar em risco o usuário."

***118.*** Considerando que as razões apontadas para a ultrapassagem do nível de serviço exigido contratualmente não se relacionam com o desempenho da concessionária, mas com fato estranho à prestação do serviço – ou seja, a conduta indevida de um determinado grupo de usuários, que deve ser coibida pela Administração –, não pode ser imposta à concessionária a adoção de providências que, na verdade, competem ao próprio poder concedente, no exercício do poder de polícia.

***119.*** Ademais, consoante antes aduzido, o relacionamento entre o poder concedente e a concessionária deve pautar-se na lealdade e na boa-fé, dentro da verdadeira parceria que deve existir no desenvolvimento do contrato de concessão, de modo a que sejam encontradas, de forma consensual, as melhores alternativas de solução dos pontos críticos identificados. Para estes fins, a concessionária deverá colaborar com a Administração para encontrar as soluções adequadas, cuja implantação e execução são, todavia, da alçada exclusiva do concedente.

***120.*** Quanto ao próprio procedimento adotado pelo poder concedente, cumpre aduzir que este não se ajusta às disposições regulamentares e contratuais pertinentes, porquanto não há na norma regulamentar mencionada alusão expressa a prazo máximo de 30 dias para a adoção de medidas por parte da concessionária. O prazo previsto no item 2.2 aludido é de, no máximo, 6 meses, a contar da identificação do ponto crítico, pressupondo todo o procedimento necessário à verificação das causas e das alternativas possíveis, com a apresentação de projetos e estudos, de forma a que, efetivamente, concedente e concessionária, em cooperação, encontrem a medida que melhor atenda ao interesse público, voltado à prestação adequada do serviço, respeitando os direitos das partes envolvidas.

*121.* Por outro lado, caso a solução encontrada venha a representar uma alteração contratual, com acréscimo nos custos e encargos da concessionária, deverão ser observados os ditames legais já aduzidos.

*122.* Conforme restou demonstrado do exame das disposições legais pertinentes, à luz da doutrina e da jurisprudência, as modificações no objeto do contrato, sejam elas de natureza qualitativa ou quantitativa, devem ser tratadas como eventos excepcionais e justificadas em virtude dos fatos supervenientes à contratação. A escolha dos motivos que podem ensejar tal alteração, por ato administrativo discricionário, deve ter por limite a razoabilidade, guardando proporcionalidade entre o ato administrativo e o fato que o originou.

*123.* Além disso, toda e qualquer modificação contratual que implique em aumento de encargos e ônus para a concessionária não pode estar desacompanhada da corresponde recomposição do equilíbrio econômico-financeiro rompido.

*124.* Conforme mansa e pacificamente reconhecido pela jurisprudência pátria, o direito da Administração de alterar os contratos administrativos tem como contrapartida o do concessionário de serviço público à preservação do equilíbrio econômico-financeiro do contrato de concessão. Como já indicado, nossos tribunais chegaram a se pronunciar pela possibilidade da rescisão contratual, por iniciativa da concessionária, quando não respeitado tal princípio, sem prejuízo da indenização correspondente à recomposição do valor contratado.[32]

## *6. Conclusões. Resposta aos quesitos formulados*

*125.* Diante de todo exposto, passamos a responder aos quesitos formulados:

> *126.* **Primeiro quesito** – Em face das disposições da Lei 8.897/1995, do Regulamento da Concessão, bem como do Contrato de Concessão e do Edital de Licitação, quais as atribuições do poder concedente e da concessionária quanto à adoção de medidas para solução de pontos críticos que comprometam a fluidez do tráfego, o conforto e a segurança da rodovia concedida?

*127.* **Resposta ao primeiro quesito** – Em face das disposições legais, contratuais e regulamentares, o poder concedente tem o dever de controlar e fiscalizar os serviços prestados pela concessionária, zelando pela prestação do serviço adequado, sem prejuízo de tomar as providências necessárias à sua execução, propiciando à concessionária plenas condições para a realização do objeto da concessão.

*128.* Conforme exposto no curso do parecer, além do *poder-dever* de zelar pela adequada prestação dos serviços, o poder concedente *obriga-se a possibilitar e manter todas as condições necessárias à referida prestação por parte da concessionária.* Com efeito, insere-se na sua competência exclusiva a prática de atos da Administração Pública, inclusive os inerentes ao poder de polícia, implementando todas as ações que fogem à alçada da concessionária do serviço público e que são imprescindíveis ao desenvolvimento do objeto da concessão.

*129.* As atribuições da concessionária também estão elencadas na lei, na regulamentação, no Edital e no Contrato de Con-

32. STJ, 1ª Turma, AI 311.572 (2000/0054362-4), rel. Min. Milton Luiz Pereira, j. 8.8.2000 (*DJU* 18.9.2000).

cessão. Entre elas estão as de prestação de serviço adequado aos usuários, bem como as providências e comportamentos que lhe competem perante o poder concedente, com respeito à conservação e ao zelo pela integridade dos bens vinculados à concessão, à gestão dos recursos financeiros inerentes à prestação do serviço e às medidas que está autorizada a promover, de acordo com o Edital e o Contrato.

*130.* Conclui-se, assim, que não pode ser exigida da concessionária, indevidamente, a realização de ações que impeçam a realização de atos indevidos, tal como se configura o "boicote" organizado, com a utilização de rotas de fuga ao pedágio.

*131.* Pelo contrário, tal obrigação é do poder concedente, nos termos da Lei das Concessões e do efetivamente acordado pelas partes no respectivo Contrato de Concessão.

*132.* Não se diga, ainda, que eventuais implicações decorrentes da situação de "boicote" constituem riscos da concessionária, nos termos previstos na Cláusula 23 do Contrato de Concessão, principalmente no que diz respeito às ações a serem adotadas para evitar e/ou minimizar o possível comprometimento dos níveis de qualidade dos serviços por força da ocorrência das mencionadas interferências urbanas.

*133.* Da mesma forma, o poder concedente também não poderá alegar que a concessionária deveria (ou poderia) ter minimizado o risco "boicote", mantendo em vigor seguro para garantir a efetiva e compreensiva cobertura de riscos inerentes ao desenvolvimento de todas as atividades abrangidas pela concessão, incluindo perda de receitas, conforme a Cláusula 31 do Contrato de Concessão. O "boicote" é fato atípico, de transgressão de normas de utilização das rodovias, pela qual é devida a respectiva tarifa de pedágio, tendo a concessionária o direito e o dever de realizar sua cobrança e de receber a respectiva receita (Cláusula 25 do Contrato de Concessão). A infração deve ser reprimida pelo poder de polícia, sem prejuízo de outras soluções construtivas que puderem ser negociadas de boa-fé.

> *134.* **Segundo quesito** – Cabe a recomposição do equilíbrio econômico-financeiro do contrato de concessão caso as medidas que venham a ser adotadas, referidas no quesito anterior, acarretem o rompimento da equação financeira vigente no início da concessão? Em caso afirmativo, como deverá ser promovida a recuperação do equilíbrio rompido?

*135.* **Resposta ao segundo quesito** – A resposta à primeira parte do quesito é afirmativa. A prerrogativa legal da Administração de exercício do direito de alterar unilateralmente os contratos administrativos encontra como limite a garantia do contratado de ver mantido o equilíbrio econômico-financeiro inicial do ajuste relativo aos encargos assumidos e sua pertinência ao valor pecuniário assegurado pela Administração.

*136.* A Lei de Licitações (Lei 8.666/1993) prevê expressamente, no art. 65, § 6º, o dever da autoridade administrativa de restabelecer o equilíbrio econômico-financeiro inicial, através de aditamento, quando, por imposição de melhor adequação às finalidades de interesse público, ocorrer alteração unilateral do contrato.

*137.* Além disso, as disposições do Edital, especialmente a do Item 29.4, fortalecem a posição da concessionária, na medida em que prevêem que as variações de receita decorrentes de alterações da demanda de tráfego não serão consideradas para efeito do equilíbrio econômico-financeiro, sendo considerado risco exclusivo da concessionária a correta avaliação do possível impacto sobre a exploração do Sistema Rodoviário decorrente da evolução futura dessa demanda.

*138.* Ora, sendo certo que não houve a previsão de redução de demanda em face da existência de "rota de fuga", *a contrario sensu* a concessionária não assumiu o risco da situação, criada em virtude do "boicote", a qual pode perfeitamente ser enquadrada para fins de pleito de eventual equilíbrio econômico-financeiro. Trata-se de verdadeira forma de transgressão às normas, de desobediência civil, não admissível; enfim, de fato político imprevisível para a concessionária e que ela não pode evitar.

*139.* Corrobora nosso entendimento o fato de que eventual nova obrigação não seria exigível na medida em que não se enquadra em qualquer disposição de natureza obrigacional constante do Edital e do Contrato de Concessão.

*140.* Considerando as diversas soluções políticas e econômicas admissíveis no caso, somente seria possível ao poder concedente criar nova obrigação da concessionária, não anteriormente prevista no contrato, caso a autoridade se utilize da prerrogativa de alteração unilateral do contrato de concessão, promovendo a recomposição do equilíbrio econômico-financeiro do contrato de concessão.

*141.* Respondendo à segunda parte deste quesito, cabe aduzir que, ocorrendo alteração unilateral do contrato de concessão, deverá ser promovido o restabelecimento do equilíbrio econômico-financeiro do mesmo, mediante a adoção das seguintes medidas, alternativa ou cumulativamente:

– revisão das tarifas;

– concessão de subsídios à concessionária em contrapartida a eventuais isenções ou reduções tarifárias a determinadas categorias de usuários; ou

– pagamento, pela Administração, de uma compensação pecuniária.

É o nosso parecer.

São Paulo, 17 de julho de 2001

# CONVÊNIOS ENTRE ESTADO E INICIATIVA PRIVADA PARA IMPLANTAÇÃO DE PÓLOS INDUSTRIAIS

FLORIANO DE AZEVEDO MARQUES NETO

Doutor em Direito Público pela USP
– Professor de Direito Administrativo Econômico da PUC/SP
– Professor de Direito Administrativo da USP – Advogado

*1. Natureza jurídica do "Protocolo de Entendimentos". 2. Os instrumentos de cooperação e a atividade administrativa de fomento. 3. A mutabilidade do convênio. 4. A possibilidade de transferência de obrigação para o particular. 5. Requisitos e implicações em face dos princípios de direito público e das Leis de Licitação e de Responsabilidade Fiscal. 6. Conclusão.*

Nos últimos anos têm crescido as oportunidades de parceria entre órgãos governamentais e entidades da iniciativa privada com vistas à implantação de empreendimentos e viabilização de políticas de desenvolvimento regional.

Essas parcerias – muitas das quais fogem da armadilha da guerra fiscal – suscitam problemas jurídicos novos e complexos. Muitas vezes o modelo da parceria parece não caber nas fórmulas e soluções previstas na legislação. Surge a necessidade de se interpretar as normas, buscando soluções que, dentro da legalidade, permitam alcançar os objetivos coincidentes entre Poder Público e iniciativa privada.

Carlos Maximiliano adverte que o Direito é "uma ciência primariamente normativa ou finalística; por isso mesmo a sua interpretação há de ser, na essência, teleológica. O hermeneuta sempre terá em vista o fim da lei, o resultado que a mesma precisa atingir em sua atuação prática. A norma enfeixa um conjunto de providências, protetoras, julgadas necessárias para satisfazer a certas exigências econômicas e sociais; será interpretada do modo que melhor corresponda àquela finalidade e assegure plenamente a tutela de interesse para qual foi regida".[1] Assim como se deve interpretar a lei, deve-se tentar dar sentido às normas de um contrato, acordo ou instrumento jurídico congênere.

As questões suscitadas têm como pano de fundo a discussão em torno da atividade administrativa de fomento;[2] ou, para usar a dicção constitucional, do papel do Estado como incentivador da atividade econômica. Isso porque envolvem, fundamentalmente,

1. Carlos Maximiliano, *Hermenêutica e Aplicação do Direito*, 18ª ed., Rio de Janeiro, Forense, 1999, pp. 151-152.

2. Ou "administração fomentadora", como alude Carlos Ari Sundfeld (*Direito Administrativo Ordenador*, São Paulo, Malheiros Editores, 1993, p. 16).

discussão em torno dos limites e condicionamentos da prerrogativa que o Estado tem para adotar medidas indutoras de um determinado processo econômico.

A Constituição Federal, inobstante reconhecer o regime de livre iniciativa, reserva para o Estado, entre outras funções, a de induzir o desenvolvimento econômico a partir de algumas premissas (cf. art. 174 da CF). Premissas, estas, que, por óbvio, devem ser consentâneas com os princípios da ordem econômica listados no *caput* e nos incisos do art. 170 da CF.[3]

É fora de dúvida – e digno de encômios – que, no caso da implantação, por exemplo, de um pólo industrial em determinado Município, está o Governo do Estado a exercitar sua função fomentadora ou, como preferem alguns doutrinadores de escol, indutora.[4] Sob vários aspectos, mormente os de natureza federativa e tributária, muito se tem discutido sobre os limites jurídicos ao exercício dessa atividade.[5]

Não me proporei a analisar todas estas intrincadíssimas questões. Os aspectos que cumpre debater aqui são específicos, internos aos institutos já adotados por Governo Estadual para viabilizar a decisão política de induzir um dado vetor desenvolvimentista em região do Estado (*v.g.*, instalação de um pólo industrial de grande padrão tecnológico). Porém, em que pese à especificidade das questões (implicações quanto ao dever de licitar, limites para assunção de função pública por particular, condicionantes de ordem fiscal etc.), o tema não deve ser enfrentado sem que se tenha em vista, sempre, a perspectiva mais ampla das finalidades e objetivos perseguidos pela Administração Pública Estadual ao tomar a decisão política de adotar as medidas de incentivo em apreço.

Daí por que tenho como essencial uma pequena nota propedêutica. Houve uma decisão política do Governo Estadual de somar esforços aos da indústria com vistas à consecução de um objetivo de irrefutáveis méritos, inclusive alocando recursos orçamentários para viabilizar parte dos cometimentos necessários a atingir estes objetivos. O mérito dos móveis justificadores dessa decisão refugiriam à análise jurídica. Inobstante, voltarei ao tema, por serem eles, no caso, incontestavelmente relevantes, densos e consentâneos com os pressupostos constitucionais da ordem econômica. Assim, parece-me impender que, obviamente dentro dos lindes da legalidade, o Estado e a interessada busquem, com todos os meios e da forma mais eficiente possível, adequar os termos da participação de cada qual para que o objetivo perseguido seja logo e plenamente alcançado. É por este ângulo que, creio, devam ser enfrentados os problemas.

## *1. Natureza jurídica do "Protocolo de Entendimentos"*

Darcy Bessone de Oliveira Andrade, em sua célebre monografia sobre obrigações e contratos, pontificava ser "sem dúvida relevante verificar-se qual a verdadeira natureza jurídica da relação, atribuindo-lhe o *nomen juris* correto, para que a ela se apliquem as

3. É o texto constitucional: "Art. 170. A ordem econômica, fundada na valorização do trabalho humano e na livre iniciativa, tem por fim assegurar a todos existência digna, conforme os ditames da justiça social, observados os seguintes princípios: I – soberania nacional; II – propriedade privada; III – função social da propriedade; IV – livre concorrência; V – defesa do consumidor; VI – defesa do meio ambiente; VII – redução das desigualdades regionais e sociais; VIII – busca do pleno emprego; IX – tratamento favorecido para as empresas de pequeno porte constituídas sob as leis brasileiras e que tenham sua sede e administração no país".

4. V. Eros Roberto Grau, *Elementos de Direito Econômico*, São Paulo, Ed. RT, 1981.

5. V., por exemplo, a ADI 2.155-9, intentada pelo Estado de São Paulo contra benefícios fiscais concedidos pelo Estado do Paraná.

6. V. Darcy Bessone de Oliveira Andrade, *Do Contrato*, Rio de Janeiro, Forense, 1960, p. 231.

normas próprias. Mas o *error in negotio* não obriga o intérprete. Ao contrário, é o seu dever corrigi-lo".[6] O que importa não é o nome que se dê ao negócio jurídico. Relevam, sim, a natureza das relações jurídicas estabelecidas e as conseqüências que delas advêm.

Indo ao instrumento firmado entre o Governo do Estado e o particular, vemos que seu objeto é "estabelecer as obrigações específicas das Partes envolvidas para implantação de unidade industrial da interessada".

Mais adiante vemos estabelecido que dentre as obrigações do Estado estaria a de "adotar todas as medidas necessárias para disponibilizar o terreno e realizar as obras de infra-estrutura e serviços necessários ao projeto". Depois encontraremos estipulados compromissos do particular os quais, na minha opinião, constituem compromissos adjetos ao compromisso central: o de levar para o Município sua nova unidade industrial, parceiros e fornecedores, de alta tecnologia, unidades de fabricação de aparelhos, materiais e equipamentos, potencializando o desenvolvimento, na região, de um pólo tecnológico industrial.

Aliás, este compromisso central sobressai quando vemos desenhadas as características de investimento, *timing* e empregabilidade do projeto e quando são registradas as expectativas da interessada em torno do seu potencial.

Como todo ato jurídico praticado pela Administração Pública, o instrumento em análise necessita de motivos. E no "Protocolo" em referência encontramos estes motivos expressos nos *consideranda* que capeiam a parte dispositiva do instrumento. Lá vemos consignados, entre outros, como substrato motivacional para participação do Estado no Protocolo, (a) a atribuição estatal de fomentar e regular as atividades econômicas; (b) a relevância determinante do projeto quer para o particular, quer para o Município onde se localiza a área de implantação do melhoramento, quer para o Estado; (c) a indispensabilidade do fornecimento, pelo Estado, de condições para que os particulares realizem seus investimentos no setor produtivo, viabilizando o desenvolvimento da indústria e da tecnologia; (d) a imprescindibilidade de parcerias com a iniciativa privada para o alcance destes objetivos.

Temos, assim, desenhado, em termos de conteúdo jurídico e base motivacional, o "Protocolo de Entendimentos" em análise, o que, de resto, não discrepa do "Protocolo de Intenções" anteriormente pactuado. Nestes quadrantes, não tenho dúvidas em afirmar que tais instrumentos implicam, à luz do ordenamento jurídico, a formalização de convênio entre o Governo do Estado (por meio de vários órgãos e entidades seus, mas envolvidos no projeto como uma pessoa jurídica de direito público una) e o particular.[7]

A caracterização do que seja um *convênio* é matéria controvertida na doutrina. Hely, sempre um desbravador nas tortuosas questões do direito administrativo, pontificava que o convênio "é acordo administrativo para a realização de atividades de interesse das partes pactuantes. O convênio não é órgão, nem entidade personalizada. É ajuste obrigacional para a obtenção de serviços convenientes aos Municípios e ao Estado".[8] Em vários outros escólios o autor vai construindo sua concepção de convênio a partir de duas idéias-força: (a) de que os convênios envolvem um aspecto pactual (acordo de vontades); mas que (b) não tem caráter contratual – é dizer, "não são contratos", porquanto as partes convenentes não pactuam movidas por vontades antagônicas, e sim levadas por um "espírito de cooperação".[9]

7. Se estivermos falando do Protocolo de Intenções teríamos que agregar aí também o Município, que deste participa sem, contudo, integrar o Protocolo de Entendimentos.

8. Hely Lopes Meirelles, "Comissões intermunicipais", in *Estudos e Pareceres de Direito Público*, vol. I, São Paulo, Ed. RT, 1971, p. 244.

9. Digna de nota, pela clareza e síntese, é a clássica distinção traçada pelo autor: "No intuito de

Daí por que sintetizava dizendo que, "no convênio, a posição jurídica dos signatários é uma só e idêntica para todos, podendo haver, apenas, diversificação na cooperação de cada um, segundo as suas possibilidades, para a consecução do objetivo comum, desejado por todos".[10]

Desde então vêm sendo muito freqüentes na doutrina as manifestações distintivas entre as duas figuras jurídicas, convenial e contratual. Em um passar d'olhos sobre estas abordagens, pode-se concluir que a parcela majoritária dos doutrinadores que se dedicam ao tema seguiu a trilha deixada por Hely, fixando-se na distinção que vem bem representada por Leon Frejda Szklarowsky. "O convênio distingue-se do contrato, conquanto com ele tenha um ponto em comum: o acordo. No contrato, os interesses das partes são divergentes e opostos; no convênio, os interesses coincidem e são comuns".[11]

De minha parte, sem discrepar dos ensinamentos dos baluartes acima indicados (e de outros tantos que seguem nesta seara), tenho entendimento um pouco diverso. Parece-me certo que o aspecto pactual, consensual ou de acordo a eles intrínseco (já que mesmo a simples adesão do convenente ao termo implica uma manifestação positiva de vontade) remete-nos a um traço de bilateralidade e de obrigações recíprocas que aproximaria os convênios dos contratos, entendidos genericamente como instrumentos originadores de obrigações.

O que falta aos convênios, e isso os faz distintos dos contratos em espécie e frontalmente diferentes dos contratos administrativos, é o caráter sinalagmático, de reciprocidade e antagonismo obrigacional.[12]

Dessarte, tenho comigo que os convênios são acordos de vontade (contratos em sentido amplo), na medida em que criam obrigações relativas para as partes conveniadas. Perfilho-me – como, de resto, cada vez mais tem ocorrido – com a percuciente lição de Odete Medauar, para quem "a dificuldade de fixar diferenças entre contrato e convênio administrativo parece levar a concluir que se trata de figuras da mesma natureza (...) como foi exposto acima pode-se aventar, no âmbito do direito administrativo, uma visão genérica do módulo contratual. Aí estariam incluídos tanto os contratos de obras, de prestação de serviços, de fornecimento de materiais, as concessões, como os convê-

afastar a confusão que alguns administradores ainda fazem entre o contrato administrativo e o convênio, depois de conceituar este último como o acordo firmado por entidade pública de qualquer espécie com outra, ou com organização particular, para a realização de objetivos de interesse comum, procuramos deixar bem claro que: 'Convênio é acordo, mas não é contrato. No contrato, as partes têm interesses diversos e opostos; no convênio, os partícipes têm interesses comuns e coincidentes. Por outras palavras: no contrato há sempre duas partes (podendo ter mais de dois signatários): uma que pretende o objeto do ajuste (a obra, o serviço etc.); outra que pretende a contraprestação correspondente (o preço, ou qualquer outra vantagem), diversamente do que ocorre no convênio, em que não há partes, mas unicamente partícipes com as mesmas pretensões. Por essa razão, no convênio a posição jurídica dos signatários é uma só e idêntica para todos, podendo haver, apenas, diversificação na cooperação de cada um, segundo as suas possibilidades, para a consecução do objetivo comum, desejado por todos'" (cf. Hely Lopes Meirelles, "Contrato administrativo – 'Anulação' pelo Tribunal de Contas", in *Estudos e Pareceres de Direito Público*, vol. IX, São Paulo, Ed. RT, 1986, p. 101).

10. Hely Lopes Meirelles, "Contrato administrativo – 'Anulação' pelo Tribunal de Contas", in *Estudos e Pareceres de Direito Público*, vol. IX, p. 101.

11. Leon Frejda Sklarowsky, "Os convênios administrativos", *RT* 669/39.

12. Daí a pertinência do traço distintivo posto por Edimir Netto de Araújo, para quem nos contratos as vontades "são antagônicas, se compõem, mas não se adicionam, delas resultando uma terceira espécie – ao passo que nos convênios, como nos consórcios, as vontades se somam, atuam paralelamente, para alcançar interesse e objetivos comuns" (*Do Negócio Jurídico Administrativo*, São Paulo, Ed. RT, 1992, p. 145).

nios, consórcios, pactos. A característica destes últimos está na sua especificidade, ou por envolver duas ou mais entidades ou órgãos públicos ou pelo tipo de resultado que se pretende atingir com o acordo firmado".[13]

Isso não os faz caracterizar-se como instrumentos contratuais em sentido estrito; é dizer, não são os convênios ajustes sinalagmáticos, recíprocos e originados da instrumentalização de interesses antagônicos.

Fio-me, pois, na distinção exposta por Eros Grau[14] entre os *contratos de intercâmbio* (nos quais os interesses das partes são necessariamente contrapostos, polarizados) e os *contratos de comunhão de escopo* (onde os interesses dos pactuantes são paralelos).

Razão, portanto, parece estar com o Min. Rafael Mayer quando afirmava, em célebre acórdão: "Convênio não é palavra de sentido unívoco no campo do direito administrativo, mas expressão utilizada, nos textos legais, de modo analógico e em categorias correspondentes, ao lado de ajustes, acordos e contratos. Sem embargo de que se possam atribuir notas conceituais específicas a cada uma, tais figuras têm de comum, dito de maneira bastante genérica, o serem atos administrativos bilaterais tendo por objeto estabelecer condutas e empregar recursos para a consecução de determinados fins de interesse da Administração".[15]

E, neste sentido, o entendimento que ora exponho se presta fundamentalmente a gizar que o caráter bilateral, pactual e obrigacional dos convênios (que os faz integrantes da categoria de atos jurídicos de natureza contratual) não os faz confundíveis com os contratos *stricto sensu* e muito menos os torna espécies de contratos administrativos. Porém, deixa entrever que os convênios estabelecem obrigações para as partes convenentes; obrigações que, porém, não se fazem uma em relação ou em contrapartida à outra, e sim ambas com vistas ao objetivo comum (convenial).

Retomo a questão do Protocolo firmado entre o Estado e o particular. Dizia eu estar convicto de que se trata de um convênio. E isso porque no tal Protocolo encontramos firmes os elementos caracterizadores do instituto convenial:[16] (a) há um acordo de vontades; (b) a finalidade é a consecução de um objetivo comum, de interesse de ambas as partes; (c) as obrigações previstas para as partes são nitidamente de natureza cooperativa;[17] e (d) inexiste estipulação de obrigações recíprocas ou de contraprestação.

13. Odete Medauar, "Convênios e consórcios administrativos", *Boletim de Direito Administrativo* 8/456, 1995.

14. V. Eros Roberto Grau, *Licitação e Contrato Administrativo*, São Paulo, Malheiros Editores, 1995, p. 91. Embora em texto bastante anterior (cf. verbete "Convênio e contrato", in *Enciclopédia Saraiva de Direito*, vol. 3, p. 379, publicado nos idos de 1977) o autor afirmasse não se tratar os convênios de contratos, parece claro que se referia, lá, a contratos em sentido estrito, pois na distinção de von Ihering, que passou a adotar, os traços de oposição e comunhão distintivos das espécies não o impedem de tratar as duas figuras pelo termo genérico "contrato".

15. Cf. acórdão na ReprInconst 1.024-4-GO, *RDA* 140/67, abril-junho/1980.

16. Embora a responsabilidade seja exclusivamente minha, sirvo-me, para a estipulação destes elementos caracterizadores, da síntese apresentada por Odete Medauar (*Direito Administrativo Moderno*, 4ª ed., São Paulo, Ed. RT, 2000, pp. 271-272). Antes de apresentar críticas a essas diferenças – críticas que, em certa medida, acabam para reforçar o entendimento que acima expus, registra a dileta professora titular da USP: "Quanto à natureza, parte da doutrina publicista pátria distingue convênios de contratos, aplicando-se aos consórcios o que se afirma para os convênios. Segundo essa linha, diferenciam-se do seguinte modo, em essência: (a) no contrato há interesses opostos; no convênio há interesses convergentes; (b) o contrato realiza composição de interesses opostos; o convênio realiza conjugação de interesses; (c) no contrato há partes: uma que pretende o objeto (exemplo: obra, serviço) e remunera; a outra que visa ao preço; no convênio não há partes, mas partícipes com as mesmas pretensões; (d) nos contratos há obrigações recíprocas, o que falta nos convênios".

17. O que para José Roberto Dromi caracterizaria um ato não-contratual, com o quê discordo:

Que há um acordo de vontades parece-me estreme de dúvidas. No Protocolo vem claramente estipulado que Estado e o particular ajustaram "princípios e regras gerais" e "diretrizes" com vistas à implantação do novo pólo industrial, conforme projeto da indústria. Mais ainda, vemos registrado que o objeto do Protocolo é "estabelecer obrigações específicas das partes". De resto, nele encontramos previstos compromissos do Estado e do particular. Em suma, pelo Protocolo houve a pactuação entre o Estado e o particular, repartindo responsabilidades (obrigações) convergentes, para a concretização do que designaram "projeto".

Tampouco parece-me possível discordar de que ambas as partes afluíram para o Protocolo com vistas a um objetivo único e comum: viabilizar a implantação do complexo industrial. A realização do Estado e do particular só ocorrerá se o tal projeto for implementado. Diferentemente do que ocorre, por exemplo, num contrato de obra pública – em que, ao fim do ajuste, o sucesso da Administração é ter a obra e o da construtora ter tido o retorno econômico alvitrado –, o pacto em apreço só será exitoso se o mesmo resultado for obtido. Ou seja, o interesse das partes não se compõe numa compensação, num sinalagma. Realiza-se num sentido único, convergente. Ambos perseguem um só objetivo, "implantação, no Município, de unidade industrial (...)", conforme projeto do pólo industrial, abrangendo outras empresas que lá se instalarão.

Igualmente, parece-me certo o caráter cooperativo das responsabilidades previstas para cada uma das partes. Tanto que no considerando se vê expresso que, "para alcançar os objetivos comuns, as Partes, no âmbito de suas competências, deverão tomar providências no sentido de viabilizar a realização dos mesmos".

Por derradeiro, tenho claro também que inexiste no Protocolo a previsão de obrigações recíprocas, assim entendidas aquelas que opõem uma parte à outra, aquelas em que o proveito de uma das partes é diretamente proporcional ao prejuízo da outra. Da reciprocidade, do caráter contraprestacional, de um pacto advém que uma parte poderá ganhar se a outra perder. Aqui – como, de resto, em todos os convênios (ou nos "contratos de comunhão", de que fala Eros Grau) – só existem duas alternativas: ou Estado e particular cumprem suas obrigações, o projeto é bem sucedido e todos ganham, ou ambas as partes perderão, na medida em que resultará frustrada a expectativa que as levou a pactuar. Mesmo que uma das partes assuma responsabilidade inicialmente imputada à outra, o resultado final será satisfatório para ambas, já que terão atingido seu objetivo (implantação do pólo industrial).

Apesar de ter sido designado como "Protocolo de Entendimentos", o acordo firmado entre o Governo do Estado e o particular caracteriza-se como um convênio. E nem se diga que a Lei federal 8.666/1993 interditou a formalização de convênios entre entes públicos e entidades privadas.[18] Esse entendimento improcede. Como ensina Antônio Roque Citadini "Os convênios, quando firmados entre órgãos públicos e entidades particulares, obedecerão às normas aqui previstas, acrescidas de que sua inicial pactuação deverá obedecer aos princípios gerais da contratação pública, em especial os de impessoalidade, igualdade dos particulares perante a Administração Pública e probidade

"La unión es un acto complejo, un acto plurilateral, pero no contractual; es lo que la doctrina alemana denomina *Vereinbarung* y la francesa *unión*, y que Jellinek define como 'la unificación de varias voluntades con el fin de conseguir la satisfacción de intereses comunes'; en tanto que contrato es 'una unión de voluntades con el fin de satisfacer intereses contrapuestos y no congruentes entre sí" (cf. José Roberto Dromi, *La Licitación Pública*, Buenos Aires, Astrea, 1989, pp. 30-31).

18. Esse parece ser o entendimento de Marçal Justen Filho (*Comentários à Lei de Licitações e Contratos Administrativos*, 8ª ed., São Paulo, Dialética 2000, p. 668).

administrativa, sem os quais o convênio não poderá ser realizado".[19]

Não fosse por tudo que acima disse, seria por aproveitamento de norma constante do direito positivo. Com efeito, o Decreto federal 93.872, de 23.12.1986, que trata de matéria fiscal, orçamentária e financeira no âmbito da União (unificação dos recursos de caixa do Tesouro Nacional), traz uma relevante definição de convênio que pode ser aqui aproveitada. Diz a norma federal:

"Art. 48. Os serviços de interesse recíproco dos órgãos e entidades da Administração Federal e de outras entidades públicas ou organizações particulares poderão ser executados sob regime de mútua cooperação, mediante convênio, acordo ou ajuste.

"Parágrafo único. Quando os participantes tenham interesses diversos e opostos, isto é, quando se desejar, de um lado, o objeto do acordo ou ajuste, e de outro lado a contraprestação correspondente, ou seja, o preço, o acordo ou ajuste constitui contrato."

Tem-se, então, em respaldo ao que acima pude expor, que, nos termos da conceituação normativa (objeto de interesse recíproco perseguido em regime de mútua cooperação) da citada norma federal – aplicável apenas por analogia, fique bem claro –, o "Protocolo de Entendimentos" reúne todos os requisitos para ser considerado um convênio. E de fato é, seja qual for o *nomen juris* que se lhe tenha dado.

## *2. Os instrumentos de cooperação e a atividade administrativa de fomento*

Visto que o Protocolo assinado pela interessada e pelo Estado tem natureza jurídica de um convênio entre as partes, cujo objetivo comum é viabilizar um determinado vetor de desenvolvimento econômico (o pólo industrial), creio valer a pena uma breve digressão sobre os contornos da atividade estatal que respalda a decisão política do Estado de fomentar tal iniciativa do particular signatário do instrumento.

Por mais que a ortodoxia liberal resista, é fato que o Estado exerce um papel central no jogo econômico; papel, este, que não se restringe à condução da política monetária, nem só na exploração – cada vez mais decrescente – direta de atividades econômicas; ao Estado incumbem duas funções angulares para a economia: de um lado, a regulação e, de outro, a atividade de indução, de fomento, da iniciativa privada. Da primeira não darei conta, aqui.[20] À segunda vale dar alguma atenção.

Bartolomé Fiorini ensina que "a atividade promocional tende a proteger, estimular, promover ou auxiliar situações existentes ou que estejam surgindo, no tocante a riquezas naturais, empresas particulares, atividades individuais, com o fim de satisfazer necessidades de utilidade geral e benefício da coletividade".[21] Basicamente, compõe-se ela das medidas voltadas a criar pré-condições para realização de metas que, num determinado momento histórico, sejam definidas politicamente como relevantes para o desenvolvimento econômico ou social.

Entendo que a CF, para além da referência no art. 174 (função estatal de incentivo da atividade econômica), em verdade dá por pressuposto que o Estado deve exercer a função fomentadora. Afinal, não me parece possível que atinjamos os princípios fundantes (ou pelo menos parte deles) da ordem econômica, previstos no art. 170, sem que haja uma

19. Antônio Roque Citadini, *Comentários e Jurisprudência sobre a Lei de Licitações Públicas*, 2ª ed., São Paulo, Max Limonad, 1997, p. 467.

20. Sobre isso, v. o meu "A nova regulação estatal e as agências independentes", in Carlos Ari Sundfeld (org.), *Direito Administrativo Econômico*, São Paulo, Malheiros Editores, 2000, pp. 72-98.

21. Bartolomé Fiorini, *Derecho Administrativo*, 2ª ed., Buenos Aires, Abeledo-Perrot, 1997, p. 222 (tradução minha).

forte atuação estatal indutora. Afinal, seria pueril imaginar que o livre jogo do mercado possa conseguir os intentos de redução das desigualdades sociais e regionais; o pleno emprego e, mesmo, a dignidade humana ou "justiça social". Não só não consegue, como não se propõe a isso o mercado. A livre iniciativa depende da racionalidade econômica individual dos empreendedores privados. E estes, com lógica e razão, pautam suas definições estratégicas pelos seus interesses individuais.

Por isso é que cabe ao Estado, a partir da racionalidade global, com vistas ao sopesamento dos interesses de toda a coletividade, atuar no sentido de conduzir – sem violentar os também constitucionais princípios da livre iniciativa, propriedade privada e livre concorrência – o jogo econômico para, gradualmente, torná-lo mais equânime, justo e distributivo.[22]

Abundam os instrumentos de que o Estado dispõe. Em geral eles se situam nos quadrantes do que se convencionou chamar de *direito premial* (é dizer, o direito que se afirma não pela coerção, mas pela normatividade indutora, estatuinte de prêmios ou benefícios àqueles que adiram às condutas indicadas ou incentivadas). Certo deve estar que esta atividade sempre desafiará os corolários da livre concorrência ou da justa competição, o que torna sempre difícil o equilíbrio entre a atividade de fomento e o direito de concorrência.[23]

Da renúncia de receita (*v.g.*, isenção, redução ou vantagem tributária) até a subvenção direta (*v.g.*, aportes de capital direto no empreendimento ou na empresa beneficiários), passando pela concessão de créditos, apoios tecnológicos, cessão de bens etc., todas as medidas próprias à atividade estatal de fomento deverão ter, como pressuposto de sua legitimidade, uma justificativa à luz dos benefícios que sua adoção terá para a coletividade.[24]

Como o pressuposto da atividade estatal de fomento é a consecução de um dado objetivo ou empreendimento que interessa, imediatamente, ao segmento da iniciativa privada diretamente envolvido, e mediatamente à coletividade, temos que em grande medida o exercício da função indutora ou incentivadora do Estado compreenderá a formalização de "contratos de cooperação", para retomarmos a terminologia de Eros Grau. Afinal, o desenvolvimento daquela atividade, ou segmento econômico, eleita pelo Estado para receber impulso irá interessar a um só tempo aos atores privados nela enredados e ao ente estatal (que por intermédio dela busca o bem-estar da coletividade).

22. Como ensina Modesto Carvalhosa, "tendo a norma de direito econômico um núcleo de economicidade (racionalidade econômica), a manifestação volitiva deve regular-se dentro das estritas formulações da lei, já que a finalidade da norma dispositiva de direito econômico não é a de interpretar ou suprir a vontade do destinatário da norma, mas a de levá-lo a uma condição econômica de interesse coletivo e social que transcende os limites do querer individual" (*Direito Econômico*, São Paulo, Ed. RT, 1973, p. 304).

23. Eros Roberto Grau ilustra bem essa tenção: "A sedução à adesão ao comportamento sugerido é, todavia, extremamente vigorosa, dado que os agentes econômicos por ela não tangidos passam a ocupar posição desprivilegiada nos mercados. Seus concorrentes gozam, porque aderiram a esse comportamento, de uma situação de donatários de determinado bem (redução ou isenção de tributo, preferência à obtenção de crédito, subsídio, *v.g.*), o que lhes confere melhores condições de participação naqueles mesmos mercados" (*A Ordem Econômica na Constituição de 1988*, 5ª ed., São Paulo, Malheiros Editores, 2000, p. 161).

24. "Sotto il profilo economico si tratta in sostanza di un progetto di investimento che coinvolge un *pool* di privati imprenditori, realizzatori, banche, altri, finanziatori – ma che non esclude l'apporto anche di capitali pubblici – nella ideazione, realizzazione e gestione di rilevanti infrastrutturazioni (ad esempio creazione, ammodernamento, manutenzione, gestione dei 'sistemni a rete'; riconversione di aree urbane o periurbane dismesse; creazione dei cosidetti parchi tecnologici o scientifici)" (Massimo Severo Giannini, *Diritto Pubblico dell'Economia*, Bolonha, Il Mulino, 1995, p. 83).

Por essa razão é que tem sido tão freqüente a utilização, no bojo de projetos e programas de incentivo, da pactuação de convênios entre o Estado e a iniciativa privada.[25] Exatamente como aqui ocorre.

Não fosse o benefício para a coletividade, e a medida de incentivo estaria eivada de desvio de finalidade. Porém, estando presente e demonstrado o reflexo que uma determinada medida fomentadora ou que um dado incentivo podem trazer no atendimento das premissas desta atividade estatal, a decisão política de qual projeto ou empreendimento será privilegiado não me parece sindicável.

Dito de outro modo: não é lídimo o emprego de bens, recursos ou meios públicos para promoção de uma atividade privada ou de um segmento econômico sem que estejam sobejamente demonstrados os benefícios desta iniciativa para a coletividade. Porém, presente esse nexo entre incentivo e proveito coletivo, a opção de qual setor será destinatário do fomento é uma decisão própria da discricionariedade administrativa, claro que – repito – observados os limites constitucionais e legais para tanto existentes (pacto federativo, estrutura tributária, acordos comerciais, legislação de proteção à concorrência etc.). O que pretendo deixar nuançado é que não me parece passível de controle a decisão política entre a indústria automobilística ou aeronáutica; ou a opção entre desenvolver prioritariamente uma região em detrimento de outra.

A adoção de uma política de fomento (que beneficie um determinado setor ou atividade, ou um conjunto de atores econômicos) é, pois, medida complexa, que envolve relevantes conseqüências. Para ficarmos em duas das acima aludidas: a interferência na concorrência (no ensejo do oferecimento de vantagens competitivas aos beneficiados) e a interface com o princípio da supremacia do interesse público (só consagrado se, ao fim do projeto, os recursos públicos carreados para fomentar a atividade privada tiverem produzido conseqüências apropriáveis por toda a coletividade).

Ora, se assim é, o que mais deve ser evitado no exercício dessa atividade estatal é que se frustre, por razões circunstanciais, o atingimento das finalidades coletivas mediatas, justificadoras do oferecimento de incentivos ou benefícios. Afinal, se o Estado adota uma política de fomento a um dado setor, carreando meios e recursos públicos para tanto necessários e alterando ou desbalanceando o cenário concorrencial do setor específico, coloca-se absolutamente imprescindível que o projeto fomentado seja integralmente concluído e implantado, ensejando que produza os benefícios reversíveis à coletividade.

Qualquer ação, negligência ou omissão que frustrem ou impeçam o atingimento dos objetivos de interesse coletivo subjacentes a uma dada manifestação da atividade estatal de fomento devem, pois, ser evitadas, sob pena de estarmos impregnando a atividade estatal de desvio de finalidade.

### *3. A mutabilidade do convênio*

Outra nota relevante para deslinde da questão em exame refere-se ao caráter mutável ou não dos convênios firmados entre Poder Público e entidades privadas especificamente com vistas à consecução de medidas e providências enquadráveis dentro do que acima designei por *atividade estatal de fomento*.

Já pude assinalar acima que, para mim, os convênios não deixam de ser espécies do

25. Apenas a título de ilustração, esse é o mecanismo eleito pelo Governo do Estado do Rio de Janeiro para utilização dos recursos do Fundo de Desenvolvimento Econômico e Social daquele Estado. Diz o art. 3º do Decreto estadual 22.306/1996: "Art. 3º. A aplicação dos recursos do FUNDES será realizado *[sic]* através *[sic]* da Secretaria de Estado de Planejamento e Controle, nos termos do *convênio a ser celebrado entre o Estado e a entidade beneficiária*" (grifei).

gênero *contrato* (em sentido amplo), sem se caracterizarem, contudo, como contratos administrativos em sentido restrito. Sendo assim, parece-me óbvio que não se pode negar aos convênios o traço de mutabilidade que é próprio aos ajustes de que participa a Administração Pública.[26]

Se o pressuposto para a formalização de um convênio como o aqui tratado é a consecução de um objetivo de interesse geral para a qual convergem Estado e ente privado, não me parece lídimo erigir-se a imutabilidade dos termos conveniados mesmo quando eles se revelem, no seu devir, entraves para o próprio atingimento dos objetivos perseguidos. Trata-se, em verdade, de uma decorrência mesmo do fato de haver – nos pactos de que participa a Administração Pública – um interesse coletivo (público) não só envolvido, como perseguido.

Marçal Justen Filho, embora tratando dos contratos administrativos em sentido estrito, oferece uma feliz síntese, que bem calha aqui: "No direito privado o tema da alteração dos contratos não desperta maior interesse. Em virtude do princípio da obrigatoriedade das convenções, não há cabimento para alterações no conteúdo das avenças. Qualquer alteração representa uma exceção raramente verificada. A questão é distinta no direito administrativo. A modificação contratual é institucionalizada e não caracteriza rompimento dos princípios aplicáveis. É o reflexo da superposição do interesse público".[27]

Neste tocante, os convênios não diferem dos contratos administrativos em geral. Tanto uns como outros só se justificam no sentido de que são instrumentos para o atingimento interesses públicos. E, se circunstâncias supervenientes se colocam como impeditivas para a consecução destas finalidades, impenderá sempre adequar o instrumento de ajuste (tanto contrato como convênio), pois que, se assim não for, a avença perderia o sentido.

Agora, se a natureza genericamente contratual dá já ao convênio um traço de cambialidade, de mutabilidade, próprio dos ajustes de que participa a Administração Pública,seu caráter não-sinalagmático introduz uma facilidade ainda maior para que ele sofra ajustes, alterações e adequações, desde que necessários para permitir ou facilitar a consecução das finalidades públicas motivadoras do pacto.

É que, primeiro, inexistindo o caráter sinalagmático próprio à oposição de interesses, existente nos contratos de escopo, não há que se falar em balizamento por equilíbrio econômico-financeiro. Diferentemente do que ocorre nos contratos administrativos estrito senso (quando a alteração unilateral impondo ou aliviando ônus do particular afeta o equilíbrio contratual), nos convênios pode haver transferência ou assunção de ônus de parte a parte sem que advenha a discussão em torno da recomposição do equilíbrio. Pode-se até falar em dever de um convenente indenizar o outro por prejuízos causados (nos termos da regra geral de responsabilidade prevista no Código Civil). Mas não há que se falar em preservação do equilíbrio, pois que ambas as partes agem num só interesse, e não se contrapondo.[28]

26. Acerca da mutabilidade dos contratos firmados pela Administração Pública v. meu "Alteração das condições de pagamento em contratos administrativos para adequação ao novo regime de execução do objeto", in *Cadernos de Direito Tributário e Finanças Públicas* 22/307-326, 1998.

27. Marçal Justen Filho, *Comentários à Lei de Licitações e Contratos Administrativos*, 8ª ed., p. 549.

28. Eros Grau diz: "A celebração de tais convênios, quando tenham por objeto a realização de obras e serviços públicos, coloca em questão, muitas vezes, a sua caracterização como verdadeiros contratos. Há perfeita distinção, no entanto, entre as duas modalidades de acordo de vontades, visto que a característica de interesses opostos ou divergentes que se encontram é a nota marcante do contrato, ao passo que a coexistência de interesses paralelos ou convergentes, que nele se integram, define o convênio" ("Convênio e contrato", in *Enciclopédia Saraiva de Direito*, vol. 3, p. 379).

Doutro lado, o fato de inexistir no convênio caráter contraprestacional ou de contrapartida faz com que não se cogite de risco de uma alteração, nos termos pactuados, afrontar a isonomia. Tendo por móvel o particular, num contrato administrativo estrito senso, a busca do lucro, é sempre possível que uma alteração no pactuado sirva para lhe aumentar os ganhos. Daí por que a legislação manieta a margem de discricionariedade do administrador público de outorgar ao contratado maiores obrigações pela execução das quais receberá ele paga e, naturalmente, aferirá maiores lucros. Num convênio, o ente privado convenente não recebe remuneração pelas suas obrigações. Seu benefício não está em ser pago pelo que vier a realizar no âmbito do convênio. Está, sim, em obter o resultado que de igual modo é alvitrado pelo Poder Público. Deste modo, são muito menores as restrições que se deve impor à alterabilidade dos pactos de cooperação, aos *contratos de intercâmbio*.

Dessarte, creio estar patente no tocante à alterabilidade dos convênios que quanto a eles deve ser, consoante prescreve o art. 116 da Lei 8.666/1993, aplicado o regime jurídico geral dos contratos previsto no art. 58, especialmente para admitir sua modificação, até mesmo unilateral, "para melhor adequação às finalidades de interesse público" (inciso I). Certo é que a exceção de inaplicabilidade deste regime (decorrente da expressão "no que couber", contida no art. 116, *caput*), aliada às razões que acima expus, leva à conclusão de que, tratando-se de convênios, não haverá que se falar em intangibilidade de cláusulas econômico-financeiras (que, de resto, propriamente inexistem), nem em limites ou restrições, quantitativos ou qualitativos, a coartar a possibilidade de alteração.

Firmo, pois, uma outra nota no sentido de que os convênios, tanto pelo seu caráter vinculado à consecução de finalidades de interesse geral quanto pelo seu regime específico, admitem, sim, alterabilidade nos seus termos, cláusulas e condições sempre que isso se mostrar necessário para o pleno ou mais eficiente atingimento dos objetivos de interesse coletivo que motivaram sua estipulação. Mais que isso, diria eu que não alterar um convênio diante dessa necessidade seria, nos contornos do afirmado no item 2, acima, incorrer em verdadeiro desvio de finalidade.

## 4. *A possibilidade de transferência de obrigação para o particular*

É chegado o momento de entrar no âmago da situação motivadora do presente estudo. Segundo pude entender, há hoje a necessidade ou a conveniência de que o particular assuma a incumbência de tomar as providências necessárias no sentido de fazer realizar as obras de infra-estrutura necessárias ao empreendimento e que ficaram inicialmente cometidas a órgãos do Estado. Neste sentido, ainda segundo me é dado entender, o Estado permaneceria com a obrigação de custear tais cometimentos até os limites da disponibilidade financeira no convênio. Para o que transcendesse esse montante, ficaria a cargo do particular.

Não me parece haver qualquer entrave, dificuldade ou óbice para que se viabilize o pretendido. Em verdade, o que se está pretendendo é nada mais que a transferência para o particular da obrigação de adotar providências (instrumentais) com vistas a, com maior eficiência e celeridade, permitir que parte do empreendimento seja realizada, afastando o risco de comprometimento do projeto.

Note-se, desde logo, que a alteração de responsabilidade cogitada não é de grande monta. A parcela substancial da repartição de responsabilidades (ou seja, a atribuição de encargos financeiros cabentes a cada qual) não seria alterada. A parcela de investimentos a que o Estado se dispôs seguiria rigorosamente a mesma. E o excedente segue sendo encargo do particular.

Em rigor, nem mesmo a forma como hoje vem lavrado o instrumento impediria o pretendido. Isso porque tanto, para as obras viárias como para as demais obras de infra-estrutura, o documento é bastante claro em dizer que o Estado "tomará as providências necessárias para execução das obras" ou que um ente por ele controlado deveria celebrar um novo "Protocolo de Entendimentos" pelo qual este ente se comprometeria a uma série de estipulações.

Vislumbro, portanto, duas alterações que deveriam ser feitas no convênio, ambas nada complexas.

A primeira corresponderia a transferir dos órgãos estaduais para a parte interessada o cometimento de tomar todas as providências necessárias para executar, diretamente ou por terceiros, as obras de infra-estrutura já arroladas no termo. Isso – repita-se – (a) sem se alterar a distribuição dos encargos financeiros estipulados e (b) sem que o particular faça jus a qualquer remuneração ou taxa de administração pela assunção deste encargo.

A segunda implicaria a substituição de um órgão gerenciador do Estado pelo particular no exercício da tarefa de gerenciar as obras de responsabilidade do Estado, dando também a este o encargo de gerenciamento. Aqui também – importante repisar – não se deve ter qualquer remuneração pelo exercício das funções gerenciais, pos que, se assim não fosse, estar-se-ia transfigurando o convênio em um contrato de prestação de serviços de gerenciamento.[29]

O que é importante ter em mente é que as alterações cogitadas em nada modificam o âmago do pactuado no convênio. O objetivo de ambas as partes segue sendo a conjugação de esforços para viabilizar, no tempo e nas condições predefinidas, a implantação de um pólo de indústria no Município. Exatamente nos termos do previsto no instrumento, que prevê que "as partes, no âmbito de suas competências, deverão tomar providências no sentido de viabilizar a realização dos objetivos comuns". E, neste quadrante, incrementar as responsabilidades do particular (com a aquiescência deste) não tem qualquer implicação restritiva, caracterizando-se como uma providência absolutamente cabível dentro do convênio.

Algum incauto poderia alegar óbice no cometimento da atividade de gerenciamento de obras e intervenções em bens públicos por entidade privada. A objeção seria despropositada. Em artigo que publiquei[30] deixei consignado entendimento que me permito reproduzir:

"A autoridade, o poder, as prerrogativas intransferíveis do Poder Público decorrem, sempre, da lei (princípio da reserva legal, decorrência por seu turno do princípio da legalidade11). [11. Celso Antônio Bandeira de Mello assim assevera acerca do princípio da legalidade: 'Para avaliar corretamente o princípio da legalidade e captar-lhe o sentido profundo cumpre atentar para o fato de que ele é a tradução jurídica de um propósito político: o de submeter os exercentes do poder em concreto – o administrativo – a um quadro normativo que embargue favoritismos, perseguições ou desmandos. Pretende-se através da norma legal, abstrata e por isso mesmo impessoal, a lei, editada pois pelo Poder Legislativo – que é o colégio representativo de todas as tendências (inclusive minoritárias) do corpo social –, garantir que a atuação do Executivo nada mais seja senão a concretização desta vontade geral', in *Curso de Direito Administrativo*, 8ª ed., 1996, p. 57.] 'A atividade administrativa deve ser desenvolvida nos termos da lei. A Administração só pode fazer o que a lei autoriza: todo ato seu há de ter base em lei, sob pena de invalidade.'12 [12. Carlos Ari Sundfeld, *Funda-*

29. Sobre a natureza dos contratos de gerenciamento, v. meu "Contratos administrativos – Gerenciamento de obras e de programas de obras públicas – Conceito e características – Pertinência do gerenciamento externo", *Revista do Tribunal de Contas do Estado de São Paulo* 75/35, janeiro-março/1994.

30. "A contratação de particulares para suporte de atividade regulatória estatal", *RTDP* 25/163-180, São Paulo, Malheiros Editores, 1999.

*mentos de Direito Público*, p. 152.] O exercício das atividades inerentes à autoridade pública só existe porque a outorgou ao órgão ou agente público a competência para efetivá-lo. Não seria por meio de contrato que ser-lhe-iam retiradas tais competências.

"*18.* O fato de a Administração firmar contrato com empresa privada, para que esta gerencie obra ou serviço executado por outro particular, não representa, nem juridicamente nem na prática, a transferência de qualquer poder.

"*18.1* Não o é na prática porque é intrínseco ao gerenciamento a distinção entre o dono da obra (ou do serviço, ou do bem, ou do empreendimento) e o gerenciador. Se houver confusão entre os dois papéis, desaparece a figura do gerenciador (já que, por óbvio, dono e gerente não podem ser a mesma pessoa, ainda que aquele possa acumular as funções deste), emergindo uma substituição no titular da obra. Se o contratante de uma obra ou de um serviço recorre a um gerenciador, é porque quer cometer a outrem a tarefa de gerenciar, preservando para si a capacidade de decidir, em última instância, sobre o devir da contratação gerenciada.

"*18.2* Juridicamente, tampouco há transferência do poder. Além do já antes dito (acerca da base legal da autoridade) há também o fato de que o contratante não quer ser substituído na titularidade dos direitos e obrigações decorrentes do contrato principal cuja execução será gerenciada. Juridicamente, o plexo de obrigações contraídas pelo Poder Público num contrato de execução de obra, serviços ou mesmo de concessão destes permanece sempre com o Poder Público.

"Ao gerenciador se cometem aquelas atividades de suporte, acessórias e técnicas que referimos no item 15.3. E, mesmo assim, tais atividades são executadas como suporte, como auxílio ao exercício das prerrogativas do contratante. Este é quem, em última instância, aprova orçamentos, autoriza pagamentos, anui com o recebimento da obra e, no caso dos contratos administrativos, decide aplicar sanções ou rescindir unilateralmente o ajuste. Ao gerenciador cabe acompanhar, relatar, noticiar, municiar os fatos derivados do contrato, dando subsídio e elementos para o exercício da autoridade.

"*19.* Em suma, o contrato de gerenciamento, pela sua própria definição, já afasta a alegação de que ele representa uma abdicação de função pública. Muito ao revés, ao contratar o gerenciamento externo, a Administração intenta adquirir um apoio técnico e especializado que, assessorando-a, permita-lhe melhor exercer a função pública que lhe é outorgada pela lei. Daí a razão por que marcada, e bem marcada, a característica de acessoriedade intrínseca aos contratos de gerenciamento."

Sendo assim, um ente conveniado jamais levará vantagem por sobre o outro. Ou ambos logram êxito no ajuste (atingindo os objetivos do convênio), ou ambos fracassam. Pouco importa o *quantum* de obrigação caberá a uma ou outra das partes (afinal, no convênio é ausente o aspecto sinalagmático, o balanceamento de obrigações). Como ensina Eros Grau, retornando aos contratos de comunhão, de que os convênios são uma espécie, "do espírito de solidariedade de interesses que os caracteriza, o lema: a vantagem dele é minha vantagem, minha vantagem é sua vantagem". Já nos contratos de intercâmbio – diz ele – "o móvel egoísta do agente econômico compele as partes a buscar a satisfação de suas necessidades em condições vantajosas: aquele que oferece o bem ou serviço visa a adquirir o maior volume possível de moeda, ao passo que o adquirente do bem ou serviço procura pagar o menor preço possível".[31]

Seria mesmo um despropósito que a Administração Pública Estadual, que con-

31. Eros Roberto Grau, *Licitação e Contrato Administrativo*, São Paulo, Malheiros Editores, 1995, p. 92.

trata freqüentemente gerenciamento externo aos empreendimentos que leva a cabo, fosse impedida de cometer, a título não-remunerado, a obrigação de gerenciar obras a serem realizadas, predominantemente, em bem público que ser-lhe-á cedido.

Diga-se, aliás, que tal objeção seria ainda mais desarrazoada, haja vista que o convênio prevê que o próprio particular é que define e estabelece as especificações da obra, sendo-lhe até mesmo asseguradas prerrogativas de acompanhamento e fiscalização.

Poderia haver quem vislumbrasse no pretendido uma afronta à legalidade, pois que estaria a haver transferência de recursos públicos para ente privado. Tal ponderação só teria lugar por desconhecimento dos termos em que está entabulado o convênio.

Tanto as obras a serem realizadas no sistema viário (asfaltamento e recapeamento) quanto as outras a serem implantadas dentro do terreno, com utilização dos recursos orçamentários para tanto reservados, serão realizadas em bens públicos. As estradas, ninguém duvida, são bens públicos estaduais.

As melhorias a serem nelas feitas serão usufruídas por todos que por lá transitarem. Já as obras específicas da unidade industrial também reverterão para o patrimônio público, pois o terreno foi disponibilizado pelo Estado e o particular terá a posse de parte deste imóvel, por força de permissão de uso a título gratuito. E mesmo que tal área venha a lhe ser doada, esta doação não seria livre de encargos. E, mesmo que assim fosse, não refoge à atividade estatal de fomento que o Estado realize investimentos em bens privados quando isso se mostre relevante para o desenvolvimento de alguma política de incentivo.[32]

Se muito não me engano, o que está em cogitação nada mais é que a transferência de algumas responsabilidades a mais para o ente privado, que passaria a se incumbir de realizar também obras de infra-estrutura em nome do Estado, que apenas se encarregará (a) da transferência de recursos necessários até os limites previstos no convênio; (b) da fiscalização técnica da execução destas obras, mais particularmente no tocante às obras rodoviárias (já que nas demais já fora previsto que parte relevante da fiscalização já estaria a cargo do particular).

Pode haver, ainda, quem venha a dizer que a transferência destes cometimentos seria interditada, por implicar uma burla ao princípio da licitação. Nesta linha de raciocínio, poder-se-ia sustentar que, ao transferir a um particular a obrigação de executar obras e melhorias em bens públicos e custeadas, ao menos em parte, por recursos públicos, o Estado seria obrigado a licitar. A ponderação tampouco se sustenta.

De um lado, pelo próprio pressuposto falso. Não se está a cogitar da contratação (estrito senso) da empresa para executar obras públicas. Isso envolveria necessariamente sua remuneração (lucro, ganho, apropriação natural de mais-valia), do que sequer se cogita.[33] E, de resto, se a questão fosse

32. Cite-se, por exemplo, o disposto na Lei estadual 7.537/1999, do Estado da Bahia, que prevê: "Art. 18. Fica o Poder Executivo autorizado a elaborar projetos e realizar a execução *[sic]* de serviços e obras de infra-estrutura, complementares aos serviços e às obras pelas quais se responsabilizou em razão de constituição de distritos industriais, mesmo após a transferência do domínio do imóvel para a empresa beneficiada".

33. "No mais das vezes, propõe-se no convênio que um ente público repasse recursos financeiros para que outro ente, entidade vinculada ou empresa privada realize projeto de interesse público de competência comum ou concorrente, a nenhum deles movendo o fim de lucro, figura de todo estranha ao convênio. Tanto o ente fornecedor dos recursos como aqueles que os aplicarão estão vinculados à consecução do projeto, do qual não se poderão desviar os meios repassados ou mobilizados pelo convênio" (Jessé Torres Pereira Jr., *Comentários à Lei das Licitações e Contratações da Administração Pública*, 4ª ed., Rio de Janeiro, Renovar, 1997, p. 675).

a contratação da interessada para executar obras de engenharia civil, creio que ela não poderia aceitar o cometimento, pois nem tem esse escopo em seu objeto social, nem está para tanto habilitada junto ao CREA.

De outro lado, há o fato de que os próprios pressupostos do convênio, longamente expostos acima, fazem inaplicável a ele a obrigação de licitar. Como assevera com propriedade e percuciência Maria Garcia, "tratando-se de acordos de cooperação ou de colaboração, de unicidade e não de duplicidade, fica afastada a necessidade de licitação ou concorrência: ou porque a finalidade seja tão específica, direta e determinada que impossibilite a participação de outrem ou porque a participação de outra pessoa não esteja vedada, em razão da finalidade do acordo, que permite outros partícipes do convênio".[34]

Por fim, como bem lembra Maria Sylvia Zanella Di Pietro: "Enquanto os contratos abrangidos pela Lei 8.666 são necessariamente precedidos de licitação – com as ressalvas legais –, no convênio não se cogita de licitação, pois não há viabilidade de competição quando se trata de mútua colaboração, sob variadas formas, como repasse de verbas, uso de equipamentos, de recursos humanos, de imóveis, de *know-how*".[35]

Poderia haver quem enxergasse na transferência da responsabilidade pela execução e gerenciamento das obras para o ente privado um expediente ardiloso voltado a burlar a exigência de licitação. A presunção de fraude, porém, mostra-se despropositada. Tivesse o convênio como objeto exclusivo e específico a realização das obras, e certamente poderíamos ver plausibilidade na alegação. Afinal, estar-se-ia firmando um convênio exclusivamente para cometer a um particular a contratação e execução de obra ou serviço que o Poder Público poderia contratar por si próprio, desde que realizando prévia licitação.

Porém, a situação que se põe aqui é totalmente diversa. O objeto do convênio é muito mais amplo. Repita-se: busca a implantação de uma unidade industrial com vistas a um projeto ainda mais ambicioso de criação de um pólo industrial aeronáutico. Nestes quadrantes, as obras de infra-estrutura objeto da cogitação constituem-se como meras providências ancilares ao objetivo central do convênio. Lobrigar aí um ardil ou uma burla à licitação seria transcender os limites da especulação. Mesmo porque – repise-se – o convênio prevê uma repartição de responsabilidades pelas obras, cabendo ao particular assumir parte dos custos por elas.

A ninguém ocorreria inquinar de ilegal o convênio se desde seus primórdios ele dispusesse que (a) todas as obras de infra-estrutura, inclusive rodoviária, ficariam a cargo do particular e que (b) o Estado aportaria, a título de incentivo ou investimento não-retornável, uma certa quantia de dinheiro suficiente para fazer frente a uma parcela dos custos decorrentes das obras. Afinal, como expus acima, essa seria uma medida natural em sede de atividade estatal de fomento.[36] Ora, se o convênio poderia – sem suscitar qualquer questionamento – ter sido formatado, desde sua origem, nos termos do aqui exposto, põe-se irrazoável empecer tal perspectiva somente por ser ela introduzida a título de alteração, à vista de verificações supervenientes.

A licitação não seria cogitável mesmo que se considerasse que a transferência da responsabilidade pelas obras de infra-estru-

34. Maria Garcia, "Dos convênios", in Maria Garcia (org.), *Estudos sobre a Lei 8.666/1993*, Rio de Janeiro, Forense Universitária, 1995, p. 232.

35. Maria Sylvia Zanella Di Pietro, *Temas Polêmicos sobre Licitação e Contratos*, 4ª ed., São Paulo, Malheiros Editores, 2000, p. 312.

36. Desnecessário lembrar a quantidade de fundos e programas de incentivos e de transferências que têm sido encetados por diversos Governos Estaduais no âmbito da disputa pela instalação de indústrias e pólos de desenvolvimento regional.

tura tivesse caráter de obrigação recíproca (o que não ocorre, pois por esse cometimento o particular não será remunerado, não lucrará ou se beneficiará para além do benefício já contido no convênio).Como pude consignar no item 2, supra, a decisão governamental de privilegiar um ou outro setor econômico, desde que respaldada por razões de interesse público, não é matéria oponível.

Ora, uma vez tendo havido a decisão do Estado de promover a implantação de um pólo industrial no segmento aeronáutico e tendo elegido o ente privado como vetor desse projeto, parece-me claro que só a este poderiam ser atribuídas responsabilidades congêneres àquelas que são objeto deste estudo. Não fosse por decorrência lógica, seria pelas próprias estipulações constantes do "Protocolo de "Entendimentos".

Afinal, parte das obras, que serão parcialmente custeadas pelo Estado – embora implantadas em bem público –, deve obedecer estritamente às especificações do próprio particular. Dessarte, até mesmo ao leigo fica clara a inexistência de hipótese de competição entre mais de um interessado em assumir as responsabilidades com as quais o ente cogita arcar.

Portanto, tenho como certo e pacífico descaber a alegação de que a transferência da responsabilidade pelo gerenciamento e realização das obras de infra-estrutura para o interessado deva estar sujeita a prévia realização de licitação, ou que tal instituto sirva de óbice para a alteração cogitada.[37]

## 5. *Requisitos e implicações em face dos princípios de direito público e das Leis de Licitação e de Responsabilidade Fiscal*

Visto que está que é plenamente possível o trespasse da responsabilidade pela realização das obras de infra-estrutura, originalmente a cargo de órgãos do Estado, cumpre, então, verificar alguns requisitos e afastar algumas objeções mais que podem ser levantadas em face da operação. Comecemos por estas, para depois dar cabo daquelas.

Há pouco enfrentei a principal questão que poderia advir da Lei 8.666/1993. Porém, tratando-se – como entendo tratar-se – de um convênio, o fato de não ser cogitável ou exigível a realização de licitação para transferir à empresa a responsabilidade pela execução e gerenciamento das obras não é suficiente para excluir a aplicação da lei, especialmente o disposto no seu art. 116. Neste sentido, dois dispositivos devem ser especialmente observados.

O primeiro tocante à necessidade de planejamento das etapas de execução e do cronograma para desenvolvimento das obras.[38] Tanto do ponto de vista dos eventos físicos (etapas e fases de execução – art. 116, § 1º, III – e previsão de início e fim de cada evento – § 1º, VI) quanto dos repasses financeiros (necessidade de plano de aplicação dos recursos financeiros – § 1º, IV – e cronograma de desembolsos – § 1º, V).

O segundo relacionado com o aspecto da disponibilidade dos recursos previstos para a parcela de investimento cabente ao Estado. Isso por força do disposto no § 1º, VII, desse art. 116.[39] Esse requisito se cum-

37. Em respaldo a esse entendimento cite-se a jurisprudência do TJSP: AgRg 31.953-0/4-02, de São Paulo, *Boletim de Direito Administrativo* 6/448, 1997.

38. "A liberação das parcelas, nos termos do art. 116, § 3º, só poderá ocorrer na estrita conformidade com o plano de aplicação aprovado, salvo as hipóteses de irregularidade, em que ficarão retidas. Os saldos dos convênios, enquanto não utilizados, serão obrigatoriamente aplicados em cadernetas de poupança de instituição financeira oficial, se a previsão de uso for superior a um mês, ou em fundo de aplicação de curso prazo, se o prazo for menor que um mês" (Diógenes Gasparini, *Direito Administrativo*, 5ª ed., São Paulo, Saraiva, 2000, p. 369).

39. O dispositivo preconiza ser imprescindível informar, no termo de convênio, "se o ajuste compreender obra ou serviço de engenharia, comprovação

prirá com a comprovação – que presumo simples – de que o orçamento deste exercício contém a previsão dos recursos necessários à parcela do cometimento a cargo do Estado, no limite global previsto no "Protocolo de Entendimentos".

De resto, não vejo em quê a Lei 8.666/1993 possa entravar a hipótese objeto do assunto aqui posto. Até porque a dicção do art. 116, *caput*, da lei é clara ao adstringir os convênios aos seus dispositivos apenas "no que couber". E as longas linhas apresentadas no item 1 deste trabalho parecem-me suficientes para demonstrar o descabimento da aplicação, aos convênios, das disposições versantes especificamente sobre o regime dos contratos administrativos em sentido estrito (os "contratos de comunhão de escopo" de Eros Grau).

Outra ordem de preocupações diria respeito à Lei de Responsabilidade Fiscal/LRF (Lei Complementar 101/2000). No tocante aos dispositivos, nenhum óbice imagino existir. Para fins da LRF um convênio se equipara a um contrato como título originador de despesas.

É o que encontramos referido no art. 29, quando, ao definir "dívida pública", alude às obrigações financeiras assumidas em virtude de "leis, contratos, convênios ou tratados". De resto, a Lei 4.320/1964, que não foi revogada pela LRF, prevê que a liquidação de despesa (ou seja, a verificação do direito adquirido de um credor a receber transferências de recursos públicos alocados em fontes orçamentárias) poderá ter por base "contrato, ajuste ou acordo respectivo" (art. 63, § 2º) – o que, naturalmente, compreende também o termo de convênio ou, se quisermos, o "Protocolo de Entendimentos".

Doutro bordo, poder-se-ia, a partir de uma leitura mais desatenta da LRF, imaginar que os dispositivos constantes dos arts. 26 a 28 entravariam a operação. Com efeito, estes artigos integram um capítulo da lei versante sobre "Da Destinação de Recursos Públicos para o Setor Privado". Porém, tais dispositivos não só não impedem como também sequer se aplicam ao ora cogitado. Não se aplicam porque as transferências a serem efetivadas pelo Estado não são propriamente destinadas à iniciativa privada, uma vez que serão utilizadas em obras de infra-estrutura em bens públicos. Cuida-se, portanto, da aplicação de recursos em investimentos de natureza pública, ainda que efetivados por intermédio e com o concurso da iniciativa privada. O art. 28 da LRF condiciona à autorização de lei específica a destinação de recursos para, direta ou indiretamente, "cobrir necessidades de pessoas físicas ou déficits de pessoas jurídicas" – hipótese inaplicável à espécie. No art. 27 encontramos regra obrigando que operações de crédito tenham patamares de remuneração compatíveis aos de mercado – o que também não afeta o caso, pos que não se trata de operação de crédito.

E, por fim, não se enquadra o art. 28, pois, até onde se saiba, o particular não é instituição integrante do Sistema Financeiro Nacional.

Em suma, havendo a previsão orçamentária dos recursos necessários ao atendimento dos compromissos correspondentes às obras no limite do que o Estado aceita investir, não haverá que se falar em impedimento decorrente da LRF. Mesmo porque, se assim não fosse, tal instrumento já estaria, na sua origem, contaminado por vício insanável. Isso porque o documento que daria lastro ao empreendimento seria o convênio já aditado como se faz normalmente com os contratos administrativos.

A transferência das obrigações para o particular deverá ser formalizada. Para tanto, entendo necessário que se adite o "Protocolo de Entendimentos", apostilando-se que o particular passa a se responsabilizar

de que os recursos próprios para complementar a execução do objeto estão devidamente assegurados, salvo se o custo total do empreendimento recair sobre a entidade ou órgão descentralizador".

pela execução e gerenciamento das obras, podendo fazê-lo direta ou indiretamente. Neste quadrante, além da introdução de dispositivos para satisfazer ao que expus neste item 5, supra, haverá que se estabelecer qual será o envolvimento dos órgãos estatais na aprovação das obras que terão de ser por eles recebidas. Isso especialmente para o órgão rodoviário estadual, porquanto para as demais obras, por agora, o recebimento e a aceitação terão de ser feitos mesmo pelo próprio particular.

Uma vez formalizada a transferência para o ente privado da responsabilidade pelas obras em apreço, poderá ele executá-las e gerenciá-las diretamente ou mediante contratação de terceiros. Embora se trate de contratação privada, é recomendável que a interessada se cerque de algumas cautelas ao fazê-lo. Primeiro, assegurando-se de que as contatadas reúnem condições técnicas e econômicas suficientes para realizar os cometimentos sem pôr em risco o cronograma. Segundo, haverá que se acautelar para que os preços contratados sejam compatíveis com os de mercado, evitando-se questionamentos no tocante à economicidade da operação. Estas duas linhas de providências, contudo, podem ser facilmente obtidas com a observância dos procedimentos normais do departamento de compras do particular.

Por fim, destaque-se que, embora haja previsão de que os recursos que excederem a dotação disponibilizada pelo Estado deverão ficar a cargo da empresa – caso o preço das obras e serviços contratados fique aquém desse valor –, as transferências deverão ser exatamente aquelas correspondentes aos efetivos gastos. Dito de outro modo: se as obras contratadas pelo particular forem mais baratas que os recursos disponíveis, o saldo ficará com o Estado ou poderá ser aplicado em novas obras e melhorias afetas ao projeto. O que deve ser observado, sempre, é que a interessada não aufira ganho ou proveito direto algum pela assunção das responsabilidades de que ora se cogita.

## *6. Conclusão*

A esta altura, espero que as linhas acima expendidas já tenham servido para apoiar minhas conclusões.

O "Protocolo de Entendimentos" tem natureza de convênio. O que o Estado e o particular pactuaram foi um típico *contrato de intercâmbio* ou – para usarmos a terminologia do Decreto federal 93.872/1986 – de *mútua cooperação* com vistas ao objetivo comum de implantar um pólo industrial, com a instalação inicial da unidade do ente privado. Isso deflui óbvio do próprio conteúdo do documento. De resto, esse ajuste não se caracteriza como um contrato administrativo, pois que inexistem nele reciprocidade de obrigações, contraprestação ou sinalagma, excluindo-o da incidência na definição constante do art. 2º, parágrafo único, da Lei 8.666/1993.

O próprio gerenciamento por um órgão estadual não me parece fazer sequer sentido, haja vista que as obras que seriam por ele gerenciadas ficam claramente caracterizadas como obras cuja concepção, acompanhamento e gestão devem ficar necessariamente a cargo do particular interessado. Havendo, como de fato há, risco de restar comprometido o cronograma do projeto se tais obras permanecerem sob o gerenciamento dos entes públicos referidos, parece-me não só possível (como demonstrei acima) mas ainda imperioso cometer também tal responsabilidade ao particular.

A formalização dessa alternativa deve se dar mediante Termo Aditivo ao "Protocolo de Entendimentos", apostilando todos os parâmetros e disposições necessários a adequar o convênio a esta nova estipulação de obrigações. Para tanto, deve-se elaborar uma sólida justificativa da alteração, da qual constem as razões acima expostas e outras tantas que se verifiquem necessárias. De resto, devem ser observadas as cautelas apresentadas no item 5 deste trabalho. De todo modo, imagino que, observados os princípios da motivação, publicidade e razoabilidade, estarão consagrados e homenageados os princípios éticos e de lisura públicos, pois que não lobrigo nem um laivo de ameaça a eles na operação cogitada.

Como demonstrado acima, nem a Lei federal 8.666/1993 nem a Lei Complementar 101/2000 (LRF) apresentam-se como óbices ou entraves para o cogitado. No tocante àquela, destaco que deverão ser observadas algumas das regras constantes do seu art. 116, como indicado no item 5, supra. Quanto a esta, o que se deve observar é se existem previsão e disponibilidade orçamentária para fazer frente aos encargos do Estado – como, aliás, deve ocorrer doravante com qualquer obrigação contratual dos entes públicos.

# O PROBLEMA DA PRESTAÇÃO DE SERVIÇO PÚBLICO ESSENCIAL ENQUANTO DIREITO SOCIAL FUNDAMENTAL E SUA CONTRAPRESTAÇÃO EM FACE DA INCAPACIDADE FINANCEIRA DO USUÁRIO

ROGÉRIO GESTA LEAL

Desembargador do TJRS – Doutor em Direito – Professor Titular da Universidade de Santa Cruz do Sul – Professor Colaborador da Universidade Estácio de Sá – Professor Visitante da *Università Tulio Ascarelli*/Roma Trè, da *Universidad de La Coruña*/Espanha e da *Universidad de Buenos Aires*

*1. Notas introdutórias. 2. O serviço público essencial de energia elétrica e suas características constitutivas de fundamentalidade. 3. Considerações finais.*

## *1. Notas introdutórias*

O presente ensaio pretende enfrentar o problema da prestação de serviço público no Brasil enquanto direito social fundamental e sua contraprestação em face da incapacidade financeira do usuário. No particular, quero trazer à baila um estudo de caso concreto envolvendo a prestação de serviços de energia elétrica, haja vista o contingente significativo de demandas que têm acorrido aos tribunais do país envolvendo esta matéria.

Para tanto, em primeiro plano, vou abordar o enquadramento do serviço público essencial enquanto direito fundamental social e o que decorre daí em termos de redefinição de serviço público agora relacionado com o usuário, não só destinatário final do produto "serviço", mas elemento constitutivo dele – o que lhe outorga a condição de sujeito de direito que tem responsabilidades sociais, políticas e econômicas com relação à sua efetividade e, mesmo, suas possibilidades.

Após estas definições preliminares, quero avaliar como se pode enfrentar a problemática situação fática que aflige milhões de brasileiros e também as fornecedoras de energia elétrica: a inadimplência contraprestacional, e de que forma o Poder Judiciário tem enfrentado as lides oriundas daqui.

## 2. *O serviço público essencial de energia elétrica e suas características constitutivas de fundamentalidade*

A primeira questão que se coloca para este tema é sabermos que tipo de *res* é a energia elétrica: os serviços configuram-se como efetivos *bens públicos*. Sim, trata-se de bens públicos, porque têm suas matrizes fundantes na força da Natureza e no uso de seus recursos – Natureza, esta, que, de forma induvidosa, pertence ao ser humano e está a serviço de sua existência digna enquanto pessoa humana.

E de que forma tais bens públicos podem e são usados pela natureza humana? Em face de suas particularidades finitas, eles precisam ser usados de forma racional e equilibrada em face do meio ambiente como um todo (natural e construído), razão pela qual sofrem regulação pública no âmbito da fruição e prestação. Tal regulação, guardadas as peculiaridades de cultura, sociedade, Estado e disponibilidade dos bens, obedece a preceitos de ordem pública indisponível e incondicionada, garantindo, assim, a igualdade nos seus acessos.

São estas normativas que vão regulamentar a fruição daqueles bens, notadamente pela via dos serviços públicos prestados para tal fim, seja pela iniciativa direta da Administração Pública, seja pela via dos concessionários destes serviços.[1]

Em termos operacionais da viabilidade financeira à prestação destes serviços, há usuários públicos e particulares que arcam com tal mister, sendo mensuráveis as quantias devidas no tocante a cada destinatário, isto é, os usuários pagam pelo que consomem em termos de unidade de medição de cada serviço.

Costuma-se dizer que os serviços de prestação de energia se enquadram dentre aqueles nominados de *uti singuli* (os quais são divididos em obrigatórios e facultativos), sendo que os obrigatórios, a exemplo do fornecimento de energia elétrica, não podem, em tese, ser suspensos por falta de pagamento, em face da permanência que deve sempre nortear a prestação do serviço público *stricto sensu*[2] bem como pelo fato de que este bem jurídico que é a energia se afigura como indispensável à mantença e desenvolvimento da dignidade da pessoa humana.[3]

Para alguns doutrinadores, no que diz respeito à utilização desses serviços, há uma verdadeira imposição da Administração, que exatamente em virtude disso não pode interrompê-los. Além do mais, tais serviços geram, para o usuário que se encontrar na área de sua prestação, direito subjetivo à sua obtenção.[4]

Na direção deste raciocínio, os serviços *uti singuli* facultativos, por constituírem apenas mais conforto e comodidade oferecidos aos usuários, poderiam – aí, sim – ser suspensos por falta de pagamento, eis que configurariam uma categoria especial de serviços públicos capazes de se comprazerem à interrupção, mormente se com base na inadimplência do usuário, haja vista a possibilidade de o Poder Público opor àquele a exceção de contrato não cumprido (*exceptio non adimpleti contractus*).[5]

Veja-se que no caso do serviço de energia, por ser essencial, desde a edição do Código de Defesa do Consumidor tem-se que tal mister público deverá ser contínuo, sem interrupções, consoante regra encartada no seu art. 22, elencando este estatuto, ainda, como obrigação do fornecedor a prestação

1. Neste sentido, v. o trabalho de Alvarez Gendín Sabino, *El Servicio Público: su Teoría Jurídica Administrativa*, p. 321.

2. Cf. Celso Antônio Bandeira de Mello, *Curso de Direito Administrativo*, 2004, p. 116.

3. Consoante faz ver o trabalho de Joël Carbajo, *Droit des Services Publics*, pp. 39 e ss.

4. Carmen Marín Chinchilla, "El servicio público: una amenaza o una garantía para los derechos fundamentales?", in *Estudios sobre la Constitución Española*, t. II, p. 91.

5. Caio Mário da Silva Pereira, *Lesão nos Contratos*, pp. 213 e ss.

de serviços adequados, eficientes, seguros e contínuos, quando este último resultar de essencialidade.

Na verdade, este mesmo estatuto consumerista desde seu intróito se ocupa desta matéria, ao determinar o art. 6º, X, que é direito básico do consumidor a adequada e eficaz prestação dos serviços públicos em geral, enquanto seu art. 4º, estabelecendo a política nacional das relações de consumo, determina que ela deve atender às necessidades dos consumidores, respeitando sua dignidade, saúde e segurança, providenciando a melhoria de sua qualidade de vida.

Prescreve, ainda, a mesma legislação que a ação governamental deve se dar no sentido de proteger efetivamente o consumidor, garantindo que os produtos e serviços tenham padrões adequados de qualidade, segurança, durabilidade e desempenho (art. 4º, II, "d"); devendo o Estado, ainda, providenciar a harmonização dos interesses dos participantes das relações de consumo e a compatibilização da proteção do consumidor com a necessidade de desenvolvimento econômico e tecnológico, de modo a viabilizar os princípios nos quais se funda a ordem econômica (art. 170 da CF), sempre com base na boa-fé e equilíbrio nas relações entre consumidores e fornecedores (art. 4º, III).

A despeito de o Código de Defesa do Consumidor não se ocupar da natureza de essencialidade de determinados serviços, consoante dispõe Benjamin, "essencialidade", pelo menos neste ponto, há que ser interpretada em seu sentido vulgar, significando todo serviço público indispensável à vida em comunidade, ou, melhor, em uma sociedade de consumo. Incluem-se aí não só os serviços públicos *stricto sensu* (os de polícia, os de proteção, os de saúde), mas, ainda, os serviços de utilidade pública (os de transporte coletivo, os de energia elétrica, os de gás, os de telefone, os de correios).[6]

Em termos de referência normativa do serviço público propriamente dito no país, importa lembrar que ele se situa em campo de natureza política e econômica, sendo que, em termos econômicos, é a Constituição de 1988 que determina o modelo clássico de organização capitalista mundial de tal atividade, fundado na propriedade privada dos meios de produção, no livre exercício das atividades econômicas e na abstenção da intervenção do Estado em tal domínio – como regra geral. Cabe ao Estado, neste modelo e em nível econômico, a tarefa de disciplinar o exercício da atividade econômica pelos particulares, admitindo-se apenas excepcionalmente que desempenhe de forma direta atividades de natureza econômica, observando, quando o faz, determinados princípios.[7]

Veja-se que o art. 170, IV, de nossa Carta Política dispõe que "a ordem econômica, fundada na valorização do trabalho humano e na livre iniciativa, tem por fim assegurar a todos a existência digna, conforme os ditames da justiça social, observados os seguintes princípios: (...) IV – livre concorrência". Seu art. 173, por sua vez, adverte para o fato de que, "ressalvados os casos previstos nesta Constituição, a exploração direta de atividade econômica pelo Estado só será permitida quando necessária aos imperativos da segurança nacional ou a relevante interesse coletivo, conforme definidos em lei".[8]

Em face de tais ponderações, a doutrina especializada tem sustentado que a intervenção direta do Estado no domínio econômico – isto é, desempenhando atividade econômica em sentido amplo – se faz sob duas modalidades: (a) em sentido

6. Antônio Herman de Vasconcellos Benjamin e outros, *Comentários ao Código de Proteção do Consumidor*, p. 111.

7. Quem nos lembra muito bem disto é Fernando Herren de Aguilar, *Controle Social de Serviços Públicos*, pp. 117-123.

8. Por esta razão é que Celso Antônio lembra que, "em verdade, a atuação direta do Estado na atividade econômica está submetida basicamente ao regime de direito privado, o que não afasta a incidência de algumas normas e princípios de direito público" (*Curso de Direito Administrativo*, 2005, p. 499).

estrito, ou (b) presta serviços públicos, sendo que para cada qual há regimes jurídicos diversos. Ou seja, a atuação do Estado que implique exercício da atividade econômica em sentido estrito não se subordina à mesma disciplina prevista para o desempenho de serviço público.[9]

Vale aqui a advertência de Marçal Justen Filho no sentido de que a atividade econômica em sentido estrito é regida pela racionalidade econômica, objetivando o lucro, segundo o princípio do utilitarismo; funda-se na utilização especulativa da propriedade privada, de forma a dar atendimento aos interesses dos particulares; rege-se pelos princípios da exploração empresarial, da livre iniciativa e da livre concorrência; pressupõe a liberdade dos agentes econômicos para a organização dos fatores de produção, objetivando a obtenção de resultados não fixados pelo Estado e a apropriação do lucro.[10]

Já o serviço público vem conceituado pela doutrina administrativista no país como "atividade da Administração que visa a assegurar, de modo permanente, contínuo e geral, a satisfação às necessidades, essenciais ou secundárias, da coletividade, assim por lei consideradas, e sob as condições impostas unilateralmente pela própria Administração".[11] Todavia, salvo melhor juízo, este conceito não consegue mais albergar a complexidade que marca, hoje, os serviços públicos no país, pelo fato de que ele não diz respeito tão-somente ou preponderantemente ao Estado-Administrador, mas a toda a sociedade – tema que vamos abordar mais tarde.[12]

O princípio da continuidade do serviço público tem extraído posicionamentos marcantes na doutrina, que não admite sua desconstituição, por ser uma das marcas registradas do direito público. Para Alessandro Segalla, *continuidade* é a ausência de interrupção, segundo a natureza da atividade desenvolvida e do interesse a ser atendido: "Em termos práticos, é claro que a continuidade se avalia diferentemente conforme se trata de fornecimento de água, energia elétrica ou de transporte de passageiros. Observe-se que a regularidade, sob um certo ponto de vista, pressupõe continuidade. Aquela é um *plus* relativamente a esta. Os serviços podem ser contínuos, sem que sejam regulares. Mas é impossível o serviço ser regular se também não for contínuo".[13]

9. Neste sentido, v. o trabalho de Eros Roberto Grau, *A Ordem Econômica na Constituição de 1988*, p. 141. V. também os textos de: Fernando Herren Aguilar, *Controle Social de Serviços Públicos*, 1999, e Elaine Cardoso de Matos Novais, "Serviço público: conceito e delimitação na ordem constitucional", in *Estudos de Direito Administrativo em Homenagem ao Professor Celso Antônio Bandeira de Mello*, 1996.

10. Marçal Justen Filho, *Concessões de Serviços Públicos*, p. 64.

11. Diogo de Figueiredo Moreira Neto, *Curso de Direito Administrativo*, p. 342. Na doutrina italiana, Alessi adverte para o fato de que o serviço público implica a idéia de uma prestação que tem como objetivo principal o interesse público na sua realização. Primeiro porque a prestação de serviço público deve representar o elemento essencial da relação, em confronto com o correspectivo por parte do utente do serviço. Depois porque a realização da prestação deve ter por objetivo imediato e direto a satisfação de necessidades individuais de importância coletiva, independentemente de qualquer interesse subjetivo patrimonial a um eventual correspectivo (Renato Alessi, *Principi di Diritto Amministrativo*, p. 475).

12. Esta perspectiva institucionalista de serviço público centralizado no Estado marca a tradicional e histórica formação do pensamento administrativista ocidental. Gaston Jèze chega a afirmar que serviço público é toda atividade cujo desempenho deve ser regulado, assegurado e controlado *pelos governantes*, porque o desempenho dessa atividade é indispensável à realização da interdependência social e de tal natureza que não pode ser assumido senão pela intervenção da força governante (*Principios Generales del Derecho Administrativo*, p. 29). V. igualmente o trabalho de Juarez Freitas, "O Estado essencial e o regime de concessões e permissões de serviços públicos", in *Estudos de Direito Administrativo*, 2001.

13. Alessandro Segalla, "A suspensão do fornecimento de energia elétrica a usuário inadimplente

De todos os princípios relativos à prestação de serviços públicos, temos que o da *continuidade* é o que desempenha importância destacada para o sistema constitucional, pelo fato de que a Constituição Federal erigiu à condição de públicos vários serviços que entendeu desempenharem papel de extrema importância na sociedade, devendo ser sempre fornecidos visando à satisfação do seu interesse.

O professor Caio Tácito enalteceu a importância deste aspecto quando apontou que o princípio da continuidade do serviço público impõe ao concessionário o dever de prosseguir na exploração do mesmo ainda que tal atividade seja ruinosa, pois à Administração incumbe, correlatamente, partilhar das cargas extraordinárias, restaurando a economia abalada e a eficácia da execução do contrato.[14]

Já na dicção de Mário Masagão – só para citar mais um clássico da doutrina brasileira sobre a matéria –, "a continuidade significa que as necessidades públicas, a cuja satisfação se destina o serviço, não devem ser atendidas esporadicamente, mas de forma ininterrupta e constante".[15]

De qualquer sorte, é Celso Antônio Bandeira de Mello que traz a lume, no âmbito da doutrina abalizada do direito administrativo pátrio, a noção de serviço público como atividade de oferecimento de utilidade pública ou comodidade material destinada à satisfação da coletividade em geral, mas fruível singularmente pelos administrados, que o Estado assume como pertinente a seus deveres e presta por si mesmo ou por quem lhe faça as vezes, sob um regime de direito público – portanto, consagrador de prerrogativas especiais –, instituído em favor dos interesses definidos como públicos no sistema normativo.[16]

Vai mais longe o autor no aprofundamento do tema – e com ele concordo – quando assevera que esta noção de serviço público vê-se composta de dois elementos centrais: o seu *substrato material*, consistente na prestação de utilidade ou comodidade fruível diretamente pelos administrados; um *traço formal*, que lhe dá caráter jurídico com um regime de direito público, isto é, "uma unidade normativa formada por princípios e regras caracterizados pela supremacia do interesse público sobre o interesse privado e por restrições especiais, firmados uns e outros em função da defesa de valores especialmente qualificados no sistema normativo".[17]

Veja-se que resta consagrado na tradição brasileira, desde há muito, que qualquer serviço público deve se submeter a determinados princípios reitores, dentre os quais destaco: (a) o princípio da igualdade de todos perante o serviço público, envolvendo aqui a paridade de tratamento; (b) o princípio da continuidade do serviço público, que envolve a regularidade de sua prestação;[18] (c) o

à luz da Constituição Federal", *Revista de Direito do Consumidor* 37/134-135.

14. Caio Tácito, *Direito Administrativo*, p. 209.

15. Mário Masagão, *Curso de Direito Administrativo*, p. 254. Na mesma direção vai José Cretella Jr. (*Tratado de Direito Administrativo*, vol. II, p. 66) quando insiste na tese de que, "se o serviço público, razão de ser do direito administrativo, se interrompe, toda a coletividade sofre os efeitos dessa descontinuidade, gerando-se um mal-estar de conseqüências imprevisíveis, que repercutem inclusive sobre a segurança do próprio Estado. Urge, pois, assegurar aos serviços públicos o mais perfeito dos funcionamentos, sem a mais leve solução de continuidade".

16. Celso Antônio Bandeira de Mello, *Curso de Direito Administrativo*, 2005, p. 632.

17. Celso Antônio Bandeira de Mello, *Prestação de Serviços Públicos e Administração Indireta*, p. 18.

18. Para o mesmo Celso Antônio Bandeira de Mello, na obra anteriormente referida, por ser da natureza pública do serviço nominado como público o regime jurídico administrativo, revela-se impossível ao concessionário invocar a *exceptio non adimplenti contractu*, para se eximir do seu mister. Vai-se ver mais tarde que tal regra, hoje, não se põe de forma tão radical.

princípio da qualidade do serviço público, envolvendo a adequabilidade das condições de sua prestação – o que amplia o conceito de eficiência do serviço; (d) o princípio da modicidade do custo repassado ao usuário do serviço, eis que se trata de interesse massivo de toda a comunidade, constituída por quem pode mais e por quem pode menos em termos de capacidade econômica; (e) o princípio da participação e controle do serviço público, envolvendo tanto o interno e externo como, principalmente, o controle social deste serviço.[19]

Por certo que, junto com tais princípios específicos e atinentes ao serviço público, todos os demais insertos na Carta Política brasileira de 1988 se aplicam na sua concepção, constituição, prestação e controle. Isto porque não se pode interpretar o sistema jurídico a partir de fragmentos normativos, mas de sua integralidade, associado que está à concretização dos objetivos e finalidades da República.[20]

Em termos de operacionalização da prestação do serviço público, há bastante tempo vem se sustentando possa ele ser efetivado para além da forma centralizada no próprio Estado, como, pela via descentralizada: (a) com a transferência do serviço à titularidade de uma pessoa jurídica de direito público criada para tal fim, sob o controle do Estado (pela modalidade das autarquias); (b) com a transferência tão-somente do exercício – sem titularidade – a pessoa jurídica de direito privado, que o efetivará em nome do Estado, por sua conta e risco (na modalidade de concessão ou permissão de serviço público).[21]

No que tange à viabilidade econômica destes serviços, não optou a norma constitucional vigente por prever sua gratuidade universal como princípio informativo das prestações, até porque isto implicaria impactante resultado no processo da concessão/permissão de tal atividade por parte do Estado, quiçá afastando dela qualquer interesse da iniciativa privada.[22]

Aliás, é a própria Lei de Concessões e Permissões vigente no país (Lei federal 8.987/1995) que prevê, dentre outras coisas, as que seguem:

(1) Toda concessão ou permissão pressupõe a prestação de serviço adequado ao pleno atendimento dos usuários (art. 6º), considerando como *serviço adequado* aquele que satisfaz as condições de regularidade, continuidade, eficiência, segurança, atualidade, generalidade, cortesia na sua prestação e modicidade das tarifas. Por outro lado, na mesma linha de conceituação, refere que a atualidade compreende a modernidade das técnicas, do equipamento e das instalações

19. Assim os trabalhos de Luciano Parejo Alfonso, *Derecho Administrativo*, 2004; Oswaldo Aranha Bandeira de Mello, *Princípios Gerais de Direito Administrativo*, 3ª ed., vol. I, 2007; Odete Medauar, *Direito Administrativo Moderno*, 2003; Roberto Dromi, *Derecho Administrativo*, 2004; Celso Antônio Bandeira de Mello, *Curso de Direito Administrativo*, 2004.

20. Como já tive oportunidade de referir no texto Rogério Gesta Leal, *Hermenêutica e Direito*, 3ª ed., Santa Cruz do Sul, Edunisc, 2004, bem como, mais recentemente, no texto Rogério Gesta. Leal, *Estado, Sociedade e Administração Pública: Novos Paradigmas*, 2006.

21. Nas palavras de Guido Zanobini (*Corso di Diritto Amministrativo*, vol. I, p. 152): "Di tali poteri questi soggetti non hanno mai la titolarità, ma possono avvere soltanto l'esercizio, in forza di una concessione fatta dello Stato e sempre da questo revocabile senza che l'ente venga meno".

22. Como o fez para os serviços de ensino público em estabelecimentos oficiais (art.206, IV, da CF); ensino fundamental obrigatório e gratuito (art.208, I, da CF); transporte coletivo urbano gratuito para os maiores de 65 anos (Estatuto do Idoso e art. 230, § 2º, da CF). Ratifica tal entendimento a disposição normativa inserta no art. 6º, § 3º, da Lei federal 8.987/1995 – que trata das concessões e permissões de serviços públicos no país –, asseverando não se caracterizar como descontinuidade do serviço sua interrupção em situação de emergência ou após prévio aviso, quando: I – motivada por razões de ordem técnica ou de segurança das instalações; e II – por *inadimplemento do usuário*, considerado o interesse da coletividade.

e a sua conservação, bem como a melhoria e expansão do serviço.

(2) A existência de uma tarifa pública remuneratória à prestação dos serviços, sendo que ela será fixada pelo preço da proposta vencedora da licitação e preservada pelas regras de revisão previstas nessa lei, no edital e no contrato.

Ora, salvo melhor juízo, não pairam mais dúvidas de que a prestação de serviços públicos pode ser objeto de prestação mediante o pagamento de tarifa a ser formalmente fixada.

Quando Celso Antônio define o que seja *concessão de serviço público*, ainda sob a égide do Decreto-lei 200/1967 e do Decreto-lei 900/1969, destaca-a como ato complexo através do qual o Estado atribui a alguém o exercício de um serviço público e este aceita prestá-lo em nome do Poder Público, por sua conta e risco, sob condições fixadas e alteráveis unilateralmente pelo Estado, remunerando-se pela cobrança de tarifas diretamente dos usuários, *tendo a garantia de um equilíbrio econômico-financeiro*.[23]

Esta garantia econômica destacada acima, em verdade, coloca a realização do serviço público por pessoa de direito privado em uma situação segura, no sentido de ter resguardada a saúde orçamentária de tal mister, haja vista que tal cláusula contratada em regime jurídico público não se submete às mutações unilaterais da Administração, sob pena de inviabilizar a própria concessão ou permissão, quando lhe onera o ofício de forma insuportável.

Assim, é, pois, disposição normativa vinculante a existência de remuneração do serviço público – independentemente de quem seja a pessoa que o preste. Numa concepção mais temperada sobre a prestação destes serviços e seu pagamento, Hely refere que "estes serviços, desde que implantados, geram direito subjetivo à sua obtenção por todos aqueles que se encontram na área de sua prestação ou fornecimento *e satisfaçam às exigências regulamentares*"[24] (grifei).

Historicamente, uma boa parcela da jurisprudência nacional tem se manifestado no sentido de reconhecer a essencialidade do serviço de energia elétrica, sustentando não ser possível a simples interrupção do fornecimento de energia elétrica, por exemplo, na hipótese de inadimplência por parte do consumidor, pois o fornecedor do serviço deverá adotar medidas legais, que não se confundem com a atuação da justiça privada no Brasil:

"Administrativo – Mandado de segurança – Energia elétrica – Ausência de pagamento de tarifa – Corte – Impossibilidade.

"1. É condenável o ato praticado pelo usuário que desvia energia elétrica, sujeitando-se até a responder penalmente.

"2. Essa violação, contudo, não resulta em se reconhecer como legítimo ato administrativo praticado pela empresa concessionária fornecedora de energia e consistente na interrupção do fornecimento da mesma.

"3. A energia é, na atualidade, um bem essencial à população, constituindo-se serviço público indispensável, subordinado ao princípio da constitucionalidade de sua prestação, pelo quê se torna impossível a sua interrupção.

"4. Os arts. 22 e 42 do Código de Defesa do Consumidor aplicam-se às empresas concessionárias de serviço público.

"5. O corte de energia, como forma de compelir o usuário ao pagamento de tarifa ou multa, extrapola os limites da legalidade.

"6. Não há de se prestigiar atuação da justiça privada no Brasil, especialmente quando exercida por credor econômica e financeiramente mais forte, em largas propor-

23. Celso Antônio Bandeira de Mello, *Prestação de Serviços Públicos e Administração Indireta*, p. 35.

24. Hely Lopes Meirelles, *Direito Municipal Brasileiro*, p. 265.

ções, que o devedor – Afronta, se assim fosse admitido, aos princípios constitucionais da inocência presumida e da ampla defesa.

"7. O direito do cidadão de utilizar dos serviços públicos essenciais para a sua vida em sociedade deve ser interpretado com vista a beneficiar o que deles se utiliza.

"8. Recurso improvido."[25]

O STJ, nesse julgado, deixou consignado que o serviço de energia elétrica é essencial e, como tal, se subordina ao princípio da continuidade de sua prestação, não podendo ser interrompido pela falta de pagamento nos casos em que a empresa concessionária se utiliza de ameaça para a cobrança de débitos pendentes. E isto porque o art. 22 do Código de Defesa do Consumidor explicita que este tipo de serviço deverá ser contínuo, e o art. 42 do mesmo estatuto legal é claro em coibir ameaça ou exposição a ridículo de consumidor inadimplente.

Pode-se dessumir daí que a concessionária não poderá negar ou interromper a prestação de um serviço contínuo e essencial, cabendo-lhe buscar através dos meios legais a satisfação de seus créditos.[26] Importa destacar, no ponto, que não propugna o STJ o calote institucionalizado em tais situações. Apenas entende que o serviço essencial, para ser interrompido, deverá ser precedido de regulamentares procedimentos legais, não podendo a ameaça ser o fator preponderante. Tamanhas a importância e a essencialidade deste serviço, que o STJ, em outra decisão, patenteou que o mandado de segurança é a via competente para dirimir este tipo de controvérsia.[27]

Mais contemporaneamente, o STJ teve oportunidade de reafirmar esta vertente da casuística no país:[28]

"Administrativo – Serviço de fornecimento de energia elétrica – Pagamento à empresa concessionária sob a modalidade de tarifa – Corte por falta de pagamento: legalidade.

"1. Os serviços públicos podem ser próprios e gerais, sem possibilidade de identificação dos destinatários. São financiados pelos tributos e prestados pelo próprio Estado, tais como segurança pública, saúde, educação etc. Podem ser também impróprios e individuais, com destinatários determinados ou determináveis. Neste caso, têm uso

25. STJ, 1ª Turma, RMS 8.915-MA, rel. Min. José Delgado, j. 12.5.1998, *DJU* 17.8.1998.

26. "Administrativo – Mandado de segurança – Suspensão do fornecimento de energia elétrica.

"1. A concessionária de energia elétrica deve buscar a satisfação dos seus créditos através dos meios legais de que dispõe, o que não significa a suspensão da prestação do serviço público.

"2. Remessa *ex officio* improvida" (TRF-4ª Região, 2ª Turma, REO 441.560/1994-RS, rel. Des. Nylson Paim de Abreu, *DJU* 27.9.1995).

27. STJ, 1ª Turma, REsp 201.112-SC (99/0004398-7), rel. Min. Garcia Vieira, *DJU* 10.5.1999. No seu voto condutor, o eminente Min. Garcia Vieira deixou consignado: "Para receber os seus créditos, tem a impetrada os meios legais próprios, não podendo fazer justiça privada, porque não estamos mais vivendo nessa época, e sim do império da lei, e os litígios são compostos pelo Poder Judiciário, e não pelo particular. A energia elétrica é bem essencial e indispensável à saúde e higiene da população. Seu fornecimento é serviço público indispensável, subordinado ao princípio da continuidade, sendo impossível a sua interrupção, e muito menos por atraso no seu pagamento".

28. É preciso reconhecer que durante algum tempo parte da jurisprudência inclinou-se por inadmitir a suspensão do serviço ao argumento da essencialidade do bem em questão e da característica de continuidade do fornecimento de energia elétrica, com apoio no art. 22 do Código de Defesa do Consumidor (Lei 8.078/1990). O Poder Público ou seu delegado, assim, só ficaria autorizado a proceder à cobrança executiva do débito, sob pena de infringir o art. 42 do mesmo diploma, que proíbe o uso de expedientes constrangedores na cobrança de dívidas a consumidores. Este posicionamento foi, por exemplo, em período passado, o da 1ª Turma do STJ, tendo o Min. José Augusto Delgado sido o Relator do acórdão-padrão que resultou no assentamento desse entendimento, nos termos do acórdão proferido no ROMS 8.915-MA, j. 12.5.1998, v.u., *DJU* 17.8.1998.

específico e mensurável, tais como os serviços de telefone, água e energia elétrica.

"2. Os serviços públicos impróprios podem ser prestados por órgãos da Administração Pública indireta ou, modernamente, por delegação, como previsto na Constituição Federal (art. 175). São regulados pela Lei n. 8.987/1995, que dispõe sobre a concessão e permissão dos serviços públicos.

"3. Os serviços prestados por concessionárias são remunerados por tarifa, sendo facultativa a sua utilização, que é regida pelo Código de Defesa do Consumidor, o que a diferencia da taxa, esta, remuneração do serviço público próprio.

"4. Os serviços públicos essenciais, remunerados por tarifa, porque prestados por concessionárias do serviço, podem sofrer interrupção quando há inadimplência, como previsto no art. 6º, § 3º, II, da Lei n. 8.987/1995; exige-se, entretanto, que a interrupção seja antecedida por aviso, existindo na Lei n. 9.427/1996, que criou a ANEEL, idêntica previsão.

"5. A continuidade do serviço, sem o efetivo pagamento, quebra o princípio da igualdade das partes e ocasiona o enriquecimento sem causa, repudiado pelo Direito (arts. 42 e 71 do Código de Defesa do Consumidor, em interpretação conjunta).

"6. Recurso especial improvido."[29]

É o próprio Código de Defesa do Consumidor que não permite qualquer tipo de expediente que venha a utilizar, na cobrança de dívidas, ameaça, coação, constrangimento físico ou moral, afirmações falsas, incorretas ou enganosas ou qualquer outro procedimento que exponha o consumidor, injustificadamente, a ridículo ou interfira com seu trabalho, descanso ou lazer, sob pena de detenção de três meses a um ano e multa.[30]

Por outro lado, não desconhecemos que há toda uma reflexão no país em sentido oposto ao que se está aqui defendendo, que sustenta a possibilidade de corte do fornecimento pelo não-pagamento da tarifa previamente avençada entre administrado e Administração Pública, uma vez que a gratuidade não se presume e que as concessionárias de serviço público não podem ser compelidas a prestar serviços ininterruptos se o usuário deixa de satisfazer suas obrigações relativas ao pagamento.[31] Aduzem estas reflexões que importa relevar, no ponto, o princípio da igualdade de tratamento dentre os destinatários dos serviços públicos, pois as concessionárias, vinculadas ao Estado através de um contrato de direito público, teriam a faculdade de se negar a cumprir com essa obrigação de fazer, tal como um particular.

Aliás, tal postura vem, de certa forma, contemplada inclusive pelos termos da Lei 8.987/1995, no âmbito do seu art. 6º, § 3º, quando disciplina que "não se caracteriza como descontinuidade do serviço a sua interrupção nas hipóteses de situação de emergência ou após prévio aviso, quando a interrupção for motivada por razões de ordem técnica ou de segurança das instalações e, ainda, se ocorrer inadimplemento

29. STJ, REsp 705.203-SP; REsp 2004/0166429-5, 2ª Turma, rela. Min. Eliana Calmon, j. 11.10.2005, *DJU* 7.11.2005, p. 224. Na mesma direção, o Min. Teori Albino Zavascki referiu que "a controvérsia acerca da suspensão de fornecimento de serviço essencial restou superada pela 1ª Seção do STJ, no julgamento do EREsp n. 363.943-MG, Min. Humberto Gomes de Barros, *DJU* 1.3.2004, quando se consagrou entendimento no sentido de que, persistindo a inadimplência do consumidor após o recebimento de aviso prévio, é legítima a interrupção de serviço essencial, explorado por empresa concessionária de serviço público, nos termos do art. 6º, § 3º, II, da Lei n. 8.987/1995" (1ª Turma, j. 27.9.2005, *DJU* 10.10.2005).

30. Redação do art. 71 do Código de Defesa do Consumidor. V., neste sentido, o texto de Hélio Zaghetto Gama, *Curso de Direito do Consumidor*, 2004.

31. V. os trabalhos de João Batista Almeida, *A Proteção Jurídica do Consumidor*, 2002; Luiz Antônio Rizzato Nunes, *Comentários ao Código de Defesa do Consumidor*, 1997.

do usuário, considerado o interesse da coletividade". Ao fazer isto, esta norma criou verdadeira antinomia institucional à natureza do serviço público, eis que, embora haja a descontinuidade do serviço, o dispositivo considera não ter tal fato ocorrido se os motivos foram passíveis de se enquadrar nos incisos I e II, configurando verdadeiras hipóteses de excludente da responsabilidade do concessionário, como quer Mukai.[32]

Cumpre observar, todavia, que o referido diploma legal estabelece que o corte do fornecimento de energia deve condicionar-se ao interesse da coletividade, ou seja, ele somente será possível *quando o interesse da coletividade assim o determinar*. A interrupção (ou não) do serviço deve fundamentar-se, pois, no princípio da supremacia do interesse público envolvido na espécie, que se constitui como um dos princípios fundamentais do direito público e sustentáculo do Poder estatal.

Se é verdade que, a fim de garantir sua continuidade e eficiência bem como a modicidade de suas tarifas, os contratos de concessão admitem a intervenção do Poder concedente no serviço prestado, de modo a que o mesmo seja executado e mantido em perfeitas condições de regularidade e continuidade mesmo que a execução tenha sido entregue a uma pessoa jurídica de direito público, isto ocorre porque o prestador do serviço público age na qualidade de *longa manus* do Estado, devendo orientar-se pelo regime jurídico que rege as relações jurídicas em que o Estado é parte, ou seja – não se duvida –, o regime jurídico de direito público. Em face disto é que a concessionária tem o dever de prestar serviço adequado, não podendo ela suspendê-lo unilateralmente, o que destaca ainda mais a impossibilidade (nos contratos de direito público) de se alegar simplesmente a exceção do contrato não cumprido na espécie, sob pena de se renunciar ao regime próprio do serviço.[33]

### *3. Considerações finais*

Tenho que, ao tentarmos discutir o tema da natureza jurídica da prestação do serviço público de energia elétrica no Brasil e as possibilidades de ele ser sustado em face de inadimplências pretéritas – haja vista que dívidas presentes não ensejam a continuidade do serviço, em face de que ele precisa ser mantido orçamentariamente, salvo existência de lei que autorize alguma forma de benefício social –, é preciso termos presente que, no ordenamento jurídico brasileiro, a responsabilidade patrimonial (envolvendo o (des)cumprimento de contratos e obrigações lícitas) deve incidir sobre o patrimônio do devedor, e não sobre a própria pessoa, de forma que – como já vimos – quando o corte de energia elétrica é utilizado a fim de coagir o consumidor a efetuar o pagamento das parcelas em atraso configura prática abusiva por parte da concessionária de energia elétrica, uma vez que os meios adequados para que a concessionária receba os valores decorrentes do serviço por ela prestado são a ação de cobrança e a ação de execução. A suspensão do serviço decorrente de ato unilateral da concessionária, salvo melhor juízo, configura crime de exercício arbitrário das próprias razões, na medida em que viola o sistema jurídico e a própria dignidade da pessoa humana.[34]

32. Toshio Mukai, *Concessões, Permissões e Privatizações de Serviços Públicos*, p. 24.

33. V. os trabalhos de Marçal Justen Filho, *Teoria Geral das Concessões de Serviço Público*, 2005; Eurico de Andrade Azevedo e Maria Lúcia Mazzei de Alencar, *Concessão de Serviços Públicos: Comentários às Leis 8.987 e 9.074 (Parte Geral), com as Modificações Introduzidas pela Lei 9.648, de 27.5.1998*, 1998; Eros Roberto Grau, "Suspensão do fornecimento de energia elétrica: constitucionalidade, Código do Consumidor, princípios e os postulados normativos aplicativos da razoabilidade e da proporcionalidade", *RTDP* 36, 2002.

34. Para um estudo mais aprofundado sobre o *princípio da dignidade humana*, vale a leitura da

Na mesma direção, o Min. Luiz Fux, ressalvando posição na direção da proteção de direito fundamental e da dignidade da pessoa humana, teve oportunidade de referir que:

"Administrativo – Corte do fornecimento de água – Inadimplência do consumidor – Legalidade.

"1. A 1ª Seção, no julgamento do REsp n. 363.943-MG, assentou o entendimento de que é lícito à concessionária interromper o fornecimento de energia elétrica se, após aviso prévio, o consumidor de energia elétrica permanecer inadimplente no pagamento da respectiva conta (Lei n. 8.987/1995, art. 6º, § 3º, II).

"2. Ademais, a 2ª Turma desta Corte, no julgamento do REsp n. 337.965-MG, entendeu que o corte no fornecimento de água em decorrência de mora, além de não malferir o Código do Consumidor, é permitido pela Lei n. 8.987/1995.

"3. Ressalva do entendimento do Relator, no sentido de que o corte do fornecimento de serviços essenciais – água e energia elétrica – como forma de compelir o usuário ao pagamento de tarifa ou multa extrapola os limites da legalidade e afronta a cláusula pétrea de respeito à dignidade humana, porquanto o cidadão se utiliza dos serviços públicos posto essenciais para a sua vida, curvo-me ao posicionamento majoritário da Seção.

"4. A aplicação da legislação infraconstitucional deve subsumir-se aos princípios constitucionais, dentre os quais sobressai o da dignidade da pessoa humana, que é um dos fundamentos da República e um dos primeiros que vem prestigiado na Constituição Federal.

"5. A Lei de Concessões estabelece que é possível o corte, considerado o interesse da coletividade, que significa não empreender o corte de utilidades básicas de um hospital ou de uma universidade, tampouco o de uma pessoa que não possui módica quantia para pagar sua conta, quando a empresa tem os meios jurídicos legais da ação de cobrança.

"6. Ressalvadas, *data maxima venia*, opiniões cultíssimas em contrário e sensibilíssimas sob o ângulo humano, entendo que 'interesse da coletividade', a que se refere a lei, pertine aos Municípios, às universidades, hospitais, onde se atingem interesses plurissubjetivos.

"7. Por outro lado, é mister considerar que essas empresas consagram um percentual de inadimplemento na sua avaliação de perdas, por isso que é notório que essas pessoas jurídicas recebem mais do que experimentam inadimplementos.

"8. Destacada minha indignação contra o corte do fornecimento de serviços essenciais a Municípios, universidades, hospitais, onde se atingem interesses plurissubjetivos, submeto-me à jurisprudência da Seção.

"9. Recurso especial improvido, por força da necessidade de submissão à jurisprudência uniformizadora."[35]

Veja-se que aqui há um destaque importante que precisa ser feito, a saber: a circunstancialidade do caso concreto quando envolve a periclitação de direito fundamental do sujeito individual em face do sujeito coletivo que é toda a sociedade usuária dos serviços sob comento. Em outras palavras, se a energia elétrica se apresenta como bem jurídico densificador material da efetivação da dignidade da pessoa humana e enquanto condição de possibilidade para o exercício efetivo da cidadania, mister é que ele seja cotejado com o universo de sujeitos de direitos que pretende alcançar.

obra de Ingo Wolfgang Sarlet, *Dignidade da Pessoa Humana e Direitos Fundamentais*, 2007.

35. REsp 691.516-RS, 1ª Turma, rel. Min. Luiz Fux, j. 11.10.2005, *DJU* 24.10.2005, p. 193. V. nesta direção o trabalho de Fábio Amorim da Rocha, *A Legalidade da Suspensão do Fornecimento de Energia Elétrica aos Consumidores Inadimplentes*, 2004.

Vem a calhar, na espécie, a abordagem que Alexy faz sobre a forma de solucionar casos concretos a partir de uma perspectiva mais ampliada do sistema jurídico e sua relação com o meio em que atua, notadamente em face de seus princípios e regras jurídicas. Considera o autor que os princípios são "normas que ordenam que se realize algo na maior medida possível" em relação às possibilidades jurídicas e fáticas existentes no entorno em que eles operam. Os princípios são, por conseguinte, "mandados de otimização", que se caracterizam porque podem ser cumpridos em diversos níveis e graduações e porque a medida ordenada de seu cumprimento não só depende das possibilidades fáticas, mas também das possibilidades jurídicas.[36]

Veja-se que a dimensão das possibilidades fáticas leva à utilização dos princípios de adequação e necessidade das demandas em face dos recursos existentes. Aplica-se, a partir daqui, a chamada *lei da ponderação*, em que, quanto mais alto seja o nível de descumprimento de um princípio, tanto maior deve ser a importância do cumprimento de outro.[37]

Com base nestas reflexões, impõe-se efetivamente ao Poder Judiciário não perder de vista a natureza social (mais que individual) do serviço prestado em termos de fornecimento de energia elétrica, essencial sim, mas a toda comunidade, e não somente a uma parcela dela; que tal bem jurídico, por ser finito, demanda racionalização e custo financeiro à sua coleta e fornecimento, motivo pelo qual deve haver uma política pública definindo a quem compete providenciá-la e fornecê-la, bem como a forma de fazê-lo, com que custo e pago por quem.

Tais dimensões fáticas, quando associadas ao universo jurídico cogente, não têm o condão de afastar ou, mesmo, flexibilizar direitos sociais e fundamentais, mas tão-somente de contextualizar e, mesmo, equacionar os múltiplos interesses e bens jurídicos envolvidos na espécie de conflito de que se trata – e não se tenha dúvidas sobre o fato de que existem sempre inúmeros bens, conflitos e interesses (explícitos ou implícitos) interagindo em qualquer tensão social ou intersubjetiva.

Neste particular, tratando-se de fornecimento de energia, que demanda estruturas econômicas mínimas à sua viabilização, mister é que a ponderação dos interesses em litígio sempre seja aferida no caso concreto, verificando-se quais os valores, princípios e regras que estão em jogo, para, então, se for o caso, relevar, diante da impossibilidade fática de se atender satisfatoriamente a todas as pretensões, quais as que merecem relevo no particular, procurando atender, no máximo, ao plexo de garantias fundamentais sociais e individuais existentes e envolvidas (notadamente aquelas atinentes ao mínimo existencial e à dignidade da pessoa humana).

Junto com o Min. Luiz Fux, tenho que "o corte do fornecimento de serviços essenciais – água e energia elétrica – como forma de compelir o usuário ao pagamento de tarifa ou multa extrapola os limites da legalidade e afronta a cláusula pétrea de respeito à dignidade humana, porquanto o cidadão se utiliza dos serviços públicos posto essenciais para a sua vida", não se podendo aceitar simplesmente este mecanismo como fórmula de coartar o cumprimento arbitrário de obrigação contratual. Nestes casos, deve o Judiciário coibir tal comportamento, fazendo com que tais relações sejam levadas à esfera devida de execução.

Aliás, quando a Lei federal 8.987/1995 prevê a possibilidade de não caracterizar descontinuidade do serviço público sob comento sua interrupção em situação de emergência ou após prévio aviso quando ocorrer o inadimplemento do usuário, o faz considerando o interesse da coletividade. O que podemos entender por tal disposição normativa?

36. Robert Alexy, *Teoría de los Derechos Fundamentales*, p. 118.

37. Nesta direção vai também o trabalho de Eduardo García de Enterría, *Democracia, Jueces y Control de la Administración*, p. 83.

Novamente acompanho o Min. Fux em seu voto: "Ressalvadas, *data maxima venia*, opiniões cultíssimas em contrário e sensibilíssimas sob o ângulo humano, entendo que 'interesse da coletividade' a que se refere a lei pertine aos Municípios, às universidades, hospitais, onde se atingem interesses plurissubjetivos". Em outras palavras, quando se estiver diante de interesse de natureza tal que diga respeito à garantia constitucional fundamental, assecuratória do mínimo existencial, cuja periclitação ameace de forma substancial a dignidade da pessoa humana, então, estar-se-á diante de uma situação que não admite a suspensão do serviço, porque isto deporia contra a própria comunidade, no seu significado mais republicano.[38]

Ao se aferir, no caso, se há, ou não, tal ameaça de violação a direito social ou individual, revela-se inexorável avaliar, dentre os interesses e bens envolvidos, quais os que estão a demandar maior atenção e cuidados. Isto porque – não se esqueça – há princípios e regras jurídicas operando sobre eles: (a) na perspectiva do fornecedor da energia, a relação contratual entabulada com o consumidor, prevendo o pagamento do serviço como contraprestação e forma de viabilizar sua continuidade, modicidade, qualidade, eficiência, para toda a sociedade; (b) na perspectiva do consumidor, da mesma forma, receber tal serviço nestas condições, inclusive participando do controle efetivo dos seus requisitos constitutivos.

A inadimplência de qualquer uma das partes implica sérias conseqüências, tanto individuais (possibilidade de suspensão do serviço e cobrança da dívida) como sociais (inviabilizando a prestação deste serviço para os demais consumidores, por ausência de estrutura financeira necessária, o que pode gerar, quiçá, problemas de segurança comunitária).[39]

Ora, se a parte consumidora do serviço público não se encontra em estado de periclitação do seu mínimo existencial, capaz de lhe comprometer a vida ou suas funções vitais e neurais à concretização dos direitos fundamentais, sociais e individuais, não pode simplesmente deixar de cumprir com sua quota comunitária de responder pelas condições de prestação do serviço (pagamento do preço ou tarifa públicas), sob pena de comprometer os níveis de existência digna de seus pares em igual situação de sujeitos de direito.[40]

De toda sorte, como referido dantes, as especificidades do caso concreto que deverão delimitar as condições de possibilidades de solução da lide.

38. Estou, pois, divergindo de algumas posições doutrinárias que sustentam, de forma radical, que constitui prática abusiva o corte de energia elétrica por falta de pagamento, eis que o serviço é considerado essencial, não prevalecendo a norma que autoriza a interrupção (art. 6º, § 3º, II, da Lei 8. 987/1995), pois a mesma conflita com o Código do Consumidor, prevalecendo a norma consumerista, em razão do princípio da proibição de retrocesso, ao invés do princípio *lex posterior revogat legis priori*, como quer P. Luís Martins (*Corte de Energia Elétrica por Falta de Pagamento: Prática Abusiva*, p. 39).

39. Nesta direção o trabalho de José Carlos de Oliveira, *Código de Proteção e Defesa do Consumidor*, pp. 101-102. Igualmente: Cláudia Pinheiro, "A suspensão de serviço público em virtude do inadimplemento do usuário à luz dos princípios da boa-fé e da proporcionalidade", *Revista de Direito do Consumidor* 40/74.

40. Veja-se que, neste sentido, a Corte Especial tem entendido não poder haver corte indiscriminado de energia elétrica, principalmente quando provoca prejuízos a toda uma comunidade, que depende desse bem para seu funcionamento. Aqui, o direito à suspensão da energia quando o usuário deixa de efetuar o pagamento da contraprestação ajustada não é refutado, pois decorre de previsão legal. O que se procura impedir são os resultados gravosos decorrentes do corte quando efetuado de forma indiscriminada, assim considerado o que é realizado sem que a concessionária tome as providências necessárias no sentido de preservar os serviços essenciais à população. Significa dizer que, se tais precauções forem tomadas, o corte pode ser efetivado. V. decisão do STJ, 2ª Turma, no REsp 302.620-SP, rel. para o acórdão Min. João Otávio de Noronha, j. 11.11.2003, *DJU* 16.2.2004.

Se é certo que inexistem soluções fáceis neste âmbito, eis que o bem jurídico tutelado diz com a dignidade da vida humana, não é menos correto afirmar que o sopesamento deste bem deve levar em conta sua natureza coletiva e societária, em face de sua dimensão individual. Ademais, veja-se que, inexistindo norma constitucional ou infraconstitucional que discipline a gratuidade ou, mesmo, a isenção do pagamento de tais serviços, até que sejam editadas ou que se conclua pela responsabilidade do Estado em prestá-los por dever de ofício, gratuita e universalmente, não se pode imputar simplesmente à concessionária o ônus de suportar o inadimplemento injustificado do consumidor, porque beira a ilicitude.

Nas ações judiciais que acorrem aos tribunais brasileiros muitas vezes o consumidor em momento algum contesta os valores que lhe estão sendo cobrados pelo fornecedor pela prestação do serviço; tampouco questiona a modicidade, qualidade e eficiência dos preços praticados, referindo tão-somente que não tem condições de pagar o serviço prestado, sem, contudo, demonstrar nenhuma iniciativa de tentar o equacionamento do problema que enfrenta, como que relegando ao concessionário a obrigatoriedade de encontrar solução para uma situação que ele ajudou a criar.

Tais soluções devem, ao contrário de serem atribuídas somente a uma parcela dos atores sociais, contar com a participação ativa de todos os beneficiados e responsáveis por elas.

## *Bibliografia*


AGUILAR, Fernando Herren de. *Controle Social de Serviços Públicos*. São Paulo, Max Limonad, 1999.

ALENCAR, Maria Lúcia Mazzei de, e AZEVEDO, Eurico de Andrade. *Concessão de Serviços Públicos: Comentários às Leis 8.987 e 9.074 (Parte Geral), com as Modificações Introduzidas pela Lei 9.648, de 27.5.1998*. São Paulo, Malheiros Editores, 1998.

ALESSI, Renato. *Principi di Diritto Amministrativo*. Milão, Giuffrè Editore, 2000.

ALEXY, Robert. *Teoría de los Derechos Fundamentales*. Madri, Centro de Estudios Constitucionales, 1997.

ALFONSO, Luciano Parejo. *Derecho Administrativo*. Madri, Ariel, 2004.

ALMEIDA, João Batista. *A Proteção Jurídica do Consumidor*. São Paulo, Saraiva, 2002.

AZEVEDO, Eurico de Andrade, e ALENCAR, Maria Lúcia Mazzei de. *Concessão de Serviços Públicos: Comentários às Leis 8.987 e 9.074 (Parte Geral), com as Modificações Introduzidas pela Lei 9.648, de 27.5.1998*. São Paulo, Malheiros Editores, 1998.

BANDEIRA DE MELLO, Celso Antônio. *Curso de Direito Administrativo*. São Paulo, Malheiros, 2004 e 2005.

__________. *Prestação de Serviços Públicos e Administração Indireta*. São Paulo, Ed. RT, 1987.

BANDEIRA DE MELLO, Oswaldo Aranha. *Princípios Gerais de Direito Administrativo*. 3ª ed., vol. I. São Paulo, Malheiros Editores, 2007.

BENJAMIN, Antônio Herman de Vasconcellos, e outros. *Comentários ao Código de Proteção ao Consumidor*. São Paulo, Saraiva, 1991.

CARBAJO, Joël. *Droit des Services Publics*. Paris, Dalloz, 2003.

CHINCHILLA, Carmen Marín. "El servicio público: una amenaza o una garantía para los derechos fundamentales?". In: *Estudios sobre la Constitución Española*. t. II. Madri, Civitas, 2002.

CRETELLA JR., José. *Tratado de Direito Administrativo*. vol. II. Rio de Janeiro, Forense, 1967.

DROMI, Roberto. *Derecho Administrativo*. Buenos Aires, Ciudad Argentina, 2004.

FREITAS, Juarez. "O Estado essencial e o regime de concessões e permissões de serviços públicos". In: *Estudos de Direito Administrativo*. São Paulo, Malheiros Editores, 2001.

GAMA, Hélio Zaghetto. *Curso de Direito do Consumidor*. Rio de Janeiro, Forense, 2004.

GARCÍA DE ENTERRÍA, Eduardo. *Democracia, Jueces y Control de la Administración*. Madri, Civitas, 2001.

GRAU, Eros Roberto. *A Ordem Econômica na Constituição de 1988*. São Paulo, Malheiros Editores, 2000.

————. "Suspensão do fornecimento de energia elétrica: constitucionalidade, Código do Consumidor, princípios e os postulados normativos aplicativos da razoabilidade e da proporcionalidade". *RTDP* 36. São Paulo, Malheiros Editores, 2002.

JÈZE, Gaston. *Principios Generales del Derecho Administrativo*. Buenos Aires, Depalma, 1999.

JUSTEN FILHO, Marçal. *Concessões de Serviços Públicos*. São Paulo, Dialética, 2002.

————. *Teoria Geral das Concessões de Serviço Público*. São Paulo, Dialética, 2005.

LEAL, Rogério Gesta. *Estado, Sociedade e Administração Pública: Novos Paradigmas*. Porto Alegre, Livraria do Advogado, 2006.

————. *Hermenêutica e Direito*. Santa Cruz do Sul, EDUNISC, 2004.

MARTINS, P. Luís. *Corte de Energia Elétrica por Falta de Pagamento: Prática Abusiva*. Brasília, Consulex, 2004.

MASAGÃO, Mário. *Curso de Direito Administrativo*. São Paulo, Ed. RT, 1974.

MEDAUAR, Odete. *Direito Administrativo Moderno*. São Paulo, Ed. RT, 2003.

MEIRELLES, Hely Lopes. *Direito Municipal Brasileiro*. São Paulo, Malheiros Editores, 2002.

MOREIRA NETO, Diogo de Figueiredo. *Curso de Direito Administrativo*. Rio de Janeiro, Forense, 2001.

MUKAI, Toshio. *Concessões, Permissões e Privatizações de Serviços Públicos*. São Paulo, Saraiva, 1998.

NOVAIS, Elaine Cardoso de Matos. "Serviço público: conceito e delimitação na ordem constitucional". In: *Estudos de Direito Administrativo em Homenagem ao Professor Celso Antônio Bandeira de Mello*. São Paulo, Max Limonad, 1996.

NUNES, Luiz Antônio Rizzato. *Comentários ao Código de Defesa do Consumidor*. São Paulo, Saraiva, 1997.

OLIVEIRA, José Carlos de. *Código de Proteção e Defesa do Consumidor*. São Paulo, LED, 1998.

PEREIRA, Caio Mário da Silva. *Lesão nos Contratos*. Rio de Janeiro, Forense, 1999.

PINHEIRO, Cláudia. "A suspensão de serviço público em virtude do inadimplemento do usuário à luz dos princípios da boa-fé e da proporcionalidade". *Revista de Direito do Consumidor* 40. São Paulo, Ed. RT, outubro-dezembro/2001.

ROCHA, Fábio Amorim da. *A Legalidade da Suspensão do Fornecimento de Energia Elétrica aos Consumidores Inadimplentes*. Rio de Janeiro, Lumen Juris, 2004.

SABINO, Alvarez Gendín. *El servicio Público: su Teoría Jurídica Administrativa*. Madri, IEP, 2004.

SARLET, Ingo Wolfgang. *Dignidade da Pessoa Humana e Direitos Fundamentais*. Porto Alegre, Livraria do Advogado, 2007.

SEGALLA, Alessandro. "A suspensão do fornecimento de energia elétrica a usuário inadimplente à luz da Constituição Federal". *Revista de Direito do Consumidor* 37. São Paulo, Ed. RT, janeiro-março/2001.

TÁCITO, Caio. *Direito Administrativo*. São Paulo, Saraiva, 1974.

ZANOBINI, Guido. *Corso di Diritto Amministrativo*. vol. I. Milão, CEDAM, 2000.

# A ARBITRAGEM E AS PARCERIAS PÚBLICO-PRIVADAS

GUSTAVO HENRIQUE JUSTINO DE OLIVEIRA*

Doutor em Direito do Estado pela USP – Procurador do Estado do Paraná – Advogado e Consultor em Curitiba

*1. Contextualização. 2. Uma nova contratualização administrativa: rumo à paridade nas relações contratuais? 3. A arbitragem no Direito Brasileiro. 4. Conciliando a arbitragem com as PPPs. 5. Considerações finais.*

## 1. Contextualização

Propõe-se no presente trabalho defender a possibilidade de utilização do juízo arbitral para a solução de litígios e controvérsias originados de relações jurídicas de natureza contratual estabelecidas entre a Administração Pública e os particulares, com ênfase nos contratos de parceria público-privada.

O tema é instigante, e mereceu a atenção de inúmeros autores pátrios.[1] No entanto, não seria correto afirmar que o entendimento favorável ao emprego da via arbitral para o deslinde das questões assinaladas é generalizado.

* À advogada MARCELA ROZA LEONARDO ZEN e às acadêmicas ANA CAROLINA HOHMANN (UFPR) e MANUELLA LÚCIA ZANINI FADEL (UTP) o agradecimento do autor pela diligente e prestimosa colaboração para a realização deste artigo.

1. Cf. Joaquim Simões Barbosa e Carlos Affonso Pereira de Souza, "Arbitragem nos contratos administrativos: panorama de uma discussão a ser resolvida", in Ricardo Ramalho Almeida, *Arbitragem Interna e Internacional: Questões de Doutrina e Prática*, pp. 267-291; Adilson Abreu Dallari, "Arbitragem na concessão de serviço público", *Revista de Informação Legislativa* 128/63-67; Eros Roberto Grau, "Arbitragem e contrato administrativo", *RTDP* 32/14-20; Ada Pellegrini Grinover, "Arbitragem e prestação de serviços públicos", *RDA* 233/377-385; José Alexandre Tavares Guerreiro, "Arbitragem nos contratos com o Estado: Direito Brasileiro e Direito Comparado", *Seminário Internacional sobre Direito Arbitral* 1 (trabalhos apresentados), pp. 294-304; Cláudio Vianna de Lima, "A Lei de Arbitragem e o art. 23, XV, da Lei de Concessões", *RDA* 209/91-104; Mauro Roberto Gomes Mattos, "Contrato administrativo e a Lei de Arbitragem", *RDA* 223/115-131; Suzana Domingues Medeiros, "Arbitragem envolvendo o Estado no Direito Brasileiro", *RDA* 233/71-101; Diogo de Figueiredo Moreira Neto, "Arbitragem nos contratos administrativos", *RDA* 209/81-90; Carlos Pinto Coelho Motta, "Arbitragem nos contratos administrativos", *Boletim de Direito Administrativo* 13-10/672-676; Leon Frejda Szklarowsky, "Arbitragem e os contratos administrativos", *RDA* 209/105-107; Caio Tácito, "Arbitragem nos litígios administrativos", *RDA* 210/111-115; Cármen Tibúrcio, "A Lei de Arbitragem e a pretensa inconstitucionalidade de seu art. 7º", *RDA* 218/175-196.

Em decisões do TCU[2] e na jurisprudência de nossas Cortes Judiciárias comprova-se o grau de divergência que a matéria vem suscitando, embora seja possível destacar uma certa evolução do seu tratamento, a exemplo do acórdão lavrado pelo TAPR na AC 247.646-0.[3]

Na legislação brasileira visualiza-se uma tendência para a autorização da arbitragem em situações peculiares, sobretudo envolvendo determinados setores regulados por leis específicas (*v.g.*, serviços de telecomunicação – inciso XV do art. 93 da Lei federal 9.472/1997; exploração e produção de petróleo e gás natural – inciso X do art. 43 da Lei federal 9.475/1997).

Entretanto, ainda que argumentos favoráveis e desfavoráveis arrolados na doutrina e nas jurisprudências administrativa e judiciária sejam aqui e ali reprisados, pretende-se na presente oportunidade entabular uma discussão sobre a viabilidade do juízo arbitral em contratos que retratam uma perspectiva evolucionista da Administração Pública: a *Administração Pública paritária*.[4]

Conforme aduzem Eduardo García de Enterría e Tomás-Ramón Fernández, não é possível ignorar que hodiernamente a "Administração negocia e que a negociação converteu-se em um instrumento imprescindível para a tarefa de administrar".[5]

Sob a ótica dessa *nova forma de administrar*, Sabino Cassese prega a necessidade da *reciprocidade de concessões* entre a Administração Pública e particulares, situações geradoras de *acordos administrativos*. Segundo o autor, o *enfoque da negociação* significa que Administração Pública, empresas, organizações não-governamentais e cidadãos natural e mutuamente *cedem* sobre pontos relativos ao objeto em discussão, favorecendo a obtenção de um *equilíbrio de interesses originalmente contrapostos*, os quais permaneceriam contrapostos se não fosse pela ocorrência de trocas e concessões entre as partes.[6]

Eis uma das principais conseqüências da intensificação das relações e do estreitamento dos laços entre Estado, empresas e organizações da sociedade civil no mundo contemporâneo. O *caminho da negociação* – e não o *percurso da imposição* – para a composição de eventuais dissensos entre as partes pressupõe o reconhecimento (ainda que relativizado pelo regime jurídico-administrativo) da autonomia das partes envolvidas.

Com isso, a *verticalização* entre a Administração Pública e o particular nas relações contratualizadas é – em algumas hipóteses – fortemente atenuada ou, mesmo, afastada. É que, em um cenário em que vigora a necessidade da realização de *parcerias*,[7] não há como sustentar uma relação de total subordinação entre a Administração e as entidades parceiras.

2. Não há um entendimento uniforme firmado no âmbito do TCU em relação ao tema, embora a tendência revelada seja desfavorável à arbitragem nos contratos firmados pela Administração. Nesse sentido, cf. uma das decisões mais recentes: TCU, 2ª Câmara, Acórdão 584/2003, j. 10.4.2003, *DJU* 28.4.2003.

3. TAPR, Acórdão 18.014, j. 11.2.2004, *DJE* 6.565, 20.2.2004.

4. Na doutrina italiana há estudos acerca de um *direito administrativo paritário* (cf. Alfonso Masucci, *Trasformazione dell'Amministrazione e Moduli Convenzionali: il Contratto di Diritto Pubblico*, pp. 65-67).

5. Tomás-Ramón Fernández e Eduardo García de Enterría, *Curso de Derecho Administrativo*, 9ª ed., vol. 1, p. 663.

6. Sabino Cassese, "La arena pública: nuevos paradigmas para el Estado", in Sabino Cassese, *La Crisis del Estado*, pp. 101-160.

7. Importa destacar que o caráter polissêmico do termo "parceria" é manifesto. Sem embargo, concorda-se com Jean-Pierre Gaudin, autor que alude à idéia de parceria para genericamente representar as "convenções múltiplas que ligam os Poderes Públicos, o setor privado e, outras vezes, o que se denomina associações da 'sociedade civil'" (Jean-Pierre Gaudin, *Gouvernment par Contrat: l'Action Publique em Question*, p. 14. Cf. Maria Sylvia Zanella Di Pietro, *Parcerias na Administração Pública: Concessão, Permissão, Franquia, Terceirização e Outras Formas*, 4ª ed., pp. 33-34).

A partir desse contexto, Gaspar Ariño Ortiz alude à existência de um *Estado Contratual*, em que a crescente utilização de instrumentos negociais firmados entre o Estado e as organizações privadas (providas ou destituídas de finalidades lucrativas), como modo de atingir os fins públicos, passa a prevalecer sobre antigas práticas que privilegiavam a noção de autoridade e a imposição unilateral das decisões tomadas pelo Estado.[8]

Por via reflexa, vem surgindo um *novo direito administrativo*, mais participativo, fruto da gradual compatibilização da *lógica da imposição e da unilateralidade* com a *lógica da negociação e da multilateralidade*.

Conforme atesta José Casalta Nabais, "a ideia de que o direito público, nas relações entre o indivíduo e o Estado, tem como campo de aplicação os actos de autoridade (actos em que o Estado manifesta o seu *imperium* e impõe a sua autoridade ao administrado) está, desde há muito tempo, ultrapassada".[9] Alude-se à expressão "Administração concertada", "em que a Administração renunciaria ao emprego de seus poderes com base na imperatividade e unilateralidade, aceitando realizar acordos com os particulares destinatários da aplicação concreta desses poderes, ganhando assim uma colaboração ativa dos administrados (...)".[10]

Certamente que esses fenômenos devem ser interpretados sob a égide do regime jurídico-normativo a que se encontra vinculada a Administração Pública de um dado país. No entanto, o que vem recebendo constantes influxos dessa nova realidade é justamente a disciplina normativa a que são submetidas as relações negociais em que a Administração é parte, implicando, além de intensos câmbios na legislação preexistente, a criação de aparatos legislativos mais adequados ao desenvolvimento dessas relações preferencialmente paritárias.

No Brasil os *contratos de parceria público-privada*[11] são um reflexo dos câmbios assinalados, e atualmente configuram objeto de intensos e acalorados debates. Sem desconsiderar que em algumas unidades federativas tenham sido aprovadas leis sobre a matéria,[12] atualmente a PPP é disciplinada pela Lei federal 11.079, de 30.12.2004.[13]

Assiste-se atualmente a uma acentuada divergência quanto a diversos aspectos desse novo contrato da Administração Pública brasileira. Com efeito, está-se diante de uma nova figura a ser empregada pelo setor público no campo negocial, a qual visa a instituir e formalizar uma relação jurídica entre a Administração Pública e os particulares em bases normativas diversas daquelas representadas pelas disposições inseridas nas Leis federais 8.666/1993 e 8.987/1995.

As PPPs podem ser entendidas como "parcerias entre autoridades públicas e empresas e investidores do setor privado, com o objetivo de conceber, planificar, financiar,

8. Gaspar Ariño Ortiz, "El retorno a lo privado: ante una nueva encrucijada histórica. Tiempo", in Gaspar Ariño Ortiz (org.), *Privatización y Liberalización de Servicios*, p. 26.

9. José Casalta Nabais, *Contratos Fiscais: Reflexões acerca da sua Admissibilidade*, p. 24.

10. Tomás-Ramón Fernández e Eduardo García de Enterría, *Curso de Derecho Administrativo*, 9ª ed., vol. 1, p. 661.

11. Neste trabalho utilizar-se-á a sigla "PPP", amplamente difundida, para caracterizar os contratos de parceria público-privada.

12. Cf. Lei do Estado de Minas Gerais, n. 14.862, de 16.12.2003; Lei do Estado de Santa Catarina, n. 12.930, de 4.2.2004; Lei do Estado de São Paulo, n. 11.688, de 19.5.2004; Lei do Estado de Goiás, n. 14.910, de 11.8.2004; Lei do Estado do Ceará, n. 13.557, de 30.12.2004; e Lei do Estado do Rio Grande do Sul, n. 12.234, de 13.1.2005.

13. O diploma legislativo assinalado visa a instituir normas gerais para licitação e contratação de PPPs no âmbito dos Poderes da União, dos Estados, do Distrito Federal e dos Municípios. O projeto de lei foi encaminhado pelo Poder Executivo ao Congresso Nacional em 19.11.2003, tendo tramitado na Câmara dos Deputados sob o n. 2.546/2003 e enviado ao Senado Federal em 24.3.2004, onde tramitou sob o n. 10/2004.

construir e operar projetos de infra-estrutura habitualmente prestados através de mecanismos tradicionais como os contratos públicos".[14]

Inserem-se em um cenário de escassez de recursos orçamentários para a execução de projetos de altos custos, em que existe um grave déficit de projetos estruturantes em áreas como transportes, saneamento básico e saúde.[15]

Ademais disso, a experiência estrangeira para a realização e gestão de grandes infra-estruturas e de serviços coletivos vem fazendo uso da PPPs, pois há um entendimento corrente no sentido de que tais contratos traduzem uma forma mais contemporânea de assegurar serviços públicos de melhor qualidade, com menores custos para a sociedade.

Subjacentes a essa nova modalidade contratual estão noções como (i) alta complexidade do objeto, execução e acompanhamento do ajuste, (ii) elevado nível de riscos a serem enfrentados pelos parceiros, em função do montante dos recursos financeiros envolvidos, das incertezas sobre os custos de construção e de operação e das dúvidas atinentes aos rendimentos a serem alcançados, (iii) estabelecimento de garantias especiais conferidas pelo parceiro público ao parceiro privado, destinadas a assegurar o cumprimento das obrigações assumidas pela Administração,[16] e (iv) dificuldade em se atingir – em sede contratual – a ótima regulamentação dos interesses em jogo, quais sejam, os do parceiro público, do parceiro privado e da coletividade em geral.

Nessa última característica jaz um aspecto que há de ser devidamente salientado, pois manifesta uma (r)evolução em matéria de contratualização no setor público.

Diversamente dos contratos disciplinados pelas Leis federais 8.666/1993 e 8.987/1995, as comumente denominadas *cláusulas exorbitantes* não estariam, a princípio, presentes de modo tão abundante nas PPPs. Com efeito, a tônica é justamente a ampliação das bases da negociação das cláusulas contratuais que irão estabelecer a regulamentação dos interesses dos parceiros, sem o enfraquecimento da (imanente) bilateralidade desse negócio jurídico.

Como todo e qualquer contrato (privado ou público), o parceiro público e o parceiro privado da PPP desejam obter benefícios da relação. Todavia, tais objetivos naturalmente têm pontos de convergência (*v.g.*, sucesso do empreendimento) e pontos de eventual divergência (*v.g.*, assunção dos riscos e divisão dos lucros) As negociações ocorrem para possibilitar um equilíbrio de todos esses interesses, "com vistas a alcançar os compromissos mais justos e eficazes possíveis dentre as perspectivas de ganhos, custos a serem arcados e dos riscos a serem corridos".[17]

Esse equilíbrio será expressado na pactuação das cláusulas do contrato de PPP, cujo conjunto desencadeará efeitos típicos dos *contratos sinalagmáticos*. E, no caso de se entender que os contratos administrativos regidos pelas Lei federais 8.666/1993 e

14. Corinne Namblard, "Para um enfoque pragmático da parceria público-privada", in Gautier Chatelus e Jean-Yves Perrot (dirs.), *Financiamento das Infra-Estrutura e dos Serviços Coletivos: o Recurso à Parceria Público-Privada. Os Exemplos da Experiência Francesa no Mundo*, p. 15. Sobre *novas formas de contratualização*, cf. Marçal Justen Filho, "As diversas configurações da concessão de serviço público", *Revista de Direito Público da Economia* 1/95-136.

15. Dados extraídos da palestra "Parcerias público-privadas: aspectos jurídicos", proferida por Carlos Ari Sundfeld no Congresso Ibero-Americano de Direito Administrativo, Curitiba, 2003.

16. O parágrafo único do art. 11 da Lei federal 11.079/2004 estabelece que "o edital deverá especificar, quando houver, as garantias da contraprestação do parceiro público a serem concedidas ao parceiro privado".

17. Corinne Namblard, "Para um enfoque pragmático da parceria público-privada", in Gautier Chatelus e Jean-Yves Perrot (dirs.), *Financiamento das Infra-Estrutura e dos Serviços Coletivos: o Recurso à Parceria Público-Privada. Os Exemplos da Experiência Francesa no Mundo*, p. 27.

8.987/1995 também geram efeitos decorrentes do sinalagma (em verdade, é isso o que ocorre), a carga de efeitos caracteristicamente sinalagmáticos na PPP é muito maior (ou, ao menos, não é condicionada, debilitada ou neutralizada), se comparada aos efeitos produzidos pelos contratos administrativos tradicionais.[18]

Assim, na PPP, parceiro público e parceiro privado simultaneamente ocuparão a posição de credor e de devedor, cujos direitos e obrigações se submetem (tendencialmente) a um regime de dependência recíproca, em que a obrigação de um corresponde ao direito do outro, e vice-versa. Portanto, na PPP é possível defender que haverá uma forte correlação entre os direitos e as obrigações do parceiro público e do parceiro privado, diferentemente do que acontece nos contratos administrativos tradicionais, em que a relação jurídica instaurada é de caráter verticalizado, em função da disciplina normativa que os rege.

Situações como essa levam autores da estirpe de Sabino Cassese a defender *novos paradigmas do Estado*, os quais "colocam em discussão todas as noções, temas e problemas clássicos do direito público, da natureza do Poder Público e de sua atuação legal-racional orientada pela superioridade da lei, do lugar reservado à lei e de suas implicações (legalidade e tipicidade) para as relações público-privadas".[19] Um desses novos paradigmas seria *o fortalecimento da negociação na esfera da Administração Pública, expressada por via de acordos*, em que "passam ao primeiro plano a negociação em lugar do procedimento, a liberdade das formas em lugar da tipicidade, a permuta em lugar da ponderação".[20]

Para o autor, o *paradigma bipolar Estado/cidadão* daria lugar ao *paradigma multipolar*, em que "interesses privados coincidentes com interesses públicos comunitários estão em conflito com outros interesses públicos, de natureza nacional. Não há distinção ou oposição público/privado, assim como não há uma superioridade do momento público sobre o privado".[21] E inerente ao paradigma multipolar é a presença de múltiplos agentes e interessados na discussão de assuntos públicos, fato que eventualmente redunda em acordos, exigindo para tanto "permutas recíprocas, fundadas sobre a negociação".[22]

É inegável que se assiste, hodiernamente, a uma aproximação entre o regime de direito público e o regime de direito privado, que, aliás, se constituiu em uma das prospecções para a Administração Pública contemporânea, apontada por Massimo Severo Giannini em 1980.

À época o autor registrou que "o direito administrativo, como normativa pública de caráter autoritário, tende a reduzir-se, e as zonas que abandona são ocupadas novamente pelo direito privado".[23] Prosseguindo, asseverou que "o direito que regula a atividade das Administrações Públicas tende, portanto, a compor-se de uma parte fortemente autori-

18. Com relação à *bilateralidade*, Caio Tácito sustenta que "a discriminação entre as hipóteses, tendo como fundamento a natureza própria das obrigações contratuais, está a merecer tratamento no plano normativo que faculte, nos contrato administrativos, equivalência entre partes desiguais, de tal modo que as prerrogativas da Administração não onerem excessivamente a outra parte ou eliminem a fruição de direito do contratante privado" ("Arbitragem nos litígios administrativos", *RDA* 210/114-115).

19. Sabino Cassese, "La arena pública: nuevos paradigmas para el Estado", in Sabino Cassese, *La Crisis del Estado*, p. 159.

20. Idem, p. 157. Sobre *associações mistas*, envolvendo diferentes partícipes públicos e privados, cf. Maria Aparecida de Almeida Pinto S. Fagundes, "Parcerias em projetos de infra-estrutura", *RDA* 233/419-429.

21. Sabino Cassese, "La arena pública: nuevos paradigmas para el Estado", in Sabino Cassese, *La Crisis del Estado*, p. 159.

22. Idem, p. 106.

23. Massimo Severo Giannini, *Premisas Sociológicas y Históricas del Derecho Administrativo*, p. 83.

tária – direito administrativo em sentido estrito – e de outra em que tem-se como válida, ainda que com certas adaptações, a normativa privada".[24]

Nesse sentido, defende-se atualmente ser possível à Administração optar por formas de organização e de atuação oriundas do regime privado[25] sempre que o ordenamento não veicular uma vedação (explícita ou implícita) que afaste tal opção.

No entanto, não é o caso de se posicionar favoravelmente à submissão (integral) das relações negociais administrativas aos ditames do regime jurídico privado. Visando à contenção da fuga da Administração Pública para o direito privado, escreveu-se ser possível a circunscrição da atividade administrativa a um regime privatístico desde que se exija da Administração, "a par das normas jurídico-privadas, ter em consideração certas normas e princípios gerais do direto público".[26]

Sob o enfoque eminentemente contratual, essas transformações não passam desapercebidas por Romeu Felipe Bacellar Filho: "Todavia, se, na vigência do antigo Código Civil brasileiro, os contratos de direito privado estavam alicerçados em princípios opostos aos contratos administrativos, as recentes alterações do novo Código Civil caminham num sentido de aproximação dos institutos. O *pacta sunt servanda*, que constituía mola-mestra dos contratas regidos pelo direito privado, foi substituído pelo princípio da função social dos contratos, como se depreende do art. 421 do novo CC. 'A liberdade de contratar será exercida em razão e nos limites da função social do contrato'. A concepção social do contrato apresenta-se, modernamente, como um dos pilares da teoria contratual. Defronta-se com o vetusto princípio *pacta sunt servanda*, exaltado, expressamente, pelos Códigos Civil francês (art. 1.134) e italiano (art. 1.372) para, atenuando a autonomia da vontade, promover a realização de uma justiça comutativa. A moldura limitante do contrato tem o escopo de acautelar as desigualdades substanciais entre os contraentes, como adverte José Lourenço, valendo como exemplo os contratos de adesão. O negócio jurídico haverá de ser fixado em seu conteúdo, segundo a vontade das partes. Esta, todavia, apresenta-se autoregrada em razão e nos limites da função social, princípio determinante e fundamental que, tendo origem na valoração da dignidade humana (art. 1º da CF), deve prescrever a ordem econômica e jurídica".[27]

É nesse ambiente de transição que se insere a discussão da conformação jurídica de um contrato administrativo com as características da PPP. É nesse cenário em mutação que se defende – se não a equiparação entre Administração Pública e particular nas atividades de índole negocial – uma acentuada (e juridicamente protegida) interdependência entre as prestações a cargo de ambas as partes. Finalmente, é nesse âmbito de interseção dos interesses públicos e dos interesses privados – uma realidade constatada, e não uma tendência a ser assimilada – que há de ser desenvolvida a possibilidade da utilização da via arbitral para o deslinde de controvérsias ocorridas em sede de contratualização administrativa.

No entanto, é a *nova contratualização administrativa* (ainda em formação), desenvolvida em amplas bases negociais, que parece sinalizar para uma maior paridade entre Administração e particular.

24. Idem, pp. 83-84.

25. Cf. Vital Moreira, *Organização Administrativa*, 2001.

26. Maria João Estorninho, *A Fuga para o Direito Privado*, pp. 160-161. Cf., ainda, Ricardo Rivero Ortega, *Administraciones Públicas y Derecho Privado*, 1998.

27. Romeu Felipe Bacellar Filho, "Contrato administrativo", in Romeu Felipe Bacellar Filho e outros (coords.), *Direito Administrativo Contemporâneo: Estudos em Memória do Professor Manoel de Oliveira Franco Sobrinho*, p. 317. Sobre o tema, cf. Eduardo Soto Kloss, "La contratación administrativa: un retorno a las fuentes clásicas del contrato", *Revista de Administración Pública* 2/569-585.

É o que será discutido no item a seguir.

### 2. *Uma nova contratualização administrativa: rumo à paridade nas relações contratuais?*

A negociação não constitui uma novidade do Estado contemporâneo.

Há tempos o Estado reconhece e utiliza métodos consensuais, consagrando os *contratos* como formas adequadas à instrumentalização de compromissos no território das *relações patrimoniais*. Isso acontece sobretudo quando o objetivo visado é (i) adquirir bens e serviços junto à iniciativa privada ou (ii) a ela transferir a execução de atividades estatais qualificadas como serviços públicos É o campo denominado por Eduardo García de Enterría e Tomás-Ramón Fernández de *colaboração* ou *intercâmbio patrimonial*, em que a Administração Pública "paga dinheiro ou transfere possibilidades de atuações a ela reservadas em troca de bens ou de serviços que busca e que recebe".[28]

Embora tenha havido forte resistência à aceitação do contrato como um modo normal de atuação da Administração Pública,[29] consolidou-se ao final a compatibilização da lógica da autoridade com a lógica do consenso,[30] redundando na figura do *contrato administrativo*, como uma categoria jurídica do direito administrativo.

Indubitavelmente, é a *vinculação direta e imediata ao interesse público* o elemento que qualifica um contrato como sendo um contrato administrativo.

Héctor Jorge Escola afirma que "os contratos administrativos (...) têm uma finalidade específica e própria (...) qual seja, a satisfação e o atingimento do interesse público, das necessidades coletivas, sendo precisamente essa finalidade a que lhes confere e define a natureza jurídica, efeitos e conseqüências específicas".[31] Continuando, o autor explicita que, em virtude disso, os contratos administrativos "estão sujeitos a formalidades especiais, previstas pelo direito administrativo, podendo conter cláusulas que são exorbitantes do direito privado, mas admissíveis no direito público".[32]

Um contrato administrativo é um *negócio jurídico bilateral*, pois para sua formação se demanda o obrigatório concurso de ao menos duas declarações de vontade, sendo que uma delas há de provir necessariamente de uma Administração Pública. Nesse ponto reside a exigência do prévio *consenso* das partes, fator que acarretará a formação do

28. Tomás-Ramón Fernández e Eduardo García de Enterría, *Curso de Derecho Administrativo*, 9ª ed., vol. 1, p. 660.

29. Tal *negação* do contrato no âmbito do direito público originou soluções na Itália e Alemanha como a *teoria dos dois degraus* ou *teoria dos dois níveis* (*doppio grado* e *Zweistufentheorie*), em que se emite um *ato administrativo* seguido de um *contrato de direito privado* especificamente para aquelas situações que necessariamente demandassem *regulação consensual mínima* (cf. Maria João Estorninho, *Réquiem pelo Contrato Administrativo*, pp. 169 e ss.).

30. É o que Celso Antônio Bandeira de Mello denomina *lógica do contrato administrativo*, em que, "de um lado, o Poder Público usufrui de todos os poderes indispensáveis à proteção do interesse público substanciado no contrato. (...). De outro, cabe ao particular integral garantia aos interesses privados que ditaram sua participação no vínculo, consoante os termos ali constituídos" (*Curso de Direito Administrativo*, 15ª ed., pp. 572-573). Para o autor, "há duas ordens de interesses que se devem compor na relação em apreço. O interesse público, curado pela Administração, reclama dele flexibilidade suficiente para o atendimento das vicissitudes administrativas e variações a que está sujeito. O interesse particular postula suprimento de uma legítima pretensão ao lucro, segundo os termos convencionados" (idem, p. 573). Em síntese, trata-se da "conjugação da consensualidade (própria de todo contrato) com a autoridade (própria do contrato administrativo)" (Pedro Gonçalves, *O Contrato Administrativo*, p. 32).

31. Héctor Jorge Escola, *El Interés Público como Fundamento del Derecho Administrativo*, p. 160.

32. Idem, ibidem.

vínculo gerador dos efeitos jurídicos típicos de uma relação administrativa de índole contratual.

Entretanto, insta acentuar que uma das conseqüências da imprescindível bilateralidade do contrato administrativo não é a equiparação ou igualdade de posições entre as partes, e sim o nivelamento das vontades declaradas; ou, na expressão de José Manuel Sérvulo Correia, a "igual valia das vontades".[33]

Salienta José Casalta Nabais: "(...) para que se possa falar de contrato exige-se uma igualdade das partes, uma igualdade que passa aqui pelo facto de ser justamente o acordo de ambas as partes necessário e indispensável à formação (constituição) e à manutenção (subsistência) do contrato, o qual assim deve a sua existência e o seu poder vinculativo em igualdade (...) a cada uma das partes contratantes".[34]

Em razão da magnitude dos interesses perseguidos e geridos pela Administração Pública (interesse público), não seria incorreto afirmar que, perante a atual conformação jurídico-normativa dos contratos administrativos, se os efeitos da bilateralidade se encontram fortes na *formação dos contratos administrativos*, os mesmos vão sendo relativamente diluídos ou enfraquecidos no transcurso da relação instaurada pelo ajuste.

Na *execução dos contratos administrativos* isso se torna evidente, pois o ordenamento confere à Administração-contratante prerrogativas de atuação unilateral sobre o particular-contratado, independentemente de sua prévia aquiescência. Nas formas de *extinção dos contratos administrativos* esses poderes unilaterais igualmente são previstos no ordenamento, pois há hipóteses de extinção do vínculo contratual por vontade exclusiva da contratante, sem que para isso o contratado concorra com sua culposa inexecução.

E mesmo na *formação dos contratos administrativos* visualiza-se um abrandamenlo dos efeitos oriundos dessa bilateralidade, pois uma das características de tais ajustes encontra-se no fato de representarem autênticos contratos de adesão, com a imposição, pela Administração Pública, da quase-totalidade das cláusulas que comporão o quadro regulatório da relação. Por isso André de Laubadère sustenta que "o contrato administrativo é um contrato desigualitário, mas um contrato desigualitário não é um ato unilateral".[35]

Atualmente discute-se na doutrina acerca da extensão e da intensidade com que técnicas negociais ou consensuais vêm sendo empregadas como soluções preferenciais – e não unicamente alternativas – à utilização de métodos estatais que veiculem unilateral e impositivamente comandos para os cidadãos, empresas e organizações da sociedade civil. Por isso, *uma das linhas de transformação do direito administrativo consiste em evidenciar que, no âmbito estatal, em campos habitualmente ocupados pela imperatividade há a abertura de consideráveis espaços para a consensualidade.*

Certamente essa nova orientação tem impacto na atividade negocial da Administração Pública.

Em 1967 André de Laubadère ressaltou que na esfera administrativa o contrato sempre ocupou um lugar relativamente limitado, desempenhando papéis bem definidos, consistindo a intervenção unilateral de via autoritária a forma usual de obter do administrado os comportamentos visados pela Administração. Não obstante tal constatação, o autor colocava em relevo a emergência de um novo modo de administrar: *a administração por meio do contrato.*

33. José Manuel Sérvulo Correia, *Legalidade e Autonomia Contratual nos Contratos Administrativos*, p. 347.

34. José Casalta Nabais, *Contratos Fiscais: Reflexões acerca da sua Admissibilidade*, p. 23.

35. André de Laubadère e outros, *Traité des Contrats Administratifs*, vol. 1, p. 71.

Apresentou o autor *dois fatores* para o impulso dessa *nova forma de administrar*.

O *primeiro fator* estaria relacionado com "o considerável aumento quantitativo dos objetivos considerados como sendo de interesse geral",[36] tornando necessário recorrer à "ação paralela dos administrados, por meio da natural realização de acordos".[37] Para conferir resposta a essa demanda, o autor propôs a utilização dos *contratos de colaboração*, "levando-se em conta o sentido mais abrangente e variado da expressão".[38]

O *segundo fator* corresponderia ao fato de que seria mais fácil à Administração "administrar com a adesão do administrado do que contra a sua vontade, tratando-o como participante e não como subordinado".[39] E para atender a essa finalidade sugeriu a adoção da expressão "contratos de administração", em que é "a própria ação administrativa que constitui-se em conteúdo do contrato".[40] E a partir dessa espécie de contratos – inicialmente aplicados pelo Estado no campo econômico – "a Administração pode ser levada a preferir a via do contrato àquela da ação unilateral, porque os complexos mecanismos da atividade econômica nem sempre permitem que intervenções imperativas e impositivas tenham eficácia".[41]

Com efeito, da conjugação dos fatores acima apresentados solidificam-se as bases da *Administração Pública consensual*.

Diante do incremento quantitativo e qualitativo da atividade negocial *Administração Pública/particular*, abrandou-se sensivelmente o *primado da autoridade* como eixo principal para o desenvolvimento das relações travadas entre a Administração e os destinatários de sua atividade. Essa atividade negocial transbordou o campo das relações econômicas, imprimindo novos formatos às *colaborações público-privadas*, em áreas afetas aos serviços públicos (revalorização dos contratos de concessões de serviços públicos) e especialmente aos serviços de infra-estrutura (contratos de PPP). Estendeu-se ao segmento dos serviços sociais não-lucrativos e, principalmente, passou a incidir sobre conteúdos cujas determinação e veiculação tradicionalmente operavam-se pela via unilateral do ato administrativo.[42]

Assim, não há como negar a retração da Administração de cunho autoritário, movimento acompanhado do sensível avanço da *Administração baseada em acordos*, ou simplesmente *Administração Pública consensual*.

No entanto, a afirmação há de ser assimilada com algum temperamento.

A Lei alemã de Procedimento Administrativo, editada em 1976, estabelece a noção

36. André de Laubadère, "Administration et contrat", in André de Laubadère e outros, *Pages de Doctrine*, vol. 2, p. 240.

37. Idem, ibidem.

38. Idem, ibidem.

39. Idem, ibidem.

40. Idem, ibidem.

41. Idem, p. 247.

42. Cumpre ressaltar que outra faceta da *Administração Pública consensual* se revela no terreno das relações *Administração Pública/Administração Pública*, ou seja, no campo organizacional. Neste campo vem ocorrendo uma profunda transformação, tendente a dotar a ação administrativa de maior eficácia e eficiência, com a simplificação de seus procedimentos e sobretudo conferindo maior efetividade aos resultados alcançados. Nova conotação e objetivos ganhou a atividade de *coordenação administrativa*, agora aplicada a uma complexa organização policêntrica, em que deve ser respeitada a autonomia dos órgãos e entidades envolvidos. Forte impulso recebeu a tarefa de *cooperação administrativa*, mormente em campos objeto de competências partilhadas que demandam maior agilidade e articulação para o mútuo desenvolvimento de atividades afins. Prestigia-se a atividade do *planejamento no setor público*, caracterizado como "método coerente e compreensivo de formação e implementação de diretrizes, através de um controle central de vastas redes de órgãos e instituições interdependentes, viabilizado por conhecimentos científicos e tecnológicos" (Carlos Thomas G. Lopes, *Planejamento, Estado e Crescimento*, p. 24). Nesta oportunidade essa vertente não será explorada.

de *contrato de direito público*, cujo significado traduz precisamente o impulso conferido à Administração consensual na atualidade. No § 54 do diploma aludido consta que "uma relação jurídica de direito público pode ser criada, modificada ou extinta por contrato (contrato de direito público), desde que isso não seja vedado por lei. Especialmente, pode a Administração, em lugar de editar ato administrativo, celebrar contrato de direito público com quem seria o destinatário do ato administrativo".

A disciplina normativa germânica[43] expressa a consagração do fenômeno da *Administração por acordos*, o qual espraiou-se para diversos outros países europeus.

A Lei italiana 241, de 7.8.1990, prescreve, em seu art. 11, que "a Administração competente pode concluir, sem prejuízo dos direitos de terceiros, e sempre em atendimento ao interesse público, acordos com os interessados, com o fim de determinar o conteúdo discricionário da decisão final ou, nos casos previstos em lei, a substituição da mesma".[44]

Na Espanha, o art. 88.1 da Lei 30/1992 (Regime Jurídico das Administrações Públicas e do Procedimento Administrativo Comum – LRJ-PAC) estipula que "as Administrações Públicas poderão celebrar acordos, pactos, convênios ou contratos com pessoas de direito público ou de direito privado, sempre que não sejam contrários ao ordenamento jurídico, nem versem sobre matérias não suscetíveis de transação e tenham por objeto satisfazer o interesse público a elas confiado, com o alcance, efeitos e regime jurídico específico que em cada caso preveja a disposição que o regule, podendo tais atos representar o término dos procedimentos administrativos, ou inserir-se nos mesmos em caráter prévio, vinculante ou não, à decisão que os finalize".[45]

O Código do Procedimento Administrativo de Portugal reconhece a existência, no art. 185, 3, "a", dos "contratos administrativos com objecto passível de acto administrativo".

Em face de todos os dispositivos acima aludidos, resta claro que tanto o *ato administrativo* quanto o *contrato administrativo* são atualmente entendidos como *formas jurídicas adotadas pela Administração Pública para a consecução de suas tarefas. Ato* e *contrato* configuram, pois, instrumentos de ação administrativa.

Por isso, adota-se neste trabalho a conceituação elaborada por José Manuel Sérvulo Correia, para quem *contrato administrativo* é "um processo próprio de agir da Administração Pública e que cria, modifica ou extingue relações jurídicas, disciplinadas em termos específicos do sujeito administrativo, entre pessoas colectivas da Administração ou entre a Administração e os particulares".[46] O autor aduz que "encarar o contrato administrativo como processo próprio de agir da Administração Pública não equivale a reivindicar a total autonomia da figura relativamente à do contrato em geral".[47] Prossegue, ponderando que tanto o ato

43. Informações extraídas de Almiro do Couto e Silva, "Os indivíduos e o Estado na realização de tarefas públicas", *RDA* 209/p. 65; Alfonso Masucci, *Trasformazione dell'Amministrazione e Moduli Convenzionali: il Contratto di Diritto Pubblico*, pp. 62 e ss.; e José María Rodríguez de Santiago, *Los Convenios entre Administraciones Públicas*, pp. 51-66.

44. Cf. Nicola Aicardi, "La disciplina generale e i principi degli accordi amministrativi; fondamenti e caratteri", *Rivista Trimestrale di Diritto Pubblico* 1/1-59; Piergiorgio Alberti e outros (orgs.), *Lezioni sul Procedimento Amministrativo*, 2ª ed., 1995; Giuseppe Barbagallo e outros (orgs.), *Gli Accordi fra Privati e Pubblica Amministrazione e la Disciplina Generale del Contratto*, 1995.

45. Cf. Ángeles de Palma Del Teso, *Los Acuerdos Procedimentales en el Derecho Administrativo*, 2000; Tomás-Ramón Fernández e Eduardo García de Enterría, *Curso de Derecho Administrativo*, 6ª ed., vol. 2, pp. 498-500.

46. José Manuel Sérvulo Correia, *Legalidade e Autonomia Contratual nos Contratos Administrativos*, p. 396.

47. Idem, ibidem.

administrativo como o "contrato regido pelo direito estatutário da Administração"[48] têm o condão de criar, modificar ou extinguir relações jurídicas de direito administrativo.

Assim, insta esclarecer que a emergência da *Administração consensual* não resulta – e nem poderia resultar – no aniquilamento da *Administração por atos*. A *Administração consensual* não supera a *Administração imperativa*, mas seguramente diminui seu campo de incidência.

As transformações assinaladas – circunscrição da atividade administrativa impositiva a certos campos, com a expansão do consensualismo para considerável parcela das atividades perpetradas pela Administração – provocam uma mudança de eixo do direito administrativo, que passa a ser orientado pela *lógica da autoridade* continuamente permeada e temperada pela *lógica do consenso*.

Tais câmbios acabam reverberando na atividade contratual da Administração Pública, suscitando uma reformulação da tradicional abordagem dos procedimentos pré-negociais e negociais, com maior favorecimento à discussão acerca das cláusulas que irão reger a relação jurídica a ser instaurada pela via do ajuste.

As PPPS encaixam-se nessa nova fase da contratualização administrativa ou simplesmente *nova contratualização administrativa* (ainda em evolução), em que (i) se privilegia sobremaneira a cultura do diálogo entre o parceiro público e o privado, (ii) se confere maior atenção às negociações preliminares ao ajuste (que devem ser transparentes),[49] (iii) se abrem espaços para trocas e concessões mútuas entre os parceiros, visando a um balanceamento dos interesses envolvidos, (iv) se diminui a imposição unilateral de cláusulas por parte da Administração, com o proporcional aumento da interação entre os parceiros para o delineamento e fixação das cláusulas que integração o contrato, e (v) se institui uma maior interdependência entre as prestações correspondentes ao parceiro público e ao parceiro privado, inclusive com a atribuição de garantias a este último tidas como não-usuais nos contratos tradicionais firmados pela Administração.

Todas essas diferentes perspectivas da atuação negocial levada a cabo em sede administrativa abalam o dogma da verticalização das relações contratuais entre Administração e particular, sinalizando um maior equilíbrio nas posições assumidas por ambas as partes.

Ademais disso, constatada uma evolução no desenvolvimento das relações administrativas em geral (admite-se o contrato, ao lado do ato administrativo, como um "processo próprio do agir da Administração Pública"[50]), parece claro que essa nova forma do agir administrativo resulta na ampliação das bases consensuais naquele campo em que consenso e bilateralidade são elementos indispensáveis à atividade administrativa negocial.

É demasiadamente prematuro firmar posições sobre os câmbios que essas novas perspectivas podem desencadear na teoria geral dos contratos administrativos. No entanto, parece que uma forte linha de transformação reside no (relativo) superamento da premissa

48. Idem, ibidem.

49. A versão final do PL 2.546/2003 relativo à PPP, aprovada pela Câmara dos Deputados, estipula, no § 3º do art. 10, que "o projeto de parceria público-privada será objeto de audiência pública, com antecedência mínima de 30 (trinta) dias da publicação do edital da respectiva licitação, mediante a publicação de aviso na Imprensa Oficial, em jornais de grande circulação e por meio eletrônico, na qual serão informados a justificativa para a contratação, a identificação do objeto, o prazo de duração do contrato e seu valor estimado, fixando-se prazo para oferecimento de sugestões, cujo termo dar-se-á pelo menos com 7 (sete) dias de antecedência da data prevista para a publicação do edital".

50. José Manuel Sérvulo Correia, *Legalidade e Autonomia Contratual nos Contratos Administrativos*, p. 396.

do desnivelamento do particular-contratado em face da Administração-contratante, como elemento de caracterização de todo e qualquer contrato administrativo.

A *nova contratualização administrativa* afina-se com uma construção de grande repercussão mundial na atualidade, a formulação do *Estado do Investimento Social*, de autoria de Anthony Giddens, um dos idealizadores da versão contemporânea da *terceira via*.[51]

Partindo da crise do Estado do Bem-Estar Social, o autor propõe uma nova forma de organização da economia, denominada *economia mista*. Por meio dela buscar-se-ia uma sinergia entre os setores público e privado, com a utilização do dinamismo dos mercados sem perder de vista o interesse público. Afirma que esse modelo econômico "envolve um equilíbrio entre regulação e desregulação, num nível transnacional bem como em níveis nacional e local; e um equilíbrio entre o econômico e o não-econômico na vida da sociedade".[52]

Assim, ajustes que pretendam formalizar parcerias entre os setores público e privado, visando a promover o *desenvolvimento* dos indivíduos, da sociedade e do país, notadamente por meio da melhoria dos serviços públicos de infra-estrutura, devem ser permeados por novos parâmetros e instrumentalizados por meio de novas formas jurídicas.

Há um itinerário obrigatório a ser percorrido pelo ente estatal, mormente em respeito aos valores fundamentais do Estado Brasileiro dispostos no art. 1º da Lei Maior. Isso significa que mesmo diante da escassez de recursos públicos – fato que eventualmente pode ser tido como obstáculo para a efetivação de direitos sociais pela via direta da prestação de serviços públicos – o Estado não pode isentar-se de suas responsabilidades nesse campo.

A ele cumpre levar a cabo uma série de outras ações (*v.g.*, fomento, regulação, incentivo, parcerias), as quais visam a promover esse valores fundamentais. Basicamente, tais medidas ou providências tendem a perseguir o desenvolvimento, o qual tem em seu cerne a *valorização da pessoa humana*.[53]

Estado, Governo e Administração Pública constituem-se, portanto, em intermediadores e promotores constitucionalmente vocacionados do desenvolvimento nacional. Optando pela parceria com a iniciativa privada para atingir esse fim, resta claro que o parceiro privado estará em uma posição distinta das situações ocupadas pelo particular enquanto mero fornecedor de bens e serviços, ou mesmo delegatário para a execução de serviços públicos nos termos e na forma que a Administração determinar.

Nesse sentido, o *vetor da paridade das relações contratuais* em ajustes que visem a atingir tais desideratos parece ser a tônica da nova contratualização administrativa. Essa paridade é manifestada notadamente na fase pré-negocial (negociações preliminares) e na fase de formação dos contratos que correspondam a esse novo perfil, como é o caso da PPP. Também nas fases de execução e extin-

51. Norberto Bobbio explica que o termo procura indicar a "ideologia segundo a qual uma meta, que é o Socialismo, pode e deve ser alcançada através de um método, que é a Democracia" (Norberto Bobbio, "A via democrática", in Norberto Bobbio, *As Ideologias e o Poder em Crise*, 4ª ed., p. 160). Anthony Giddens define a *terceira via* como uma estrutura de pensamento e de prática política que visa a adaptar a Social-Democracia a um mundo que se transformou fundamentalmente ao longo das duas últimas décadas. É uma *terceira via* no sentido de que "é uma tentativa de transcender tanto a Social-Democracia do velho estilo quanto o Neoliberalismo" (Anthony Giddens *A Terceira Via*, p. 36).

52. Anthony Giddens, *A Terceira Via*, p. 110.

53. Romeu Felipe Bacellar Filho ressalta que "os princípios constitucionais possuem marca distintiva, embora atuem conjugadamente, complementando-se, condicionando-se e modificando-se em termos recíprocos. Tudo porque assentam-se em base antropológica comum: a dignidade da pessoa humana" (*Princípios Constitucionais do Processo Administrativo Disciplinar*, 2ª ed., p. 149).

ção desses contratos a tendência – em razão da própria noção de "parceria" – caminha para novas bases consensuais e paritárias, com a possibilidade de redução do feixe de poderes unilaterais pela Administração, até hoje largamente utilizados no transcurso das relações contratuais.

Entretanto, mister é enfatizar que tais considerações não transmudam a PPP em um contrato de direito privado. Longe disso, por ser uma espécie de contrato administrativo, dele farão parte cláusulas que assegurem à Administração exercer sua potestade na proporção necessária ao resguardo dos interesses públicos envolvidos.[54] Mas é justamente a medida, a intensidade e a extensão do exercício dos poderes unilaterais da Administração, no curso da relação contratual, que podem e devem passar por uma filtragem, a partir dos ressaltados aspectos e fundamentos da nova contratualização administrativa.

Trata-se de temática recém-inaugurada no direito administrativo brasileiro, sobre a qual a doutrina certamente ainda irá se debruçar, produzindo estudos mais aprofundados.

Nesta oportunidade será apreciada a utilização do juízo arbitral para a solução de litígios e controvérsias originados de relações jurídicas cujo perfil se amolda à nova contratualização administrativa. Contudo, impõe-se preliminarmente realizar uma síntese da atual disciplina geral da arbitragem no Direito Brasileiro, com destaque para a problemática envolvendo a matéria administrativa.

### *3. A arbitragem no Direito Brasileiro*

Carlos Alberto Carmona conceitua *arbitragem* como "meio alternativo de solução de controvérsias através da intervenção de uma ou mais pessoas que recebem seus poderes de uma convenção privada, decidindo com base nela, sem intervenção estatal, sendo a decisão destinada a assumir a mesma eficácia da sentença judicial".[55]

A Lei federal 9.307/1996 – Lei da Arbitragem (LA) – veicula a disciplina jurídica da matéria no Direito Brasileiro, estabelecendo que por intermédio da *convenção de arbitragem* as partes interessadas poderão submeter a solução de litígios ao *juízo arbitral* (árbitro ou tribunal arbitral).

Tal convenção poderá ser acordada por meio da *cláusula compromissória*, compreendida como a convenção pactuada em cláusula contratual em que as partes "comprometem-se a submeter à arbitragem os litígios que possam vir a surgir, relativamente a tal contrato" (art. 4º da LA). O art. 853 do CC admite que seja ajustada contratualmente a cláusula compromissória, com o intuito de resolver divergências mediante juízo arbitral, na forma da lei especial, ou seja, na forma da LA.

A outra forma de os interessados determinarem a submissão de um litígio à arbitragem é o *compromisso arbitral*, o qual, nos termos do art. 9º da LA, poderá ser judicial ou extrajudicial. O CC estatui, em seu art. 851, que "é admitido compromisso, judicial ou extrajudicial, para resolver litígios entre pessoas que podem contratar".

Em face do art. 1º da LA, a doutrina alude a uma *arbitrabilidade subjetiva* e a uma *arbitrabilidade objetiva*. Assim, somente podem pactuar e se sujeitar a arbitragem as *pessoas capazes de contratar* (*arbi-*

54. Marçal Justen Filho pondera que "o núcleo do direito administrativo não é o poder (e suas conveniências), mas a realização do interesse público – entendido como afirmação da supremacia da dignidade da pessoa humana" ("Conceito de interesse público e a 'personalização' do direito administrativo", *RTDP* 26/129). Sobre a evolução do conceito de *interesse público*, cf. Odete Medauar, *O Direito Administrativo em Evolução*, 2ª ed., pp. 185-194.

55. Carlos Alberto Carmona, *Arbitragem e Processo: um Comentário à Lei 9.307/1996*, 2ª ed., p. 51.

*trabilidade subjetiva*); e somente podem ser submetidas ao juízo arbitral controvérsias atinentes a *direitos patrimoniais disponíveis* (*arbitrabilidade objetiva*).

No que tange à *arbitrabilidade objetiva*, o art. 852 do CC veicula regra similar à do art. 1º da LA, dispondo ser "vedado compromisso para solução de questões de estado, de direito pessoal de família e de outras que não tenham caráter estritamente patrimonial". Reforça a lei civil o caráter de disponibilidade dos direitos como *conditio sine qua non* para que possa ser validamente empregado o método arbitral de solução de litígios, estipulando no art. 841 que "só quanto a direitos patrimoniais de caráter privado se permite a transação".

A LA afastou totalmente a possibilidade da via arbitral para a solução de controvérsias envolvendo direitos indisponíveis, pois em seu art. 25 determina a obrigatoriedade da suspensão do procedimento arbitral para que o Poder Judiciário possa apreciar e decidir acerca de controvérsia sobre direitos indisponíveis, desde que (i) a mesma tenha surgido em seu curso e (ii) constitua questão prejudicial à solução do litígio no juízo arbitral.

Constatando que se encontra superada a discussão sobre a constitucionalidade do procedimento arbitral no Direito Brasileiro,[56] impõe-se examinar as razões que afastariam os litígios envolvendo contratos firmados pela Administração Pública do campo de abrangência do juízo arbitral.

Com relação à *arbitrabilidade subjetiva* parece não haver dúvidas de que o ordenamento genericamente confere ao Estado capacidade para se comprometer e contratar, aptidão que é inferida de sua personalidade jurídica de direito público. As entidades administrativas que integram a organização administrativa em sua feição indireta (*v.g.*, autarquias, empresas públicas etc.) também gozam de capacidade de contratar, como decorrência da personalidade jurídica de que são dotadas.

No âmbito das *relações e dos contratos internacionais* há exemplos da submissão da Estado ao juízo arbitral. Com relação ao Mercado Comum do Sul/Mercosul, em 1991 o *Protocolo de Brasília* estabeleceu o procedimento arbitral como uma das formas de solução das controvérsias que surgirem entre os Estados-Partes sobre a interpretação, a aplicação ou o descumprimento das disposições contidas no Tratado de Assunção, dos acordos celebrados no âmbito do mesmo, bem como das decisões que emanem do Conselho do Mercado Comum (Decreto 922/1993). De outro lado, o Decreto-lei 1.960/1982 preceitua que "fica o Poder Executivo autorizado a contratar ou garantir, em nome da União, sob a forma de fiança, o pagamento das prestações devidas por autarquias, empresas públicas, sociedades de economia mista ou outras entidades controladas, direta ou indiretamente, pela União ou Estado Federado, em decorrência de operações de arrendamento mercantil, com opção de compra, ajustadas com entidades ou empresas sediadas no exterior" (art. 1º). O art. 2º desse diploma normativo admite, em seu inciso V, a inclusão nesses contratos de cláusula que estipule que os litígios deles decorrentes poderão ser resolvidos "perante o foro brasileiro ou submetidos à arbitragem".

Ora, se isso ocorre no campo das relações internacionais, parece correto afirmar que aparentemente não haveria qualquer entrave para que, sob o ponto de vista subjetivo, o Estado pudesse firmar convenção de arbitragem e se sujeitar ao juízo arbitral para que controvérsias de cunho contratual fossem nessa via solucionadas.

Apreciando o desenvolvimento da arbitragem na França, Apostolos Patrikios destaca a aceitação da arbitragem em matéria administrativa internacional. Todavia, enfatiza que, no que diz respeito à sua aplicação nos litígios internos, "seria legítimo defender

56. STF, SE 5.206-7, rel. Min. Sepúlveda Pertence, j. 12.12.2001.

uma extensão do campo da arbitragem, mas não a sua generalização É a natureza do próprio direito administrativo que se opõe à evolução desse instituto".[57]

Portanto, é na seara da *arbitrabilidade objetiva* que reside o argumento ainda encarado como sendo o mais desfavorável à admissão do meio arbitral como forma de resolução de conflitos envolvendo contratos firmados pela Administração Pública. Trata-se da *indisponibilidade do interesse público*, entendida como a viga-mestra do regime jurídico-administrativo.

Em virtude dessa impossibilidade de dispor do interesse público, há quem afirme que todos os interesses e direitos integrantes do conteúdo das relações contratuais firmadas no setor público seriam *indisponíveis*, tornando impossível a eleição da via arbitral para a solução dos litígios envolvendo questões contratuais.

Carlos Alberto Carmona afirma que são arbitráveis "as causas que tratem de matérias a respeito das quais o Estado não crie reserva específica por conta do resguardo dos interesses fundamentais da coletividade, e desde que as partes possam livremente dispor acerca do bem sobre que controvertem".[58]

A sinalização apontada pelo autor merece ser observada.

Como bem aponta Eros Roberto Grau, "não há qualquer correlação entre disponibilidade ou indisponibilidade de direitos patrimoniais e disponibilidade ou indisponibilidade do interesse público".[59] Diante da clareza e do acerto das afirmações, cumpre transcrever os ensinamentos do Ministro do STF: "Dispor de direitos patrimoniais é transferi-los a terceiros. Disponíveis são os direitos patrimoniais que podem ser alienados. A Administração, para a realização do interesse público, pratica atos, da mais variada ordem, dispondo de determinados direitos patrimoniais, ainda que não possa fazê-lo em relação a outros deles. Por exemplo, não pode dispor dos direitos patrimoniais que detém sobre os bens públicos de uso comum. Mas é certo que inúmeras vezes deve dispor de direitos patrimoniais, sem que com isso esteja a dispor do interesse público, porque a realização deste último é alcançada mediante a disposição daqueles (...). *Daí por que, sempre que puder contratar, o que importa disponibilidade de direitos patrimoniais, poderá a Administração, sem que isso importe disposição do interesse público, convencionar cláusula de arbitragem*"[60] (sem grifos no original).

No mesma sentido, Caio Tácito: "Na medida em que é permitido à Administração Pública, em seus diversos órgãos e organizações, pactuar relações com terceiros, especialmente mediante a estipulação de cláusulas financeiras, a solução amigável é fórmula substitutiva do dever primário de cumprimento da obrigação assumida. Assim como é lícita, nos termos do contrato, a execução espontânea da obrigação, a negociação – e, por via de conseqüência, a convenção de arbitragem – será meio adequado de tornar efetivo o cumprimento obrigacional quando compatível com a disponibilidade de bens. *Em suma, nem todos os contratos administrativos envolvem, necessariamente, direitos indisponíveis da Administração*"[61] (sem grifos no original).

Diogo de Figueiredo Moreira Neto afirma que "são disponíveis (...) todos os interesses e os direitos deles derivados que tenham expressão patrimonial, ou seja, que possam ser quantificados monetariamente, e estejam

57. Apostolos Patrikios, *L'Arbitrage en Matière Administrative*, p. 156.

58. Carlos Alberto Carmona, *Arbitragem e Processo: um Comentário à Lei 9.307/1996*, 2ª ed., p. 56.

59. Eros Roberto Grau, "Arbitragem e contrato administrativo", *RTDP* 32/20.

60. Idem, ibidem.

61. Caio Tácito, "Arbitragem nos litígios administrativos", *RDA* 210/114.

no comércio, e que são, por esse motivo e normalmente, objeto de contratação (...)".[62]

Ora, sendo o contrato administrativo um processo próprio do agir administrativo, parece claro que a admissão, no ordenamento pátrio, da possibilidade de a Administração contratar implica conferir-lhe o direito de certa margem de negociação e disposição sobre determinados interesses, bens e direitos. É óbvio que tanto essa negociação quanto essa disposição se encontram regidas, condicionadas, pelo regime jurídico-administrativo brasileiro.

No entanto, havendo uma previsão legal (genérica que seja) acerca da afetação de bens ou inalienabilidade de bens e direitos por parte da Administração, tais bens e direitos não poderão constituir-se em objeto de acordos ou contratos administrativos que visem à sua total disposição.[63]

E aqui está o ponto crucial da problemática que envolve o tema da arbitragem nos contratos firmados pela Administração Pública. Cumpre, acima de tudo, indagar sobre quais interesses, bens e direitos são passíveis de ser objeto de uma negociação, de um contrato firmado pela Administração. Havendo vedação legal para a negociação ou para a contratação, acordos ou contratos eventualmente firmados a despeito dessa proibição serão nulos de pleno direito.

Por isso não há que se cogitar de *transação*, e muito menos de *arbitragem* (a qual não prescinde de uma prévia relação jurídica contratual), nos casos em que o ordenamento prive a Administração de dispor sobre interesses, bens e direitos.

Apreciando a transação e sua admissibilidade no direito público, Allan R. Brewer-Carías aduz que por meio dela são realizados sacrifícios, renúncias e disposições (ainda que parciais) sobre as pretensões das partes, ou seja, *recíprocas concessões*.[64]

Segundo o autor, haveria hipóteses em que não seria permitido à Administração Pública transigir. Aduz que, "nas transações celebradas, um ente público não pode renunciar nem afastar as normas de ordem pública",[65] como é o caso daquelas que fixam ou atribuem competências de caráter fiscal, ou seja, referentes à gestão econômico-financeira ou econômico-fiscal do Estado. Também as competências vinculadas dos órgãos e entidades administrativas – as quais traduzem uma competência obrigatória para a ação administrativa – não podem ser objeto de transação.[66] Conclui Allan R. Brewer-Carías que, embora a possibilidade de transação seja mais reduzida em matéria de direito público, ela somente poderá ter lugar "em relação ao exercício de faculdades discricionais da Administração – as quais dependem de sua livre apreciação da oportunidade e conveniência –, e nunca em relação ao exercício de faculdades vinculadas, regradas ou obrigatórias".[67]

Assim, concorda-se com Caio Tácito, para quem não devem ser afastados os benefícios da transação "quando a natureza da obrigação de conteúdo mercantil, a ser cumprida pelo órgão público, possibilita que ao acordo de vontade, fruto do vínculo bilateral, possa igualmente suceder o procedimento amigável como dirimente de eventual discrepância no entendimento da latitude da obrigação do administrador".[68]

Carlos E. Delpiazzo defende que a admissão da arbitragem não implica comprometer o interesse público, nem em sua supe-

62. Diogo de Figueiredo Moreira Neto, "Arbitragem nos contratos administrativos", *RDA* 209/85.

63. Mas há hipóteses legais que autorizam cessões e permissões de uso de bens públicos, que constituem atos administrativos negociais, e não contratos administrativos, regulados pelo Decreto-lei 9.760/1946 e pela Lei federal 9.636/1998.

64. Allan R. Brewer-Carías, *Contratos Administrativos*, p. 266.

65. Idem, p. 268.

66. Idem, ibidem.

67. Idem, p. 269.

68. Caio Tácito, "Arbitragem nos litígios administrativos", *RDA* 210/115.

rioridade frente aos interesses particulares, nem em relação à sua indisponibilidade. Para o autor, "pactuar a cláusula compromissória não significa contrariar o interesse público quando o ordenamento, implícita ou explicitamente, atribui competência a uma entidade pública para firmar tal compromisso".[69]

Assim, a indisponibilidade do interesse público há de ser assimilada nos termos acima apresentados, o que permite firmar entendimento favorável à arbitragem (e à transação) em matéria administrativa.

Aliás, insta fazer menção a dois importantes precedentes do STF. O primeiro é conhecido como "caso Lage", em que o Excelso Pretório firmou entendimento segundo o qual seria possível à União firmar compromisso arbitral.[70] O outro julgado, bem mais recente que o anterior, refere-se ao litígio envolvendo sentença homologatória de transação celebrada entre um Município e servidores municipais, em que o Excelso Pretório decidiu que "há casos em que o princípio da indisponibilidade do interesse público deve ser atenuado, mormente quando se tem em vista que a solução adotada pela Administração é a que melhor atenderá à ultimação deste interesse".[71]

Inclusive, não podem ser desprezados os casos em que a legislação reconhece a possibilidade de serem realizados acordos ou transações para a resolução de litígios judiciais envolvendo interesses dos entes políticos e administrativos. A Lei federal 9.469/1997, à guisa de exemplo, faculta ao Advogado-Geral da União e aos dirigentes máximos das autarquias, das fundações e das empresas públicas federais autorizar tais acordos e transações nas causas de valor até R$ 50.000,00, abrindo espaço (embora com condições específicas) para estender tal possibilidade a causas que versem sobre valores superiores ao assinalado.

Firmado entendimento favorável à arbitragem em matéria administrativa, passa-se à conciliação do instituto com os contratos firmados pela Administração, com especial enfoque nas legislações estaduais específicas sobre as PPPs, apresentando de que modo o tema da arbitragem foi recepcionado e desenvolvido por tais diplomas normativos.

## *4. Conciliando a arbitragem com as PPPs*

No campo das relações do Mercosul, do art. 18 do *Protocolo de Las Leñas* (no qual os Estados comprometem-se a prestar assistência mútua e ampla cooperação jurisdicional em matéria civil, comercial, trabalhista e administrativa) depreende-se o reconhecimento (ou ao menos a possibilidade) de que sentenças e laudos arbitrais pronunciados nas jurisdições dos Estados-Partes podem ter por objeto matéria administrativa.[72]

Com efeito, a partir das âncoras lançadas nos itens precedentes, parece não existir dúvida sobre a possibilidade do recurso à arbitragem para a solução de litígios envolvendo relações contratuais das quais a Administração seja parte. E a legislação parece sinalizar nesse sentido.

A Lei federal 10.433/2002 explicitamente estipula que os agentes integrantes do Mercado Atacadista de Energia Elétrica/MAE – entidade privada, sem fins lucrativos, constituída com a finalidade de viabilizar as transações de compra e venda de energia elétrica nos sistemas interligados – poderão socorrer-se do juízo arbitral para a solução

69. Carlos E. Delpiazzo, "El arbitraje en la contratación administrativa en el ámbito del Mercosur", *Revista de Direito Administrativo & Constitucional* 4/38.

70. STF, AI 52.181, rel. Min. Bilac Pinto, j. 14.11.1973 (*RTJ* 68/392).

71. STF, RE 253.885-0, rela. Min. Ellen Gracie, j. 4.6.2002 (*DJU* 21.6.2002).

72. Sobre *Mercosul e direito comunitário*, cf. Romeu Felipe Bacellar Filho, "O Mercosul e a importância do direito comunitário emergente", *RDA* 210/117-122.

de divergências acerca de direitos relativos a créditos e débitos decorrentes das operações realizadas nesse âmbito (qualificados como direitos disponíveis – § 5º do art. 2º). O § 4º do art. 2º dessa lei autoriza as empresas públicas e sociedades de economia mista, suas subsidiárias ou controladas, titulares de concessão, permissão e autorização, a aderir ao MAE e se utilizar da convenção de arbitragem referida no parágrafo antecedente do mesmo artigo da lei.

Embora admitindo o emprego do juízo arbitral em matéria de contratos administrativos, maciço número de doutrinadores entende ser absolutamente necessário haver uma expressa autorização legislativa para a submissão das controvérsias de cunho contratual a essa espécie alternativa de solução de conflitos. Tal entendimento é assumido em vista da exigência legal, como cláusula necessária dos contratos administrativos (mesmo aqueles de feição privada), da previsão de que o foro competente para dirimir qualquer questão contratual será – salvo o disposto no § 6º do art. 32 da Lei federal 8.666/1993 – o foro da sede da Administração (§ 2º do art. 55, c/c o § 3º do art. 62, todos da Lei federal 8.666/1993).

Por outro lado, há entendimento jurisprudencial favorável à arbitragem – não exigindo, portanto, previsão expressão de autorização nesse sentido – baseado em interpretação do art. 54 da Lei federal 8.666/1993, que determina a aplicação supletiva dos princípios da teoria geral dos contratos e as disposições de direito privado aos contratos administrativos.[73] E, no caso dos contratos submetidos ao regramento especial da Lei federal 8.987/1995, o inciso XV do art. 23 ("modo amigável de solução das divergências contratuais" como cláusula necessária) abriria campo para a utilização da arbitragem.

No entanto, sustenta-se neste trabalho não haver obrigatoriedade da expressa autorização legal para a utilização do juízo arbitral pela Administração.

Em *primeiro lugar*, a LA é uma lei geral, e não diz respeito a contratos privados ou a contratos públicos, pois dispõe, em seu art. 1º, que "as pessoas capazes de contratar poderão valer-se da arbitragem para dirimir litígios relativos a direitos patrimoniais disponíveis". Assim, comprovadas a capacidade de contratar e a disponibilidade dos direitos patrimoniais, aberta estará a porta para a utilização da via arbitral. Isso afastaria argumentos que procuram atrair para o campo da arbitragem tão-somente os contratos firmados pelas empresas estatais, sob o fundamento de que o inciso III do § 1º do art. 173 da Lei Maior determina "a sujeição ao regime jurídico próprio das empresas privadas (...)". Tais argumentos partem de premissa equivocada, pois consideram a arbitragem um mecanismo típico de solução de controvérsias que envolvem interesses eminentemente privados, e por isso devem ser afastados.

Em *segundo lugar*, o que realmente deve ser apreciado nessa temática é a natureza dos interesses, bens e direitos relativos ao contrato firmado pela Administração. Permitida sua configuração como objeto de contrato a ser firmado pela Administração – objeto lícito e possível, reitere-se –, haverá espaço para a eleição do juízo arbitral. Questões envolvendo a Administração como locatária, adquirente de bens e serviços em geral, ou seja, contratos de nítida feição privatística, podem prever em seus instrumentos a convenção arbitral O que deve ser apreciado é a ocorrência, ou não, de vedação legal, como acontece no art. 59 do Decreto-lei 960/1938, o qual estipula que "a cobrança judicial da dívida ativa da Fazenda não poderá ser submetida a juízo arbitral". Ou a referente ao § 2º do art. 1º da Lei federal 9.469/1997, que afasta a possibilidade de transação judicial nas causas relativas ao patrimônio imobiliário da União.

Em *terceiro lugar*, prever-se legislativamente a competência do foro da sede da Administração como aquele que irá dirimir

73. TJDF, MS 1998 00 2 003066-9, rela. Des. Nancy Andrighi, j. 18.5.1999.

as controvérsias relativas ao contrato não significa a obrigatoriedade de submissão desses litígios unicamente ao Poder Judiciário, pois em verdade trata-se de uma questão de foro de eleição ou foro contratual. Concorda-se com Carlos Alberto Carmona, para quem "elegendo as partes foro no contrato (...) estarão apenas determinando que o eventual concurso do juiz togado para a realização de atos para os quais o árbitro não tenham competência (atos que impliquem a utilização de coerção, execução da sentença arbitral, execução de medidas cautelares) sejam realizados na comarca escolhida".[74]

Em *quarto lugar*, a arbitragem não é um método amigável de solução de litígios, e sim, notadamente diante do art. 31 da LA,[75] uma solução criada pelo legislador como alternativa à solução jurisdicional, e por ele equiparada a esta. Por isso, a rigor, o inciso XV do art. 23 da Lei federal 8.987/1995 não se refere à arbitragem quando alude a "modo amigável de solução das divergências contratuais". Isso reforça a tese aqui defendida, de que não há necessidade de expressa (ainda que genérica) autorização legislativa para a arbitragem ser uma possibilidade nos contratos administrativos. Essa autorização é geral, e, conforme foi ressaltado, encontra-se no art. 1º da LA.

No entanto, cabem ainda algumas considerações voltadas à necessidade de compatibilização do procedimento arbitral previsto na LA às peculiaridades dos contratos firmados pela Administração.

Em *primeiro lugar*, a possibilidade de as partes optarem pela via arbitral há de estar prevista explicitamente no edital de licitação e obedecer rigorosamente ao previsto no § 2º do art. 4º da LA, pois os contratos administrativos são autênticos contratos de adesão.

Em *segundo lugar*, jamais um pacto de arbitragem firmado pela Administração poderá expressar preferência ou opção por critérios alternativos ao critério de direito. Os contratos administrativos regem-se pela legislação especial que os disciplina, não podendo haver decisões tomadas com base na eqüidade, por exemplo, ou quaisquer outros critérios previstos no art. 2º da LA (além do critério do direito), o que afrontaria o art. 37 da Constituição da República.

Em *terceiro lugar* (embora tal princípio ou atributo não conste expressamente na LA), do § 6º da art. 13 da LA pode-se inferir que o procedimento arbitral deverá desenvolver-se em caráter de sigilo ou confidencialidade entre as partes Ora, em face do princípio da publicidade, previsto em sede constitucional, não é admitida qualquer forma de segredo no trato dos assuntos públicos A exceção residiria nos contratos denominados *sigilosos*, nos termos da Lei federal 8.159/1991 e dos arts. 59 e 60 do Decreto 4.553/2002. Aliás, aqui poderia ser incentivada a possibilidade da utilização do juízo arbitral para a solução de litígios que envolvam esses contratos, pois em jogo estariam informações e dados cujo conhecimento irrestrito ou divulgação poderiam acarretar risco à segurança da sociedade e do Estado.

Em face do exposto, inclina-se para a necessidade de serem realizados ajustes na LA com relação às controvérsias que digam respeito a contratos administrativos. Na própria LA poderia ser previsto um *procedimento especial de arbitragem* quando os litígios a serem submetidos ao juízo arbitral envolvessem objetos típicos de contratos firmados pela Administração.

Finalmente, em relação à *nova contratualização administrativa*, diante das peculiaridades apontadas nos itens 1, 2 e 3, supra – mormente a ampliação das bases de

74. Carlos Alberto Carmona, *Arbitragem e Processo: um Comentário à Lei 9.307/1996*, 2ª ed., pp. 64-65.

75. "A sentença arbitral produz entre as partes e seus sucessores os mesmos efeitos da sentença proferida pelos órgão do Poder Judiciário e, sendo condenatória, constitui título executivo." Cf. Carlos Alberto Carmona, *Arbitragem e Processo: um Comentário à Lei 9.307/1996*, 2ª ed., p. 45.

negociação e um maior equilíbrio entre as posições ocupadas pelo parceiro público e pelo parceiro privado –, a legislação federal e estadual ora existente sobre as PPPs prevê o recurso ao juízo arbitral para a solução de controvérsias.

Nos termos do art. 2º da Lei federal 11.079/2004, "parceria público-privada é o contrato administrativo de concessão, na modalidade patrocinada ou administrativa". A *concessão patrocinada* é a concessão de serviços públicos ou de obras públicas de que trata a Lei 8.987, de 13.2.1995, quando envolver, adicionalmente à tarifa cobrada dos usuários, contraprestação pecuniária do parceiro público ao parceiro privado (§ 1º do art. 2º). De outro lado, *concessão administrativa* é o contrato de prestação de serviços de que a Administração Pública seja a usuária direta ou indireta, ainda que envolva execução de obra ou fornecimento e instalação de bens (§ 2º do art. 2º).

Segundo o art. 4º da Lei federal 11.079/2004, "na contratação de parceria público-privada serão observadas as seguintes diretrizes: I – eficiência no cumprimento das missões de Estado e no emprego dos recursos da sociedade; II – respeito aos interesses e direitos dos destinatários dos serviços e dos entes privados incumbidos da sua execução; III – indelegabilidade das funções de regulação, jurisdicional, do exercício do poder de polícia e de outras atividades exclusivas do Estado; IV – responsabilidade fiscal na celebração e execução das parcerias; V – transparência dos procedimentos e das decisões; VI – repartição objetiva de riscos entre as partes; VII – sustentabilidade financeira e vantagens sócio-econômicas dos projetos de parceria".

Por seu turno, o art. 5º da Lei federal 11.079/2004 dispõe que "as cláusulas dos contratas de parceria público-privada atenderão ao disposto no art. 23 da Lei n. 8.987, de 13 de fevereiro de 1995, no que couber, devendo também prever: I – o prazo de vigência do contrato, compatível com a amortização dos investimentos realizados, não inferior a 5 (cinco), nem superior a 35 (trinta e cinco) anos, incluindo eventual prorrogação; II – as penalidades aplicáveis à Administração Pública e ao parceiro privado em caso de inadimplemento contratual, fixadas sempre de forma proporcional à gravidade da falta cometida, e às obrigações assumidas; III – a repartição de riscos entre as partes, inclusive os referentes a caso fortuito, força maior, fato do príncipe e álea econômica extraordinária; IV – as formas de remuneração e de atualização dos valores contratuais; V – os mecanismos para a preservação da atualidade da prestação dos serviços; VI – os fatos que caracterizem a inadimplência pecuniária do parceiro público, os modos e o prazo de regularização e, quando houver, a forma de acionamento da garantia; VII – os critérios objetivos de avaliação do desempenho do parceiro privado; VIII – a prestação, pelo parceiro privado, de garantias de execução suficientes e compatíveis com os ônus e riscos envolvidos, observado os limites dos §§ 3º e 5º do art. 56 da Lei n. 8.666, de 21 de junho de 1993, e, no que se refere às concessões patrocinadas, o disposto no inciso XV do art. 18 da Lei n. 8.987, de 13 de fevereiro de 1995; IX – o compartilhamento com a Administração Pública de ganhos econômicos efetivos do parceiro privado decorrentes da redução do risco de crédito dos financiamentos utilizados pelo parceiro privado; X – a realização de vistoria dos bens reversíveis, podendo o parceiro público reter os pagamentos ao parceiro privado, no valor necessário para reparar as irregularidades eventualmente detectadas".

Especialmente no que diz respeito à arbitragem, a Lei federal 11.079/2004 estipula, em seu art. 11: "Art. 11. O instrumento convocatório conterá minuta do contrato, indicará expressamente a submissão da licitação às normas desta Lei e observará, no que couber, os §§ 3º e 4º do art. 15, os arts. 18, 19 e 21 da Lei n. 8.987, de 13 de fevereiro de 1995, podendo ainda prever: I – exigência de garantia de proposta do licitante, observado o limite do inciso III do art. 31 da Lei n. 8.666, de 21 de junho de 1993; II – *(vetado)*; III – *o emprego dos mecanismos privados de resolução de disputas, inclusive a arbitragem, a ser realizada no Brasil e em língua portuguesa, nos termos da Lei n. 9.307, de 23 de setembro de 1996, para dirimir conflitos decorrentes ou relacionados ao contrato*" (sem grifos no original).

A *lei mineira de PPP* estabelece:

"Art. 13. Os instrumentos de parceria público-privada previstos no art. 11 desta Lei poderão estabelecer mecanismos amigáveis de solução de divergências contratuais, inclusive por meio de arbitragem.

"§ 1º. Na hipótese de arbitragem, os árbitros serão escolhidos dentre pessoas naturais de reconhecida idoneidade e conhecimento da matéria, devendo o procedimento ser realizado de conformidade com regras de arbitragem de órgão arbitral institucional ou entidade especializada.

"§ 2º. A arbitragem terá lugar na Capital do Estado, em cujo foro serão ajuizadas, se for o caso, as ações necessárias para assegurar a sua realização e a execução da sentença arbitral."

Por sua vez, a *lei catarinense* estipula, na alínea "e" do inciso III do art. 10, que "a contratação de parceria público-privada deve ser precedida de licitação na modalidade de concorrência, observado o seguinte: (...) III – no edital de licitação, poderá se exigir: (...) e) facultar a adoção da arbitragem para solução dos conflitos decorrentes da execução do contrato".

Na *lei paulista* consta que "os instrumentos de parcerias público-privadas poderão prever mecanismos amigáveis de solução das divergências contratuais, inclusive por meio de arbitragem, nos termos da legislação em vigor" (art. 11).

Por seu turno, o art. 15 da *lei goiana* determina que "os instrumentos de parcerias público-privadas poderão prever, nos termos da legislação em vigor, mecanismos amigáveis de solução das divergências contratuais, inclusive por meio de arbitragem, na qual os árbitros deverão ser escolhidos dentre os vinculados às instituições especializadas na matéria e de reconhecida idoneidade". O parágrafo único desse artigo estipula que "a arbitragem terá lugar na Capital do Estado, em cujo foro serão ajuizadas, se for o caso, as ações necessárias para assegurar a sua realização e execução da sentença arbitral".

## *5. Considerações finais*

A expansão do consensualismo na Administração Pública vem acarretando a restrição de medidas de cunho unilateral e impositivo a determinadas áreas da ação administrativa. Isso provoca o florescimento da denominada *Administração consensual* e a mudança de eixo do direito administrativo, que passa a ser orientado pela *lógica da autoridade* permanentemente flexionada pela *lógica do consenso*.

*Ato administrativo* e *contrato administrativo*, portanto, são encarados como *formas jurídicas adotadas pela Administração Pública para a consecução de suas tarefas*, e passam a ser regidos por uma lógica similar, mais voltada à busca do consenso.

De outro lado, a aproximação do regime de direito público e do regime de direito privado, apontada como uma linha de transformação do direito administrativo contemporâneo, surte efeitos na tratativa principiológica, dogmática e legislativa correspondente aos contratos firmados pela Administração Pública, suscitando a reavaliação dos institutos e procedimentos existentes.

Tais mudanças levam à reformulação da tradicional abordagem dos procedimentos pré-negociais e negociais observados pela Administração, com maior abertura para o diálogo acerca das cláusulas que irão reger a relação jurídica a ser instaurada pela via da ajuste.

Em franco desenvolvimento encontra-se a *nova contratualização administrativa*, a qual se desenvolve em bases negociais mais amplas se comparadas aos modelos contratuais tradicionais, parecendo sinalizar (i) para uma maior paridade entre Administração e particular e (ii) uma reforçada interdependência entre as prestações a cargo de ambas as partes. Daí aludir-se à expressão "Administração Pública paritária" para caracterizar uma forma de administrar fundada no consenso, em módulos negociais, originando relações jurídicas que tendem a considerar Administração e particulares em uma situação mais próxima à horizontalidade, em que o ordenamento confere a ambos um tratamento mais isonômico.

Mesmo nos contratos qualificados como tradicionais essas transformações podem ser visualizadas.

Exemplificando, a inoponibilidade da exceção do contrato não cumprido em sede de contratos administrativos vem sofrendo abrandamentos em seu significado e extensão, levando autores como Romeu Felipe Bacellar Filho a afirmar que "mesmo a continuidade do serviço público não poderia justificar a ruína do particular, valendo a aplicação da *exceptio non adimpleti contractus* sempre que se caracterize, na caso concreto, situação de (razoável) impedimento da execução contratual pelo particular, detectado com base num juízo de razoabilidade radicado na valor *justiça*".[76]

No que tange à arbitragem, aliado à superação dos argumentos desfavoráveis comumente arrolados encontra-se o fato de que o aparecimento de novas formas de contratualização administrativa vem produzindo câmbios acentuados nos entendimentos até então arraigados na doutrina e na jurisprudência, que procuravam afastar a utilização do juízo arbitral para o deslinde de controvérsias envolvendo contratos administrativos.

As PPPS encaixam-se nessa nova fase da contratualização administrativa, e o novel arsenal legislativo a elas correspondente deve refletir o desenvolvimento da atividade negocial administrativa, com a admissão do juízo arbitral para a solução dos litígios relacionados à relação jurídica instaurada entre o parceiro público e o parceiro privado.

Entretanto, diante das especificidades inerentes ao objeto público das PPPs, há a necessidade de serem realizados ajustes na atual legislação brasileira da arbitragem, com a criação de um procedimento arbitral especial, necessário para conferir maior proteção aos interesses da coletividade presentes nessa especial relação de natureza contratual.

76. Romeu Felipe Bacellar Filho, "Contrato administrativo", in Romeu Felipe Bacellar Filho e outros (coords.), *Direito Administrativo Contemporâneo: Estudos em Memória do Professor Manoel de Oliveira Franco Sobrinho*, p. 320. No mesmo sentido: Odete Medauar, *O Direito Administrativo em Evolução*, 2ª ed., p. 209.

## *Bibliografia*

AICARDI, Nicola. "La disciplina generale e i principi degli accordi amministrativi: fondamento e caratteri". *Rivista Trimestrale di Diritto Pubblico* 1/1-59. Ano 47. Roma, 1997.

ALBERTI, Piergiorgio, e outros (orgs.). *Lezioni sul Procedimento Amministrativo*. 2ª ed. Turim, G. Giappichelli, 1995.

ALMEIDA, Ricardo Ramalho. *Arbitragem Interna e Internacional: Questões de Doutrina e Prática*. Rio de Janeiro, Renovar, 2003.

ÁNGEL BERÇAITZ, Miguel. *Teoría General de los Contratos Administrativos*. 2ª ed. Buenos Aires, Depalma, 1980.

ARIÑO ORTIZ, Gaspar. "El retorno a lo privado: ante una nueva encrucijada histórica. Tiempo". In: ARIÑO ORTIZ, Gaspar (org.). *Privatización y Liberalización de Servicios*. Madri, Universidad Autónoma de Madrid, 1999 (pp. 19-35).

BACELLAR FILHO, Romeu Felipe. "Contrato administrativo". In: BACELLAR FILHO, Romeu Felipe, e outros (coords.). *Direito Administrativo Contemporâneo: Estudos em Memória do Professor Manoel de Oliveira Franco Sobrinho*. Belo Horizonte, Forum, 2004 (pp. 307-326).

————. "O Mercosul e a importância do direito comunitário emergente". *RDA* 210/117-122. Rio de Janeiro, outubro-dezembro/1997.

————. *Princípios Constitucionais do Processo Administrativo Disciplinar*. 2ª ed. São Paulo, Max Limonad, 2003.

BANDEIRA DE MELLO, Celso Antônio. *Curso de Direito Administrativo*. 15ª ed. São Paulo, Malheiros Editores, 2003.

BARBAGALLO, Giuseppe, e outros (orgs.). *Gli Accordi fra Privati e Pubblica Amministrazione e la Disciplina Generale del Contratto*. Nápoles, Edizioni Scientifiche Italiane, 1995.

BARBOSA, Joaquim Simões, e SOUZA, Carlos Affonso Pereira de. "Arbitragem nos contratos administrativos: panorama de uma discussão a ser resolvida". In: ALMEIDA, Ricardo Ramalho. *Arbitragem Interna e Internacional: Questões de Doutrina e Prática*. Rio de Janeiro, Renovar, 2003 (pp. 267-291).

BOBBIO, Norberto. "A via democrática". In: BOBBIO, Norberto. *As Ideologias e o Poder em Crise*. 4ª ed. Brasília, UnB, 1999 (pp. 160-164).

BREWER-CARÍAS, Allan R. *Contratos Administrativos*. Caracas, Editorial Jurídica Venezolana, 1992.

CARMONA, Carlos Alberto. *Arbitragem e Processo: um Comentário à Lei 9.307/1996*. 2ª ed. São Paulo, Atlas, 2004.

CASSESE, Sabino. "La arena pública: nuevos paradigmas para el Estado". In: CASSESE, Sabino. *La Crisis del Estado*. Buenos Aires, Abeledo-Perrot, 2003 (pp. 101-160).

————. *Las Bases del Derecho Administrativo*. Madri, Instituto Nacional de Administración Pública, 1994.

CHATELUS, Gautier, e PERROT, Jean-Yves (dirs.). *Financiamento das Infra-Estruturas e dos Serviços Coletivos: o Recurso à Parceria Público-Privada. Os Exemplos da Experiência Francesa no Mundo*. Paris, DAEI, 1994.

CORREIA, José Manuel Sérvulo. *Legalidade e Autonomia Contratual nos Contratos Administrativos*. Coimbra, Livraria Almedina, 1987.

COUTO E SILVA, Almiro do. "Os indivíduos e o Estado na realização de tarefas públicas". *RDA* 209/43-70. Rio de Janeiro, julho-setembro/1997.

DALLARI, Adilson Abreu. "Arbitragem na concessão de serviço público". *Revista de Informação Legislativa* 128/63-67. Ano 32. Outubro-dezembro/1995.

DAMIANI, Ernesto Sticchi. *Attività Amministrativa Consensuale e Accordi di Programma*. Milão, Dott. A. Giuffrè Editore, 1992.

DELPIAZZO, Carlos E. "El arbitraje en la contratación administrativa en el ámbito del Mercosur". *Revista de Direito Administrativo & Constitucional* 4/33-44. Curitiba, 2000.

DI PIETRO, Maria Sylvia Zanella. *Parcerias na Administração Pública: Concessão, Permissão, Franquia, Terceirização e Outras Formas*. 4ª ed. São Paulo, Atlas, 2002.

ESCOLA, Héctor Jorge. *El Interés Público como Fundamento del Derecho Administrativo*. Buenos Aires, Depalma, 1989.

ESTORNINHO, Maria João. *A Fuga para o Direito Privado*. Coimbra, Livraria Almedina, 1996.

————. *Réquiem pelo Contrato Administrativo*. Coimbra, Livraria Almedina, 1990.

FAGUNDES, Maria Aparecida de Almeida Pinto S. "Parcerias em projetos de infra-estrutura". *RDA* 233/419-429. Rio de Janeiro, julho-setembro/2003.

FERNÁNDEZ, Tomás-Ramón, e GARCÍA DE ENTERRÍA, Eduardo. *Curso de Derecho Administrativo*. 9ª ed., vol. 1. Madri, Civitas, 1999; 6ª ed., vol. 2. Madri, Civitas, 1999.

GARCIA, Ailton Stropa. "A arbitragem no direito econômico nacional e internacional". *Revista de Direito Constitucional e Internacional* 33/28-45. Ano 8. São Paulo, outubro-dezembro/2000.

GARCÍA DE ENTERRÍA, Eduardo, e FERNÁNDEZ, Tomás-Ramón. *Curso de Derecho Administrativo*. 9ª ed., vol. 1. Madri, Civitas, 1999; 6ª ed., vol. 2. Madri, Civitas, 1999.

GAUDIN, Jean-Pierre. *Gouverner par Contrat: l'Action Public em Question*. Paris, Presses de Sciences Politiques, 1999.

GIANNINI, Massimo Severo. *Premisas Sociológicas e Históricas del Derecho Administrativo*. Madri, Instituto Nacional de Administración Pública, 1987.

GIDDENS, Anthony. *A Terceira Via*. Rio de Janeiro, Record, 2000.

GONÇALVES, Pedro. *O Contrato Administrativo*. Coimbra, Livraria Almedina, 2003.

GRAU, Eros Roberto. "Arbitragem e contrato administrativo". *RTDP* 32/14-20. São Paulo, Malheiros Editores, 2000.

GRINOVER, Ada Pellegrini. "Arbitragem e prestação de serviços públicos". *RDA* 233/377-385. Rio de Janeiro, julho-setembro/2003.

GUERREIRO, José Alexandre Tavares. "Arbitragem nos contratos com o Estado: Direito Brasileiro e Direito Comparado". *Seminário Internacional sobre Direito Arbitral* 1. Belo Horizonte, Câmara de Arbitragem de Minas Gerais, 2003 (Trabalhos apresentados, pp. 294-304).

JUSTEN FILHO, Marçal. "As diversas configurações da concessão de serviço público". *Revista de Direito Público da Economia* 1/95-136. Ano 1. Belo Horizonte, janeiro-março/2003.

———. "Conceito de interesse público e a 'personalização' do direito administrativo". *RTDP* 26/115-136. São Paulo, Malheiros Editores, 1999.

———. *Teoria Geral das Concessões de Serviço Público*. São Paulo, Dialética, 2003.

LAUBADÈRE, André de. "Administration et contrat". In: LAUBADÈRE, André de, e outros. *Pages de Doctrine*. vol. 2. Paris, LGDJ, 1980 (pp. 239-252).

———, e outros. *Traité des Contrats Administratifs*. vol. 1. Paris, LGDJ, 1983.

LIMA, Cláudio Vianna de. "A Lei de Arbitragem e o art. 23, XV, da Lei de Concessões". *RDA* 209/91-104. Rio de Janeiro, julho-setembro/1997.

LOPES, Carlos Thomas G. *Planejamento, Estado e Crescimento*. São Paulo, Pioneira, 1989.

MASUCCI, Alfonso. *Trasformazione dell'Amministrazione e Moduli Convenzionali: il Contratto di Diritto Pubblico*. Nápoles, Jovene, 1988.

MATTOS, Mauro Roberto Gomes. "Contrato administrativo e a Lei de Arbitragem". *RDA* 223/115-131. Rio de Janeiro, janeiro-março/2001.

MEDAUAR, Odete. *O Direito Administrativo em Evolução*. 2ª ed. São Paulo, Ed. RT, 2003.

MEDEIROS, Suzana Domingues. "Arbitragem envolvendo o Estado no Direito Brasileiro". *RDA* 233/71-101. Rio de Janeiro, julho-setembro/2003.

MOREIRA, Vital. *Organização Administrativa*. Coimbra, Coimbra Editora, 2001.

MOREIRA NETO, Diogo de Figueiredo. "Arbitragem nos contratos administrativos". *RDA* 209/81-90. Rio de Janeiro, julho-setembro/1997.

———. "Novos institutos consensuais da ação administrativa". *RDA* 231/129-156. Rio de Janeiro, janeiro-março/2003.

MOTTA, Carlos Pinto Coelho. "Arbitragem nos contratos administrativos". *Boletim de Direito Administrativo* 13-10/672-676. São Paulo, outubro/1997.

NABAIS, José Casalta. *Contratos Fiscais: Reflexões acerca da sua Admissibilidade*. Coimbra, Coimbra Editora, 1994.

NAMBLARD, Corinne. "Para um enfoque pragmático da parceria público-privada". In: CHATELUS, Gautier, e PERROT, Jean-Yves (dirs.). *Financiamento das Infra-Estruturas e dos Serviços Coletivos: o Recurso à Parceria Público-Privada. Os Exemplos da Experiência Francesa no Mundo*. Paris, DAEI, 1994 (pp. 13-28).

PALMA DEL TESO, Ángeles de. *Los Acuerdos Procedimentales en el Derecho Administrativo*. Valência, Tirant lo Blanch, 2000.

PATRIKIOS, Apostolos. *L'Arbitrage en Matière Administrative*. Paris, LGDJ, 1997.

PERROT, Jean-Yves, e CHATELUS, Gautier (dirs.). *Financiamento das Infra-Estruturas e dos Serviços Coletivos: o recurso à Parceria Público-Privada. Os Exemplos da Experiência Francesa no Mundo*. Paris, DAEI, 1994.

RIVERO ORTEGA, Ricardo. *Administraciones Públicas y Derecho Privado*. Madri, Marcial Pons, 1998.

———. "Repensando el Estado de Derecho: el arbitraje administrativo como alternativa al colapso jurisdiccional en el control de la Administración". In: SOSA WAGNER, Francisco (coord.). *El Derecho Administrativo en el Umbral del Siglo XXI: Homenaje al Profesor Dr. D. Ramón Martín Mateo*. t. 1. Valência, Tirant lo Blanch, 2000 (pp. 2.487-2.497).

RODRÍGUEZ DE SANTIAGO, José María. *Los Convenios entre Administraciones Públicas*. Madri, Marcial Pons, 1997.

ROPPO, Enzo. *O Contrato*. Coimbra, Livraria Almedina, 1988.

SOSA WAGNER, Francisco (coord.). *El Derecho Administrativo en el Umbral del Siglo XXI: Ho-*

*menaje al Profesor Dr. D. Ramón Martín Mateo*. t. 1. Valência, Tirant lo Blanch, 2000.

SOTO KLOSS, Eduardo. "La contratación administrativa: un retorno a las fuentes clásicas del contrato". *Revista de Administración Pública* 2/569-585. Madri, 1978.

SOUZA, Carlos Affonso Pereira de, e BARBOSA, Joaquim Simões. "Arbitragem nos contratos administrativos: panorama de uma discussão a ser resolvida". In: ALMEIDA, Ricardo Ramalho. *Arbitragem Interna e Internacional: Questões de Doutrina e Prática*. Rio de Janeiro, Renovar, 2003 (pp. 267-291).

SZKLAROWSKY, Leon Frejda. "Arbitragem e os contratos administrativos". *RDA* 209/105-107. Rio de Janeiro, julho-setembro/1997.

TÁCITO, Caio. "Arbitragem nos litígios administrativos". *RDA* 210/111-115. Rio de Janeiro, outubro-dezembro/1997.

TIBÚRCIO, Cármen. "A Lei de Arbitragem e a pretensa inconstitucionalidade de seu art. 7º". *RDA* 218/175-196. Rio de Janeiro, outubro-dezembro/1999.

WALD, Arnoldo, e outros. *O Direito de Parceria e a Lei de Concessões*. 2ª ed. São Paulo, Saraiva, 2004.

# REFLEXÕES SOBRE A ADMINISTRAÇÃO DOS RECURSOS HÍDRICOS NO BRASIL

VLADIMIR DA ROCHA FRANÇA

Mestre em Direito Público pela UFPE – Doutor em Direito Administrativo pela PUC/SP – Professor Adjunto do Departamento de Direito Público da UFRN

*1. Introdução. 2. A estrutura do Estado na Constituição da República Federativa do Brasil (Constituição Federal). 3. Regime constitucional dos recursos hídricos no Brasil: 3.1 Direito ao meio ambiente ecologicamente equilibrado – 3.2 Domínio das águas na Constituição Federal – 3.3 Competências legislativas em matéria de recursos hídricos na Constituição Federal – 3.4 Competências administrativas em matéria de recursos hídricos na Constituição Federal. 4. Bases constitucionais da organização administrativa: 4.1 O Poder Executivo – 4.2 Administração direta e Administração indireta – 4.3 Sobre o Terceiro Setor. 5. Administração dos recursos hídricos no Brasil: 5.1 Disciplina legal da administração dos recursos hídricos – 5.2 Objetivos e composição do Sistema Nacional de Gerenciamento de Recursos Hídricos (SINGREH): 5.2.1 Conselho Nacional de Recursos Hídricos – 5.2.2 Agência Nacional de Águas (ANA) – 5.2.3 Os Conselhos de Recursos Hídricos dos Estados e do Distrito Federal – 5.2.4 Comitês de Bacia Hidrográfica – 5.2.5 Os órgãos dos Poderes Públicos Federal, Estaduais, do Distrito Federal e Municipais cujas competências se relacionam com a gestão dos recursos hídricos – 5.2.6 As Agências de Água – 5.3 Sobre as organizações civis de recursos hídricos. 6. Considerações finais.*

## *1. Introdução*

A preocupação com o meio ambiente e o alerta da crescente escassez dos recursos hídricos, estendidos pela constatação do aquecimento global, têm imposto a países subdesenvolvidos – como o Brasil – o desafio de superar seus problemas sócio-econômicos com o ideal do *desenvolvimento sustentável*.

Como se conclamou no Princípio 4 da Declaração do Rio de Janeiro sobre Meio Ambiente e Desenvolvimento, de 14.6.1992, para se alcançar o desenvolvimento sustentável, a proteção ambiental deve constituir parte integrante do processo de desenvolvimento e não pode ser considerada separadamente.

O uso racional das águas constitui um poderoso instrumento na concretização do desenvolvimento sustentável, haja vista seu valor para a vida humana e para a evolução da economia.[1] Especialmente para nações

1. Sobre a matéria, cf.: Christian Guy Caubet, *A Água, a Lei, a Política... E o meio ambiente?*, 2004; Paulo José Leite Farias, *Água: Bem Jurídico Econômico ou Ecológico?*, 2005; e Yanko Marcius

dotadas de um extenso patrimônio hídrico como o Brasil.

O modesto objetivo do presente trabalho é analisar os fundamentos constitucionais e a estrutura básica da administração dos recursos hídricos no sistema do direito positivo brasileiro. Embora não seja possível esgotar todas as questões que permeiam a gestão das águas em nosso país, é viável oferecer ao leitor um panorama de seu arcabouço jurídico.

## *2. A estrutura do Estado na Constituição da República Federativa do Brasil (Constituição Federal)*

Partindo-se de uma perspectiva normativista,[2] cumpre asseverar que a ordem jurídica brasileira em vigor tem como ponto de origem a Constituição da República Federativa do Brasil (Constituição Federal), promulgada em 5.10.1988. É fruto da superação do longo período autoritário que encobriu o país de 1964 até 1985, quando o povo brasileiro exerce o Poder Constituinte e retoma seus destinos.

Conforme o art. 1º, *caput*, da CF, a República Federativa do Brasil é um Estado Democrático de Direito formado pela união indissolúvel dos Estados Federados e Municípios e do Distrito Federal. Com base no art. 18, *caput*, da CF,[3] podem ser identificados no ordenamento jurídico brasileiro a União como ordem jurídica central e os Estados Federados, Distrito Federal e Municípios como ordens jurídicas locais.[4]

Incluímos aí os Municípios, haja vista a autonomia que a Constituição Federal lhes conferiu, rompendo uma tradição de federalismo dual que orientava as Constituições brasileiras desde a primeira experiência republicana.[5] Ademais, a ciência do Direito deve examinar as normas fundamentais do Estado – como o princípio federativo – pela descrição e compreensão do ordenamento jurídico que o constitui, e não pelo que se julga mais acertado ou conveniente pela ótica da ciência política ou da ciência econômica.[6]

Seguindo a consagrada fórmula da separação dos Poderes, o art. 2º da CF prescreve como Poderes independentes e harmônicos entre si o Legislativo, o Executivo e o Judiciário. Também se prevê Legislativo, Executivo e Judiciário para os Estados Federados[7] e Distrito Federal,[8] que devem seguir o modelo da União quando não houver ressalva na Lei Maior.[9] Tratando-se dos Municípios,[10] há apenas o Legislativo e o Executivo, de acordo com os parâmetros constantes da Lei Maior.[11]

Cada Estado Federado tem os poderes de auto-organização e de autolegislação, sendo-lhes conferido o direito de se regerem por sua Constituição e pelas leis que editarem na esfera de sua competência, respeitados os

de Alencar Xavier, "Gestão legal dos recursos hídricos no Nordeste do Brasil", in Yanko Marcius de Alencar Xavier e Nizomar Falcão Bezerra (orgs.), *Gestão Legal dos Recursos Hídricos dos Estados do Nordeste do Brasil*, 2005.

2. Cf. Norberto Bobbio, *Teoria Generale del Diritto*, 1993; Hans Kelsen, *Teoria Pura do Direito*, 3ª ed., 1991, e *Teoria Geral do Direito e do Estado*, 2ª ed., 1992.

3. Art. 18, *caput*, da CF: "A organização político-administrativa da República Federativa do Brasil compreende a União, os Estados, o Distrito Federal e os Municípios, todos autônomos, nos termos desta Constituição".

4. Para uma visão normativista do federalismo, v. Hans Kelsen, *Teoria Geral do Direito e do Estado*, 2ª ed., p. 297-320. Sobre o federalismo no Brasil, v. José Horácio Meirelles Teixeira, *Curso de Direito Constitucional*, p. 605-660.

5. Cf. Paulo Bonavides, *Curso de Direito Constitucional*, 12ª ed., pp. 310-314.

6. Cf. Alfredo Augusto Becker, *Teoria Geral do Direito Tributário*, 3ª ed., pp. 39-91.

7. V. arts. 25 e 26 da CF.

8. V. art. 32 da CF.

9. Cf. José Afonso da Silva, *Curso de Direito Constitucional Positivo*, 21ª ed., pp. 603-615.

10. V. arts. 29 a 31 da CF.

11. Cf. José Afonso da Silva, *Curso de Direito Constitucional Positivo*, 21ª ed., pp. 624-628.

preceitos da Constituição Federal.[12] Os Municípios e o Distrito Federal têm prerrogativa similar, com a diferença de que esses entes federativos não dispõem de uma Constituição, mas sim de Lei Orgânica.

Assim, a Constituição Federal assegura a todos os entes federativos autonomia política, administrativa e financeira, reservando-lhe as competências que se fazem necessárias para garantir: (a) a capacidade das comunidades estaduais e locais de escolherem seus governantes e membros de seus Parlamentos; e (b) a capacidade delas para dispor sobre a administração das atividades que lhes foram constitucionalmente designadas.[13]

A Constituição Federal permite à União, por meio de lei complementar, dividir o território nacional em regiões administrativas, segundo características geoeconômicas e sociais.[14] Elas não gozam de autonomia política, administrativa e financeira, servindo apenas como parâmetros geográficos para o desenvolvimento e concretização de políticas públicas nacionais.

Também se prevê na Lei Maior a possibilidade de lei complementar estadual agrupar Municípios limítrofes em regiões metropolitanas, aglomerações urbanas e microrregiões, para a organização, planejamento e execução de funções públicas de interesse comum.[15] Com a instituição desses mecanismos o Estado Federado passa a participar mais ativamente na gestão de serviços públicos de competência municipal.

No que diz respeito aos recursos hídricos, a Constituição Federal optou por compartilhar sua gestão entre todos os entes federativos, como se verá no próximo item.

12. Cf. Clémerson Merlin Clève, *Temas de Direito Constitucional (e de Teoria do Direito)*, pp. 56-83; Raul Machado Horta, *Direito Constitucional*, 4ª ed., pp. 361-448; e José Afonso da Silva, *Curso de Direito Constitucional Positivo*, 21ª ed., pp. 589-598.

13. Idem.

14. V. art. 43 da CF.

15. V. art. 25, § 3º, da CF.

## 3. *Regime constitucional dos recursos hídricos no Brasil*

### *3.1 Direito ao meio ambiente ecologicamente equilibrado*

Em conformidade com o art. 225 da CF, o meio ambiente foi qualificado como bem do domínio público, sendo a proteção de seu equilíbrio ecológico classificada com direito fundamental: "Art. 225. Todos têm direito ao meio ambiente ecologicamente equilibrado, bem de uso comum do povo e essencial à sadia qualidade de vida, impondo-se ao Poder Público e à coletividade o dever de defendê-lo e preservá-lo para as presentes e futuras gerações".

Cumpre asseverar que a defesa do meio ambiente também constitui princípio constitucional da ordem econômica,[16] devendo servir de parâmetro e meta para o Estado quando atua na regulação dos setores públicos e privados da economia.[17] Logo se vê que a ordem constitucional brasileira acolheu a idéia do desenvolvimento sustentável como diretriz jurídico-econômica.

O art. 3º, I, da Lei federal 6.938, de 31.8.1981, define o *meio ambiente* como o conjunto de condições, leis, influências e interações de ordem física, química e biológica que permite, abriga e rege a vida em todas as suas formas. Uma vez que o diploma legal em apreço foi recepcionado pela Constituição Federal, esse conceito jurídico-positivo mostra-se relevante para demarcar o campo de proteção do direito consagrado no preceito constitucional acima transcrito. Merece destaque que a doutrina ambientalista não tem contestado sua legitimidade junto à Constituição Federal vigente.[18] E, afinal,

16. V. art. 170, IV, da CF.

17. V. art. 174, *caput*, da CF.

18. Cf. Paulo Affonso Leme Machado, *Direito Ambiental Brasileiro*, 10ª ed., p. 130; e Édis Milaré, *Direito do Ambiente (Doutrina – Jurisprudência – Glossário)*, 4ª ed., pp. 101-104.

os conceitos jurídico-positivos também vinculam o intérprete na concretização do direito positivo.[19]

O direito ao meio ambiente ecologicamente equilibrado constitui direito fundamental que tem seu lastro no valor da solidariedade e da fraternidade, destinando-se não à tutela do indivíduo, do Estado ou de um grupo social específico, mas sim do próprio gênero humano.[20] Isso impõe sua classificação na categoria dos direitos difusos, uma vez que, embora seu sujeito ativo seja indeterminado, o sujeito passivo é perfeitamente identificável a partir do exame do caso concreto na aplicação da lei.[21] Tanto o Estado como o particular podem compor o pólo passivo da relação jurídica gerada pela ameaça ou atentado à integridade a esse bem jurídico.

Assim, todos os elementos que são indispensáveis à manutenção do equilíbrio ecológico do meio ambiente gozam de especial proteção constitucional.

Não seria diferente com relação às águas, bens cuja relevância para o meio ambiente é indiscutível.[22]

### *3.2 Domínio das águas na Constituição Federal*

Ao demarcar os bens de cada ente federativo, a Constituição Federal torna juridicamente inviável que os mesmos possam ser objeto de apropriação privada. Nesse diapasão, mostra-se nítido que as normas infraconstitucionais preexistentes que dispunham em contrário não foram recepcionadas pela atual ordem jurídica brasileira.

No que diz respeito à propriedade das águas, a Constituição Federal separa sua titularidade entre a União, Estados Federados e o Distrito Federal da seguinte maneira.

Encontram-se sob domínio da União os seguintes recursos hídricos, nos termos do art. 20, III, VI e VIII: "Art. 20. São bens da União: (...) III – *os lagos, rios e quaisquer correntes de água em terrenos de seu domínio, ou que banhem mais de um Estado, sirvam de limites com outros países, ou se estendam a território estrangeiro ou dele provenham*, bem como os terrenos marginais e as praias fluviais; (...) VI – o mar territorial; (...) VIII – os potenciais de energia hidráulica" (grifos nossos).

Por sua vez, pertencem ao domínio dos Estados Federados, conforme o art. 26, I, da CF: "Art. 26. Incluem-se entre os bens dos Estados: I – *as águas superficiais ou subterrâneas, fluentes, emergentes e em depósito*, ressalvadas, neste caso, na forma da lei, as decorrentes de obras da União" (grifos nossos).

A Lei Maior não concedeu aos Municípios a titularidade de qualquer recurso hídrico, embora se reconheça a eles um importante papel na gestão desses bens, como se verá oportunamente.

Quanto ao Distrito Federal, convém anotar que o mesmo tem competências legislativas reservadas aos Estados Federados e Municípios.[23] Assim, parece natural identificar esse ente federativo como titular das águas de características idênticas aos re-

19. Cf. Eurico Marcos Diniz de Santi, "Análise crítica das definições e classificações jurídicas como instrumento de compreensão do Direito", in Carlos Ari Sundfeld e Oscar Vilhena Vieira (coords.), *Direito Global*, pp. 296-299.

20. Cf. Paulo Bonavides, *Curso de Direito Constitucional*, 12ª ed., p. 522; e Ingo Wolfgang Sarlet, *A Eficácia dos Direitos Fundamentais*, 2ª ed., pp. 52-54.

21. Cf. Vladimir da Rocha França, *Estrutura e Motivação do Ato Administrativo*, p. 110. V. o art. 81, parágrafo único, I, do Código de Defesa do Consumidor (Lei federal 8.078, de 11.9.1990).

22. Cf. Paulo José Leite Farias, *Água: Bem Jurídico Econômico ou Ecológico?*, pp. 331-358; e Yanko Marcius de Alencar Xavier, "Gestão legal dos recursos hídricos no Nordeste do Brasil", in Yanko Marcius de Alencar Xavier e Nizomar Falcão Bezerra (orgs.), *Gestão Legal dos Recursos Hídricos dos Estados do Nordeste do Brasil*, pp. 10-11.

23. V. art. 32, § 1º, da CF.

cursos hídricos estaduais e que estejam na área territorial desse ente federativo. Além do mais, a Constituição Federal não faz qualquer ressalva que justifique sua presença no domínio público federal ou estadual.

Desse modo, os dispositivos infraconstitucionais que reconheciam a existência de águas municipais ou particulares não foram recepcionados pela Constituição Federal e, por conseguinte, não fazem mais parte do ordenamento jurídico pátrio.[24]

### *3.3 Competências legislativas em matéria de recursos hídricos na Constituição Federal*

Quando a Constituição Federal coloca o assunto no rol das competências legislativas privativas da União,[25] os demais entes federativos carecem de legitimação constitucional para expedir leis sobre o mesmo. A Lei Maior somente excepciona essa regra quanto aos Estados Federados se houver lei complementar federal que os autorize a legislar a respeito de "questões específicas" relacionadas às matérias constantes do rol do dispositivo constitucional em apreço.[26]

O mesmo vale para o Distrito Federal, por força do art. 32, § 1º, da CF.

Ao se examinar o texto constitucional, observa-se que as "águas" e seu aproveitamento como fonte de energia constituem matéria sujeita à competência legislativa privativa da União,[27] devendo ser consideradas inconstitucionais as leis estaduais ou distritais que versarem sobre essa matéria, salvo se existir lei complementar federal que as autorize; e, mesmo assim, sobre "questões específicas". A União não tem legitimidade para delegar inteiramente aos Estados Federados e ao Distrito Federal a competência legislativa em apreço.

Ainda em conformidade com a Lei Maior, compete à União, por meio de lei,[28] instituir o sistema nacional de gerenciamento de recursos hídricos e definir os critérios de outorga de direitos de seu uso,[29] bem como instituir as diretrizes para os serviços de saneamento básico.[30]

Em princípio a lei municipal não tem legitimação constitucional para tratar de águas. Mas não se deve deixar de reconhecer que esses entes federativos têm competência para "legislar sobre assuntos de interesse local" e "suplementar a legislação federal e a estadual no que couber".[31] Se obedecidos os parâmetros constantes da pertinente lei federal ou estadual, os Municípios poderão perfeitamente expedir as normas que se fizerem necessárias para viabilizar sua boa aplicação no âmbito local.

No caso do saneamento básico não se deve olvidar que esses serviços públicos são de competência do Município. A lei federal deve se restringir a estabelecer diretrizes, não devendo estabelecer preceitos que tumultuem sua autonomia, ao versar sobre aspectos que somente podem ser objeto de lei municipal. Atualmente essas normas gerais constam da Lei federal 11.445, de 5.1.2007.

### *3.4 Competências administrativas em matéria de recursos hídricos na Constituição Federal*

Como se sabe, o Poder Público deve desenvolver a função administrativa para assegurar a concretização da lei e na proteção do interesse público, nos moldes determinados pela Constituição.[32] No sistema do direito

24. Cf. Paulo Affonso Leme Machado, *Direito Ambiental Brasileiro*, 10ª ed., pp. 410-414.

25. V. art. 22 da CF.

26. V. art. 22, parágrafo único, da CF.

27. V. art. 22, IV, da CF.

28. V. art. 48, *caput* e inciso IV, da CF.

29. V. art. 21, XIX, da CF.

30. V. art. 21, XX, da CF.

31. V. art. 30, I e II, da CF.

32. Entende-se a *função administrativa* como a atividade desenvolvida pelas pessoas estatais

positivo brasileiro essa função é distribuída constitucionalmente entre os entes federativos. Caso a Constituição Federal seja omissa na identificação da pessoa política responsável pelo exercício das competências administrativas em determinado setor, pressupõe-se que a tarefa caiba aos Estados Federados.

A Lei Maior também trata de competências administrativas em matéria de recursos hídricos.

Consoante determinação da Constituição Federal, é de competência comum da União, dos Estados Federados, do Distrito Federal e dos Municípios: (a) proteger o meio ambiente e combater a poluição em qualquer de suas formas;[33] (b) promover programas de melhoria de saneamento básico;[34] e registrar, acompanhar e fiscalizar os direitos de pesquisa e exploração de recursos hídricos em seus territórios.[35]

No sistema constitucional brasileiro as competências comuns – constantes do art. 23 da CF – são competências administrativas compartilhadas entre todos os entes federativos. Em rigor, cabe à lei federal estabelecer as diretrizes e as vocações de cada um deles nos setores indicados nesse elenco, respeitado o princípio federativo.

Logo, a proteção da água contra ameaça ou lesão à sua integridade ecológica deverá ser implementada segundo a divisão de trabalho imposta pela legislação ambiental em vigor.

Por fim, merece realce que a Constituição Federal permite que os serviços de saneamento básico sejam prestados mediante gestão associada, sob regime de consórcio público ou convênio de cooperação.[36] Nesse caso, os Municípios poderão compartilhar entre si a responsabilidade pela regulação e realização dessas atividades essenciais.

Outra opção constitucionalmente aceita é a assunção desses serviços pelo Estado Federado, mediante o agrupamento de Municípios limítrofes em regiões metropolitanas, aglomerações urbanas ou microrregiões, para sua melhor organização, planejamento e execução. Para tanto, faz-se necessária a edição de lei complementar estadual, conforme determina o art. 25, § 3º, da CF.

## *4. Bases constitucionais da organização administrativa*

### *4.1 O Poder Executivo*

A organização administrativa do Estado Brasileiro segue o princípio da Federação. Cada ente federativo tem a prerrogativa de instituir e estruturar os órgãos e pessoas jurídicas – a Administração Pública – que se fizerem necessários para o exercício das competências administrativas que a Constituição Federal lhes confere.

Consoante a Constituição Federal, o titular do Poder Executivo é o presidente da República,[37] que deve exercer a direção superior da Administração Pública da União com o auxílio dos ministros de Estado.[38] Também nos termos da Lei Maior, compete privativamente ao chefe do Poder Executivo expedir decretos e regulamentos para a fiel execução das leis[39] e para dispor sobre a organização e funcionamento da Administração Pública Federal, quando não implicar aumento de despesa nem criação ou extinção de órgãos públicos.[40]

(ou por quem esteja no exercício de prerrogativas públicas) que abrange a expedição de normas complementares à lei (ou à própria Constituição), sujeitas a controle jurisdicional e destinadas à concretização do interesse público (cf. Vladimir da Rocha França, "A função administrativa", *Revista de Informação Legislativa* 167/13).

33. V. art. 23, VI, da CF.

34. V. art. 23, IX, da CF.

35. V. art. 23, XI, da CF.

36. V. art. 241 da CF.

37. V. art. 76 da CF.

38. V. art. 84, II, da CF.

39. V. art. 84, IV, da CF.

40. V. art. 84, VI, "a", da CF.

Dentre as competências dos ministros de Estado, destacam-se: (a) a orientação, coordenação e supervisão dos órgãos e entidades da Administração Pública Federal;[41] (b) a expedição de instruções para a execução das leis, decretos e regulamentos.[42] Merece igual realce que a criação de Ministérios e órgãos da Administração Pública deve ser feita mediante lei.

A Constituição Federal também traz a matriz do Poder Executivo dos demais entes federativos: (a) no plano estadual, o titular do Poder Executivo é o governador do Estado, auxiliado pelos secretários de Estado;[43] (b) no plano distrital, o governador do Distrito Federal é o chefe do Poder Executivo, auxiliado pelos secretários do Distrito Federal;[44] e (c) no plano municipal temos o prefeito como autoridade máxima da Administração Pública local, secundado diretamente pelos secretários municipais.[45]

No exercício de seu poder de auto-organização e de autolegislação, os Estados Federados, o Distrito Federal e os Municípios deverão seguir – no que couber e na omissão de ressalvas na Constituição Federal – o modelo de Poder Executivo previsto para a União na aplicação do princípio da separação dos Poderes no âmbito de seus respectivos ordenamentos jurídicos.[46]

### *4.2 Administração direta e Administração indireta*

Pelo que se depreende de seu art. 37, *caput*, a CF recepcionou o modelo de Administração Pública Federal constante do art. 4º do Decreto-lei 200, de 25.2.1967, que a separa em: (a) Administração direta, que é composta pelos órgãos integrados à estrutura da Presidência da República e dos Ministérios; e (b) Administração indireta, formada por entidades criadas pela União, dotadas de personalidade jurídica própria, para a prestação de serviços públicos específicos ou o desenvolvimento de atividades relevantes para o interesse público.

Ainda em conformidade com a Constituição Federal, é lícito concluir que esse paradigma organizacional deve ser reproduzido nos planos estadual, distrital e municipal. Afinal, a Lei Maior determina implicitamente isso ao impor preceitos que devem ser seguidos pela "Administração direta e indireta de qualquer dos Poderes da União, dos Estados, do Distrito Federal e dos Municípios",[47] bem como a disciplina da criação de entidades da Administração indireta para todos os entes federativos.[48]

No sistema do direito positivo brasileiro a Administração indireta pode ser composta pelas seguintes espécies de entidades: (a) autarquias; (b) fundações governamentais; (c) empresas públicas; e (d) sociedades de economia mista.[49]

É interessante recordar a existência de autarquias sob regime especial, às quais se designa maior autonomia decisória, administrativa e financeira. São as agências reguladoras e as agências executivas.

Ao lado dessas entidades, a Lei federal 11.107, de 6.4.2005, disciplina a formação de consórcios públicos, para viabilizar a gestão associada de serviços públicos, que está prevista no art. 241 da CF. Adequados, diga-se de passagem, para a regulação e prestação de serviços públicos nos agrupamentos de Municípios firmados com base no art. 25, § 3º, da Lei Maior.

41. V. art. 87, parágrafo único, I, da CF.

42. V. art. 87, parágrafo único, II, da CF.

43. V. art. 28 da CF.

44. V. art. 32, § 2º, da CF.

45. V. art. 29, I e V, da CF.

46. Cf. José Afonso da Silva, *Curso de Direito Constitucional Positivo*, 21ª ed., pp. 609 e 624-625.

47. V. art. 37, *caput*, da CF.

48. V. art. 37, XIX e XX, da CF.

49. Sobre o regime jurídico das entidades da Administração indireta, v. Celso Antônio Bandeira de Mello, *Curso de Direito Administrativo*, 20ª ed., pp. 145-205.

*4.3 Sobre o Terceiro Setor*

Ao lado da Administração Pública, o sistema do direito positivo brasileiro admite a criação de entidades privadas sem fins lucrativos para a prestação de serviços de interesse público para a coletividade. Elas compõem o que se convencionou chamar *Terceiro Setor*.[50]

Dentre as entidades do Terceiro Setor, convém destacar as organizações sociais – disciplinadas pela Lei federal 9.637, de 15.5.1998 – e as organizações da sociedade civil de interesse público – reguladas pela Lei federal 9.790, de 23.3.1999. Mediante ato jurídico especial, esses entes privados recebem recursos públicos e especial reconhecimento do Estado para a prestação de serviços públicos sociais.

## *5. Administração dos recursos hídricos no Brasil*

*5.1 Disciplina legal da administração dos recursos hídricos*

Tendo por escopo a regulamentação do art. 21, XIX, da CF, foi editada a Lei federal 9.433, de 8.1.1997. Ela institui a Política Nacional de Recursos Hídricos (PNRH) e cria o Sistema Nacional de Gerenciamento de Recursos Hídricos (SINGREH). Sem sombra de dúvida, representa um diploma legal de grande relevância na composição do regime jurídico-administrativo da gestão dos recursos hídricos em nosso país.

Antes do advento da Lei federal 9.433/1997 a matéria era objeto do Código de Águas, estabelecido pelo Decreto federal 24.643, de 10.7.1934. O ato normativo em apreço foi recepcionado pela atual ordem constitucional como lei, mas boa parte de seus dispositivos foi objeto de revogação tanto pela Constituição Federal como pela Lei federal 9.433/1997.[51]

Por fim, a existência de leis estaduais, distritais e municipais sobre a matéria merece igual destaque, cujo exame e aplicação deverão levar necessariamente em consideração as normas constitucionais e federais em apreço.

O art. 1º da Lei federal 9.433/1997 estabelece como fundamentos da PNRH: (a) a água é um bem de domínio público; (b) a água é um recurso natural limitado, dotado de valor econômico; (c) em situações de escassez, o uso prioritário dos recursos hídricos é para o consumo humano e a dessedentação de animais; (d) a gestão dos recursos hídricos deve sempre proporcionar o uso múltiplo das águas; (e) a bacia hidrográfica é a unidade territorial para implementação da PNRH e atuação do SINGREH; e (f) a gestão dos recursos hídricos deve ser descentralizada e contar com a participação do Poder Público, dos usuários e das comunidades.

A PNRH envolve igualmente os objetivos, diretrizes gerais de ação e instrumentos que devem ser observados e empregados pelo SINGREH no exercício de suas competências legais.[52] Nesse esforço, caberá ao SINGREH regular, fiscalizar e controlar o uso dos recursos hídricos, bem como viabilizar a cobrança de preços pela sua utilização pelos agentes econômicos privados.

*5.2 Objetivos e composição do Sistema Nacional de Gerenciamento de Recursos Hídricos (SINGREH)*

Numa síntese bastante precária, podemos definir o SINGREH como o conjunto de órgãos e entidades das Administrações Públicas Federal, Estaduais, Distrital e Muni-

50. Cf. Vladimir da Rocha França, "Reflexões sobre a prestação de serviços públicos por entidades do Terceiro "setor", *RDA* 238/356.

51. Paulo Affonso Leme Machado, *Direito Ambiental Brasileiro*, 10ª ed., pp. 408-415; e Édis Milaré, *Direito do Ambiente (Doutrina – Jurisprudência – Glossário)*, 4ª ed., pp. 639-640.

52. V. arts. 2º a 5º da Lei federal 9.433/1997.

cipais responsável pela gestão dos recursos hídricos no Brasil.

Ao criar o SINGREH, a Lei federal 9.433/1997 fixou-lhe os seguintes objetivos, em seu art. 32: (a) coordenar a gestão integrada das águas; (b) arbitrar administrativamente os conflitos relacionados com os recursos hídricos; (c) implementar a PNRH; (d) planejar, regular e controlar o uso, a preservação e a recuperação dos recursos hídricos; e (e) promover a cobrança pelo uso de recursos hídricos.

O SINGREH tem a seguinte estrutura, na forma do art. 33 da Lei federal 9.433/1997: (a) o Conselho Nacional de Recursos Hídricos; (b) A Agência Nacional de Águas (ANA); (c) os Conselhos de Recursos Hídricos dos Estados e do Distrito Federal; (d) os Comitês de Bacia Hidrográfica; (e) os órgãos dos Poderes Públicos Federal, Estaduais, do Distrito Federal e Municipais cujas competências se relacionam com a gestão dos recursos hídricos; e (f) as Agências de Água.

Vejamos, sumariamente, cada um desses componentes.

### 5.2.1 *Conselho Nacional de Recursos Hídricos*

Em conformidade com o art. 34 da Lei federal 9.433/1997, o Conselho Nacional de Recursos Hídricos deve ser composto: (a) por representantes dos Ministérios e Secretarias da Presidência da República com atuação no gerenciamento ou no uso de recursos hídricos; (b) por representantes indicados pelos Conselhos Estaduais de Recursos Hídricos; (c) por representantes dos usuários dos recursos hídricos; e (d) por representantes das organizações civis de recursos hídricos.

O Conselho Nacional de Recursos Hídricos é presidido pelo Ministro do Meio Ambiente e tem como Secretário Executivo o titular do órgão do Ministério do Meio Ambiente responsável pela gestão dos recursos hídricos (art. 36 da Lei federal 9.433/1997).

A forma de indicação e a quantidade dos representantes do Conselho Nacional de Recursos Hídricos devem ser fixadas mediante decreto federal.[53] Contudo, o art. 34, parágrafo único, da Lei federal 9.433/1997 impede que o número de representantes do Poder Executivo Federal exceda a metade mais um do total dos integrantes do colegiado sob análise. De qualquer forma, não vemos óbice em identificar esse órgão especial como integrante da Administração direta da União, apesar da independência decisória que o diploma legal citado lhe reconhece frente ao chefe do Poder Executivo Federal.

O rol de competências do Conselho Nacional de Recursos Hídricos abrange o seguinte, nos termos do art. 35 da Lei federal 9.433/1997: (a) promover a articulação do planejamento de recursos hídricos com os planejamentos nacional, regional, estaduais e setores usuários; (b) arbitrar, em última instância administrativa, os conflitos existentes entre Conselhos Estaduais de Recursos Hídricos; (c) deliberar sobre os projetos de aproveitamento de recursos hídricos cujas repercussões extrapolem o âmbito dos Estados em que serão implantados; (d) deliberar sobre as questões que lhe tenham sido encaminhadas pelos Conselhos de Recursos Hídricos ou pelos Comitês de Bacia Hidrográfica; (e) analisar propostas de alteração da legislação pertinente a recursos hídricos e a PNRH; (f) estabelecer diretrizes complementares para implantação da PNRH, aplicação de seus instrumentos e atuação do SINGREH; (g) aprovar propostas de instituição dos Comitês de Bacia Hidrográfica e estabelecer critérios gerais para elaboração de seus regimentos; (h) acompanhar a execução e aprovar o Plano Nacional de Recursos Hídricos e determinar as providências necessárias ao cumprimento de suas metas.

53. Cf. Édis Milaré, *Direito do Ambiente (Doutrina – Jurisprudência – Glossário)*, 4ª ed., p. 665.

5.2.2 *Agência Nacional de Águas (ANA)*

A inserção da ANA no SINGREH ocorreu com o advento da Lei federal 9.984, de 17.7.2000.

A ANA constitui uma autarquia sob regime especial que integra a Administração indireta da União.[54] É uma agência reguladora destinada à implementação do PNRH no âmbito nacional, dotada das prerrogativas julgadas necessárias para a regulação, fiscalização e aplicação das normas constitucionais e legais em matéria de recursos hídricos.[55] Isso sem prejuízo das articulações que esse ente deve desenvolver com os demais integrantes do SINGREH. Convém também advertir que a ANA deve respeitar a esfera de competências do Conselho Nacional de Recursos Hídricos.

A Lei federal 9.884/2000 procura assegurar à ANA autonomia frente ao Poder Executivo Federal, garantindo independência financeira para a entidade e mandato estável para seus dirigentes.[56] Contudo, a ANA deverá exercer suas competências regulatórias de acordo com a PNRH e na medida em que a lei lhe permite.

5.2.3 *Os Conselhos de Recursos Hídricos dos Estados e do Distrito Federal*

Os Conselhos Estaduais de Recursos Hídricos deverão ser instituídos segundo determinações das leis dos respectivos Estados Federados, respeitadas as normas constitucionais e federais relativas à matéria.

Compete aos Conselhos Estaduais de Recursos Hídricos:[57] (a) suscitar e encaminhar questões para deliberação do Conselho Nacional de Recursos Hídricos;[58] (b) deliberar sobre acumulações, derivações, captações e lançamentos de pouca expressão, para efeito de isenção da obrigatoriedade de outorga de direitos de uso de recursos hídricos quando estes forem dos respectivos Estados Federados;[59] (c) atuar como órgão recursal das decisões dos Comitês de Bacia Hidrográficas Estaduais;[60] (d) autorizar a criação de Agências de Águas em bacias de rios de domínio estadual.[61]

O Conselho Estadual de Recursos Hídricos integra a Administração direta do Estado, segundo os preceitos regentes da PNRH.

Essas considerações também se aplicam ao Conselho de Recursos Hídricos do Distrito Federal.

5.2.4 *Comitês de Bacia Hidrográfica*

Segundo o art. 1º, V, da Lei federal 9.433/1997, a bacia hidrográfica é a unidade territorial para a implementação da PNRH e atuação do SINGREH. Nesse diapasão, o diploma legal sob apreciação prevê a constituição de Comitês de Bacia Hidrográfica.

Os Comitês de Bacia Hidrográfica têm como área de atuação:[62] (a) a totalidade de uma bacia hidrográfica; (b) sub-bacia hidrográfica de tributário do curso de água principal da bacia, ou de tributário desse tributário; ou (c) grupo de bacias ou sub-bacias hidrográficas contíguas.

A instituição de Comitê de Bacia Hidrográfica de rio de domínio da União é assunto da alçada do presidente da República, ouvido o Conselho Nacional de Recursos

54. V. arts. 1º e 3º da Lei federal 9.984, de 17.7.2000.

55. V. art. 4º da Lei federal 9.984/2000.

56. V. arts. 3º, 9º e 10 da Lei federal 9.984/2000.

57. Cf. Édis Milaré, *Direito do Ambiente (Doutrina – Jurisprudência – Glossário)*, 4ª ed., p. 666.

58. V. art. 35, IV, da Lei federal 9.433/1997.

59. V. art. 38, V, da Lei federal 9.433/1997.

60. V. art. 38, parágrafo único, da Lei federal 9.433/1997.

61. V. art. 44, XI, "a", da Lei federal 9.433/1997.

62. V. art. 37 da Lei federal 9.433/1997.

Hídricos.[63] Tratando-se de rio de domínio estadual, a competência para a criação do respectivo Comitê de Bacia Hidrográfica será designada pela legislação do Estado Federado.[64]

Compete aos Comitês de Bacia Hidrográfica:[65] (a) promover o debate das questões relacionadas a recursos hídricos e articular a atuação das entidades intervenientes; (b) arbitrar em primeira instância administrativa os conflitos relacionados aos recursos hídricos; (c) aprovar o Plano de Recursos Hídricos da bacia; (d) acompanhar a execução do Plano de Recursos Hídricos da bacia e sugerir as providências necessárias ao cumprimento de suas metas; (e) propor ao Conselho Nacional e aos Conselhos Estaduais de Recursos Hídricos as acumulações, derivações, captações e lançamentos com pouca expressão, para efeito de isenção da obrigatoriedade de outorga de direitos de uso de recursos hídricos, de acordo com os domínios destes; (f) estabelecer os mecanismos de cobrança pelo uso de recursos hídricos e sugerir valores a serem cobrados; (g) estabelecer critérios e promover o rateio de custo das obras de uso múltiplo de interesse comum e coletivo.

A composição do Comitê de Bacia Hidrográfica variará conforme o domínio do rio e sua localização.[66] Em todos os casos o órgão deverá ser composto por representantes da União bem como dos Estados Federados e do Distrito Federal e dos Municípios nos quais se situem, ainda que parcialmente, as pertinentes águas.[67] Também deve contar com a participação dos representantes dos usuários das águas de sua área de atuação e das entidades civis de recursos hídricos que desenvolvem comprovadamente suas atividades na bacia.[68]

Caso se cuide de rios fronteiriços e transfronteiriços, a representação da União deverá incluir um representante do Ministério das Relações Exteriores.[69] Abrangendo terras indígenas, exige-se a presença de representantes da Fundação Nacional do Índio e das comunidades indígenas residentes ou com interesses na bacia.[70]

O Comitê de Bacia Hidrográfica atua, portanto, como uma espécie de parlamento para a respectiva unidade territorial de recursos hídricos. Consubstancia-se como o órgão responsável pelas decisões políticas que devem orientar a aplicação dos instrumentos da PNRH.[71]

Em princípio, os Comitês de Bacia Hidrográfica integrarão a Administração direta dos entes federativos que os criaram. Contudo, o número de componentes e a forma de indicação devem ser disciplinados pelos regimentos dos colegiados sob exame, com o cuidado de que a representação dos Poderes Executivos envolvidos não ultrapasse a metade do total de membros.[72]

O Presidente e o Secretário do Comitê de Bacia Hidrográfica deverão ser eleitos entre seus membros, na forma de seu Regimento.[73]

#### 5.2.5 *Os órgãos dos Poderes Públicos Federal, Estaduais, do Distrito Federal e Municipais cujas competências se relacionam com a gestão dos recursos hídricos*

De acordo com o art. 29 da Lei federal 9.433/1997, compete ao Poder Executivo da

63. V. arts. 35, VII, e 37, parágrafo único, da Lei federal 9.433/1997.

64. Cf. Édis Milaré, *Direito do Ambiente (Doutrina – Jurisprudência – Glossário)*, 4ª ed., p. 667.

65. V. art. 38 da Lei federal 9.433/1997.

66. V. art. 39 da Lei federal 9.433/1997.

67. V. art. 39, I, II e III, e § 4º, da Lei federal 9.433/1997.

68. V. art. 39, IV e V, da Lei federal 9.433/1997.

69. V. art. 39, § 2º, da Lei federal 9.433/1997.

70. V. art. 39, § 3º, da Lei federal 9.433/1997.

71. Cf. Édis Milaré, *Direito do Ambiente (Doutrina – Jurisprudência – Glossário)*, 4ª ed., p. 667.

72. V. art. 39, § 1º, da Lei federal 9.433/1997.

73. V. art. 40 da Lei federal 9.433/1997.

União: (a) tomar as providências necessárias à implementação e ao funcionamento do SINGREH; (b) outorgar os direitos de uso de recursos hídricos e regulamentar e fiscalizar os usos, na sua esfera de competência; (c) implantar e gerir o Sistema de Informações de Recursos Hídricos (SIRH); e (d) promover a integração da gestão dos recursos hídricos com a gestão ambiental.

Tratando-se dos Poderes Executivos estaduais e do Distrito Federal, o art. 30 da Lei federal 9.433/1997 estabelece as seguintes competências: (a) outorgar os direitos de uso de recursos hídricos e regulamentar e fiscalizar seus usos; (b) realizar o controle técnico das obras de oferta hídrica; (c) implantar e gerir o SIRH, em âmbito estadual e distrital; e (d) promover a integração da gestão de recursos hídricos com a gestão ambiental.

É interessante notar a tarefa que se designou para os Poderes Executivos do Distrito Federal e dos Municípios de integrar as políticas municipais de saneamento básico, uso, ocupação e conservação do solo e de meio ambiente com as políticas federal e estaduais de recursos hídricos.[74]

Para o melhor atendimento a essas atribuições legais, tradicionalmente compõem a administração direta dos entes federativos ministérios ou secretarias que têm dentre suas competências a atuação em matéria de recursos hídricos. O art. 45 da Lei federal 9.433/1997 prevê, inclusive, que a Secretaria Executiva do Conselho Nacional dos Recursos Hídricos será exercida por órgão integrante do Ministério do Meio Ambiente.

### 5.2.6 *As Agências de Água*

A Lei federal 9.433/1997 determina que "as Agências de Água exercerão a função de secretaria executiva do respectivo ou respectivos Comitês de Bacia Hidrográfica", devendo ter a "mesma área de atuação que um ou mais Comitês de Bacia Hidrográfica".[75]

A criação da Agência de Água deve ser solicitada pelo Comitê de Bacia Hidrográfica interessado e autorizada pelo Conselho Nacional de Recursos Hídricos (se rio de domínio federal) ou pelo Conselho Estadual de Recursos Hídricos (caso o rio seja de Estado Federado).[76] Condiciona-se, ainda, a instituição de Agência de Água à prévia existência do respectivo ou respectivos Comitês de Bacia Hidrográfica e viabilidade financeira assegurada pela cobrança do uso dos recursos hídricos em sua área de atuação.[77]

Embora a Lei federal 9.433/1997 identifique as competências das Agências de Águas no SINGREH,[78] é importante advertir da possibilidade de a ANA lhes delegar competências regulatórias.[79] Isso impõe que as mesmas tenham personalidade jurídica própria e regime de direito público compatível com tais atribuições.

E, ainda que não haja essa delegação, as atividades de controle da cobrança e da administração financeira dos recursos arrecadados em função do uso das águas somente poderiam ser desempenhadas por uma autarquia sob regime comum. Assim, as Agências de Águas não podem ser constituídas sob a forma de fundações governamentais, empresas públicas ou sociedades de economia mista – pessoas jurídicas de direito privado da Administração indireta –, nem ser reconhecidas em entidades do Terceiro Setor como as organizações sociais ou organizações da sociedade civil de interesse público.[80]

74. V. art. 31 da Lei federal 9.433/1997.

75. V. arts. 41 e 42 da Lei federal 9.433/1997.

76. V. art. 42, parágrafo único, da Lei federal 9.433/1997.

77. V. art. 43 da Lei federal 9.433/1997.

78. V. art. 44 da Lei federal 9.433/1997.

79. V. art. 4º, § 4º, da Lei federal 9.984/2000.

80. Pela admissibilidade de organizações sociais e organizações da sociedade civil de interesse público atuarem como Agências de Águas, cf. Édis Milaré, *Direito do Ambiente (Doutrina – Jurisprudência – Glossário)*, 4ª ed., p. 670.

Por conseguinte, a criação das Agências de Águas deverá ser feita mediante lei federal ou estadual, consoante a natureza do Comitê de Bacia Hidrográfica ao qual servirão como secretaria executiva.

### *5.3 Sobre as organizações civis de recursos hídricos*

Tanto no Conselho Nacional de Recursos Hídricos como nos Comitês de Bacia Hidrográfica a Lei federal 9.433/1997 prevê a participação das organizações civis de recursos hídricos, como já foi visto.[81]

No art. 47 da Lei federal 9.433/1997 são consideradas organizações civis de recursos hídricos:

(a) consórcios e associações intermunicipais de bacias hidrográficas;

(b) associações regionais, locais ou setoriais de usuários de recursos hídricos;

(c) organizações técnicas e de ensino e pesquisa com interesse na área de recursos hídricos;

(d) organizações não-governamentais com objetivos de defesa de interesses difusos e coletivos da sociedade;

(e) outras organizações reconhecidas pelo Conselho Nacional ou pelos Conselhos Estaduais de Recursos Hídricos.

Para integrar o SINGREH, exige-se no art. 48 da Lei federal 9.433/1997 que as organizações civis de recursos hídricos devam ser legalmente constituídas.

Nesse ponto, o SINGREH abre espaço para a participação efetiva dos usuários dos recursos hídricos e para as entidades do Terceiro Setor na gestão das águas no Brasil. Mas é mister advertir que esses entes não poderão exercer prerrogativas que devem ser exclusivas de autoridades administrativas, como a competência regulatória ou o poder de instituir preços pelo uso das águas.

Cremos que as restrições reconhecidas à atuação dos particulares no exercício do poder de polícia[82] são inteiramente aplicáveis à gestão de bens públicos.

Afinal, o regime jurídico de direito privado não se mostra adequado para o uso de prerrogativas estatais.

Aparentemente, consoante o art. 48, I, da Lei federal 9.433/1997, os consórcios públicos formados pelos Municípios com amparo na Lei federal 11.107/2005 no SINGREH teriam o peso de organizações civis de recursos hídricos. Contudo, ao examinarmos o regime jurídico desses entes, é imperioso advertir que as prerrogativas que a lei lhes reconhece jamais poderiam ser reconhecidas em entidades do Terceiro Setor.

Ademais, os consórcios públicos integram a Administração indireta dos entes federativos que os constituíram, seja sob a forma de associações civis, seja sob a forma de associações públicas.

Sem sombra de dúvida, um aspecto a ser esclarecido no marco regulatório dos recursos hídricos em nosso país.

## *6. Considerações finais*

O sucesso do SINGREH na concretização dos preceitos fundamentais da PNRH depende de um diálogo permanente entre o Poder Público, os usuários dos recursos hídricos e a sociedade civil organizada. Malgrado o acerto da Lei federal 9.433/1997 em tomar as bacias hidrográficas como unidades territoriais para aplicação do PNRH, revela-se oportuno asseverar a necessidade de respeito ao princípio federativo consagrado na Constituição Federal.

Outro ponto que deve ser ressaltado é que toda e qualquer inovação na organização administrativa dos recursos hídricos deve

81. V. arts. 34, IV, e 39, V, da Lei federal 9.433/1997.

82. Cf. Celso Antônio Bandeira de Mello, "Serviço público e poder de polícia: concessão e delegação", *RTDP* 20.

guardar coerência e compatibilidade com a Constituição Federal, especialmente no que concerne aos limites ao poder normativo da Administração Pública e ao devido processo legal.

Por fim, é imprescindível que a gestão dos recursos hídricos não perca de vista o imperativo constitucional do desenvolvimento sustentável.

Sem sombra de dúvida, uma questão de sobrevivência para a Humanidade.

## *Referências bibliográficas*

### Livros

BANDEIRA DE MELLO, Celso Antônio. *Curso de Direito Administrativo*. 20ª ed. São Paulo, Malheiros Editores, 2006.

BECKER, Alfredo Augusto. *Teoria Geral do Direito Tributário*. 3ª ed. São Paulo, Lejus, 1998.

BEZERRA, Nizomar Falcão, e XAVIER, Yanko Marcius de Alencar (orgs.). *Gestão Legal dos Recursos Hídricos dos Estados do Nordeste do Brasil*. Fortaleza, Fundação Konrad Adenauer, 2005.

BOBBIO, Norberto. *Teoria Generale del Diritto*. Turim, G. Giappichelli Editore, 1993.

BONAVIDES, Paulo. *Curso de Direito Constitucional*. 12ª ed. São Paulo, Malheiros Editores, 2002.

CAUBET, Christian Guy. *A Água, a Lei, a Política ... E o meio ambiente?*. Curitiba, Juruá, 2004.

CLÈVE, Clémerson Merlin. *Temas de Direito Constitucional (e de Teoria do Direito*). São Paulo, Acadêmica, 1993.

FARIAS, Paulo José Leite. *Água: Bem Jurídico Econômico ou Ecológico?*. Brasília, Brasília Jurídica, 2005.

FRANÇA, Vladimir da Rocha. *Estrutura e Motivação do Ato Administrativo*. São Paulo, Malheiros Editores, 2007.

HORTA, Raul Machado. *Direito Constitucional*. 4ª ed. Belo Horizonte, Del Rey, 2003.

KELSEN, Hans. *Teoria Geral do Direito e do Estado*. 2ª ed., trad. de Luís Carlos Borges. São Paulo, Martins Fontes, 1992.

———. *Teoria Pura do Direito*. 3ª ed., trad. de João Baptista Machado. São Paulo, Martins Fontes, 1991.

MACHADO, Paulo Affonso Leme. *Direito Ambiental Brasileiro*. 10ª ed. São Paulo, Malheiros Editores, 2002.

MILARÉ, Édis. *Direito do Meio Ambiente (Doutrina – Jurisprudência – Glossário)*. 4ª ed. São Paulo, Ed. RT, 2005.

SARLET, Ingo Wolfgang. *A Eficácia dos Direitos Fundamentais*. 2ª ed. Porto Alegre, Livraria do Advogado, 2001.

SILVA, José Afonso da. *Curso de Direito Constitucional Positivo*. 21ª ed. São Paulo, Malheiros Editores, 2002.

SUNDFELD, Carlos Ari, e VIEIRA, Oscar Vilhena (coords.). *Direito Global*. São Paulo, Max Limonad, 1999.

TEIXEIRA, J. H. Meirelles. *Curso de Direito Constitucional*. Atualização de Maria Garcia. Rio de Janeiro, Forense Universitária, 1991.

VIEIRA, Oscar Vilhena, e SUNDFELD, Carlos Ari (coords.). *Direito Global*. São Paulo, Max Limonad, 1999.

XAVIER, Yanko Marcius de Alencar, e BEZERRA, Nizomar Falcão (orgs.). *Gestão Legal dos Recursos Hídricos dos Estados do Nordeste do Brasil*. Fortaleza, Fundação Konrad Adenauer, 2005.

### Artigos

BANDEIRA DE MELLO, Celso Antônio. "Serviço público e poder de polícia: concessão e delegação". *RTDP* 20/21-28. São Paulo, Malheiros Editores, 1997.

DE SANTI, Eurico Marcos Diniz. "Análise crítica das definições e classificações jurídicas como instrumento para compreensão do Direito". In: SUNDFELD, Carlos Ari, e VIEIRA, Oscar Vilhena (coords.). *Direito Global*. São Paulo, Max Limonad, 1999.

FRANÇA, Vladimir da Rocha. "A função administrativa". *Revista de Informação Legislativa* 167/7-14. Ano 42. Brasília, julho-setembro/2005.

——————. "Reflexões sobre a prestação de serviços públicos por entidades do Terceiro Setor". *RDA* 238/345-362. Rio de Janeiro, outubro-dezembro/2004.

XAVIER, Yanko Marcius de Alencar. "Gestão legal dos recursos hídricos no Nordeste do Brasil". In: XAVIER, Yanko Marcius de Alencar, e BEZERRA, Nizomar Falcão (orgs.). *Gestão Legal dos Recursos Hídricos dos Estados do Nordeste do Brasil*. Fortaleza, Fundação Konrad Adenauer, 2005.

# ATRIBUTOS E EXTINÇÃO DOS ATOS ADMINISTRATIVOS

MAURÍCIO ZOCKUN

Professor de Direito Administrativo e Fundamentos de Direito Público na Faculdade de Direito da PUC/SP – Mestre em Direito Tributário e Doutorando em Direito Administrativo pela PUC/SP – Advogado

*1. Introdução. 2. Morfologia do ato administrativo: 2.1 Conceito doutrinário de "ato" e "fato jurídico" e de "ato administrativo" – 2.2 Exame crítico dos conceitos doutrinários de "ato" e "fato jurídico" e "ato administrativo". 3. Existência, validade, vigência e eficácia: 3.1 A doutrina sobre os atributos dos atos jurídicos – 3.2 A existência da norma está sujeita à sua recognoscibilidade social? – 3.3 O efeito da retirada dos atos administrativos: perda de validade, vigência ou eficácia?. 4. A extinção dos atos administrativos: 4.1 Catálogo das hipóteses de extinção dos atos administrativos – 4.2 O modelo lógico capaz de revelar as hipóteses de extinção dos atos administrativos.*

## *1. Introdução*

1.1 Já se escreveram rios de tinta sobre o tema da extinção dos atos administrativos. Por essa razão, dificilmente poderemos dissertar algo a esse respeito que já não tenha sido objeto de meditação por autores de maior envergadura intelectual.

Não bastasse isso, sendo a extinção dos atos administrativos tema típico de Teoria Geral do Direito, seu exame não está circunscrito aos estritos limites do direito positivo. Com isso dizemos que a noção de "ato administrativo" e as formas de sua extinção são temas lógico-jurídicos, e não jurídico-positivos. Daí por que se revela extremamente profícua a análise da doutrina estrangeira a respeito da matéria.

Mas, se as coisas se colocam dessa forma, o que nos anima a escrever sobre esse assunto, mormente considerando-se que não pretendemos apenas sumariar os pensamentos existentes a seu respeito?

1.2 Sem embargo das lições brilhantes dos mais conceituados administrativistas, acreditamos que as hipóteses de extinção dos atos administrativos tenham sido catalogadas tomando-se como referência os efeitos jurídicos decorrentes da sua ocorrência. Vale dizer: diante da supressão de dada situação fática ou jurídica em relação à Administração, os exegetas examinam seus efeitos para enquadrá-la em uma classe já conhecida ou, pelo contrário, criam uma nova para acolhê-la.

Apontam-se as razões da solução adotada sem, contudo, revelar-lhe a essência.

Nesse sentido a ponderação de Antônio Carlos Cintra do Amaral, monografista do assunto, confirma de forma modelar o que restou dito acima, ao afirmar: "Esboçamos (...) uma classificação das modalidades de extinção do ato administrativo, ressalvando que pretendemos construir, com isso, um modelo conceitual. Testado rapidamente, com base em uma já longa experiência pessoal na Administração Pública – ou a ela ligado –, parece-nos que esse modelo é útil e, provavelmente, fértil em efeitos práticos (...)".[1]

1.3 Não há nisso qualquer espécie de inconveniente. Com efeito, como o Direito regula a conduta humana para, com isso, conferir segurança jurídica às relações sociais, o intérprete deve edificar o sentido, conteúdo e alcance das normas jurídicas tomando o fim do Direito como norte.

Ocorre que o fim do Direito demanda, por imperativo lógico, a existência de um meio que lhe dê arrimo.

Com isso assinalamos que o intérprete deve adotar um modelo lógico de pensamento que dê suporte à construção do sentido finalístico das normas jurídicas. É necessário, pois, que haja um "modelo de utilidade" na construção dos fins do Direito.

A existência de um "modelo lógico" é, só por si, inútil. Todavia, presumir que a "utilidade" se revela como o único norte do Direito é igualmente desacertado, já que, com isso, chancelaríamos a insegurança jurídica; o Direito seria puro casuísmo, atrelado aos sabores e humores humanos (naturalmente efêmeros e passageiros); Direito seria paixão!

Estamos, portanto, diante de duas realidades distintas ("modelo" e "utilidade"), que devem ser conjuntamente consideradas na interpretação do Direito. A primeira decorre da natureza jurídica do tema ("modelo"); a segunda se volta ao fim querido pelo Direito ("utilidade").

Enquanto o "modelo" reside em um conceito lógico ou lógico-jurídico, a "utilidade" habita o plano jurídico-positivo.

1.4 Daí por que alertamos que o tema da extinção dos atos administrativos pode (e deve) ser dissecado sob o ângulo lógico-jurídico. Não queremos com isso dizer ou sugerir que a melhor doutrina desconheça ou não tenha feito essa análise. Simplesmente optou por não revelá-la.

Prestigiou-se mais intensamente o fim ("utilidade"), em detrimento do meio ("modelo"). Revelou-se a obra, mas não o trabalho que permitiu sua realização.

Não há nisso qualquer espécie de impropriedade ou desacerto. Parece ser uma opção mais ao gosto da parcela majoritária da doutrina.

1.5 E, para que possamos atingir aquilo que nos propomos, despiremos as diversas hipóteses de extinção dos atos administrativos do rótulo que a doutrina lhes imprimiu para, em seu lugar, revelar sua essência, sua natureza jurídica. Eis o que pretendemos sedimentar.

Daí por que devemos (a) dissecar o ato administrativo de forma a identificar sua morfologia; (b) tratar dos efeitos conferidos ao ato administrativo produzido; para, enfim, apontando parte do que já se escreveu sobre o assunto, (c) revelar o "modelo" a partir do qual o tema pode, atemporalmente, ser examinado.

## 2. Morfologia do ato administrativo

### *2.1 Conceito doutrinário de "ato" e "fato jurídico" e de "ato administrativo"*

2.1.1 Não se confunde direito positivo com ciência do Direito. Com efeito, enquanto o direito positivo é veiculado em linguagem prescritiva (para descrever o "suporte fático"[2] e a conduta dele decorrente), a ciência do Direito é ventilada em metalinguagem descritiva da referida linguagem.

1. Antônio Carlos Cintra do Amaral, *Extinção do Ato Administrativo*, p. 3.

2. E aqui utilizamos essa expressão no mesmo sentido de Pontes de Miranda (*Tratado de Direito Privado*, t. I).

Daí por que, em razão dessas diferentes formas de utilização da linguagem, podemos dizer que o direito positivo é regido pela Lógica Deôntica (Lógica do dever-ser), ao passo que a ciência do Direito é regida pela Lógica Apofântica (Lógica das ciências). Mas não há nisso qualquer novidade!

No entanto, tomando-se isso como ponto de partida, tem-se que o conceito é um ato de pensamento, constituindo-se uma simplificação de um dado objeto por traços que lhe sejam comuns. O conceito designa (espelha) algo; designação, esta, que é seu conteúdo (do conceito).

Transportando essas idéias para o mundo jurídico, tem-se que o conceito jurídico pode ser encontrado tanto na linguagem descritiva quando na prescritiva. Ou seja, pode ser objeto da ciência do Direito como objeto do direito positivo.

Observe-se, entretanto, que o conceito é um recorte da realidade. Por isso mesmo, não é dado ao Direito redefinir a realidade para, com isso, regulá-la. Assim, se as realidades devem ser acolhidas pelo Direito a partir da significação de que gozam na sociedade, não é dado ao intérprete o atributo de ser o "batizador" de um dado conceito em dissonância com seu significado comum.

Daí por que Celso Antônio Bandeira de Mello observa, com precisão que, "os conceitos científicos são por definição rigorosos e precisos e nada mais significam senão a 'apreensão daquilo que é', mesmo que 'aquilo que é' seja um 'dever-ser', um mandamento".[3]

Assim, o conceito jurídico – espelho da própria realidade – pode ser construído (a) pelo próprio direito positivo (o que é deplorável pelo ponto de vista lógico e jurídico);[4] (b) a partir de elementos integrantes do direito positivo (conceito jurídico-positivo); e, por fim, (c) a partir de noções que permeiam todo e qualquer ordenamento jurídico (conceito lógico-jurídico). Nessa última classe estão os conceitos de "ato" e "fato jurídico", bem como o de "ato administrativo".

2.1.2 Com isso afirmamos que os conceitos de "ato" e "fato jurídico", bem como de "ato administrativo", defluem de noções teóricas. E por essa razão a definição desses institutos é cambiável entre os intérpretes.

Deveras, como esses conceitos jurídicos se pautam pelo critério da funcionalidade e não estão limitados aos rígidos limites jurídico-positivos, não se poderá reputar acertada ou desacertada a definição que lhes seja dada por tal ou qual exegeta. Não dizemos, com isso, que não existam conceitos errados.

Basta imaginarmos que o conceito edificado em descompasso com as premissas eleitas é logicamente insustentável, revelando, pois, seu desacerto (puro erro). Ressalvados esses casos limítrofes, havendo coerência lógica na intimidade do conceito formulado em metalinguagem, ele será prestante ao fim querido pelo seu criador.

2.1.3 Para Celso Antônio Bandeira de Mello "ato administrativo" é um ato jurídico. Qualifica-se como uma declaração que produz efeitos jurídicos, ou seja, uma declaração com relevância jurídica. Ainda que o ato jurídico seja uma espécie do fato jurídico, o primeiro se revela como uma "fala prescritiva".[5]

A partir dessa noção, define ato administrativo como a "*declaração do Estado (ou*

3. Celso Antônio Bandeira de Mello, *Natureza e Regime Jurídico das Autarquias*, São Paulo, Ed. RT, 1968, p. 61.

4. Basta compulsar as ponderações dos nossos mais argutos doutrinadores quando criticam, por exemplo, o conceito de "Administração direta" e "indireta" estampado no Decreto-lei 200/1967 (Celso Antônio Bandeira de Mello, *Curso de Direito Administrativo*, 21ª ed., São Paulo, Malheiros Editores, 2006, p. 148) e o conceito de "tributo" estampado no art. 3º do CTN (Geraldo Ataliba, *Hipótese de Incidência Tributária*, São Paulo, Malheiros Editores, 1995, pp. 22-30, e *Comentários ao Código Tributário Nacional*, pp. 25-27).

5. Celso Antônio Bandeira de Mello, *Curso de Direito Administrativo*, 21ª ed., pp. 353-357.

*de quem lhe faça as vezes – como, por exemplo, um concessionário de serviço público), no exercício de prerrogativas públicas, manifestada mediante providências jurídicas complementares da lei a título de lhe dar cumprimento, e sujeitas a controle de legitimidade por órgão jurisdicional*",[6] desde que pertinentes ao exercício da função administrativa.[7]

Como declarado pelo próprio autor, esse conceito amplo de ato administrativo abarca em seu conteúdo os atos gerais e abstratos produzidos pela Administração, bem como os atos convencionais. Pode-se, contudo, restringir esse conceito para nele fazer incluir apenas as declarações unilaterais do Estado que gozem de concreção.[8]

Após descortinar sobre as divergências doutrinárias a respeito da matéria, Walter Campaz[9] adere ao conceito amplo de "ato administrativo" edificado por Celso Antônio Bandeira de Mello.

Sem ingressar na distinção entre "ato" e "fato jurídico", Antônio Carlos Cintra do Amaral define "ato administrativo" como "a norma jurídica concreta criada pelo Estado no exercício da função administrativa, que produz efeitos, diretamente, na esfera jurídica dos particulares, fora, portanto, do âmbito do aparelho estatal".[10]

Além disso, coloca sob esse conceito apenas as normas concretas – o que afasta dessa categoria os decretos, regulamentes, instruções normativas e demais atos gerais e abstratos produzidos pela própria Administração.[11] E isso porque o autor entende que "a teoria do ato administrativo tem sido elaborada com vistas a descrever as relações entre a Administração e os particulares e os regulamentos não se referem, pelo menos diretamente, a essas relações".[12]

Régis Fernandes de Oliveira[13] trilha conceito próximo ao de Celso Antônio Bandeira de Mello, pois, apartando "atos" e "fatos jurídicos", demonstra que o ato decorre de uma declaração de vontade (explícito ou implícito), no exercício da função administrativa, produtora de efeitos jurídicos individuais e imediatos.

No entanto, exclui os atos gerais e abstratos e convencionais da classe de atos administrativos, em razão da discrepância de regimes jurídicos a que estão submetidos.[14]

Dando notícia das razões que levaram à formulação do conceito de "ato administrativo", do critério subjetivo, orgânico ou misto utilizados para formulação, Juan Carlos Cassagne conceitua "ato administrativo" como uma declaração de vontade que produz efeitos jurídicos – e não simplesmente um fato administrativo que se revela como um ato material –, seja unilateral ou bilateral. No entanto, essa declaração do Estado, no exercício da função administrativa, deve ser dotada de individualidade e concreção (o que exclui dessa classe os atos gerais e abstratos produzidos pela Administração).

Sumariza seu pensamento da seguinte forma: "el acto administrativo *es toda declaración de un órgano del Estado en ejercicio de la función administrativa caracterizada por un régimen jurídico exorbitante del derecho privado que genera efectos jurídicos individuales directos con relación a terceros*".[15]

Adotando como premissa a definição de "atos jurídicos" fornecida pelo revogado Código Civil brasileiro, Hely Lopes Meirel-

6. Idem, p. 366.

7. Idem, p. 376.

8. Idem, pp. 367-368.

9. Walter Campaz, *Revogação dos Atos Administrativos*, p. 39.

10. Antônio Carlos Cintra do Amaral, *Extinção do Ato Administrativo*, p. 8.

11. Idem, p. 19.

12. Idem, p. 22.

13. Régis Fernandes de Oliveira, *Ato Administrativo*, p. 27.

14. Idem, pp. 39-43.

15. Juan Carlos Cassagne, *El Acto Administrativo*, pp. 107-108.

les afirma que o ato administrativo é um ato jurídico, que dele se diferencia apenas pela sua finalidade. Distingue esse instituto do "fato administrativo", que qualifica como toda atividade material desempenhada pelo Estado que resulta *sempre* de um ato administrativo.

A partir dessas considerações, conceitua "ato administrativo" como "*toda manifestação unilateral da Administração Pública que, agindo nessa qualidade, tenha por fim imediato adquirir, resguardar, transferir, modificar, extinguir e declarar direitos, ou impor obrigações aos administrados ou a si própria*".[16] Insere nesse conceito, outrossim, os atos gerais produzidos pela Administração.

Oswaldo Aranha Bandeira de Mello percorre uma longa trilha até formular seu conceito de "ato administrativo". Parte da noção segundo a qual "fato" é qualquer evento ocorrido na vida. Caso esse fato tenha relevância para o Direito, qualifica-se, então, como *fato jurídico* (do qual são espécies o fato jurídico objetivo e subjetivo[17]). Os atos jurídicos, por seu turno, "são manifestações de vontade humana com o objetivo de produzir efeitos de direito".[18]

Adotando como critério os efeitos decorrentes dos atos jurídicos, prevê a existência de duas classes: negócios jurídicos e puros atos jurídicos. Os primeiros alteram a ordem jurídica ou afirmam direito preexistente, ao passo que os últimos exteriorizam conhecimento ou sentimento.

Prossegue classificando os atos de acordo com a manifestação de vontade necessária à sua exteriorização.

Dá notícias da mais remota produção legislativa que menciona a figura do ato administrativo (em 1790), bem como de sua primeira formulação teórica (em 1812). Aparta atos administrativos e atos da Administração (que abrangem tanto os atos materiais quanto os atos jurídicos). Aos atos administrativos subsumem-se apenas aqueles "atos jurídicos dos órgãos administrativos, enquanto Poder Público, isto é, em que há manifestação da vontade autoritária estatal".[19]

Define, enfim, *ato administrativo em sentido material* como "manifestação da vontade do Estado, enquanto Poder Público, individual, concreta, pessoal, na consecução do seu fim, de realização da utilidade pública, de modo direto e imediato, para produzir efeitos de direito".[20]

Por essa razão não se inserem no sentido estrito de ato administrativo (a) os atos normativos do Estado, ainda que decorrentes do típico desempenho da função administrativa; (b) os atos materiais; e (c) os atos jurídicos produzidos pelo Estado e que se regem pelo direito privado.

Encerrando o catálogo do pensamento da doutrina nacional e estrangeira a respeito do tema, Seabra Fagundes entende que "atos administrativos são aqueles pelos quais o Estado determina situações jurídicas individuais ou concorre para a sua formação (...)".[21] Em seu juízo, os atos administrativos podem ou não ser atos jurídicos (quando não criam, modificam ou extinguem direitos, hipótese em que, na visão do autor, são destituídos de efeito jurídico). A despeito disso, entende que na sua classificação estão inseridos os atos administrativos gerais.

2.1.4 Sem prejuízo de outros tantos pensamentos existentes a respeito do tema (cuja existência nos foi dado conhecer[22]), a

16. Hely Lopes Meirelles, *Direito Administrativo Brasileiro*, 34ª ed., São Paulo, Malheiros Editores, 2008, p. 152.

17. Quando decorrente de uma atividade humana (subjetivo) ou fenômeno natural (objetivo).

18. Oswaldo Aranha Bandeira de Mello, *Princípios Gerais de Direito Administrativo*, 3ª ed., vol. I, São Paulo, Malheiros Editores, 2007, p. 434.

19. Idem, p. 475.

20. Idem, p. 476.

21. Seabra Fagundes, *O Controle dos Atos Administrativos pelo Poder Judiciário*, p. 29.

22. Como, por exemplo: Oreste Ranaletti (*Teoria degli Atti Amministrativi Speciali*, Milão, Guiffrè Editore, 1945), Michel Stassinopoulus (*Traité des*

descrição dos mais relevantes, ao nosso juízo, demonstra a multiplicidade de opiniões a respeito desse tema.

Em razão disso, somos levados (a) a analisar criticamente as principais definições fornecidas, para, desse modo, (b) nos posicionarmos a respeito da natureza jurídica do ato administrativo.

*2.2 Exame crítico dos conceitos doutrinários de "ato" e "fato jurídico" e "ato administrativo"*

2.2.1 Ao tratarmos da tipologia das normas jurídicas apontamos as diferenças que, em nosso juízo, apartam "fato", "fato jurídico" e "evento" da seguinte forma: "As normas jurídicas são fruto de um processo mental empreendido pelo intérprete que, por meio do exame da intimidade do conteúdo dos veículos introdutores de comandos normativos no ordenamento jurídico, constrói a previsão do surgimento de relações jurídicas entre sujeitos titulares de direitos e deveres a partir da ocorrência de determinados fatos identificados por coordenadas de tempo e espaço. Esses fatos podem estar direta ou indiretamente ligados à prática de condutas humanas, que passamos, em razão do processo de elucidação, a denominá-los de *fatos sociais*, em contrapartida àqueles cuja ocorrência independe de qualquer atividade humana, que passamos a designar de *fatos naturais*. Caso o direito positivo atribua determinada conseqüência em razão de sua ocorrência no mundo fenomênico, eles passam a ser denominados de *fatos jurídicos* (em contrapartida àqueles – sociais ou naturais – que não têm qualquer relevância para o Direito) e que, se não levados ao conhecimento humano, serão um mero *evento*".[23]

Nossa opinião, dessa forma, não discrepa daquela professada por Oswaldo Aranha Bandeira de Mello quando tratou dos fatos jurídicos, classificando-os em fato jurídico *objetivo* e *subjetivo*. Acrescentamos a ela apenas a noção de "evento", na esteira do pensamento de Tércio Sampaio Ferraz,[24] sem, contudo, ingressar na celeuma semiótica da sua versão, ou não, em linguagem (até mesmo porque imprestável e desnecessária aos fins deste trabalho).

Pretendendo definir "ato administrativo", Hely Lopes Meirelles afirma que (a) o ato administrativo é um ato jurídico; (b) a noção de ato jurídico é fornecida pela Teoria Geral do Direito. No entanto, adota como premissa a definição de atos jurídicos fornecida pelo revogado Código Civil brasileiro.

O pensamento desse autor é logicamente inconsistente. Ou bem o conceito de ato jurídico é jurídico-positivo, ou lógico-jurídico. Por essa razão não se pode afirmar que é um conceito lógico-jurídico para, depois, acolher a definição dada a ele pelo direito positivo.

No entanto, caso o autor quisesse dizer que o conceito de "ato jurídico" – edificado na Teoria Geral do Direito – é coincidente com aquele contido na legislação, então, não haveria inconsistência no seu pensamento. O que não se poderia fazer, como se fez, é definir um objeto tomando em referência outro objeto.

2.2.2 Outra interessante observação a respeito desse tema reside na inserção do ato jurídico (e, conseqüentemente, do ato administrativo) na classe dos fatos jurídicos, tal como proposto por Celso Antônio Bandeira de Mello. A análise é, de fato, procedente.

Com efeito, nada impede que um ato jurídico seja qualificado como pressuposto (ou "suporte fático") para eclosão do mandamento de uma norma jurídica. A despeito de

*Actes Administratifs*), Agustín Gordillo (*El Acto Administrativo*) e Pietro Virga (*Il Proveddimento Amministrativo*), dentre outros.

23. Maurício Zockun, *Regime Jurídico da Obrigação Tributária Acessória*, pp. 20-21.

24. Tércio Sampaio Ferraz, *Introdução ao Estudo do Direito*, pp. 97-120.

um ato jurídico ser um mandamento, ele poderá ser qualificado como um fato jurídico. Essa ponderação confirma, aliás, a clássica assertiva segundo a qual o direito positivo se retroalimenta.

Com isso, concluímos que (a) há eventos, fatos e fatos jurídicos; e (b) o ato jurídico está contido na classe dos fatos jurídicos.

2.2.3 Outro aspecto relevante que merece nosso exame reside na qualificação e morfologia do ato administrativo.

É praticamente unânime a opinião no sentido de que o ato administrativo é ato jurídico produzido no exercício da função administrativa. Esse é, por assim dizer, o núcleo comum ao conceito de "ato administrativo".

Para Celso Antônio Bandeira de Mello ato administrativo é uma *declaração do Estado com efeitos jurídicos*. Na visão de Antônio Carlos Cintra do Amaral o ato administrativo é uma norma jurídica concreta criada pelo Estado. E por "norma jurídica" entende-se algo (a) que deve-ser;[25] (b) que tem por objeto a regulação da conduta humana, seja por meio de prescrição, permissão ou adjudicação de competência;[26] e (c) edificado por meio de juízo condicional hipotético.[27]

Com efeito, se o conceito de "norma jurídica" fornecido por Antônio Carlos Cintra do Amaral prevê a existência de um antecedente e um conseqüente normativo (porque a norma é edificada por meio de juízo hipotético-condicional), isso significa dizer que a norma jurídica é composta pela previsão de um fato jurídico (pressuposto de fato ou antecedente) e da enunciação dos elementos de um ato jurídico (fala prescritiva veiculada no conseqüente).

Mas, como o ato administrativo não se qualifica como uma norma hipotética, e sim como uma norma ocorrida (tanto é assim que esse autor refuta a subsunção dos decretos ao conceito construído), isso significa dizer que o ato administrativo é composto de um fato jurídico (ou "fato imponível", nas palavras de Geraldo Ataliba) e um ato jurídico concreto.

Em síntese: como o ato administrativo é uma norma jurídica (individual e concreta), segue-se que o ato administrativo é fato jurídico ("fato imponível") + ato jurídico concreto. Ato administrativo não é apenas uma declaração com efeitos jurídicos; é isso somado à descrição do fato que concretamente fez nascer essa específica declaração.

A despeito dessa opinião, entendemos que é possível outra solução. Com efeito, se atos e fatos jurídicos são morfologicamente distintos (ainda que os dois estejam inseridos no conceito de "fato jurídico" *lato sensu*); se o fato jurídico é a descrição de uma situação (humana ou inumana) juridicamente relevante; se o ato jurídico é uma prescrição dirigida aos homens pela ocorrência de seu suposto; se o ato administrativo consiste em uma declaração do Estado com efeitos jurídicos, segue-se que o administrativo deve ser, imperativamente, um ato jurídico (e não um fato jurídico).

2.2.4 Afora isso, é necessário tecer uma breve ponderação a respeito do pensamento de Celso Antônio Bandeira de Mello a respeito da noção de atos administrativos.

Segundo esse jurista, trata-se de uma declaração de vontade com efeitos jurídicos. Em razão disso, poder-se-ia questionar: qual a natureza jurídica dessas declarações?

Não haveria qualquer tergiversação quanto a inclusão, nesse conceito, daquelas declarações que prevêem, geral ou abstratamente, determinadas prescrições (obrigar, proibir ou permitir fazer ou não fazer algo). Mandamentos de normas jurídicas seriam, por isso, incluídos na categoria de atos administrativos.

Mas como inserir nesse conceito aquelas declarações do Estado que não veiculam,

25. Antônio Carlos Cintra do Amaral, *Extinção do Ato Administrativo*, p. 9.

26. Idem, p. 10.

27. Idem, p. 14.

em seu conteúdo, uma prescrição? Seriam, evidentemente, declarações com efeitos jurídicos. Mas essas declarações seriam veiculadas em mandamentos de normas jurídicas? Seriam atos jurídicos não-prescritivos (porque se admite que há atos jurídicos não-mandamentais)?

Ora, se se trata de declarações jurídicas, isso significa dizer que integram o ordenamento jurídico. Mas integram de que forma?

Ainda que Celso Antônio Bandeira de Mello não tenha expressamente se debruçado sobre o assunto, pensamos que sua posição está alicerçada nuclearmente no pensamento de Geraldo Ataliba, conforme observamos em outra oportunidade:

"Diferenciamos, dentro do ordenamento jurídico, as *simples regras* – que são meros elementos dentro da perspectiva de sistema – dos *princípios* – que são as linhas mestras que conferem harmonia e coerência ao ordenamento jurídico em razão de sua finalidade aglutinante –, e estes (princípios) das *normas jurídicas* ***stricto sensu*** – que são as significações que se constroem a partir da análise do texto do direito positivo, tendo por finalidade regular a conduta intersubjetiva. Expliquemos.

"Todos esses elementos componentes do direito positivo – *regras*, *princípios* e *normas jurídicas* ***stricto sensu*** – são, em nosso entendimento, *normas jurídicas* ***lato sensu***, porque aptos a regular, em diferentes graus de intensidade e extensão, a conduta entre as pessoas.

"A doutrina abalizada construiu diferentes critérios para segregar as diversas normas existentes na perspectiva unitária do ordenamento jurídico. E isso porque, como bem notou Geraldo Ataliba:

"'Enunciados legais há que, por si sós, não constituem norma, mas que completam uma norma, redefinindo, alterando ou acrescentando uma hipótese legal. Cuidam da parte da norma designada 'hipótese'.

"'Limitam-se a fixar pressupostos, qualificar um aspecto (subjetivo ou objetivo, ou ambos) de uma hipótese, ou a articular duas ou mais normas.'[28]

"Outros, como Paulo de Barros Carvalho,[29] entendem que a nota segregadora é a distinção entre norma jurídica (proposição construída em juízo hipotético) daquelas proposições formuladas em juízos categóricos (que, nas palavras de Geraldo Ataliba, qualificam sujeitos ou objeto).

"Em nosso pensar, a *norma jurídica* ***stricto sensu*** é composta – para fins de estudos – entre antecedente e conseqüente normativo. No antecedente normativo encontramos as coordenadas de tempo, espaço e material – ou, como preferimos, respectivamente, aspecto temporal, aspecto espacial e aspecto material – que descrevem as notas que permitem identificar ou reconhecer um fato como sendo jurídico. Já no conseqüente normativo identificamos os critérios necessários e suficientes para apurarmos os sujeitos que se encontram na contingência de cumprir com determinada prestação.

"Essa construção mental descrita em metalinguagem demonstra que a *norma jurídica* ***stricto sensu*** é formulada por meio de proposição hipotético-condicional, o que não ocorre com as *regras* e com os *princípios*.

"Imaginemos que uma lei (aqui entendida como veículo introdutor de novos elementos no direito positivo) veicule em seu conteúdo comando isentando determinado rol de pessoas de uma exação qualquer (isenção subjetiva). Nessa hipótese o elemento veiculado na lei apenas buliu num dos aspectos da norma geral e abstrata de tributação (no seu critério pessoal).

"A **regra** é, portanto, um juízo categórico – e não hipotético – que pode integrar-se ou não a uma *norma jurídica* ***stricto sensu***.

28. Geraldo Ataliba, *Hipótese de Incidência Tributária*, p. 26.

29. Paulo de Barros Carvalho, *Teoria da Norma Jurídica*, São Paulo, Max Limonad, 1998, pp. 55-56.

Daí por que importa salientar que a proposição que a veicule não será formulada em juízo hipotético, mas sim em juízo categorial, sendo esse elemento o primeiro critério classificatório das espécies de *normas jurídicas* ***lato sensu***. Há ainda um segundo critério: sua relevância para o Direito como mandamento informado.

"Nessa medida, Joana Lins e Silva, entusiástica disseminadora da função da linguagem para o Direito, anota que os princípios, 'por serem apenas um fragmento de norma, não dispõem de condições suficientes para serem aplicados isoladamente, mas participam da construção de comandos normativos',[30] o que atesta que a proposição que os veicula não é formulada em juízo hipotético condicional (hipótese e mandamento).

"Por meio desse segundo critério a *regra* especialmente relevante para o Direito passa a ser conceituada como *princípio*, embora as duas sejam veiculadas em proposições categoriais.

"Assim, diferencia-se a *regra* (veiculada em proposição categorial sem função de primazia para o Direito) do *princípio* (formulado em proposição categorial com função de primazia para o Direito) e a *norma jurídica* ***stricto sensu*** (formulada em juízo hipotético-condicional, segundo o qual dado um fato qualquer, dever-ser é uma conseqüência), ainda que todas sejam *normas jurídicas* ***lato sensu***, eis que são instrumentos de que se vale o Direito para regular a conduta intersubjetiva.

"Contamos, em certa medida, com o prestigioso entendimento de Tércio Sampaio Ferraz Jr.,[31] para quem princípios são prescrições genéricas, que se especificam em regras. Não há que se confundir estes dois institutos dogmáticos, pois (i) os princípios não exigem comportamento específico, ao passo que as regras são determinadas a essa espécie de comportamento; (ii) os princípios enunciam apenas uma ou algumas razões de decidir em determinado sentido, sem contudo obrigar uma decisão particular, enquanto as regras estabelecem condições necessárias para sua aplicação; e (iii) aos princípios aplica-se o conceito de legitimidade, já nas regras é o da validade."[32]

Ou seja, as declarações com efeitos jurídicos podem ser consideradas como atos administrativos porque, a despeito de não serem mandamentos de normas jurídicas, são regras (em nossa acepção), fazendo, portanto, parte integrante do direito positivo. São, pois, prescrições que integram o direito positivo como juízos categoriais.

2.2.5 A exposição das opiniões doutrinárias a respeito do assunto revelou, ainda, ponto de divergência adicional: são os decretos atos administrativos?

O tema foi bem exposto por Celso Antônio Bandeira de Mello, ao destacar: "A mesma coisa sucede no que atina ao conceito de ato administrativo. Uns nele incluem os regulamentos (Jaime Vidal Perdomo). Outros consideram indesejável essa inclusão, sob color de que, tendo caráter geral e abstrato, apresentam características e efeitos discrepantes dos demais (Zanobini) (...). Com esta posição nem todos são concordantes. De todo modo, afora estas, dentre muitas outras discórdias conceituais, todos se pacificam em reservar esta expressão a atos correspondentes ao exercício de funções estatais do Executivo; a dizer, expressivas das manifestações estatais que, normalmente, são peculiares a este conjunto orgânico ('Poder')".[33]

A despeito das opiniões de Régis Fernandes de Oliveira e Antônio Carlos Cintra do Amaral, entendemos que a produção de

30. Joana Lins e Silva, *Fundamentos da Norma Tributária*, São Paulo, Max Limonad, 2001, p. 83.

31. Tércio Sampaio Ferraz Jr., "Princípios condicionantes do poder constituinte estadual em face da Constituição Federal", *RDP* 92/36-38, São Paulo, Ed. RT, 1989.

32. Maurício Zockun, *Regime Jurídico da Obrigação Tributária Acessória*, pp. 39-41.

33. Celso Antônio Bandeira de Mello, *Do Ato Administrativo e suas Características*, p. 27.

decretos e atos internos é inerente ao exercício da função administrativa, tal como concebida pela Constituição da República brasileira. Assim sendo, qualificamos esses como atos administrativos.

### *3. Existência, validade, vigência e eficácia*

#### *3.1 A doutrina sobre os atributos dos atos jurídicos*

3.1.1 Há diferença entre *existência* e *validade* das normas jurídicas e, por conseqüência, das declarações dos Estados juridicamente relevantes?

Sobre esses temas, intermediários na análise da extinção dos atos administrativos, já observamos que:

"Deveras, as normas jurídicas são fruto de um processo mental empreendido pelo intérprete que, por meio do exame da intimidade do conteúdo dos veículos introdutores de comandos normativos no ordenamento jurídico, constrói a previsão do surgimento de relações jurídicas entre sujeitos titulares de direitos e deveres a partir da ocorrência de determinados fatos identificados por coordenadas de tempo e espaço.

"Esses fatos podem estar direta ou indiretamente ligados à prática de condutas humanas, que passamos, em razão do processo de elucidação, a denominá-los de fatos sociais, em contrapartida àqueles cuja ocorrência independe de qualquer atividade humana, que passamos a designar de fatos naturais. Caso o direito positivo atribua determinada conseqüência em razão de sua ocorrência no mundo fenomênico, eles passam a ser denominados de fatos jurídicos (em contrapartida àqueles – sociais ou naturais – que não têm qualquer relevância para o Direito) e que, se não levados ao conhecimento humano, serão um mero evento.

"Nesse labor entendemos que uma norma é válida se fizer parte do sistema normativo. Se dele estiver fora, com ele não guardará vínculo.

"Observe-se, entretanto, que a questão da validade da norma jurídica (se é qualidade da norma ou mera relação de pertinencialidade com o sistema) é uma questão zetética, como denuncia Tércio Sampaio Ferraz Jr.[34] É que, dependendo do sistema de referência adotado pelo intérprete, diferente será sua construção acerca do sentido e conteúdo da expressão 'validade de uma norma jurídica'.

"Deveras, se o intérprete entender que o sistema de direito positivo é formado por três subsistemas (fático, normativo e valorativo), à luz dos ensinamentos de Miguel Reale,[35] teremos uma solução; se o ser cognoscente, por outro lado, for adepto da teoria proposta por Hans Kelsen,[36] em que 'existência' e 'validade' são vocábulos que representam um único evento, seguramente diverso será o seu entendimento acerca da 'validade' das normas jurídicas. E assim por diante.

"Verifique-se, por exemplo, que Paulo de Barros Carvalho[37] sufraga o entendimento no sentido de que os conceitos de 'existência' e 'validade' são equivalentes, validade não é um atributo da norma, mas sim da relação (de pertinencialidade) com o sistema em que está inserta. Celso Antônio Bandeira de Mello, em contrapartida, entende que a validade é a 'adequação do ato às exigências normativas' e, nessa medida, discorda de Kelsen, pois 'para que se possa predicar validade ou invalidade de uma norma – relembre-se que, para Kelsen, um ato administrativo será uma *norma* individual – cumpre, antes, que ela exista. Este não é apenas um pressuposto lógico, mas especificamente

34. Tércio Sampaio Ferraz Jr., *Introdução ao Estudo do Direito*, pp. 193 e ss.

35. Miguel Reale, *Lições Preliminares de Direito*, pp. 60 e ss.

36. Hans Kelsen, *Teoria Pura do Direito*.

37. Paulo de Barros Carvalho, *Curso de Direito Tributário*, pp. 78 e ss.

jurídico'.[38] E nesse ponto Weida Zancaner pondera com precisão, ao tratar dos atos administrativos, que 'a imperfeição não se confunde com a invalidade; o ato inválido é uma norma jurídica, o ato imperfeito é um fato jurídico (...) os atos inválidos, por terem sido emanados em dissonância com o sistema jurídico-positivo, devem ser eliminados ou, quando possível, convalidados (...) os chamados atos imperfeitos não são atos; são, em verdade, fatos jurídicos e jamais podem ser convalidados ou sanados'.[39]

"A exemplo de Celso Antônio Bandeira de Mello, o professor pernambucano José Souto Maior Borges segrega os planos da existência e validade das normas jurídicas ao afirmar que 'somente depois de existente a lei pode ela revestir-se de validade ou invalidade, atributos que lhe são conferidos em função de sua compatibilidade ou não com o ordenamento jurídico do país',[40] embora num segundo momento tenha aparentemente reformado seu entendimento – alinhando-se ao pensamento kelseniano – para assentar que 'existência e validade da norma jurídica são, assim, termos equivalentes. Demonstrar a existência da norma jurídica é demonstrar a sua validade',[41] razão por que 'o ser válida é um atributo que se identifica com a existência da norma. A validade é o modo de existência específico da norma, pois é a referência, pela própria norma, ao espaço e ao tempo (...)'.[42]

"E justamente em razão dessas considerações filiamo-nos àqueles que, como Weida Zancaner, Celso Antônio Bandeira de Mello e José Souto Maior Borges (em seu pensamento original) e Pontes de Miranda,[43] entendem que os planos da existência e validade não se confundem."[44]

3.1.2 Assim, entendemos que *existência* e *validade* não se confundem. De qualquer forma, o tema comporta desdobramentos adicionais quanto se trata de vigência e eficácia.

Deveras, para Tércio Sampaio Ferraz uma norma jurídica *vigente* é a norma pertencente ou integrada ao ordenamento (*norma jurídica válida*), cujos comportamentos veiculados em seu comando já podem ser exigidos; a *eficácia social* da norma estaria ligada ao seu "sucesso normativo, o qual pode ou não exigir obediência"; a *eficácia* ou *ineficácia técnica* se traduz na "necessidade de enlaces entre diversas normas, sem os quais a norma não pode produzir os seus efeitos", razão por que a eficácia técnica tem relevância sintática. Esse jusfilósofo não trabalha com os conceitos de eficácia "jurídica" ou "social".

Para Paulo de Barros Carvalho *vigência* é "o atributo da norma que está preparada para incidir no mundo social, regulando deonticamente as condutas intersubjetivas". Concorda com a distinção semântica entre *vigência* e *vigor*, mas prefere vigência plena (passado e futuro) e parcial (passada, havendo revogação, ou futura, quando a vigência for nova). *Ineficácia técnica* surge quando faltarem outras normas jurídicas que permitam a propagação de seus efeitos (*ineficácia sintática*, nas palavras de Tércio Sampaio Ferraz) ou por dificuldades de ordem material.

*Eficácia jurídica* é o próprio mecanismo de incidência da norma jurídica. É atributo do fato previsto na norma de provocar os efeitos que lhe são próprios. Por fim, *eficácia social* é a "produção concreta de efeitos entre os indivíduos da sociedade" (é

38. C. A. Bandeira de Mello, *Curso de Direito Administrativo*, 21ª ed., p. 368, nota de rodapé 12.

39. Weida Zancaner, *Da Convalidação e da Invalidação dos Atos Administrativos*, 2ª ed., 3ª tir., São Paulo, Malheiros Editores, 2001, p. 44.

40. José Souto Maior Borges, *Lei Complementar Tributária*, pp. 36 e ss.

41. José Souto Maior Borges, *Obrigação Tributária (Uma Introdução Metodológica)*, p. 62.

42. Idem, p. 121.

43. Pontes de Miranda, *Tratado de Direito Privado*, t. I, p. 25.

44. Maurício Zockun, *Regime Jurídico da Obrigação Tributária Acessória*, pp. 21-23.

o "sucesso normativo" a que se refere Tércio Sampaio Ferraz).

3.1.3 Transportando essas noções, típicas da Teoria Geral do Direito, ao tema dos atos administrativos, temos que: (a) o ato administrativo será *vigente* quando pertencer ao ordenamento jurídico e já tiver força para regular condutas humanas (passada, pois, se houver, a *vacatio legis*); (b) terá *eficácia técnica* quando houver outras normas e desimpedimentos de ordem material que permitam juridicizar fatos da vida.

Se se tratar de um ato administrativo individual e concreto, será *vigente* quando pertencer ao ordenamento jurídico (ou seja, quando for produzido pela autoridade competente e já estiver apto a regular condutas humanas). Terá *eficácia técnica* quando a irradiação dos seus efeitos não estiver vinculada a outra norma ou, quando estiver, se lhe seja juridicamente permitido juridicizar fatos da vida. Sua *eficácia jurídica* é o próprio mecanismo da imputação da classe denotativa dos fatos veiculados na norma individual e concreta à classe conotativa dos fatos descritos na norma geral e abstrata. Por fim, sua *eficácia social* verificar-se-á com o efetivo atendimento, pelos sujeitos de direito, do conteúdo prescritivo veiculado no conseqüente normativo.

### *3.2 A existência da norma está sujeita à sua recognoscibilidade social?*

3.2.1 O tema que ora se analisa foi inicialmente argüido por Antônio Carlos Cintra do Amaral, a partir das lições de Emilio Betti (*Teoria Geral dos Negócios Jurídicos*), da seguinte forma:

"A declaração estatal existe no momento em que é socialmente reconhecível. Essa recognoscibilidade social é possível porque a declaração tem, necessariamente, uma forma. O critério de recognoscibilidade da declaração não é jurídico. Como ato humano, ela é reconhecível de acordo com os padrões sociais vigentes.

"A recognoscibilidade social da declaração estatal pressupõe a redação de seu texto, a aposição de assinatura por um órgão estatal (mais especificamente: por alguém que é tido por órgão estatal) e a publicação. Em certos casos, o ato pode ser suscetível de notificação ao destinatário. Há recognoscibilidade social quando há a publicação ou, em certos casos, a notificação ao destinatário.

"A publicação importa, em regra, a recognoscibilidade social da declaração estatal (...). Vale dizer: a declaração é socialmente reconhecível quando publicada, mas o ato administrativo, embora possa ser válido desde já, é ainda ineficaz (a distinção entre validade e eficácia será desenvolvida adiante)."[45]

3.2.2 Segundo o pensamento do autor, a recognoscibilidade social de um ato jurídico se dá, automaticamente, com sua publicação.

Ainda que o autor não tenha expressamente examinado a questão, o que ocorre quando a sociedade não reconhece e não aplica um ato jurídico produzido pelo ente estatal? O que ocorre, pois, quando um ato jurídico não goza de recognoscibilidade social (tal como exposto acima)?

3.2.3 Pela doutrina de Tércio Sampaio Ferraz,[46] o termo "eficácia" predica a produção dos efeitos de uma norma jurídica a depender de requisitos fáticos ou técnico-normativos. Terá eficácia social quando encontrar no mundo fenomênico condições para irradiar seus efeitos normativos. Caso seus destinatários e o Poder Judiciário não observarem seu conteúdo normativo, então, ela será socialmente ineficaz.

Verifique-se, por exemplo, que o art. 229 do CP brasileiro prescreve a imposição de penalidade pela conduta do agente que mantenha, por conta própria ou de terceiro, lugar destinado a encontros para fim libidino-

45. Antônio Carlos Cintra do Amaral, *Extinção do Ato Administrativo*, pp. 26-27.

46. Tércio Sampaio Ferraz, *Introdução ao Estudo do Direito*, pp. 193-199.

so, com intuito de lucro ou não. Se essa prescrição normativa fosse socialmente eficaz, os proprietários ou gerentes dos motéis seriam penalmente puníveis.

Conduto, remansosa jurisprudência firmou entendimento no sentido de que essa conduta é socialmente aceita, não havendo falar na prática de crime nessa hipótese. Trata-se, pois, de norma jurídica socialmente ineficaz.

3.2.4 Sob esse ângulo, a ausência de recognoscibilidade social reside em sua ineficácia social. Ou seja, o plano do dever-ser não consegue atingir o plano do ser.

Essa circunstância, contudo, não corrói as estruturas de um sistema normativo. E isso porque o Direito é um "suponha que seja" ou "quer que seja". Ele (o Direito) não atinge a realidade social; não toca a realidade social. Sua lógica (do Direito) é deôntica, e não aponfântica.

Se isso é verdade, o fato de o Direito não ser observado é um problema social, não jurídico. Afinal, a desobediência do Direito é solucionada pelo próprio Direito por meio de institutos como prescrição, decadência (enfim, preclusão) etc.

### *3.3 O efeito da retirada dos atos administrativos: perda de validade, vigência ou eficácia?*

3.3.1 Sabe-se que o ato jurídico se exaure com a irradiação dos seus efeitos jurídicos. O que se perpetua no ordenamento jurídico são os seus efeitos. Assim, o ato se exaure (se extingue) com a potencialidade de irradiação dos efeitos nele previstos (e essa potencialidade de irradiação de efeitos jurídicos, conforme se demonstrou linhas acima, se dá com a entrada em vigor do ato jurídico, desde que não haja óbice à sua eficácia técnica).

Desse modo, mesmo os atos ineficazes (leia-se: ineficácia social ou jurídica) produzem efeitos (qual seja, a potencialidade de geração de efeitos jurídicos). Se um ato não pode produzir mais seus efeitos jurídicos ou já exauriu os efeitos jurídicos nele previstos, então, não há mais ato jurídico (operou-se, pois, sua extinção).

Assim, resulta estéril o embate doutrinário quanto à extinção do ato ou dos efeitos do ato jurídico. A única exceção a essa ponderação consiste naquelas hipóteses em que estamos diante de atos ineficazes (ou porque ainda não entraram em vigor ou, ainda, porque, adicionalmente, não foi produzida norma ulterior que permita a irradiação dos seus efeitos jurídicos).

3.3.2 Tomemos, para fins exemplificativos, uma norma jurídica cuja inconstitucionalidade venha a ser reconhecida pela Suprema Corte brasileira com efeitos apenas para o caso concreto (entre as partes da ação). Sendo declarada sua inconstitucionalidade, sua eficácia será suspensa apenas por ocasião da produção de resolução pelo Senado Federal brasileiro (ou seja, a norma continua sendo válida, vigente e eficaz até que sobrevenha a resolução do Senado Federal suspendendo sua eficácia).

Se a sobredita declaração de inconstitucionalidade se deue em controle concentrado de constitucionalidade (*erga omnes*), o ato jurídico tem sua eficácia automaticamente suspensa, sendo retirado do ordenamento jurídico pela autoridade competente (que não é a Suprema Corte brasileira, por decorrência lógica do princípio da separação de Poderes).

## ***4. A extinção dos atos administrativos***

### *4.1 Catálogo das hipóteses de extinção dos atos administrativos*

4.1.1 A doutrina é extremamente fértil e farta ao catalogar as formas de extinção dos atos administrativos.

4.1.1.1 Para Sérgio Ferraz[47] há três categorias básicas de causas de extinção

47. Sérgio Ferraz, *Extinção dos Atos Administrativos. Algumas Reflexões*, pp. 18-33.

dos atos administrativos: (a) execução do ato; (b) perecimento do objeto ou de seu beneficiário; e (c) retirada do ato.

Na primeira hipótese (extinção por execução) o ato e seus efeitos podem (ou não) ser extintos ao mesmo tempo.

A segunda modalidade de extinção dos atos opera-se com o desaparecimento do objeto ou do administrador-beneficiário, nos casos dos atos administrativos *intuitu personae*.

Por fim, a retirada do ato ocorreria em razão de: (a) revogação (expressa ou tácita); (b) invalidação; ou (c) renúncia do seu beneficiário.

Diante do conceito de "revogação" adotado pelo autor,[48] a *contraposição* e a *derrubada* não seriam modalidades autônomas de revogação, mas, sim, revogação tácita. Ademais, em razão do princípio da separação dos Poderes, apenas o Poder estatal que emanou esse ato poderá revogá-lo.

Não há, ainda, qualquer espécie de impedimento para que o ato revogador seja revogado. Essa revogação não gera, contudo, efeitos repristinatórios. Ademais, a revogação deve ser reconhecida como medida excepcional (porquanto a manutenção do ato válido deve ser a regra geral, especialmente em atenção ao primado da segurança jurídica), razão por que sempre haverá necessidade de sua motivação (ademais diante do dever do Estado de indenizar prejuízos causados a terceiros, ainda que decorrentes de atos validamente por ele produzidos).

Não serão revogáveis os atos assim declarados em lei e aqueles cujos efeitos já foram exauridos, mas, uma vez operada a válida revogação, seus efeitos são *ex nunc*.

A invalidação dos atos administrativos decorre da desconformidade do ato com a ordem jurídica (seja essa desconformidade originária ou superveniente). Diversamente do que ocorre na revogação, o ideal da separação dos Poderes não constitui óbice à invalidação dos atos por outro Poder, especialmente o Judiciário.

E dizemos "especialmente o Judiciário" porquanto o art. 49, V, da Constituição da República confere ao Poder Legislativo a prerrogativa de "sustar os atos normativos do Poder Executivo que exorbitem do poder regulamentar ou dos limites de delegação legislativa".[49]

A invalidação opera efeitos *ex tunc*, salvo quando for comprovado que o terceiro usufruía dos efeitos invalidados com boa-fé, não tendo compactuado conscientemente para a formação do ato inválido (por meio de – nas palavras do autor – *concurso consciente*).

4.1.1.2 Régis Fernandes de Oliveira[50] aponta três critérios comumente utilizados pela doutrina para classificação das formas de extinção dos atos administrativos: (a) critério subjetivo – de acordo com esse critério o *anulamento* consiste na eliminação de um ato por autoridade diversa daquela que o produziu; *revogação* consiste na eliminação do ato pelo agente que o produziu. Para os fins dessa classificação pouco importa saber se o ato foi, ou não, produzido em conformidade com o ordenamento jurídico; (b) critério objetivo – por meio dessa classificação a *anulação* consiste na eliminação de um ato por vício de ilegitimidade; a *revogação* é a

48. "O objeto do ato extintivo é um ato administrativo válido (...), sobre o qual incide uma reavaliação de conveniência e oportunidade (...). Emite então um ato administrativo que ou revoga expressamente o anterior que se quer remover do mundo jurídico, ou dispõe diversamente sobre a matéria: respectivamente, revogação expressa ou tácita" (Sérgio Ferraz, *Extinção dos Atos Administrativos. Algumas Reflexões*, pp. 22-23).

49. Lembre-se, aqui, que, para nós, são atos administrativos os decretos expedidos com assento em competência constitucional outorgado ao chefe do Poder Executivo e seus auxiliares diretos (ministros e secretários de Pastas estaduais e municipais).

50. Régis Fernandes de Oliveira, *Ato Administrativo*, pp. 81-91.

retirada do ato por apreciação de motivo de mérito; (c) critério misto – se o ato com vício de legitimidade é retirado por autoridade diversa que o produziu, então, trata-se de *anulamento*; se essa conduta foi realizada pela mesma autoridade que o produziu, então, será *revogação*.

O autor prefere, na esteira de Oswaldo Aranha Bandeira de Mello, o critério objetivo para analisar as hipóteses de extinção.

A despeito disso, adere, com acréscimos, ao catálogo de extinção dos atos administrativos de Hugo Olguín Juarez,[51] assim: (a) *extinção natural* – quando seu conteúdo é esgotado; (b) *extinção provocada acidental* – desaparecimento do destinatário-usufrutuário dos efeitos jurídicos do ato, desaparecimento da coisa sobre a qual a declaração com efeitos jurídicos se projetou; (c) *extinção provocada voluntária por ação e por reação* – será por ação quando o próprio ato contiver termo ou condição resolutória (prazo de concessão, duração de contrato administrativo, contratação temporária etc.); será por reação naquelas hipóteses em que qualquer outra espécie de declaração de vontade tenha por finalidade fazer desaparecer ou interromper definitivamente sua eficácia (declaração de inidoneidade superveniente de contratante com o Poder Público). Essa última modalidade é, ainda, denominada de *retiro*, se o desaparecimento do ato se der por ilegalidade (invalidação) ou reexame de mérito (revogação); como espécie de retiro há, ainda, a *cassação*, aplicável ao beneficiário do ato que descumpre as condições impostas pelo próprio ato para seu uso e gozo; (d) *caducidade* – decorrente do desaparecimento do pressuposto de fato em vista do qual o ato foi emitido; (e) *decaimento* – mudança da disciplina jurídica sobre determinada matéria que, automaticamente, cessa os efeitos de todos os atos jurídicos que lhe sejam contrários; (f) *derrubada* – quando a autoridade administrativa emite um ato que, muito embora não se destine ou faça expressa referência a algum ato administrativo anteriormente produzido, acaba por suprimir-lhe os efeitos; (g) *renúncia* – desistência, pelo particular, de uma prerrogativa incorporada ao seu direito subjetivo; e, por fim, (h) *recusa* – desistência, pelo particular, de uma prerrogativa ainda não incorporada ao seu patrimônio jurídico.

4.1.1.3 Em menor extensão e profundidade de análise, Walter Campaz[52] adere à exposição de Régis Fernandes de Oliveira a respeito das hipóteses de extinção dos atos administrativos.

4.1.1.4 Juan Carlos Cassagne[53] adverte sobre o embate semântico que gravita sobre o tema e, por isso mesmo, elucida que a eliminação ou supressão dos efeitos jurídicos de ato administrativo é designada como *extinção*.

Pondera que a interpretação de um ato administrativo pelo órgão que o produziu (interpretação autêntica) não é modalidade de extinção do ato administrativo já produzido com base em interpretação diversa do mesmo órgão. Da mesma forma, a retificação de um ato administrativo – por erro manifesto de fácil verificação – não se qualifica como extinção de ato administrativo. Já a reforma, por ser a extinção parcial do ato administrativo, é qualificável como modalidade de extinção.

O autor relaciona as hipóteses de extinção dos atos administrativos considerando os casos em que os efeitos jurídicos do ato administrativo são suprimidos independentemente de uma atividade estatal específica. Nesta classe estão (a) o esgotamento e (b) e a extinção de pleno direito – quando houver impossibilidade fática ou jurídica de cumprir o objeto do ato administrativo.

51. Hugo Olguín Juarez, *Extinción de los Actos Administrativos – Revocación, Invalidación y Decaimiento*, pp. 32-35.

52. Walter Campaz, *Revogação dos Atos Administrativos*, pp. 47-54.

53. Juan Carlos Cassagne, *El Acto Administrativo*, pp. 371-410.

Somam-se ao rol acima as hipóteses em que o ato administrativo é extinto por manifestação do particular, a saber: renúncia ou falta de aceitação do ato.

Se a extinção se operar por conduta da própria Administração, então, será hipótese de revogação (que inclui a invalidação) e caducidade.

4.1.1.5 Para Pietro Virga[54] o ato de retirada é ato de conteúdo negativo. Esse ato é produzido com base no reexame decorrente do exercício de um "poder administrativo" anteriormente exercitado, suprimindo (a) um provimento realizado e (b) as relações jurídicas dele decorrentes.

O ato de retirada (a) tem conteúdo negativo, pois implica a retratação do agente que produziu o ato jurídico. Essa retratação (i) faz cessar a "situação jurídica" e, eventualmente, (ii) repristinar a relação anterior; (b) pode ser produzido com base no reexame dos elementos do ato e de seus efeitos, sob o ponto de vista da legitimidade/oportunidade, tomando-se como critério a situação de fatos ocorridos e circunstâncias surgidas; (c) decorre do exercício de uma mesma competência; e (d) pode gerar efeitos *ex tunc* ou *ex nunc*.

A partir dessas premissas, o autor classifica os atos de retirada em cinco categorias: (a) *anulação* – retirada, com eficácia retroativa, de ato produzido com vício de legitimidade (ilegalidade, incompetência e excesso de poder); (b) *revogação* – retirada de um ato inoportuno, por valoração diversa das exigências do interesse público, tomando-se em conta as circunstâncias de fato existentes na produção do ato. Como não há reexame de legitimidade, sua eficácia é *ex nunc*; (c) *ab-rogação* – o ato produzido em sua origem era oportuno, mas, por fato superveniente, deixou de corresponder ao interesse público. Produz efeitos *ex nunc*; (d) *pronúncia de decadência* – retirada por falta dos requisitos de idoneidade (capacidade) dos destinatários ou por inadimplemento das obrigações, ônus ou comandos impostos pela lei ou pelo provimento ou pela prescrição da autoridade de vigilância aos destinatários ou pela ausência de exercício por certo período de tempo das faculdades que derivam do próprio provimento; e (e) *mera retirada* – retirada de um ato ineficaz ou porque nulo; privado de um requisito de executividade; de obrigatoriedade; ou porque é ato preparatório de um procedimento não ainda concluído. Não produz efeitos *ex tunc* porque não houve efeitos jurídicos (seja para o passado, seja para o futuro).

Alguns atos assemelham-se aos atos de retirada, mas com ele não se confundem. São (a) a suspensão; (b) a reforma; (c) a retificação; e (d) a denegação de renovação ou de prorrogação.

4.1.1.6 Antônio Carlos Cintra do Amaral[55] sustenta que a extinção do ato administrativo ocorre com sua eliminação do sistema jurídico ou sua substituição, tácita ou expressa, por outro de conteúdo contrário ou incompatível com o do ato anterior.

Assim, a noção de "extinção" é aplicável apenas aos atos administrativos que tenham ingressado no ordenamento jurídico. Além disso, a despeito de a noção kelseniana considerar o ato administrativo inválido como um simples fato (razão por que a anulação se caracteriza como ato constitutivo de direito, e não declaratório), o autor não se apega fielmente a essa premissa, admitindo, por via de conseqüência, que a anulação revoga um ato, e não um fato.

Ainda em suas considerações preliminares sobre o tema, o autor tece observação crítica sobre o pensamento de Renato Alessi.

Segundo o autor italiano, por meio da extinção dos atos administrativos a Administração não pode deixar de querer aquilo que se quis, mas simplesmente deixar de querer.

54. Pietro Virga, *Il Proveddimento Amministrativo*, pp. 435-443.

55. Antônio Carlos Cintra do Amaral, *Extinção do Ato Administrativo*, pp. 41-57.

Isso significa dizer que, a partir do instante em que se produziu o ato administrativo e esse irradiou seus efeitos normativos, o ato administrativo tornou-se um fato jurídico. E como o Direito não pode desfazer um fato (que está no campo do ser), mas apenas atos (que estão no plano do dever-ser), então, jamais se poderia extinguir o próprio ato (mas sim os seus efeitos).

Daí por que, na visão do autor italiano, o que há na hipótese é a interrupção dos efeitos irradiados por aquele fato ocorrido no passado, porquanto o Direito obra sobre a ficção. Só há realidade jurídica no campo jurídico; só o jurídico constitui e desconstitui o jurídico. Realidades distintas (jurídicas e não-jurídicas) não se comunicam e não se alimentam mutuamente.

Antônio Carlos Cintra do Amaral não concorda com a amplitude dessa ponderação pois, "não se pode, obviamente como diz Alessi, desfazer o passado, ou seja, eliminar um fato que teve existência real. Nada obsta, porém, a que se elimine o sentido normativo desse fato, que pode perdurar muito tempo depois de sua realização. Quanto à afirmação de que se pode *deixar de querer*, parece-nos que Alessi considera, a nosso ver erroneamente, a vontade como sobrevivendo à declaração estatal. O ato administrativo não é um *querer contínuo*, ou uma 'vontade declarada', que sobrevive à 'vontade declarante'. É uma norma jurídica, que constitui o sentido objetivo conferido pelo ordenamento jurídico a um ato humano (fato social) empiricamente verificável".[56]

O autor adota três critérios para segregar seis modalidades de extinção dos atos administrativos. São critérios de classificação: (a) extinção provocada por um fato; (b) extinção provocada por um ato administrativo; e (c) extinção provocada por um ato administrativo ou por uma decisão judicial. Na primeira classe se subsome a figura do esgotamento; na segunda classe estão insertas a revogação, a derrubada e a cassação; por fim, na terceira classe teremos a anulação e o decaimento.

4.1.1.7 Celso Antônio Bandeira de Mello[57] sumariza as hipóteses de extinção dos atos administrativos tomando em consideração, antes de tudo, se o ato administrativo retirado era ou não eficaz.[58]

Se o ato eficaz cumpre seus efeitos, sua extinção pode se dar (a) por esgotamento do seu conteúdo jurídico, (b) pela sua execução material e (c) pelo implemento de condição resolutiva ou termo final. O ato eficaz pode, ainda, ser extinto pelo desaparecimento do sujeito (caso dos atos *intuitu personae*) ou do objeto de relação jurídica. Se a própria Administração produz ato ulterior com efeito extintivo sobre ato administrativo anterior e eficaz, poderemos estar diante de (a) revogação, (b) invalidação, (c) cassação, (d) caducidade e (e) contraposição ou derrubada. Se os efeitos jurídicos do ato eficaz são rejeitados pelo seu destinatário, ter-se-á a renúncia.

Por fim, se o ato é ineficaz tem-se apenas a figura da recusa. O ato de mera retirada, sugerido por Hugo Olguín Juarez, será, na visão de Celso Antônio Bandeira de Mello, hipótese de revogação ou invalidação.

### *4.2 O modelo lógico capaz de revelar as hipóteses de extinção dos atos administrativos*

4.2.1 Se consideramos que os atos administrativos são declarações do Estado,

56. Idem, p. 43.

57. Celso Antônio Bandeira de Mello, *Curso de Direito Administrativo*, 21ª ed., pp. 423-426.

58. Para o autor:

"O ato administrativo é *eficaz* quando está disponível para a produção de seus efeitos próprios; ou seja, quando o desencadear de seus efeitos típicos não se encontra dependente de qualquer evento posterior, como uma condição suspensiva, termo inicial ou ato controlador a cargo de outra autoridade.

"Eficácia, então, é a situação atual de disponibilidade para a produção dos efeitos *típicos*, próprios, do ato" (Celso Antônio Bandeira de Mello, *Curso de Direito Administrativo*, 21ª ed., p. 369).

no exercício de função administrativa, que produzem efeitos jurídicos, segue-se que são mandamentos de normas jurídicas.

Em nosso juízo, atos administrativos não são normas jurídicas, como sustenta Antônio Carlos Cintra do Amaral. Com efeito, não se deve incluir nesse conceito o "suporte fático" que autoriza a eclosão dos seus efeitos jurídicos. É uma declaração que se volta a um sujeito tendo efeito constitutivo,[59] declaratório de direito[60] ou de conhecimento ou de desejo.[61]

Assim, só podemos analisar a extinção dos atos administrativos sob o ângulo normativo; sob o ângulo do dever-ser. Afinal, (a) se o mundo do ser e o do dever-ser não se tocam (como bem salientou Renato Alessi), (b) se o ato administrativo está no plano de dever-ser (porque, uma vez implementado, ele passa a integrar o mundo do ser), (c) segue-se que as formas de extinção dos atos administrativos decorrem de efeitos queridos pela ordem jurídica (e não pelo mundo dos fatos).

4.2.2 Se esse pressuposto está correto, só se pode extinguir um ato administrativo dilapidando-se um dos seus elementos componentes. Vejamos com maior vagar o que se disse acima.

Como o ato administrativo é o mandamento de uma norma jurídica, isso significa dizer que, morfologicamente, ele se traduz como uma relação jurídica.

A esse respeito já assinalamos que:

"Como nos lembra Alfredo Augusto Becker[62] *relação*[63] é o gênero de uma realidade construída no plano do pensamento humano que comporta, como uma de suas espécies, a relação jurídica (há, ainda, relações sociais, relações geográficas, relações políticas etc.).

"A relação jurídica é construída mentalmente como sendo o vínculo abstrato entre dois sujeitos de direito ao qual se encontra subjacente um objeto que consiste numa conduta humana do primeiro de fazer ou em um não fazer algo em relação ao segundo em uma das modalidades deônticas possíveis (obrigatório, permitido ou proibido). Caso essa conduta de fazer ou de não fazer consubstancie em "fazer a entrega" ou em "não fazer a entrega" de determinado objeto, estaremos diante de uma prestação de dar ou de não dar.

"Percebe-se, pois, que o objeto da relação jurídica é conduta humana, e não o objeto desse fazer ou não fazer."[64-65]

Assim, sendo o ato administrativo uma relação jurídica, sua morfologia permite a identificação de cinco elementos: (a) sujeito ativo; (b) sujeito passivo; (c) objeto; (d) direito de o sujeito ativo exigir algo do sujeito passivo; e (e) encargo – ou obrigação – de o sujeito passivo cumprir algo em relação ao sujeito ativo.

Havendo o perecimento de qualquer um desses elementos, estará extinta a relação jurídica! Se a ordem jurídica concebe a extinção de uma relação jurídica, então, necessariamente isso se dá pelo perecimento de um (ou mais) desses cinco elementos.

Segue-se disso que, sendo o ato administrativo uma relação jurídica, ele tem esses cinco elementos. Perecendo um desses

59. Como concessão, permissão, autorização, aprovação, dispensa, ordem, sanção e renúncia.

60. Como admissão, licença, homologação, isenção, recusa, decisão e habilitação.

61. Como visto, parecer, proposta, assentamento ou documentação, certidão, participação, comunicação, publicação, citação, intimação, notificação e voto.

62. Alfredo Augusto Becker, *Teoria Geral do Direito Tributário*, p. 335.

63. Segundo Lourival Villanova, *relações* "são *estruturas formais*, compondo-se de um termo antecedente (ou *termo referente*) e de outro termo conseqüente (ou *termo relato*) e, ainda, de uma espécie de operador: o *operador relacionante*" (*Causalidade e Relação no Direito*, pp. 116-117).

64. Esse pensamento, cremos, é idêntico àquele professorado por Geraldo Ataliba (*Hipótese de Incidência Tributária*, p. 22).

65. Maurício Zockun, *Regime Jurídico da Obrigação Tributária Acessória*, p. 70.

cinco elementos, extinto estará o ato administrativo.

4.2.3 Por influxo lógico das considerações acima, se ainda esteja em curso o processo de formação do ato administrativo, não há ainda ato administrativo. Se ele não existe no mundo jurídico, não se aventa sua extinção.

A partir do instante em que ingressa no ordenamento jurídico (existe, portanto), já se pode conceber sua extinção.

Assim, o ato administrativo que ainda não está em vigor ou que não goza de eficácia poderá, por imperativo lógico, ser extinto. Basta que circunstância jurídica superveniente esgarce ao menos um dos cinco elementos que compõem sua estrutura lógica.

4.2.4 Se a circunstância jurídica que tolhe um dos elementos da compostura lógica era antecedente à produção do ato jurídico, ainda assim estaremos diante de hipótese extintiva.

Nesse ponto, parece oportuno fazer breve comentário a respeito da validade dos atos jurídicos em razão da necessidade sistêmica do Direito. E isso porque, se adotarmos a posição de Kelsen no sentido de que o ato inválido não ingressa no ordenamento jurídico, então, a afirmativa acima é logicamente insustentável.

Ainda que Antônio Carlos Cintra do Amaral não tenha sido purista na adoção da teoria kelseniana (porque refutou a implicação lógica desse postulado), não revelou a razão de ser do seu pensamento. Mas a demonstração da validade da afirmativa feita aqui exige a edificação da noção do sistema e como se dá, em nosso juízo, a solução de antinomia: à moda de Kelsen ou à moda de outrem (que dê sustentação ao nosso posicionamento)?

4.2.5 "Enquanto o Direito tem por finalidade regular as condutas intersubjetivas por meio das normas jurídicas, a ciência do Direito procura compreender a totalidade dos elementos que compõem o ordenamento jurídico e a forma como eles se interagem, em relações de coordenação e subordinação, isto é, de maneira sistemática.[66]

"A noção de sistema tem sido analisada de forma sortida e variada pela doutrina, em razão dos seus mais diversos significados.[67] Preferimos, por opção metodológica e para fins de elucidação, aderir àquela traçada pelo mestre Geraldo Ataliba, segundo o qual 'o caráter orgânico das realidades componentes do mundo que nos cerca e o caráter lógico do pensamento humano conduz o homem a abordar as realidades que pretende estudar sob critérios unitários, de alta utilidade científica e conveniência pedagógica, em tentativa do reconhecimento coerente e harmônico da composição de diversos elementos em um todo unitário, integrado em uma realidade maior. A esta composição de elementos, sob perspectiva unitária, se denomina sistema'.[68]

"Vemos, pois, que o sistema – em qualquer plano de investigação científica – é composto de elementos que integram um

66. Alf Ross fornece a nota essencial de descrição do ordenamento jurídico ao assentar:

"A tarefa da ciência do Direito é expor o Direito vigente. Esta tarefa requer que a exposição possua um sistema, que a ordem e a conexão nas quais o material é apresentado sejam dispostas segundo um plano definido.

"O ordenamento sistemático é valioso, primeiramente, por razões práticas: é essencial por questão de clareza, a título de meio de entrever o caminho no complexo tema do Direito (...). O sistema também serve de fundamento para uma divisão do estudo do Direito, que, pelo menos na atualidade, é indispensável.

"A organização sistemática é valiosa, também, por razões teóricas. Se baseada em critérios relevantes, ajuda o estudioso a analisar o material jurídico, revela problemas e exibe semelhanças e diferenças ocultas" (*Direito e Justiça*, p. 239).

67. Conforme esclarecem Paulo de Barros Carvalho (*Curso de Direito Tributário*, pp. 127-140) e Maria Helena Diniz (*As Lacunas no Direito*, pp. 89-118).

68. Geraldo Ataliba, *Sistema Constitucional Tributário Brasileiro*, p. 4.

todo unitário, os quais se encontram interligados por uma perspectiva unitária que lhe atribui coerência.[69] Nesse sentido Pontes de Miranda assinalava que 'interpretar leis é lê-las, entender-lhes e criticar-lhes o texto e revelar-lhes o conteúdo. Pode ela chocar-se com outras leis, ou consigo mesma. Tais choques têm de ser reduzidos, eliminados; nenhuma contradição há de conter a lei. O sistema jurídico, que é sistema lógico, há de ser entendido em toda sua pureza'.[70] Não estamos, com isso, afirmando que o sistema do direito positivo é harmônico.

"A possibilidade de existência no ordenamento jurídico de normas incompatíveis entre si no mesmo espaço e ao mesmo momento no tempo é uma realidade. A coerência, portanto, não é um postulado inerente ao Direito (tal como, para nós, é a norma jurídica fundamental[71]), mas sim à ciência do Direito.

"Essa harmonia existe apenas no plano sintático (relação dos signos entre si). É que o princípio da não-contradição, que guia a lógica da linguagem descritiva, não admite a existência, ao mesmo tempo, no interior do seu sistema, de duas proposições contraditórias. A possibilidade de contradição, portanto, existe apenas no plano semântico e pragmático.[72]

"O que fazer, contudo, se ao descrever o sistema de direito positivo o cientista do Direito constata a existência de uma antinomia? Deve o jurista permanecer inerte e restringir sua atuação ao campo meramente descritivo ou, pelo contrário, deve apontar uma possível solução para a resolução do conflito entre as prescrições normativas veiculadas em texto de lei?

"Em nosso entendimento a resposta a esta pergunta foi adequadamente fornecida pela professora Maria Helena Diniz ao esclarecer que 'as antinomias jurídicas aparecem como elementos do sistema jurídico, cuja construção requer a resolução dos conflitos normativos, pois todo o sistema deve e pode

69. Daí por que, para Maria Helena Diniz, "o Direito não é um sistema jurídico, mas uma realidade que pode ser estudada de modo sistemático pela ciência do Direito. É indubitável que a tarefa mais importante do jurista consiste em apresentar o Direito sob uma forma ordenada ou 'sistemática', para facilitar o seu conhecimento, bem como seu manejo por parte dos indivíduos que estão submetidos a ele, especialmente pelos que o aplicam" (*As Lacunas no Direito*, São Paulo, p. 26). Muito embora para Paulo de Barros Carvalho "o Direito posto há de ter um mínimo de racionalidade para ser compreendido pelos sujeitos destinatários, circunstância que lhe garante, desde logo, a condição de sistema" (*Curso de Direito Tributário*, p. 128).

Entendemos, em abono ao entendimento sufragado pela ilustre filósofa, que a possibilidade de construção mental do sentido, conteúdo e alcance das prescrições normativas, fruto de ato psicológico e inventivo da espécie humana, não pode transbordar estes estritos limites e atribuir ao seu objeto de estudo a condição de sistema. No entanto, em outra acepção do vocábulo "sistema" (plurissignificativa), é possível entender que "o direito positivo não é, tende a ser um sistema. Não é mero agregado de disposições normativas, simples justaposição de preceitos, caótico feixe de normas. A própria finalidade que tem de *ordenar racionalmente a conduta humana* sujeita-o às exigências da racionalidade, de que a Lógica é a expressão mais depurada" (Lourival Villanova, *As Estruturas Lógicas e o Sistema de Direito Positivo*, p. 173).

70. Pontes de Miranda, *Tratado de Direito Privado*, t. I, p. 16.

71. Esta teoria, como sabemos, decorre do genial e inovador pensamento do jurista tcheco-eslovaco Hans Kelsen (*Teoria Pura do Direito*, pp. 215 e ss.).

72. Este entendimento, contudo, não é unânime na doutrina. Kelsen, por exemplo, não admite a existência de contradição no direito positivo, já que adota a premissa de que, se a ciência do Direito aceitar as contradições supostamente existentes dentro do ordenamento jurídico, não poderá constituir-se como um sistema de conhecimento autoconsistente. Por outro lado, Lourival Villanova (*As Estruturas Lógicas e o Sistema do Direito Positivo*, pp. 185-207) manifesta-se no sentido de que a experiência demonstra a existência de contradição entre proposições normativas, as quais são elimináveis pelo princípio extralógico da hierarquia normativa, sucessão temporal e da especialidade normativa (também sugeridos por Norberto Bobbio em sua obra *Teoria do Ordenamento Jurídico*).

alcançar uma coerência interna. Por isso a moderna Epistemologia procura racionalizar a atividade científico-jurídica, que deve buscar a coerência lógica, condição necessária do pensamento jurídico (...). O sistema normativo deverá ser coerente, devendo, por isso, não apresentar quaisquer contradições lógicas nas assertivas, sobre os preceitos normativos para garantir a segurança na aplicação jurídica'[73]."[74]

Com isso, refutamos a idéia de que a norma inválida não faz parte do direito positivo. Faz parte, até ser dele expulsa. Desse modo, se a circunstância jurídica que macula um dos elementos da compostura lógica do ato administrativo era antecedente à sua produção, ainda assim esse ato poderá ser extinto.

O quadro abaixo revela a essência desses elementos:

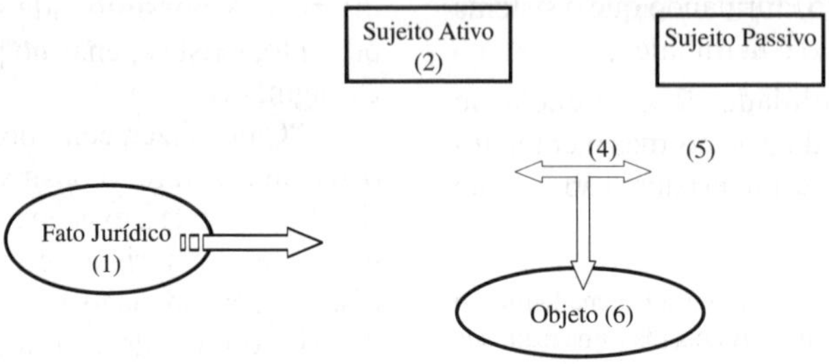


Onde: dado o fato jurídico (1), deve-ser o mandamento (2+3+4+5+6). O ato jurídico administrativo é composto de cinco elementos: sujeito ativo (2); sujeito passivo (3); direito subjetivo (4); encargo jurídico (5); e objeto (6). Desaparecendo um desses elementos, extinto estará o ato administrativo.

4.2.6 Vejamos como o modelo lógico proposto se aplica diante das hipóteses catalogadas pela doutrina:

(i) Extinção natural ou esgotamento do seu conteúdo jurídico – nessa hipótese o direito subjetivo conferido ao titular (4) e, por conseqüência, o encargo da parte oposta de suportar o usufruto desse direito subjetivo (5) são extintos.

(ii) Extinção provocada acidental – nessa hipótese haverá o desaparecimento do destinatário-usufrutuário dos efeitos jurídicos do ato (2) e, ainda, o desaparecimento da coisa sobre a qual a declaração com efeitos jurídicos se projetou (conteúdo de 6).

(iii) Execução material – não encontramos possibilidade de enquadrar a execução material como forma de extinção do ato administrativo, salvo se implicar o desaparecimento do conteúdo de 6.

73. Maria Helena Diniz, *Norma Constitucional e seus Efeitos*, pp. 124-125.

Observe-se que Lourival Villanova aborda a questão por outra perspectiva, ao asseverar que: "Há duas vias para eliminar as contradições normativas: uma, dada pelo próprio sistema jurídico; outra, pela ciência jurídica (...) o que a ciência faz é tomar o dado e descrevê-lo em proposições teoréticas. O dado é o sistema *S*, que, admitamos, contém *N* e *não-N*. Sobre o *sistema-objeto* fala o *sistema-da-ciência*, mediante proposições descritivas. Estas, explícita ou implicitamente, se compõem de cláusula 'de acordo com o sistema *S*'' (em conformidade com, ou consoante o sistema de direito positivo). Agora, não incorrerá em contradição afirmar: 'de acordo com o sistema *S*, são válidas (ou existentes no sistema) as normas *N* e *não-N*''. O que a proposição afirma é a existência de *normas simultaneamente válidas, mas contraditórias*" (*As Estruturas Lógicas e o Sistema de Direito Positivo*, pp. 202-204).

74. Maurício Zockun, *Regime Jurídico da Obrigação Tributária Acessória*, pp. 34-36.

(iv) Extinção provocada voluntária por ação e por reação – sendo por ação ou reação a hipótese dilapida um direito subjetivo (4) ou um encargo jurídico (5).

(v) Caducidade – se se define a caducidade como desaparecimento do pressuposto de fato "x" (1) em vista do qual o ato administrativo "x" (2+3+4+5+6) foi emitido, segue-se, então, que uma outra norma jurídica acolhe essa circunstância (desaparecimento superveniente do pressuposto do ato "x") como fato jurídico "y" (1) para o nascimento do ato administrativo "y" (2+3+4+5+6), cujo conteúdo prescritivo leva à extinção do ato administrativo "x".

(vi) Decaimento – pela mudança da disciplina jurídica sobre determinada matéria, dá-se a supressão dos efeitos dos atos jurídicos que lhe sejam contrários. É, *mutatis mutandi*, o mesmo modelo lógico acima.

(vii) Derrubada – idem ao exposto acima.

(viii) Renúncia – com ela perece uma prerrogativa incorporada ao direito subjetivo do particular (4).

(ix) Recusa – como a desistência se opera quando a relação jurídica ainda não se formou, a recusa não implica a extinção de um ato administrativo.

4.2.7 Daí por que, estando todas as hipóteses de extinção enquadradas no modelo teórico proposto, concebemos uma outra possibilidade: a extinção do sujeito passivo (ou seja, do ente estatal que se encontra no pólo passivo da relação jurídica[75]).

A despeito de alguns conceberem a extinção da própria ordem jurídica, nem sempre isso ocorre, como observou Seabra Fagundes.[76] Mas não é o momento nem a hora de tentarmos demonstrar isso (até mesmo porque não meditamos profundamente a respeito do assunto)! Fiquemos, por ora, com o argumento de autoridade para, no mínimo, dar suporte a uma idéia embrionária.

4.2.8 Eis, portanto, a síntese do "modelo de utilidade" que concebemos para o exame do tema da extinção dos atos administrativos.

75. Basta relembrarmos que, no plano geral e abstrato, as normas que disciplinam a função pública prevêem o ingresso do seu curador no pólo passivo da relação jurídica. Vale dizer que o perseguidor de uma função pública tem o dever ou a obrigação jurídica de realizar certas condutas em prol da coletividade, que, por seu turno, tem o poder ou o direito subjetivo de exigir a realização da sobredita conduta.

76. Seabra Fagundes, *O Controle dos Atos Administrativos pelo Poder Judiciário*, pp. 79-84.

**GRÁFICA PAYM**
Tel. (011) 4392-3344
paym@terra.com.br

# REVISTA TRIMESTRAL DE
# DIREITO PÚBLICO

***DOUTRINA***: SOBRE EL DAÑO AMBIENTAL COLECTIVO – JUAN CARLOS CASSAGNE • ORIGEN, EVOLUCIÓN Y APROXIMACIÓN CONCEPTUAL A LA NOCIÓN DE "SERVICIO PÚBLICO" – JUAN GUSTAVO CORVALÁN • O "ATO DAS DISPOSIÇÕES TRANSITÓRIAS" NA CONSTITUIÇÃO BRASILEIRA DE 1988 – BREVES NOTAS – CARLOS AYRES BRITTO • O PRINCÍPIO DA SUPREMACIA DO INTERESSE PÚBLICO: SOBREVIVÊNCIA DIANTE DOS IDEAIS DO NEOLIBERALISMO – MARIA SYLVIA ZANELLA DI PIETRO • A ESTABILIDADE DOS ATOS ADMINISTRATIVOS – CELSO ANTÔNIO BANDEIRA DE MELLO • FORMALISMO E ABUSO DE PODER – ADILSON ABREU DALLARI • O CONTROLE DAS POLÍTICAS PÚBLICAS PELO PODER JUDICIÁRIO NO BRASIL – UMA VISÃO GERAL – MARCELO FIGUEIREDO • REGISTRO DE PREÇOS: INCONSTITUCIONALIDADE DO ART. 8º DO DECRETO FEDERAL 3.931/2001 E DO ART. 15-A, § 3º, DO DECRETO ESTADUAL 51.809/2007 (FIGURA DO "CARONA") – POSSIBILITAÇÃO DE COMETIMENTO DO CRIME PREVISTO NO ART. 89 DA LEI 8.666/1993 – TOSHIO MUKAI • O PRINCÍPIO DA LIBERDADE NO ÂMBITO DO DIREITO ADMINISTRATIVO – JOSÉ SÉRGIO MONTE ALEGRE • ***PARECERES***: EMPRESA ESTATAL – ASSOCIAÇÃO COM EMPRESA PRIVADA SEM LICITAÇÃO PARA CONSTITUÍREM SOCIEDADE DE PROPÓSITOS ESPECÍFICOS QUE DISPUTARÁ LICITAÇÃO DE CONCESSÃO DE SERVIÇO PÚBLICO – INVALIDADE – INCONSTITUCIONALIDADE DO ART. 32 E §§ DA LEI 9.074/1995 – CELSO ANTÔNIO BANDEIRA DE MELLO • DAS ATRIBUIÇÕES E RESPONSABILIDADES DO PODER CONCEDENTE E DA CONCESSIONÁRIA FRENTE ÀS SITUAÇÕES DE INTERFERÊNCIA URBANA PROVOCADAS POR BOICOTE AO PEDÁGIO DE RODOVIA OBJETO DE CONCESSÃO – ARNOLDO WALD • CONVÊNIOS ENTRE ESTADO E INICIATIVA PRIVADA PARA IMPLANTAÇÃO DE PÓLOS INDUSTRIAIS – FLORIANO DE AZEVEDO MARQUES NETO • ***ESTUDOS E COMENTÁRIOS***: O PROBLEMA DA PRESTAÇÃO DE SERVIÇO PÚBLICO ESSENCIAL ENQUANTO DIREITO SOCIAL FUNDAMENTAL E SUA CONTRAPRESTAÇÃO EM FACE DA INCAPACIDADE FINANCEIRA DO USUÁRIO – ROGÉRIO GESTA LEAL • A ARBITRAGEM E AS PARCERIAS PÚBLICO-PRIVADAS – GUSTAVO HENRIQUE JUSTINO DE OLIVEIRA • REFLEXÕES SOBRE A ADMINISTRAÇÃO DOS RECURSOS HÍDRICOS NO BRASIL – VLADIMIR DA ROCHA FRANÇA • ATRIBUTOS E EXTINÇÃO DOS ATOS ADMINISTRATIVOS – MAURÍCIO ZOCKUN

MALHEIROS EDITORES